兒童遊戲治療法

(Short-Term Play Therapy for Children)

HEIDI GERARD KADUSON　&　CHARLES E. SCHAEFER

合著

陳信昭　校閱

林維君　譯

Heidi Gerard Kaduson

Charles E. Schaefer

Short-Term Play
Therapy for Children

ISBN 957-0453-96-6

Printed in Taiwan, Republic of China

目錄

關於編者

海蒂・傑拉・卡度森博士（Heidi Gerard Kaduson, PhD）

　　專長於各類兒童行為、情緒，與學習的評估與介入。她曾是國際遊戲治療協會的主席，以及遊戲治療訓練機構的協同主持人。她曾巡迴各國演講關於遊戲治療、注意力缺損／過動症，以及學習障礙等議題。卡度森博士的出版品包括《遊戲治療師須知》（"Quotable Play Therapist"）、《用遊戲治癒》（"The Playing Cure"）、《101 個受歡迎的遊戲治療技巧（第二冊）》（"101 Favorite Play Therapy Techniques, Vol. II"）。她目前在紐澤西州的高城私人執業兒童心理治療。

查爾斯・伊・雪佛博士（Charles E. Schaefer, PhD）

　　具國際聲譽的兒童心理學家，擔任紐澤西州飛雷狄金森大學的心理系教授以及心理服務中心主任。他是國際遊戲治療協會榮譽退休主席，寫作與編輯超過四十本關於親職教養、兒童心理學，與遊戲治療等的書籍，包括《兒童遊戲在治療上的運用》（"The Therapeutic Use of Play Therapy"）、《遊戲的治療性力量》（"The Therapeutic Powers of Play"），與《家庭遊戲治療》（"Family Play Therapy"）。雪佛博士目前在紐澤西州的赫肯色市私人執業兒童心理治療。

序

在照護系統以管理學經營的時代，只有少數心理健康工作者拒絕使用短期治療。因為專業者必須快速且有效的工作，以期能在短時間內幫助心智困難的孩子。或許有很多技術可供我們選擇，但更重要的是須以兒童在治療中變化的速度及長期的效果進一步檢驗其理論導向及程序。

《兒童短期遊戲治療》的各章節詳述了臨床工作者以短期形式進行遊戲治療的方法。這些作者的短期治療已行之有年，現在我們希望能把這些資訊推廣給其他臨床工作者。管理式經營的照護體系規定兒童心理治療師許多工作上的限制，要在這些限制中有效的工作，我們便因應此一經營系統創造、整合了數種遊戲治療。

本書提供各種短期療法，分別可用於個別兒童遊戲治療、家庭遊戲治療、以及團體遊戲治療。正如往後會提到的，短期療法的應用範圍很廣，包括害怕及恐懼症、哀傷、心理創傷（trauma）、課堂的混亂干擾、以及注意力缺損／過動疾患。而治療策略包括認知行為遊戲治療、完形遊戲治療、案主中心遊戲治療、結構式遊戲治療、治療式遊戲（Theraplay）、及親子互動療法。

經由這許多方法，臨床工作者可以清楚的看到，如何在有時間限制的狀況下進行遊戲治療。各章中的治療法會再於分節中描述，使讀者更能了解療程經過。

我們的確可以用治療時間較短的方式處理很多問題，但同時須注意的是，治療師本身也會有很多限制。短期的遊戲治療並非對所有的兒童都有效，但對於那些適用者，本書提供步驟式一如使用手冊的方式，無論治療師的取向是心理動力論、認知行為學派、案主中心理論，或任何其他的學

派，本書都足以作爲各種特定兒童治療方法的指引。

　　了解治療歷程對每個進行兒童遊戲治療的治療師都很重要，無論過程中使用的是實物的微縮物（miniatures）、關係或競賽遊戲（games），遊戲治療在我們不知從何著手時已成爲幫助兒童的最佳管道。我們也希望以這些章節刺激讀者們創造更新穎的技術，以短期療法達到幫助心智困難兒童的目標。

　　　　　海蒂・傑拉・卡度森博士（Heidi Gerard Kaduson, PhD）
　　　　　查爾斯・伊・雪佛博士（Charles E. Schaefer, PhD）

我要謝謝我們的孩子——

傑、妮可、肯柏利、凱倫和艾力克——

因他們教我什麼是遊戲的真義

譯序

　　翻譯這本書將近兩年的時間，我同時也正經歷著人生中許多的變動與起伏，感謝陳信昭醫師與弘智出版社的包容與耐心，這本眾所期待的短期兒童遊戲治療中文版終於得以與大家相見，而我也在翻譯本書的過程中增進了自身的臨床知能，獲益良多。

　　這是一本在臨床工作上相當實用的一本書籍，治療師只要具備基本兒童發展的概念，便可以依據個案的特殊問題按圖索驥在本書找到實際的評估與介入之道，或是綜合多種方案來處理這些小病人的問題。而其中提供的方案與活動不只能有效在兒童青少年身上發生作用，我自己在與成人工作時，也屢次運用這些技巧，稍加變化後成為一般成人精神科復健病房的團體活動，以及成人個別治療的技巧練習或家庭作業內容，對於較低功能的個案，都能展現出相當直接且良好的反應。

　　本書不僅能讓同在臨床工作的夥伴們以及有心投入心理衛生工作的朋友獲得更多元的觀點，成為實務工作的利器，對於目前在一般中小學的學生輔導中心執行兒童輔導業務的諮商輔導人員，在面對困擾兒童與他們的家長時，也有相當大的助益。

　　期望本書的發行能為本地的心理衛生工作注入活力與新意。

林維君

於彰化秀傳紀念醫院

民國九十二年十二月

校閱者序

　　在兒童青少年精神科門診所遇到的小病人類型眾多,從注意力不足過動症等行為問題、畏懼症、受虐兒、憂鬱症、分離焦慮症、智能不足、身心症等等都是常客。對於這些小病人,藥物治療固然有時可以扮演重要角色,心理社會方面的介入也很重要。心理社會方面的治療取向種類繁多,每一種取向有其較為適用的問題範圍,無法以一種模式處理所有的問題類型。在過去幾年來,筆者嘗試了許多種不同的治療方式或取向,除了運用基本的兒童中心遊戲治療以外,在遊戲方面也試圖融入策略性的方法(請參考《策略取向遊戲治療》,五南出版公司)以及沙遊治療的媒材(請參考《沙遊治療》,心理出版公司),並且以認知行為取向處理注意力不足過動症(請參考《行為障礙症兒童的技巧訓練》,心理出版公司)。此外,處理個案父母之間的衝突和溝通以及家庭內的相關問題也很重要,因此,筆者在四年前開設婚姻與家庭治療特別門診,組織了一個學習型的專業團隊,共同學習如何以家庭系統的角度處理個案的問題(請參考《婚姻治療》、《悖論心理治療》、《策略取向家庭治療》,五南出版公司)。再者,隨著後現代心理諮商取向的興盛,「正向觀點」勢必要融入短期治療的架構當中,這兩年來,筆者也開始在臨床實務中加入焦點解決治療及敘事治療的技巧(請參考《改變之路》,五南出版公司)。另外,鑒於現代社會中離婚率不斷提高,同時青少年的飲食障礙症越來越多,相關的親職教育及衛生教育的重要性也相對增加(請參考《渴望父愛》及《如何幫助患有飲食障礙症的孩子》,五南出版公司)。凡此種種,其目的不外乎是希望提供個案及其家人最適合其所需的介入方法。

　　去年從網路書店買了本書的原文版,發現內容頗為豐富,相當符合臨床上的需要,心中也想著要將此書翻譯出來提供同好參考。後來輾轉得知

此書已有人著手翻譯,而正當惋惜之際,有一天突然發現正在本科實習的維君坐在電腦前一字一字地打著翻譯稿件,一時天雷勾動地火,合作事宜彼此很爽快地談妥。維君譯筆流暢而且筆觸帶著情感,校閱她所翻譯的文章可說是一種知性與感性的匯集,一點都沒有枯燥乏味的感覺,很高興也很慶幸有機會可以跟她一起合作。本書出版之後,期望能提供讀者多重的取向來跟兒童及家庭共同努力,更希望能夠吸引更多的專業人員投入這個領域,一起為兒童的心理健康而努力。

陳信昭

九十二年十一月

於台南成大醫院

校閱者簡介

　　陳信昭,台北醫學院醫學系畢。現職為成大醫院精神科主治醫師、成大醫學院精神學科講師兼成大醫院兒童青少年精神科代主任、中華團體心理治療學會理事、彰化師範大學與高雄師範大學輔導研究所實習督導者。專長為兒童青少年精神疾病診斷與藥物治療、心理治療;心理劇,以及婚姻與家庭治療。在兒童心理治療與家庭婚姻治療方面譯著頗豐。

第一部份

個別遊戲治療

第 *1* 章

兒童期恐懼及畏懼症的認知行為遊戲治療

Susan M. Knell, PhD, Meridia Behavioral Medicine-Cleveland Clinic Health System, Cleveland, Ohio; Department of Psychology, Case Western Reverse University, Cleveland, Ohio

導言

兒童期的恐懼

恐懼／害怕（Fears）是兒童期中一個正常的部分，對大部分兒童而言，恐懼只是輕微的、在特定年齡發生和短暫性的（King, Hamilton & Ollendick, 1988），多數恐懼會隨年齡增長而減少，雖然每個兒童的恐懼會隨他們各自的學習歷程而有不同，但某些種類的恐懼似乎只會出現在特定年齡。然而，兒童還是面臨許多普遍性的威脅。嬰兒的恐懼或害怕似乎主要是針對立即性、具體的環境變化，他們可能會對大聲的噪音或陌生人反應出害怕的行為。隨著兒童的成長，可能會逐漸出現對想像人物的恐懼（如，怪獸）（Jersild, 1968）。較大的兒童及青少年害怕較抽象、有預期性、總體性的刺激及事件

（Gullon, 1996）。年紀更大一點的青年，他們的害怕傾向於認知和想法的內容。當兒童的想像力漸漸成熟，害怕便隨之較不具體、更富有想像力。

和年齡有關的害怕通常出現的時間不長。過去研究指出，二到六歲的兒童平均有三樣害怕的事物，而40%的六到十二歲兒童有高達七樣令他們害怕的事物（Miller, '983）。有證據顯示，父母傾向低估子女的害怕；也就是說，當直接詢問兒童，他們報告出會害怕的事物數高於那些以父母報告為資料來源的研究（Ollendick, King, & Frary, 1989; Ollendick, Matson, & Helsel, 1985）。也有研究支持臨床上的經驗——女孩子報告出的害怕事物數不但比男孩子多，強度也更強（Ollendick et al., 1985; King et al., 1988）。

兒童常常在經歷一件不愉快的事件後，便學會害怕與此事件有關的物體或情境，這種經驗可能很強烈，或是讓兒童在經歷事件當時或之後受到太多注意。兒童的經驗、認知發展、外部資源以及父母和照顧者的反應都有助於克服害怕。當兒童年紀漸長，他們的認知能力及經驗增加了，便能提供更多資源，使兒童能以越來越具適應性的方法應對可怕的情境。

許多童年期的恐懼不必有什麼額外的介入就會自然消失；然而有一些會一直持續到一般預期的年齡範圍之後，可能強度會增大，也可能擴及其他情境，例如，害怕待在密閉房間裡的兒童不久後可能會害怕電梯、汽車及其他密閉空間。當焦慮感太強烈或延伸到其他事物，便可能導致令人困擾的心理壓力與／或適應不良，這也是某些害怕演變成畏懼症（Phobias）的原因之一。

畏懼症是強烈的害怕感覺，與年齡無關，也非關理性，因為並沒有真正的危險出現。估計只有3～8%的人口會有過度害怕的表現（King et al., 1988）。有研究證實只有少數兒童出現單純型畏懼症（Simple Phobias），而其中只有少部分會轉介進行治療（Silverman & Nelles, 1990）。因恐懼而轉介的兒童數量較轉介來的成人少，這或許反應出父母對子女的害怕相對而言比較意識不到，以及較缺乏這方面的專業人員來處理兒童的問題。

文獻指出輕微的害怕或單純型畏懼症是暫時性的、發展上的現象，會隨著時間而消失（Silverman & Nelles, 1990）。對於更複雜的害怕，研究指

出治療的施予可以縮短復原的時間，未接受治療者估計約需一到五年才可能復原（Agras, Chapin, & Oliveau, 1972; Hampe, Noble, Miller, & Barrett, 1973）。基於這種極度害怕會造成的困擾，合理的做法似乎是應該透過治療來予以緩解，而不是順其自然復原。

　　過度恐懼的兒童往往未能及時受到心理健康專業人員的協助。在一個有關兒童單純型畏懼症的研究中，Strauss 和 Last（1993）指出這些兒童平均在畏懼症發病後大約三年才會被帶去接受治療。另外，受恐懼困擾的兒童可能是因為別的主訴問題才被帶來進行心理治療，而害怕的問題會在完整的功能衡鑑中顯現出來。

　　當害怕是首要考量時，通常會尋求治療是因為害怕對兒童或此一家庭造成了很嚴重的困擾。例如，無法和父母分開的兒童就很難從學校或該年齡層適合的活動中得到助益；害怕搭電梯的兒童就非得走樓梯不可；還有些害怕學校、同儕或其他日常經驗的兒童也會有生活上的障礙。

評估兒童的恐懼

　　評估衡鑑兒童的恐懼通常包括了與父母晤談、與兒童晤談及／或遊戲中的晤談、觀察，以及適用於較大兒童的臨床篩選測量和恐懼調查工具。

　　了解兒童的恐懼是否合乎發展階段是很重要的。此一發展的觀點會顯示治療兒童恐懼是否適當。即使如此，有些普遍的或是適齡的恐懼仍有必要介入。若某個孩子的害怕持續很久、強度太強，且／或干擾了他的日常功能，這就可能有臨床上的重要性且值得治療。例如，分離焦慮在稚齡兒童是正常的，但如果它使這個兒童沒辦法上學、和同儕互動或參與日常活動，便不能輕忽。

　　衡鑑中還有一個部分是了解兒童及其家人慣常處理可怕物體／事件的方式，以及發展出怎樣的因應策略。這恐懼如何影響到此兒童及家庭的日常功能運作？家庭成員是否改變了他們的日常習慣以適應兒童的恐懼？父

母做了哪些努力？這些努力是否成功幫助了這個孩子？了解兒童在哪些情況下會暴露在他們所害怕的事物之下，以及這些刺激的內容也很重要。例如，害怕雲霄飛車的孩子似乎不需要治療，但若一個小孩怕搭電梯，卻住在大城市中一棟大廈的高樓層，除非這種恐懼過一段時間就自然消失了，否則可能需要一些介入。

觀察兒童在討論他所害怕的事物或情境時的反應也很重要，因為在這樣的討論中看兒童有何反應更能顯現出此一恐懼的本質。有時候從家人一同參與的討論中也可看出使此恐懼持續的因素為何。有些恐懼可以在現實生活中評估，治療師可以觀察到兒童對他所害怕的那個刺激的真實反應，如此的觀察是衡鑑中一個重要部分，例如，安排一個兒童去上學或是搭電梯並不困難。一些其他的刺激可能就需要較繁複的事前安排了。對於害怕龍捲風或雷雨交加的小孩，要觀察他們在這些情況下的恐懼情形難度較高，但也不是不可能。

自陳式量表適用於較年長的兒童，最常使用的是「兒童焦慮狀態／特質焦慮量表」（STAIC: State-Trait Anxiety Inventory for Children; Spielberger, 1973）、「修訂版兒童焦慮表現量表───我的想法與感覺」（Revised Children's Menifest Anxiety Scale; RCMAS: "What I think and feel"; Reynolds & Richmond, 1978），以及「修訂版兒童恐懼調查表」（FSSC-R: Fear Survey Schedule for Children - Revised; Ollendick, 1983）。這些工具不適用於學齡前及低年級的兒童。其他一些非標準化的工具也可協助評估兒童的恐懼，如「恐懼溫度計」（fear thermometer），其中 0 代表一點都不怕，而溫度計的頂端則是恐懼的極點（Walk 在 1950 年將它用於成人）。像這樣的工具並不具有信度，卻可協助小小孩以更具體、可理解的形式量化他們的恐懼。

了解及評估可能造成兒童恐懼的任何家庭情況與環境也很重要，比如說搬家可能改變兒童的安全感，進而改變兒童害怕的程度。創傷性事件，如離婚、虐待或家人生病／死亡也可能影響兒童的恐懼。

恐懼的治療

過去許多文獻已經講述有關如何治療兒童的害怕與畏懼症，其中多數是以個案報告的形式呈現。過去的資料包括各種理論學派的臨床材料，如心理分析、阿德勒學派、羅吉斯學派以及行為學派的觀點（參見 Morris 與 Kratochwill, 1983，簡介這些學派中與害怕的兒童相關部分）。

無論何種取向，多數臨床工作者都同意恐懼的兒童必須學著如何應付他們害怕的事物，或學會怎麼才能不那麼害怕（Miller, 1983）。最近的個案報告較傾向使用認知行為療法。在短期治療未普及之前，一般治療兒童期恐懼的療程就大約是四到五次的短期治療（Ollendick, 1979）。許多近期的文獻寫到行為介入可以降低恐懼，包括使用系統減敏感介入方案、附隨事件的處理、示範模仿法，以及認知行為技術。

認知行為介入的適用情況

認知行為療法的基本目標之一即是界定並調整那些與該兒童症狀有關的偏差想法（Bendrosian & Beck, 1980）。偏差、適應不良的想法是指干擾了個體因應能力的那些意念（Beck, 1976）。對於恐懼，所謂適應不良的想法包括了一些自我陳述，如「我害怕得沒辦法做……」或「我沒辦法克服恐懼」。

克服恐懼很重要的一點是有能力去控制恐懼，這包含了學會處理造成恐懼的刺激，學著管理與害怕有關的感覺，並學會特定的因應技巧以處理恐懼。認知行為的介入提供學習的機會與克服恐懼必備的特殊技巧。在遊戲治療中，兒童可以用角色扮演的方式去假裝自己是不害怕某物的人，有能力掌控那個他所害怕的物體，他們會以不畏懼的方式行動。透過「假裝」和練習，兒童便得以克服他所害怕的刺激物。傳統上，傾向心理分析導向

的兒童治療視此類角色扮演爲一種自我控制的起始基礎（Leovinger,
1976）。

認知行爲遊戲治療（以下簡稱 CBPT）專門設計用於學齡前及國小低
年級的兒童。它強調兒童在治療中可以培養出控制感、有能力感，及負起
自身行爲改變的責任。CBPT 隨著兒童發展程度的不同而有不同的適用技
巧，並協助兒童主動參與自己的改變（Knell, 1993a, 1994, 1997, 1998,
1999）。除了畏懼症之外（Knell, 1993a），CBPT 也被用到許多其他的診斷
上，如選擇性緘默症（Knell, 1993a, 1993b）及精神性遺屎（Knell & Moore,
1990; Knell, 1993a）以及經歷過創傷事件的兒童，如離婚（Knell, 1993a）
或性虐待（Knell & Ruma, 1996）。

以認知行爲治療處理恐懼的兒童

佈置／材料

CBPT 通常會在一個有各式各樣遊戲材料的遊戲室中進行。典型的遊
戲治療室中通常有一大堆玩具、畫畫的工具、布偶、洋娃娃及其他材料。
CBPT 是較指導性且較目標導向的技術，需要更多材料以滿足兒童在呈現
特定問題的需要。不一定要爲了特定情境買新玩具，因爲兒童可以在現有
的材料上發揮創造力及彈性。有時候治療師也會需要買一些特殊的材料來
滿足特定兒童的需求。例如，害怕坐在馬桶上的兒童可以試著把一個娃娃
放在碗上，假裝那是個小馬桶；若他沒辦法用這種方法「假裝」的話，使
用特別設計的娃娃遊戲馬桶可能會好一點。

雖然遊戲治療通常是在遊戲室裡進行，恐懼的兒童可能需要在真實的
場景中受治療；也就是說，兒童須處在一個更符合引發恐懼的情境中，因

此，可以在電梯裡或電梯附近處理害怕搭電梯的小孩；害怕上學的兒童可能得在學校裡或學校附近接受治療；怕狗的孩子則可能必須在有狗的環境中被觀察及治療。

治療階段

　　CBPT 的兒童治療有幾個階段，分別為介紹期、評估期、中間期與結束期。在 CBPT 的前置準備工作完成後，隨即開始衡鑑評估。在 CBPT 的中間期，治療師會發展出一個治療計劃，療程的重點轉為增加此兒童的自我控制、成就感，並學會更具適應性的反應以處理特殊情境。對恐懼的兒童而言，這結合了許多認知與行為的介入方法，都是以幫助兒童處理自身的恐懼為目標。治療的中間期還包括復發的預防與更廣的類化應用，讓兒童把所學到的新因應技巧應用到更廣、更多樣的不同情境中，且開始能發展出一些技巧在治療結束後仍可應用自如。在結束期，兒童及其家庭都要為治療的結束做準備（見 Knell，編印中的著作，對 CBPT 的這些階段有更詳盡的描述）。

治療性介入

　　CBPT 在治療恐懼的兒童上應用了多種技術。因為稚齡兒童的認知能力有限，加上伴隨恐懼而來的焦慮，遊戲治療提供了一個機會，讓受恐懼困擾的兒童可以在安全的環境中表達自己的感受，其中有一些最重要的介入方法是行為介入（如，系統減敏感法、附隨行為的處理、示範模仿法）以及認知技術。

行為方面的介入

　　系統減敏感法。系統減敏感法是利用適應性的反應取代不適應性的反應，以降低焦慮或害怕（Wolpe, 1958, 1982）。它的目的在打斷特定刺激及其引發的焦慮或恐懼反應之間的連結，即當刺激呈現時，就要預防焦慮發生。在成人身上通常教導他們用音樂幫助肌肉放鬆，以平靜安和作為焦慮的不相容反應（Jacobson, 1938）。超過六歲的小孩可以教他們修改過的放鬆技術（如，Cavtela & Gorden, 1978），不過也有些孩子用其他的方法有更好的效果。對於兒童，還有許多可以引發放鬆的方法，如較平和的遊戲活動或視覺寧靜和諧的場景等。Sunroeder 與 Gordon（1991）指出，笑聲也很有用，比如說讓兒童想像一隻穿著紅色蕾絲內衣的可怕怪獸！

　　系統減敏感法讓人想像由低到高漸層引發焦慮的場景，並放入與之不相容的反應。利用想像減敏感之外，在引發焦慮的現實狀況中減敏感也是經常用到的技術。有些研究者聲稱現場減敏感法優於只用想像的（Emmelkamp, 1982），其餘有些人則主張兩者混合使用較佳（James, 1985）。目前有越來越多以暴露在現場的減敏感技術用在兒童身上，因為兒童很難想像假裝面對他所恐懼的刺激，也很難在想像的場景中學會放鬆（King & Ollendick, 1997）。Ultee, Griffioen 與 Schellekens（1982）發現現場減敏感法對五到十歲的小孩比用想像減敏感法有效，而在較大的兒童身上，二者效果相當。

　　在佈置現場的減敏感方案時，有個重點是治療師對於引發害怕的恐懼刺激能夠全盤控制（如，一位合作的牙醫、不太繁忙且可在某一樓層停留一段時間的電梯）。系統減敏感法對恐懼的兒童是一種強有力的介入方法，尤其當兒童表現出高度生理反應（如心跳加快）以及過度逃避（King et al., 1988）。但若引起畏懼症的主因是缺乏技巧，或有重要他人強化他的害怕，則系統減敏感法的效果可能就會較其他方法差。

　　除了一些個案研究外，也有一些針對兒童與青少年的團體研究以評估系統減敏感法（見 King & Ollendick, 1997 的文獻回顧）。在七個以 5 到 15

歲者爲對象的研究中，使用系統減敏感法的效果優於未接受治療師或控制組的表現。

　　Knell（1993a）曾提出一個以稚齡兒童爲系統減敏感法爲治療對象的例子。小金，五歲大，有次他的妹妹不小心把他鎖在浴室裡好幾個小時，在那之後，他便開始害怕處在密閉空間裡。後來，小金拒絕待在任何房間裡，除非房門一直是打開的。原本只在特定情況才發生的恐懼蔓延到其他的地方，他害怕那些門會關上的地方，包括所有的房間、電梯、車門。綜合由小金和他媽媽收集而來的資料，界定出不同的恐懼層級，如表 1.1。由小金最不害怕的狀況（在大房間裡玩玩具、和治療師在門打開著的房間裡玩）到最害怕的情境（搭電梯在樓層間升降），逐步排出 23 個項目。依低到高的恐懼層級一一真實呈現給小金，要求他在那些狀況中玩遊戲，並做出簡單、正向的自我陳述，其內容大半跟肯定他有能力掌控這些事件有關。有某幾個玩具可以讓他放鬆，而放鬆與焦慮正是互不相容的，這些東西可以用來幫助小金在管理漸強的焦慮刺激。當他顯現出任何不舒服的跡象，治療師就讓他回到上一個較容易應付的步驟。小金很滿意自己漸漸能控制那些以前困擾他的情境，而且他也喜歡母親和治療師在他有所進步時給的正向回應。小金成功走過這一連串的歷程，也表示他可以克服門關上時的恐懼了。

　　表 1.1　害怕待在關上門的房間裡的五歲小孩之系統減敏感層級

大房間，治療師也在房裡

1. 玩玩具，門打開
2. 玩玩具，門半掩
3. 玩玩具，門打開一吋
4. 玩玩具，門關著但是不完全緊閉
5. 玩玩具，門關上

小房間，治療師也在房裡

6. 玩玩具，門打開

7. 玩玩具，門半掩

8. 玩玩具，門打開一吋

9. 玩玩具，門關著但是不完全緊閉

10. 玩玩具，門關上

小房間，治療師不在房裡

11. 玩玩具，門打開

12. 玩玩具，門半掩

13. 玩玩具，門打開一吋

14. 玩玩具，門關著但是不完全緊閉，持續 10 秒

15. 玩玩具，門關著但是不完全緊閉，持續 30 秒

16. 玩玩具，門關著但是不完全緊閉，持續 1 分鐘

17. 玩玩具，門關上，持續 10 秒

18. 玩玩具，門關上，持續 30 秒

19. 玩玩具，門關上，持續 1 分鐘

20. 玩玩具，門關上，持續 2 分鐘

搭電梯，治療師也在一旁

21. 站在電梯裡，電梯門一直開著

22. 站在電梯裡，電梯門關上，然後在同一樓出去（門立刻又打開）

23. 搭電梯到另一樓層

　　情緒的想像法。情緒想像法是系統減敏感法的變形，由 Lazarus 與 Abramovitz（1962）所發展出來的。治療師使用英雄形象（如超人、小熊維尼）的想像，引發出一些意像，如自我肯定、以自己為榮、情感，以及其他抑制焦慮的反應。治療師先引發一些正面的情緒，再漸漸把某個令人

害怕的刺激引入故事。仍然需要發展出恐懼程度的強弱層級表，但其中是
以英雄形象來抑制焦慮，而非使用肌肉放鬆技術。由系統減敏感方案的角
度來看，此法是用情緒的意像作為與恐懼刺激不相容的反應，且治療師以
系統性漸進的方式把恐懼的刺激逐步引入故事中。

最近的研究（Cornwall, Spence, & Schette, 1997）把情緒想像法用在七
到十歲，怕黑程度到達畏懼症臨床水準的兒童。在六次（共六週）的情緒
療法後，以兒童自陳、父母描述，以及實際處在黑暗時的行為觀察作為評
估資料，發現他們真的比較不怕黑了。

附隨行為的處理（contingency management）。這其實只是一個統
稱，它指的是用控制行為的後果來修正該一行為的技術，它有各種應用的
形式，包括正增強、行為模塑、刺激消退、行為消除，以及其他行為的區
分增強（differential reinforcement of other behavior，以下簡稱 DRO）。處理
計畫可以安排在在遊戲治療的過程中，或是在自然情境下。

正增強。治療兒童期的害怕，幾乎每種治療法都會用到正增強。使
用的方法是先確定某個特定的目標行為、決定增強物，然後使目標行為一
出現就可以得到增強。常用的增強方式有社會層面的增強物（如稱讚）或
物質增強物（如貼紙），在目標行為發生時直接給予增強（如，有分離焦慮
的兒童不必媽媽陪伴就可以自己上學時，馬上稱讚他）或在其他更細膩的
行為出現時就給予增強（如增強他獨自玩耍的行為，讓他在父母不在一旁
時也有獨處的信心）。除了治療師以外，父母或兒童的重要他人，只要受過
訓練，都可以在兒童克服恐懼時給予適當的增強。

對很多兒童而言，用系統化的表列出某種好行為可以得到什麼酬賞是
很重要的。圖表系統有助於操弄結果行為，並且確定增強物可以用系統化
的方式給予。比方說，有個孩子害怕睡在自己房裡，我們就和她討論之後，
列出一張表，內容包括父母要求她回房時她能在某個時限內做到，或是一
直待在房裡沒有抱怨也沒有離開房間，或整晚都待在她的床上，只要達到

任一項都可以得到一張貼紙。像這樣的增強方式也幫助兒童看到自己有能力掌控令她害怕的情境，並對其正向行為提供立即的回饋。

　　行為模塑（Shaping）。行為模塑技術是幫助兒童能逐步接近目標行為的一種方法。當兒童的行為越來越接近我們希望他出現的行為時，就給予正增強。最後，此兒童便會達到那個目標行為。我們不能期望會害怕的孩子一次努力就克服了恐懼。因此，對於不敢睡在自己房裡而跑去和父母一起睡的兒童，可以就他一次次努力得到的小進步都給予正增強（如，睡在父母床邊的地板上、睡在靠近自己房間的門廊上、睡在自己房裡的地板上、睡在自己的床上）。

　　刺激消退（Stimulus Fading）。兒童可能具備某種行為技巧，但只會在某些場合或和某些人在一起時才會表現出來。若是如此，我們可以使用刺激消退的方法。治療師幫助兒童在某一情境使用一項正向的行為技巧，然後再幫他把這個技巧轉移應用到其他的情境。好比說有種常見的情況是，兒童在父親和母親面前表現出的反應不一樣。

　　這項技術曾用在一個四歲半的兒童身上（本章後面的「案例說明」有更詳細的描述）。一開始，父母描述他們的女兒不敢睡在自己的房裡，因為他們在一年半前剛搬到新家。在收集過去資料的過程中，這對父母憶及一年前女兒有段時間是可以獨自睡在自己房裡的。當時是父親負責小女孩的睡前準備，那時候，父親決定在陪她入睡的時段「媽媽不准過來陪」（除了來床邊和她道晚安），小女孩也都可以順利入睡，但那之後，小女孩就生病了，於是又退化到之前和父母一起睡的模式。因此，治療中有一部份應用父親，讓他成為主要陪伴小女孩入睡的親人，當這樣的生活規則建立起來之後，小女孩便漸漸能整晚睡在自己房裡，此時母親的陪伴角色才再逐步加進來這個準備入睡的常規中。

　　消除法（Extinction）與 DRO。有些小孩會表現出害怕的樣子是因

為過去這些反應出現時被增強了，因此，增強必須被移除，以使兒童停止害怕的表現。常見的增強物是父母親的注意。在評估之後，通常可見父母的注意力正是兒童恐懼的主要原因。可以用不給予增強來消減該不當行為。行為消退法並未教導新行為，所以它通常和增強的方案合併使用。一個孩子可以在被增強去學習新行為的同時消減另一行為的出現。也可以藉由 DRO 的方式來執行，因此，異於或不相容於非適應性的行為要被增強。

　　示範模仿（Modeling）。過去有許多關於示範模仿模式的研究，且多用在害怕及焦慮的兒童。示範模仿法是讓兒童在引發焦慮的情境中看到不害怕的行為，並教導此兒童處理他所害怕的刺激時，如何以更適切的方式反應。示範與模仿提供兒童有機會從觀察到一個值得仿效的對象去學習新的技巧以處理可怕的刺激，這尤其對於未習得而不會使用這些技巧的兒童特別有用。

　　設計用來增強一些技能之示範模仿法，包括因應的示範和精熟的示範。因應示範先展現低於理想的技巧，再漸漸越來越純熟，而精熟者直接做出「完美」的表現。過去研究顯示示範模仿法的有效性會隨因應示範的運用而獲得改善，有人認為這類似向著理想目標進步的行為模塑法（Bandura & Menlove, 1968; Meichenbaum, 1971）兒童會觀察示範者的做法學到更適切的技巧。而表現出完全純熟的示範者實際上並不能示範什麼技巧讓兒童學習，因此較難幫助兒童習得新行為。逐漸暴露在可怕的刺激下會是示範模仿法的一部份，所以系統減敏感方案可以如實的示範給兒童。示範與模仿有許多不同的形式，也包括象徵性的示範，亦即示範者（通常是在一個故事裡）示範如何對付可怕的事物；或參與性的示範，即示範者與兒童直接互動，讓示範者引領兒童逐步克服恐懼。

　　雖然示範模仿方法很常用，而且在治療恐懼的兒童時往往可以成功，但其中多是輕度害怕的兒童（King & Ollendick, 1997），而對於強烈恐懼以及畏懼症兒童則仍未有適當的研究。

認知技術

CBPT（認知行為遊戲治療）中的行為方法通常還包括另一種活動，即利用認知的方式來改變想法。假定適應不良的認知型態會造成害怕的行為，便可以假設，想法的改變可以導致行為改變。治療師必須幫助兒童界定、修正、且／或建立認知。除了幫他們辨認出自己扭曲的不當認知，以及教他們用較為適應性的想法去取代不適應性的想法，治療師也必須提供兒童機會去試試自己的新技巧。有研究指出，只單獨使用認知介入方案無法促使兒童掌控恐懼，但併用認知與行為的介入則可使他們更能因應可怕的情境與刺激（Schroeder & Gorden, 1991）。

認知改變策略與駁斥不合理信念。成人的認知改變策略通常有三個步驟：尋找證據、探索替代之道、檢視後果。

只要兒童與治療師找出適應不良的信念或想法，就可以教他／她用許多不同的技術去駁斥把那些不合理性的、適應不良的信念。Beck、Rush、Shaw 與 Emery（1979）發展出「證據為何」（What is the evidence）技術，幫助害怕的孩子辨認出自己的負向想法，並發展出更具適應性的認知型態。之後 Beck 等人（1979）描述了一種「如果……會怎樣」（What if）的技術與它合併使用。治療師用一連串問題引導孩子去想如果他所害怕的事真的發生了，最糟的情況會是如何。最後，再教他試試其他的替代之道（Beck et al., 1979），提供更多不同的解釋與解決的方法。

這些策略用在兒童身上較為困難，因為一般說來，使用此種方法時所需的假設檢驗「如果……會怎樣」通常超乎大多數兒童的認知能力。幫助兒童改變認知型態的意思是說，兒童會需要來自成人的協助以產生替代性的解釋，檢驗它們並改變信念（Emery, Bedrosian, & Garber, 1983）。要挑戰某人的信念，經常是需要讓他與此信念保持某些距離，但這超乎大多數小小孩的能力。另外，兒童需要一個「事件累積成的經驗法則」以了解情境中各種不同結果或表現樣態（Kendall, 1991）。年幼兒童從經驗中累積出來

的學習通常不會太難，因此很難獲得足夠的生活經驗因應此種理解。即使
年幼兒童有許多限制，Knell（1993a, 1993b, 1994, 1997, 1998 編印中）認為
認知改變的治療策略運用在非常年幼的兒童時，可隨他們的發展程度來調
整，即使是學齡前兒童，只要找到適用於該年齡的方法，也可以經由認知
的介入方法得到助益。

　　正向的自我陳述。任何年齡的個體都可藉著一些外來的幫助發展出
更具適應性、更能因應的自我陳述，但這種正向的自我陳述必須依照兒童
的不同年齡做調整。年幼的兒童可以教他們用概念簡單易懂、容易發音的
自我肯定描述句（如，「我很勇敢」、「我做得到」）表達，這些敘述句也包
含了自我酬賞的成分（如，「我可以把這件事做得很好」）。正向的自我陳述
句可以在療程中教導，但應該由治療師或父母等人來示範。大人給予的稱
讚不會自動轉變成兒童對自我的描述，因此成人必須幫助兒童去採用正向
的、自我肯定的評語。經由重要他人所賦予的特殊標示及正向回饋，孩子
們會知道他們所做的事有正面的價值。

　　正向的自我陳述可經由主動控制（「只要我覺得喜歡那隻狗，我就可以
走過牠旁邊」）、減少負向感受（「只要我都準備好了，就可以上學去」）、增
強性陳述（「我很勇敢哦」）以及現實感測試（「我們家真的沒有怪獸」）來
教導因應策略。

　　自我控制。自我控制並不能算是一種介入方案，它只是一種教導個
體使用新行為和新思考方式為導向的策略，以強化此人的控制感。Ollendick
和 Cerney（1981）解釋了為何教導兒童規範自己的行為已受到越來越多注
意的諸多原因。有證據顯示兒童若能控制自己的行為，改變的效果比由重
要他人來規範更有效率。

　　經由自我控制的認知治療方案（如 Knedall, Chansky, Kane et al.,
1992），治療師教兒童用更適應性的因應技巧來監控、評估，並增強它們自
己。Silverman（1989）發展出一個稱為 STOP（Scared, fearful Thoughts, Other

thoughts（coping）, Praise 的縮寫，亦即，覺得恐怖、可怕的想法，其他因應性想法，讚美四項要素）的策略幫助兒童停止焦慮。經由自我控制的訓練和 STOP 的技術應用，感到害怕的孩子可以學會如何規範自己的行為。

　　讀書治療（Bibliotherapy）。讀書治療在技術上並非認知介入，但已越來越常用來作為輔助的材料。自助書籍處理兒童問題的焦點和成人不太一樣，大多數給兒童使用的治療性書籍是以一個故事描述某個小孩（示範者）在類似情境下如何度過難關。這種故事也可以示範某個孩子在某種特殊狀況會有何種反應，希望讓聽故事的人可以採納某些意見來幫他解決問題。

　　有時候已出版品可能不適用或難以取得，那麼或許可以特別為這個孩子創造一些書或文本。之前有個治療師為一個兩歲五個月大的兒童做了一本治療用的書，這個孩子在他住家附近一間廢棄房屋嚴重火災之後開始怕火，當他聽到警鈴聲或是看到消防車通過，心情都會很低落。治療師便寫了一個短短的故事，內容是關於一個孩子經歷類似的火災，故事中的男孩子告訴家人他的恐懼，學著怎麼說出自己的感覺，然後漸漸可以在夜裡安然入睡。雖然受限於那個孩子的年紀，治療師寫了這本小書，但是在療程中一方面由治療師念給他聽，一方面請小朋友協助畫上插圖，回家之後就由父母念給他聽（Knell, 1993a）。

　　對於年紀稍大的學齡前兒童以及學齡期兒童，可在療程中和他一起做一本書。通常治療師需要示範多種問題解決的方法，並且和孩子一起想出正向的自我陳述。和孩子一起創作一本書有許多好處。首先，在此種互動中，兒童會成為更主動的參與者，若是使用已出版的書籍或治療師寫的故事，效果會稍差一些。因為兒童主動參與書本的創作，很可能讓他自發地引入許多治療的題材，再者，可以讓他在寫作過程中參與認知策略的改變；也就是說，如果這個孩子說出自己適應不良的想法，他和治療師可以共同努力想出更適應性，更正向的自我陳述，然後把這些寫進書裡。

　　一個有憂鬱及分離焦慮的七歲女孩在治療中所寫的書可以說明這一

點。這個孩子是由他母親的治療師轉介來的，這位母親當時正因憂鬱以及養育小孩有困難而接受治療。這個孩子似乎反應著她母親的憂傷、害怕，以及與孩子不斷接觸的需求。在其中一次治療中，小朋友表達出她和母親分開時的憂慮，同時也表示媽媽不在身邊時，有一些東西可以讓她覺得安心，比如說抱著她的小狗狗以及找保姆安撫她。

治療師協助她一同寫下一本簡單的小書，名為《想媽媽時我可以做什麼？》書中記下她的點子，其中也有一部份新的想法與自我陳述是治療師加上去的。一頁寫一個句子，再由她自己畫上插圖。內容包括正向的自我陳述（對自己說「我很想媽咪，但是她就快回來了」；「媽咪很好，我也很好，我就快要見到媽咪囉」），以及因應性的建議（看看媽媽的照片，看看這本書），有些建議來自治療師，也有些建議是她自己想的（「我可以抱抱保母」、「我可以抱抱我的狗」）。

父母治療

父母在衡鑑期一定會被納入其中。在面訪完父母且完成兒童的評估之後，最好再與父母碰面一次，把評估的發現呈現出來，並徵詢他們對治療計劃的意見。治療計劃可能會涵蓋對兒童個人的遊戲治療、和父母一同執行的計劃，或合併 CBPT 與父母的執行計畫。決定如何進行基本上是取決於治療師對於眾多因素的評估，如父母是否在調整他們與孩子的互動時需要協助，以及兒童離開治療室之後是否須有他人協助才能執行治療計劃。

即使治療工作主要的對象是兒童，定期與父母會談仍相當重要。在這些會談中，治療師都會收集與兒童進展相關的新資訊，繼續監測並協助調整父母與孩子的互動，同時對相關問題提出建議。

治療恐懼兒童的父母時，工作重點之一在於設計出一套方法讓父母不再增強孩子的恐懼。往往，父母對孩子的行為及反應會直接鼓勵、增強、維持、或加深孩子的畏懼症狀，拿前面那個兩歲半的孩子來說好了，他害

怕火以及和火有關的東西、聲音（如消防車、警鈴），治療師可以在療程中觀察到當消防車經過時警鈴大作，整個家庭的互動為何。在一個出其不意卻時機恰當的情境中，治療師觀察到，當父母聽到火災警鈴時，馬上就寵愛地抱緊這個孩子。實際上，父母在不確定孩子是否已經聽到警鈴之前，就已經開始靠近他了。像這樣的狀況，指示父母切勿預設小孩會出現害怕的反應，便不會在該反應還沒發生就先給予增強了。

父母的行為不一定在兒童行為出現前就出現，但都可能強化或鼓勵孩子的害怕。簡單來說，如果一個小孩表現出害怕比表現出適應性的行為可以得到大人更多的注意，那他就可能維持他的害怕反應，因為害怕反應得到了增強。

類化／預防復發

治療恐懼的重要目標之一，是要讓兒童在療程結束後仍能維持適應性的行為，並把這些行為類化到自然環境中。也就是說，如果孩子在治療過程中學會克服恐懼，他可以在治療結束後仍然維持著這個新能力，不只在心理治療情境中才不怕，而是到任何地方都不會害怕。促進和提昇類化的能力應該是治療中的一部份，但如果沒有設計和計劃，它通常不會自動發生（Meichenbaum, 1977）。藉由在現實生活中用示範模仿和角色扮演的方式、教導自我管理技巧、把重要他人及照顧者納入治療，以及持續學習以前學過的技巧以確定他有適切的學習等方法，類化工作便可獲得處理。

除了類化之外，也應協助兒童及其家庭預防復發。找出高風險情境，然後兒童及其父母應對此種有潛在危險的情境做好處理的準備工作，就好比先給孩子打了一劑「預防針」（Meichinbaum, 1985; Marlett & Gordeon, 1985）。

個案說明

個案一：蘿拉

　　蘿拉是個四歲半的女孩子，害怕睡在自己房裡，治療中使用附隨行為的處理（正增強、行為模塑、刺激消退、行為消除及 DRO）、讀書治療、示範模仿法及正向的自我陳述。蘿拉的父母帶她來治療時告訴治療師，他們在一年半前搬家，之後她就不願意睡在自己房間裡。依據父母的說法，蘿拉總是先在客廳睡著，再由雙親之一抱她回她的小床上。她會睡上幾個小時，然後在半夜醒來，又溜到父母的床上。如果父母堅持要她回房，她就開始尖叫、放聲大哭。蘿拉則說她害怕住在她房裡的怪獸。在訪談過程中，父母憶及在求診前約一年，有一小段時間蘿拉可以在自己的房裡睡覺。按父親的說法，那時候是由他帶她回房間，告訴她說媽媽不准來陪他，然後講晚安故事，讓她就寢。她也可以表現得很好，直到她重感冒，然後又回到舊模式。

　　衡鑑中有一部份是由父母分別填寫兒童行為檢核表（Child Behavior Checklist, CBCL, Achenbach, 1991）。蘿拉的父母填寫出的結果在臨床上都未達顯著水準，仍屬正常，但父親填的資料顯現出焦慮／憂鬱及社交問題兩個量表上有稍微偏高（仍在正常範圍內）；母親的 CBCL 結果則是在社交問題及思考問題兩量表上有些微偏。第一次會面主要是與父母會談，第二次才見到蘿拉。給蘿拉做布偶句子完成測驗（Puppet Sentence Completion Task, Knell & Beck, 編印中），她有好幾個反應都暗示可能有某些對睡眠障礙的感覺／想法。選了一些句子如下：

　　我很怕 __怪獸__ 。

　　最秘密的事情是 __我睡在我的床上，我應該睡在我的床上__ 。

　　最高興的事情是 __我醒來了__ 。

我最大的毛病是 ___怕黑___ 。

我的房間 ___很漂亮___ 。

在討論中，蘿拉講出她擔心怪獸的事，怪獸好大好恐怖，有長長的牙齒，只在晚上出現，只會出現在她的臥房。她也提到不喜歡她房裡的一張海報、不喜歡衣櫥的門開著，還有在她三歲的時候可以睡在自己房裡，她記得在那兒的時候感覺挺不錯的。蘿拉和治療師列出有哪些人會因為她睡在自己房裡而覺得開心，名單上有：媽媽、爸爸、她自己，還有家裡的貓咪。

第二次會面結束之後，我給了蘿拉和她的父母一些建議。她的父母拿到一張建議的明細，其中一些是蘿拉提議的，要求父母讓她的衣櫥是一直關著的，把房間裡那張讓她嚇得要命的海報拿走，改變這些小的環境刺激，能賦予孩子在某種程度上控制她所希望房間的樣子是如何，也同時消滅了房間裡會嚇著她的事物。前面提到的名單貼在她的床旁，提供一些立即的正增強，頗類似 Azrin 與 Foxx（1974）為了幫助小朋友上廁所設計的「哪些朋友會在意」的名單。他們還得去買一個「專用手電筒」放在蘿拉伸手可及的地方，只要她在床上時覺得害怕，就可以拿來用。最後，治療師給他們一罐（想像的）神奇怪獸噴霧器，先讓蘿拉對治療師「試用」一番，並且了解它的功用，就是用了它就可以「神奇地趕走怪獸」。手電筒和噴霧器都讓她提高了對環境的控制感，當然也控制了害怕。另一方面也決定先由蘿拉的父親當主要陪蘿拉就寢的人，因為過去的經驗顯示蘿拉的媽媽會強化她夜裡的恐懼，而且沒辦法堅持要蘿拉一定睡在自己床上（這裡使用的是刺激消退的方法，請參照本章前述）。治療師鼓勵父母要能持續執行這個計劃，即使蘿拉可能在開頭的幾個晚上會有些困難。治療師解釋道，夜眠的問題會漸漸緩解，但因為之前的恐懼一直被增強，在問題行為完全消失之前，可能會有一段時間，問題行為不減反增（也就是說，之前被增強的那個行為增加了，實際上同時也在被減退）。因此，他告訴父母，蘿拉可能會因為不睡自己床上就不能得到注意力而表現出更嚴重的害怕和／或哭鬧（消除法，extinction）。蘿拉和她的父母迫不及待想快點試試這個新計劃。

　　一週之後，便是這家人的第三次治療，他們報告說蘿拉在第一個晚上哭了兩個鐘頭，第二晚哭了一小時，而在執行計劃的第三晚，她只啜泣了幾分鐘，然後在第四晚，她就已經可以安然睡在自己房裡了。所以在這一單元中，蘿拉得到一張貼紙作為她正向成就的獎勵（正增強），然後她和治療師一起做了一本書（讀書治療），在每一頁上有一句簡單的自我陳述。

蘿拉的書

　　有個晚上，蘿拉整晚都睡在自己的床上
　　她用她的手電筒
　　她用她的怪獸噴霧。爸爸把它噴完了。
　　然後她睡在自己的床上，一，整，晚，哦。
　　耶！！

　　他們也做了個特別的標誌，上面有星星，可以貼在蘿拉的牆上，上面寫著「做的好啊，蘿拉，你睡在自己的床上了呢！」（正增強）
　　一個月後進行第四次療程，那時候，蘿拉都睡在自己房裡，每晚由雙親之一負責睡前的例行公事。和蘿拉進行個別遊戲治療時，我們用布偶扮演了各種睡覺時會遇到的狀況。布偶怕黑的時候，蘿拉就叫他「用你的手電筒！」因此她已經可以「示範」她自己的因應技巧讓布偶學習了。她也和治療師一起讀上一週寫的故事，還畫了她躺在自己的床上，爸媽睡在他們床上的圖畫。這些活動都可以增強她新習得的技巧，而且提供了蘿拉預防復發的方法。

個案二：伊凡

　　伊凡是個六歲大的男孩，他的父母帶他來治療是因為擔心他的幾個問題，包括害羞、注意力障礙，以及焦慮。在治療過程中，伊凡自己傳達出

的焦慮主要是他害怕進入家中地下室的家庭遊戲室。他的哥哥們可以毫無困難的在那邊玩，但伊凡卻常常因為不能跟他們一起玩而覺得被排擠。在處理伊凡這個特殊的問題時，我們一起讀了好幾本書，包括《大綠怪快走開》（Emberley, 1992）、《酷貓咪，冷靜囝》（Williams, 1996），以及《親愛的熊》（Harrison, 1995）。

伊凡很熟悉《大綠怪快走開》，在書的前半部用一連串的色頁呈現出怪物的臉，在書的其他部分怪物的樣子就不再出現，直到書的末尾，故事達到高潮，主角說：「走開，大綠怪！我沒說可以，你不准回來！」用一些插圖和簡單的字句，書中傳達的訊息很清楚的把掌控權交到孩子手中。伊凡寫了一封信給那隻怪獸：「親愛的，大的，很大的，超級大的怪獸：走！開！（簽名）伊凡」。他畫了有他和怪獸的圖畫，看來他似乎很喜歡寫了那封信之後被賦予的控制感。

《親愛的熊》一書中的小孩害怕一隻「住」在他家樓梯下面的熊。她媽媽建議她寫一封信叫熊離開。故事的後面是那孩子和熊的通信（很明顯熊的來信是小孩的父母寫的），最後小孩和熊在一個茶會中碰面了。伊凡在治療中聽完這個故事之後也寫了一封屬於自己的信，他寫道：「親愛的怪獸，到遊戲室來見我，愛你的伊凡。附註：開個小宴會吧！」他的母親衡量了書的內容及伊凡的恐懼，假扮成「怪獸」寫出如下的信：「親愛的伊凡，謝謝你的來信，我看過你在遊戲室裡玩球，真的好厲害，我打賭你一定練習了好多次。遊戲室是個很好玩的地方，有好多事可以做。謝謝你留了一些小東西在那邊給我玩。（簽名）怪獸。」在另一封信裡，伊凡的媽媽（假裝是怪獸）寫道：「親愛的伊凡，謝謝你的來信，我很遺憾你會怕我，因為我是個非常友善的怪獸。我們試試看不要嚇到對方，做好朋友如何？你的新朋友，友善的怪獸。」

最後，《酷貓咪，冷靜囝》在治療中用來幫伊凡做壓力管理及放鬆訓練，這本書用了九個貓咪的例子，用貓咪來示範壓力管理技巧（如，貓咪第五祕招：「把你的頭抬高」；貓咪第九祕招「在那兒別動」）。治療師和伊凡也做了一本他們自己的書，伊凡叫它《酷小孩，冷靜貓》，書裡的例子有：祕

招一：「如果有人打擾你，不要理他們」；祕招一百：「如果有人取笑你，就去告訴大人」。

個案三：堤娜

　　堤娜的父母因她的干擾及攻擊行為前來尋求治療。堤娜的媽媽最近被診斷出罹患癌症，已連續接受各種治療好一段時間了，目前正在進行另一個療程，為此，媽媽必須住院三週。雖然恐懼不是現下堤娜出現的問題之一，但可以猜得出堤娜應該為了媽媽的病情極度擔憂，只能等著分離和住院的時候到來。遊戲治療中有很大一部份是讓堤娜說出她的煩憂和擔心，並且把感覺表達出來。治療師很清楚的告訴她，那些攻擊及暴力的行為可能肇因自她的恐懼，而面對像自己這樣的遭遇，覺得害怕是理所當然且可以理解的，但她需要學著怎麼把害怕表達出來，而不是亂摔亂打或對人暴力相向。

　　負責照顧她母親的腫瘤科護士給了她們家一本書《瑪拉的那一個月》（Mara's Month, Weinsten-Stern, 1994），可以讀給堤娜聽。這本書描述一個小女孩在母親罹患癌症時的經驗，以及她怎麼學著去處理自己的處境和感覺。堤娜喜歡這種表達自己的方式，把感覺由書本表達出來。堤娜後來也寫了一本自己的書，稍後還加上插圖。書名是全家人一起想出來的，他們也給媽媽的癌症取了個名字，叫「強尼」。

《走開，強尼》

　　獻給媽咪和爹地，並附上我的愛和關心

　　我媽媽發現她得了癌症，我很難過。

　　我覺得，我難過的就是她得了癌症。

　　有時候哥哥也讓我難受，有時候他會取笑我，有時候他還會打我。

　　很痛耶。

有時候，我們會受罰，我猜他大聲講話就是為了要被人多注意一點，他從來就沒被多罰，可是我老覺得我被罰得比較多，真不公平。

有一次他打了我的手，真的好痛好痛，我就打回去，後來我們還是互相說了對不起。

然後我們去醫院看媽媽，她身上插了好多管子。我們都怕死了，我和哥哥都怕得要命。回家之後，我們又開始打架。

當媽媽回家時，我們都送她禮物和卡片。

當媽媽骨髓移植完回到家，我們都好開心哦。

我給她看那些我們畫的圖，我回到起居室，抱住媽媽。

從那一刻開始，我變得更勇敢了。

有關作者：我的母親真的得了癌症，而且我怕得要命，但現在已經不怕了。我好愛我媽媽，以及我的哥哥。

個案四：卡拉

卡拉是個四歲九個月大的女孩，因與母親分離有困難而前來接受治療（此個案詳見 Knell, 1999）。如果她被母親留在托兒所裡，便開始哭鬧不休，啜泣數個鐘頭；在家族聚會及生日宴會上也離不開媽媽一步。她在兒童早期未有特別的創傷經驗，但要她離開媽媽確實會讓她經歷很大的壓力。這個個案是很典型的分離焦慮症（Separation Anxiety Disorder），在本章呈現是因卡拉的恐懼來自和母親分離時的預期和實際事件，我們來看看治療師如何處理。

和母親一同合作的工作包括設計一張增強圖表，每天只要卡拉可以和媽媽分開，而且在學校玩耍時沒有哭鬧，就可以得到一張貼紙。媽媽要讚美卡拉的努力（行為模塑，Shaping），並忽視那些不好的行為（消除，

Extinction）。

　　遊戲治療中，治療師鼓勵卡拉用畫圖、故事和玩布偶的方式來表達害怕分離的感覺。在認知行為遊戲治療（CBPT）中，治療師介紹了幾個布偶，其中有一個害怕去上學。由治療師向玩具熊寶寶示範了正向的因應陳述（如，「我做得到」、「我可以在學校過得很好而且不會太想媽媽」），卡拉對那些「過於擔心」的布偶很有興趣，她和治療師一同列出了一張清單，寫著可以給熊寶寶的建議，叫做「熊先生的清單」（如，「想一些開心的事」、「媽媽就快回來了」、「我覺得我可以，我一定可以的」、「玩玩具，讓自己快樂」）。這張清單提供熊寶寶正向的因應陳述，可以用來緩解他的焦慮（示範正向的自我陳述）。卡拉在引導下，討論一連串小熊上學時必須和父母分開的害怕，經由玩偶的「聲音」，治療師示範適應性的因應技巧給卡拉看。隨著療程的進展，她開始把這些技巧整合進她的故事、玩偶遊戲，並漸漸融入她自己在學校的因應行為。《小引擎辦得到》一書被拿來當作範本，告訴卡拉有志者事竟成（讀書治療）。

　　卡拉和治療師一同寫了好幾本有關她的恐懼的書，也都畫上了插圖。其中一本，她口述了一個她自己的經歷，有一次她在學校沒有哭泣，而且覺得很驕傲。（「我沒哭，而且我以自己為榮。有一天我去上學，我都沒有哭。在我開始想哭的時候，老師說想哭沒什麼關係，然後我就不再哭了。寫完了。」）

　　她也口述了一本書，是關於學校的，叫做《卡拉的學校書》，書的內容有一些敘述如「我會想到小火車丘丘做的事情……我在腦子裡畫一些東西……也著上色，那可以讓眼淚都消失不見……有時候我會擔心媽媽好不好。我提醒自己說：『她很好』。」

　　在治療過程中，媽媽提出卡拉的新問題，就是卡拉不願意在室外玩，因為她怕小蟲子。之後卡拉和治療師一起做了一本有關蟲子的書。

　　有一天，我看到一隻蟲子，它嚇到我了。
　　然後它飛走了，沒有來煩我。

第二天，我在外面，經過那隻蟲的時候，它看到我，但它從我身邊飛過而沒有傷害我，它只是一直在我身邊飛呀飛。

有一天我出門，經過一隻有針的小蟲，它盯著我走過去，就咬了我。真的好痛。

爹爹把針拔出來，他把我抱進屋裡，給我貼上藥布，然後包紮。

有時候蟲會傷人，不過那沒關係，我不必太害怕。

整個治療進行了九次，一如典型的療程，有一部份是和媽媽一起，然後才進入 CBPT。這幾次治療花了六個月，其中有一些療程故意隔了幾週，目的在配合卡拉生活上的變化（如，進幼稚園）。在最後一次治療時，媽媽說現在卡拉已經願意外出，而且不怕蟲子，同儕互動也增加了。卡拉開始上幼稚園，可以毫無困難的和媽媽分開，而且和其他孩子一樣，可以搭校車上學了。

摘要與結論

CBPT 是針對學齡前和國小低年級兒童所設計的。它強調兒童親身參與治療，並著重控制感、精熟，和改變自我行為的責任等議題。外來的協助在於讓兒童成為其改變的主動參與者（Knell, 1993a）。藉由適合兒童發階段的介入方案，治療師讓他們由治療中獲益。有許多技術以及方法都能納入 CBPT 中一併使用。

為了讓 CBPT 更有效率，它應該提供有結構的、目的導向的活動，同時也能讓兒童自發地帶入自身的材料參與療程。自發形成的活動與較結構性的活動二者的平衡是 CBPT 中精緻的那一部份。非結構性的、自發產生的資料對於治療而言非常重要，若沒有這些訊息，治療師會遺漏許多豐富

的臨床資料。另一方面，若治療完全非結構性和非指導性，在教導兒童更具適應性的行為時，如問題解決技巧，會是相當困難的事。

要克服各種恐懼，最重要的是要取得控制恐懼的力量。發展這種控制感的意思是，兒童學會如何面對令他害怕的事物、如何管理和害怕有關的感覺，或學會特殊的因應技巧以處理恐懼。認知行為式的介入可以提供如此的學習機會，以及克服恐懼的特殊技巧。在遊戲治療中，兒童可以透過扮演不害怕的人那個角色而克服恐懼的事物。他們可以用不害怕的方式來行動，藉由「假裝」和練習，兒童便可以克服令人害怕的刺激。

參 考 文 獻

Achenbach, T. M. (1991). *Manual for the Child Behavior Checklist 4-18 and 1991 Profile*. Burlington: University of Vermont, Department of Psychiatry.

Agras, W. S., Chapin, N. H., & Oliveau, D. C. (1972). The natural history of phobias: Course and prognosis. *Archives of General Psychiatry, 26*, 315–317.

Azrin, N. H., & Foxx, R. M. (1974). *Toilet training in less than a day*. New York: Simon & Schuster.

Bandura, A., & Menlove, F. L. (1968). Factors determining vicarious extinction of avoidance behavior through symbolic modeling. *Journal of Personality and Social Psychology, 8*, 99–108.

Beck, A. T. (1976). *Cognitive therapy and the emotional disorders*. New York: International Universities Press.

Beck, A. T., Rush, A. J., Shaw, B. F., & Emery, G. (1979). *Cognitive therapy of depression*. New York: Guilford Press.

Bedrosian, R., & Beck, A. T. (1980). Principles of cognitive therapy. In M. J.

Mahoney (Ed.), *Psychotherapy process: Current issues and future directions* (pp. 127–152). New York: Plenum Press.

Campbell, S. B. (1986). Developmental issues in childhood anxiety. In R. Gittelman (Ed.), *Anxiety disorders of childhood* (pp. 24–57). New York: Guilford Press.

Cautela, J. R., & Groden, J. (1978). *Relaxation: A comprehensive manual for adults, children, and children with special needs.* Champaign, IL: Research Press.

Cornwall, E., Spence, S. H., & Schotte, D. (1997). The effectiveness of emotive imagery in the treatment of darkness phobia in children. *Behaviour Change, 13,* 223–229.

Drabman, R., Spitalnik, R., & O'Leary, K. D. (1973). Teaching self-control to disruptive children. *Journal of Abnormal Psychology, 82,* 110–116.

Eisen, A. R., & Kearney, C. (1995) *Practitioner's guide to treating fear and anxiety in children and adolescents.* Northvale, NJ: Aronson.

Emmelkamp, P. M. G. (1982). Anxiety and fear. In A. S. Bellack, M. Hersen, & A. E. Kazdin (Eds.), *International handbook of behavior modification and therapy* (pp. 349–395). New York: Plenum Press.

Emery, G., Bedrosian, R., & Garber, J. (1983). Cognitive therapy with depressed children and adolescents. In D. P. Cantwell & G. A. Carlson (Eds.), *Affective disorders in childhood and adolescence—An update* (pp. 445–471). New York: Spectrum.

Gullone, E. (1996). Developmental psychopathology and normal fear. *Behaviour Change, 13,* 143–155.

Hampe, E., Noble, H., Miller, L. C., & Barrett, C. L. (1973). Phobic children one and two years post treatment. *Journal of Abnormal Psychology, 82,* 446–453.

Jacobson, E. (1938). *Progressive relaxation.* Chicago: University of Chicago Press.

James, J. E. (1985). Desensitization treatment of agoraphobia. *British Journal of Clinical Psychology, 24,* 133–134.

Jersild, A. T. (1968). *Child psychology* (6th ed.). Englewood Cliff, NJ: Prentice-Hall.

Kendall, P. C. (Ed.). (1991). *Child and adolescent therapy: Cognitive-behavioral procedures.* New York: Guilford Press.

Kendall, P. C., Chansky, T. E., Kane, M. T., et al. (1992). *Anxiety disorders in youth: Cognitive behavioral interventions.* New York: Pergamon Press.

King, N. J., Hamilton, D. H., & Ollendick, T. H. (1988). *Children's phobias: A behavioral perspective.* New York: Wiley.

King, N. J., & Ollendick, T. H. (1997). Annotation: Treatment of childhood phobias. *Journal of Child Psychology and Psychiatry and Allied Disciplines, 38,* 389–400.

Knell, S. M. (1993a). *Cognitive-behavioral play therapy.* Northvale, NJ: Aronson.

Knell, S. M. (1993b). To show and not tell: Cognitive-behavioral play therapy in the treatment of elective mutism. In T. Kottman & C. Schaefer (Eds.), *Play therapy in action: A casebook for practitioners* (pp. 169–208). Northvale, NJ: Aronson.

Knell, S. M. (1994). Cognitive-behavioral play therapy. In K. O'Connor & C. Schaefer (Eds.), *Handbook of play therapy: Vol. 2. Advances and innovations* (pp. 111–142). New York: Wiley.

Knell, S. M. (1997). Cognitive-behavioral play therapy. In K. O'Connor & L. Mages (Eds.), *Play therapy theory and practice: A comparative presentation* (pp. 79–99). New York: Wiley.

Knell, S. M. (1998). Cognitive-behavioral play therapy. *Journal of Clinical Child Psychology, 27,* 28–33.

Knell, S. M. (1999). Cognitive behavioral play therapy. In S. W. Russ & T. Ollendick (Eds.), *Handbook of psychotherapies with children and families* (pp. 385–404). New York: Kluwer Academic/Plenum Publishers.

Knell, S. M., & Beck, K. W. (in press). Puppet sentence completion task. In C. E. Schaefer, K. Gitlin-Weiner, & A. Sandgrund (Eds.), *Play diagnosis and assessment* (Vol. 2). New York: Wiley.

Knell, S. M., & Moore, D. J. (1990). Cognitive-behavioral play therapy in the treatment of encopresis. *Journal of Clinical Child Psychology, 19,* 55–60.

Knell, S. M., & Ruma, C. D. (1996). Play therapy with a sexually abused child. In M. A. Reinecke, F. M. Dattilio, & A. Freeman (Eds.), *Cognitive therapy with children and adolescents: A casebook for clinical practice* (pp. 367–393). New York: Guilford Press.

Lazarus, A. A., & Abramovitz, A. (1962). The use of emotive imagery in the treatment of children's phobias. *Journal of Medical Science, 108,* 191–195.

Loevinger, J. (1976). *Ego development: Conceptions and theories.* Washington, DC: Jossey-Bass.

Lovitt, T. C., & Curtiss, K. A. (1969). Academic response rate as a function of teacher- and self-imposed contingencies. *Journal of Applied Behavior Analysis, 2,* 49–53.

Marlatt, G. A., & Gordon, J. R. (Eds.). (1985). *Relapse prevention: Maintenance strategies in the treatment of addictive behaviors.* New York: Guilford Press.

Meichenbaum, D. (1971). Examination of model characteristics in reducing avoidance behavior. *Journal of Personality and Social Psychology, 17,* 298–307.

Meichenbaum, D. (1977). *Cognitive-behavior modification: An integrative approach.* New York: Plenum Press.

Meichenbaum, D. (1985). *Stress inoculation training.* New York: Pergamon Press.

Miller, L. C. (1983). Fears and anxiety in children. In C. E. Walker & M. C. Roberts (Eds.), *Handbook of clinical child psychology* (pp. 337–380). New York: Wiley.

Morris, R. J., & Kratochwill, T. R. (1983). *Treating children's fears and phobias: A behavioral approach.* New York: Pergamon Press.

Ollendick, T. H. (1979). Fear reduction techniques with children. In M. Hersen, R. M. Fisher, & P. M. Miller (Eds.), *Progress in behavior modification* (Vol. 8, pp. 127–168). New York: Academic Press.

Ollendick, T. H. (1983). Reliability and validity of the revised Fear Survey Schedule for Children (FSSC-R). *Behaviour Research and Therapy, 21,* 685–692.

Ollendick, T. H., King, H. J., & Frary, R. D. (1989). Fears in children and adolescents: Reliability and generalizability across gender, age, and nationality. *Behaviour Research and Therapy, 27,* 19–26.

Ollendick, T. H., Matson, J. L., & Helsel, W. J. (1985). Fears in children and adolescents: Normative data. *Behaviour Research and Therapy, 23,* 465–467.

Reynolds, C. R., & Richmond, B. O. (1978). What I think and feel: A revised measure of children's manifest anxiety. *Journal of Abnormal Child Psychology, 6,* 271–280.

Schroeder, C. S., & Gordon, B. N. (1991). *Assessment and treatment of childhood problems*. New York: Guilford Press.

Silverman, W. K., & Nelles, W. B. (1990). Simple phobia in childhood. In M. Hersen & C. Last (Eds.), *Handbook of child and adult psychopathology: A longitudinal perspective* (pp. 183–195). New York: Pergamon Press.

Spielberger, C. D. (1973). *Manual for the State–Trait Anxiety Inventory for Children*. Palo Alto, CA: Consulting Psychologists Press.

Strauss, C. C., & Last, C. G. (1993). Social and simple phobias in children. *Journal of Anxiety Disorder, 7*, 141–152.

Ultee, C. A., Griffioen, D., & Schellekens, J. (1982). The reduction of anxiety in children: A comparison of the effects of systematic desensitisation *in vitro* and systematic desensitisation *in vivo. Behaviour Research and Therapy, 20*, 61–67.

Walk, R. D. (1956). Self-ratings of fear in a fear-invoking situation. *Journal of Abnormal and Social Psychology, 52*, 171–178.

Wolpe, J. (1958). *Psychotherapy by reciprocal inhibition*. Stanford, CA: Stanford University Press.

Wolpe, J. (1982). *The practice of behavior therapy* (3rd ed). Oxford, UK: Pergamon Press.

讀書治療用書

Dutro, J. (1991*). Night light: A story for children afraid of the dark*. New York: Magination Press.

Emberley, E. (1992). *Go away big green monster!* New York: Little, Brown.

Harrison, J. (1995). *Dear Bear*. Minneapolis, MN: Lerner.

Lankton, S. R. (1988). *The blammo-surprise! book: A story to help children overcome fears*. New York: Magination Press.

Lobby, T. (1990). *Jessica and the wolf: A story for children who have bad dreams*. New York: Magination Press.

Marcus, I. W., & Marcus, P. (1990*). Scary night visitors*. New York: Magination Press.

Marcus, I. W., & Marcus, P. (1992). *Into the great forest: A story for children away from parents for the first time*. New York: Magination Press.

Penn, A. (1993). *The kissing hand*. Washington, DC: Child Welfare League of America.

Piper, W. (1950). *The little engine that could*. New York: Platt & Munk.

Weinstein-Stern, D. (1994). *Mira's month*. Highland Park, IL: BMT Newsletter.

Williams, M. L. (1996). *Cool cats, calm kids: Relaxation and stress management for young people*. San Luis Obispo, CA: Impact.

第*2*章

喪親兒童的短期完形遊戲治療

Violet Oaklander, PhD, Violet Oaklander Institute, Santa Barbara, California; Adjunct Faculty, University of California Extension, Santa Cruz, Santa Barbara, and San Diego, California; Adjuct Faculty, Lewis and Clark College, Portland, Oregeon

導言

完形（Gestalt）治療是一個人本主義、過程導向的治療模式，其重點在於有機體整體的健康及整合的功能運作，結合了感官、身體、情感，以及智力。完形治療最早是由 Frederick（Fritz）Perls 以及 Laura Perls 兩位博士發展出來，基本原理來自心理分析理論、完形心理學和各種人本主義理論，以及現象學、存在主義和德國傳統的身體治療。從這些來源，許多的理論概念和原則成為完形治療實務上的基礎（Perls, Hefferline, & Goodman, 1951; Perls, 1969; Latner, 1986）。完形治療有幾個最聰慧的原理適用於運用在兒童身上，將在本章中討論。

關係

這種特別的治療關係是奠基於 Martin Buber（1958）的哲學作品，通常指稱為「我—你關係」（I-Thou relationship）。與此種關係相關的基礎原理在兒童治療的運作上有高度重要性。治療師應該理解到即使有年齡、經驗，和教育水準上的差異，她並沒有比個案優越；雙方是平起平坐的。在這個關係中，兩個人在對話的立足點上相聚。治療師不帶評判，而是以尊重及引以為榮的態度來看待這個孩子呈現出的自我。治療師並不扮演任何角色，她保持一致和真誠，同時也能覺察到自己的限制與界限，絕不會因為面對孩子而迷失自我，但仍願意被孩子所影響。治療師不帶任何期望，而是維持一個能支持孩子完整、健康能力的態度。治療師是投入、平易近人的，且往往是有互動的。她創造安全的環境，而且不會逼迫孩子超越他或她的能力所及或承諾。關係本身具有治療性，往往它會提供孩子新穎且獨一無二的經驗。

接觸與抗拒

接觸（Contact）指的是在一個特別的情境中完全陪伴的能力，所有對這個有機體重要且可得的各個面向。健康的接觸包含了感官的使用（看、聽、觸、味、嗅）、身體各方面的覺察與適切使用、健康地表達情緒，以各種智力型式使用在學習、表達意見、想法、好奇心、想望、需求，以及怨恨。當這些方式中有任何一個被抑制、限制，或阻斷了，好的接觸便會受到傷害，使得分裂發生，而非整合起來。遇到麻煩的兒童，還有那些遭遇喪親、擔心、焦慮、受威脅或生氣的兒童，會把盔甲穿上並且限制自己、讓自己退縮、抑制自己，並且阻斷健康的表達。健康的接觸包括獨處時能感受到安全而且獨立時不感到恐懼。我們從自身的邊際和他人產生好的接

觸——從自我的界限。「接觸的界限」在於某人經由此一接觸經驗到「我」與「非我」之間的關係，且兩者都能清楚經驗到（Polster & Polster, 1973）。如果自我虛弱且定義不明，界限便會變得模糊且使得接觸發生困難。好的接觸是會流動的，並且有一種退縮的節律。孩子如果因為想要得到不斷的注意而維持一個固定的接觸姿態，就不會獨自玩耍，或是會不斷說話，表現出脆弱的自我。（Oaklander, 1988）。

多數孩子在某種程度上會有所抗拒且自我保護，抗拒其實是一種健康的反應，好的接觸便包括了某種程度的抗拒。要和一個沒有清楚界限的人接觸頗為困難，但過高的抗拒也不太可能達到滿意的接觸。治療師預期有一些抗拒出現，並把它認為是孩子的好幫手。當孩子開始在這些單元中感覺到安全，抗拒便會開始軟化。然而，抗拒仍會一再出現。一但孩子體驗到或表露了遠超過於他所能處理或內在資源所能支持的範圍，抗拒便會再度出現，這是需要被尊重的。這是兒童表達的信號，讓你知道她在那個當下已經達到她的能力極限了。抗拒可以被視作能量的展現以及兒童接觸程度的指標。當能量消退而接觸轉換之時，便是抗拒現身的時候。有些孩子會以被動的方式表現出抗拒——忽略、分心，或一副沒在聽的樣子。這個兒童可以說：「這樣就好，我不想再多做什麼了」就是一個接觸性的描述句。

抗拒的議題與兒童短期治療的成功與否息息相關。兒童的抗拒涉及其核心——他因應有問題的世界並存活下來的各種方法。他的抗拒便是他的存在狀態。治療師無法太快、太使力，或太機械式地強迫抗拒的來去。如果關係夠堅固，治療師便可以運用她所有的技巧，一步步溫柔地克服抗拒，這是急不得的。

不適切的行為往往會被視作是抗拒或接觸的界限發生困擾。當孩子掙扎地要長大、存活、應付生活，他會展現出各種不適切的行為以及症狀，用以避免接觸並保護自己。他並沒有內在支持、認知能力或成熟的情緒能力來直接表達深層的感覺。這些症狀和行為把兒童帶入治療，實際上它們也是一個有機體意圖達到恆定的方法，雖然不是成功的方法。這種探求內外平衡的方式是狂暴的，但孩子好像並未覺察到他意圖因應、滿足自身需

求,以及自我保護的因與果。兒童對於生命與成長有強烈的驅動力量,會盡一切可能讓自己得以成長。弔詭的是,在這個探求之中,他卻會去限制、抑制、阻斷,甚至切除自我的某些部分。他會讓自己變遲鈍、限制身軀、阻斷情緒,並抑制智力。此一過程最後的結果會使得自我逐漸消失,並傷害他與人接觸的能力,往往會以令人困擾的行為或症狀展現出來。

自我的感覺

幫助孩子發展出強烈的自我感是讓情緒得以表達出來的序曲,是療癒過程中重要的一步。當孩子限制了有機體運作的任一面向,自我便消失了。強化接觸技巧的遊戲是這個過程中重要的一部份。這些技巧——觀看、聆聽、聞、品嚐、觸摸、在環境中移動;表達想法、理念、觀點,以及定義自我——讓那些阻斷健康運作與整合的深層情感得以表達。由治療師引入的各種經驗可用來強化孩子的自我,到頭來也提供了情緒表達所需的自我支持。這並非一個線性的過程——治療師在需要時才呈現這些活動。

覺察與經驗

多數人認為完形療法是一個過程療法:它所注意的是行為的「什麼」與「如何」,而非「為何」。當治療師可以幫助個案更清楚察覺到他或她在做的哪些事造成了不滿足,個案便開始握有是否要改變的選擇權。覺察圍繞著生命的許多面向。一個人能夠變得可以察覺到自己的過程、感官、感覺、想望、需求、思考歷程,以及行動。當孩子走過治療的經驗,他會更覺察到自己是誰、他的感覺是什麼、他需要什麼、他想要什麼,諸如此類(Oaklander, 1982)。有些較年長的兒童與青少年往往會忽然認知到不滿足的存在方式,在治療師的引導下完全體驗,並開始有覺察地刻意選擇新的

行為。這已經超乎了較年幼兒童的眼界了。對這些兒童而言，經驗是覺察之鑰。提供孩子各種經驗是此一治療過程的必要成分。這些經驗或許是那些他們自己將之阻斷的面向，如一或多個感官的模組。他們或許會經歷到自我中潛藏已久的那個部分。所有的經驗都是用來強化兒童的自我並促進好的接觸功能運作，最後成為療癒的情緒表達，且一般說來，會豐富個體存在於世界上一些新的、更滿意的生存之道。

許多有創意、表達性，以及投射式的技巧會用來深入治療經驗。這些技巧是通往孩子內在自我的橋樑，且往往提供了探索、強化，與更新自我的工具。這些技術包括使用各種型式的繪圖藝術方式，包括畫圖、彩繪、拼貼，以及陶藝、布偶、各種型式的音樂、創造性的戲劇、感官與身體的經驗、各類比賽、書籍及說故事、沙盤、幻想，以及隱喻故事的使用。這些技術在完形治療的脈絡及與治療師的關係發展中相當有力。

短期完形遊戲治療取向

完形治療是針對喪親兒童進行短期治療時一個相當理想的模式，因為它既直接又焦點清楚。在較長期的狀況，這些單元會變成好像跳舞一樣：有時候是孩子帶領你，而有些時候則是治療師主導。短期治療中，則多半是由治療師來帶領，她必須評估什麼最符合孩子在治療上的需求，以便在有限的幾個單元中提供最好的經驗，同時深切注意孩子的發展階段、能力所及、反應及抗拒的程度。她必須能不強迫或硬闖孩子的界限所在——她得輕輕踏步，不帶任何預期。

這些技術的生動與能量在短期治療中可以有最佳的發揮，因為它們相當富有動力，且在於切入情境核心特別有效。

要以短期形式來面對喪親兒童，一開始治療師必須能了解關於失落與

哀悼的相關議題，以及可以豐富短期治療的一般原則。

哀悼的階段

　　Elizabeth Kubler-Ross（1973）提出面對至愛之人死亡的五階段反應：否認與隔離、憤怒、討價還價、憂鬱，以及最後的接受。大部分的治療師都會把這些階段推廣至符合各種的失落情境。Lenore Terr 所撰的《無淚的驚恐》（"Too Scared To Cry"，1990）以 John Bowlby（1973-1983）的三冊大作《依附、分離，與失落》（"Attachment, Separation, and Loss"）討論服喪過程中與兒童特別有關的四個階段：否認、抗議、絕望，以及化解。她聲稱兒童可能會停在任何一階段很長的時間。治療師無法強迫個案走過這些階段，然而，只要開始處理某些特定議題，就會開始有所移動了。

幾個議題

　　兒童遭受失落事件時，治療師必須要覺察到有好幾個可能出現的相關議題。其中包括了困惑、遺棄、自我的喪失、自責、罪惡感、恐懼、失去控制、覺得被背叛，感到需要去照顧父母，以及無法表達出的哀傷、憤怒、羞恥，以及錯誤的觀念。治療師必須評估困擾著孩子的相關議題，如此便可提供治療的焦點。某幾個議題在各個發展階段有其普遍性。例如，四歲的喪親兒童會覺得對此失落事件要負起責任，因為他基本上仍是個自我中心的個體。一般而言，可以假設大部分上面提及的議題都會困擾著喪親兒童。

　　兒童在發展的各個階段會經歷各式各樣的失落。這些失落深深地影響著孩子：失去喜愛的玩具、朋友、鄰居、喜愛的老師、寵物、離婚後失去父親或母親，以及有一些來自肢體損害造成的失落，都會衝擊到兒童。父

親或母親、手足、朋友，或祖父母的死亡會是創傷性的失落。當孩子逐漸
長大，這些失落事件也不斷累積，若沒有將哀傷與悼念適切地表達出來，
可能會對健康的發展造成難以收拾的浩劫。孩子們在某個失落事件後發展
出悶悶不樂的症狀或行為且持續數月的情況並非不常見。孩子們的確有能
力自然地走過哀悼的過程。然而，一般他會內射許多有關此一歷程所必須
的表達：哭出來不好。對這個失落事件感到生氣的確是不妥當。兒童會對
他生命中的成人過得好不好感到有責任。他可能會因要為此失落事件負責
而抱有秘密的恐懼。

　　簡言之，兒童走過哀悼的過程中需要許多支持與引導。當有人鼓勵了
這個過程，且任何阻礙他哀悼的議題都被處理了，這個孩子便可以迅速有
所回應。

短期工作

　　往往，治療師得把幫助兒童走過哀悼過程整合起來的腳步加快，但在
與兒童一同工作時，這似乎是個不可能的任務。為了要快點達成某些結果，
治療師可能會感到相當的壓力，此種壓力會對治療過程造成傷害，治療師
則必須找到方法去卸除此一過重的負荷並信賴此一過程，即使他或她並未
成功。若遭遇失落事件的兒童在之前功能運作得相當不錯，而且似乎有很
強烈的自我感，並且環境中有很好的支持，那麼只需有幾個單元便可以幫
助他走過哀悼。更進一步來說，如果治療師能夠感受到關係的來龍去脈且
孩子在治療中可以持續與治療師維持接觸，便可以達成好的結果。接觸必
須每隔一段時間就加以評估，因為孩子在治療對她而言太過強烈的時候
——如果她缺乏處理這件任務的自我支持，她會去截斷自己並破壞接觸。
治療師必須能敏感於此一現象，且當它發生時，要能尊重此一抗拒，或許
建議其餘的時間以無威脅性的活動來進行，比如兒童自己選擇的遊戲。

　　當關係與接觸普遍存在時，治療師接下來必須決定什麼最適合用在短

期治療模式。即使治療師可能有某些目標想要達成，她仍必須盡量避免有所預期。她會為每個單元設定架構並呈現活動，預期有何結果往往會埋下失敗的種子。每個孩子都對於可能出現的預期高度敏感，此種態度可能會嚴重影響並模糊了單元的內容。這些預期所呈現出的動力會變成兩造相遇中持續存在的一部分。治療師必須站在一種存在性的立場上：會發生的事就是會發生。

短期治療中需考量下列幾點，或許會有所助益：

1.將情境視為「危機介入」。告訴孩子你只有幾個單元可以讓事情好轉。

2.注意還剩下幾個單元，並計畫你要做些什麼（不過別預期計畫中的事情一定會發生）。例如，第一個單元要用來建立關係，包括認識這個孩子、進行非威脅性的活動，並提供孩子安全感。當治療師尊重、真誠、一致、接納孩子自由呈現出的自我，且她自己保持有接觸性，關係與安全感便就此建立。

3.別與孩子過度糾結。往往在處理孩子的失落時，治療師會覺得她必須照顧孩子、讓一切都變得好一些、感受到情緒，或是為孩子感到遺憾，因而會允許孩子為所欲為，即使已經超越了限制。如果治療師無法維持自己的界限並讓孩子遵從她所運作的限制，這個孩子會變得困惑且焦慮。

4.列出你對此特別的孩子決定要處理的議題並設定輕重緩急。切入每個議題與感受的核心（例子請見下一節）。依兒童的年齡不同，治療師可以與之分享某些項目，讓孩子可以選擇決定她或他想要處理什麼。

5.若是可能，也讓家長參與某幾個單元，並向他們說明你工作的過程。評估關於此失落事件的溝通程度。例如，一個孩子在面臨父親失業時，會覺得自己得讓爸媽振作起來、讓自己沒有疑慮、往事情的「光明面」看，並且徹底去除自己的恐懼。其他的症狀，如學業成績變差以及無法專心，會開始出現。在家人一同參與的單元中，

他承認自己被之後可能會發生在這個家庭的事情給嚇壞了。家長也承認他們從不展現出自己的恐懼，更缺乏和孩子一同討論，認爲那樣是有害的。當他們開始討論彼此的感覺，孩子的症狀便逐漸消失。

6. 治療是隨孩子的需要而間歇出現。一般而言，結案只是暫時，在每個發展階段會有新的議題產生。兒童只能致力於他或她所處的特定發展階段，家長必須要了解這一點。

7. 尊重孩子並清楚讓他或她知道和你一同參與這些單元的原因。即使相當年幼的孩子也能了解，只要治療師用了合乎其發展的適切語言。

案例說明

下面所述是以短期治療爲基礎，針對喪親兒童所做處理的濃縮版：

個案一：傑克

12 歲大的傑克，在他七歲時，癌症奪走了母親的性命。他的父母已經離婚一段時間了，爸爸之後有再娶。傑克和爸爸媽媽都有很好的關係，他們共同監護他，傑克在學校表現良好，有不少朋友，大致上適應得相當不錯。當他母親過世時，他便搬去與父親和繼母同住，他也滿喜歡繼母的。他父親報告說從母親過世之後，傑克一直沒出什麼問題。當治療師問到傑克如何處理他的悲傷，他爸爸才領悟到，實際上在傑克第一次被告知母親之死時，他只短暫的哭泣，幾乎沒有顯露出什麼感情。

他現年 12 歲，是一個關鍵的發展年齡，各種症狀才開始出現。傑克的

學業成績開始向下掉；他不太出去和朋友玩卻喜歡待在家裡，在爸爸不在家時覺得沮喪，且開始出現睡眠障礙。他的父母並未把他的症狀連結到幾年前母親死亡一事。然而，治療師認為這個創傷事件明顯而重要，特別是父母報告說他在面對母親的死亡時處理得「這麼好」。

第一單元

在第一單元，傑克與父母一同前來。在這個單元中，治療師了解到這個孩子的「故事」以及父母的擔憂。讓孩子一同參與這個單元是相當重要的，如此他可以知道父母跟治療師說了什麼。傑克同意他要為睡得更好而努力，因為他認為自己是個運動員，他也承認現在不管做什麼事都覺得累，推測大概是因為缺乏睡眠的關係。

第二單元

在第二單元，治療師評估傑克建立關係的能力，並觀察他的接觸技巧。傑克是個聰明、友善的孩子，他很快就和治療師熟稔，而且好像還滿有接觸性的。就各種跡象看來，他相當適合進入短期治療。第一次與傑克單獨相處的單元基本上在幫助他覺得舒服點以及促進關係。聊了一下之後，治療師請傑克畫一個安全之地──一個能夠讓他覺得安心的地方。傑克畫了一幅露營的圖，並談到說他有多喜歡和父親及繼母一同在野外露營，他說他喜歡跟他們在一起，因為日常生活裡的種種壓力好像都離得遠遠的。治療師讓傑克一邊說出這些壓力，一邊將它們列成一張表。此一單元的結尾，傑克從好幾個簡單、有趣的遊戲中選出了疊疊樂來玩。

第三單元

接下來這個單元，治療師請傑克閉上眼睛，並想著媽媽，看看有什麼

回憶會襲上心頭。治療師邀請他畫出這個回憶或只要分享就好。他說他對
媽媽沒什麼印象，但仍繼續完成了一張海灘的圖。完成的時候，他提到說
他如何記得在小的時候曾和媽媽一起去海邊的事。治療師要求傑克讓畫裡
面的小男孩說話。她立刻開始和小男孩對話起來：「你在做什麼？」傑克一
開始雖然拒絕這個有點傻的要求，仍說了：「我正在蓋沙堡。」治療師鼓勵
傑克扮演小男孩，和圖畫裡的媽媽開始對話。在這個小練習的最後，傑克
面帶笑意地說：「挺有趣的。」這個單元也是以疊疊樂作為結束。

第四單元

桌上有兩個板子，上面放陶土，一邊還有橡皮槌以及其他的工具。當
傑克和治療師玩陶土的時候，她若無其事地請他多說一點關於媽媽的事
情，還有他記得她的哪些事情。黏土與陶土在提供滋養、感官的經驗上是
一種相當有利的媒材，也可以促進情緒的表達。傑克驚訝地發現其實他有
很多回憶。治療師和他談到她相信他的睡眠問題還有無法和父親分開，都
和七歲時失去母親有關。傑克相當震驚且被這些話嚇了一跳。她請傑克用
陶土作出一個七歲大的男孩，並且想像如果這個孩子失去了母親會是什麼
樣子。治療師讓這個「七歲大」的男孩進入對談，並再次由傑克為這個小
男孩發聲。治療師鼓勵傑克「扮演」他想像中一個小男孩會怎麼說。

治療師：你媽媽生病的時候你怕不怕？

傑克：她到醫院去的時候我怕死了。

治療師：是啊！對一個小孩子來說，這真的是件可怕的事。

出乎他自己的意料，傑克在回答治療師看似無意的問題時提供了相當
大量的訊息。治療師告訴他，這個年紀的孩子面對喪親的哀痛都會發生困
難，需要有人幫助他們以學會如何走過這些哀悼的階段。傑克被這些階段
吸引住，當時的許多回憶開始湧上心頭。

「我記得爸爸說她死了的時候我好生氣！我覺得他一定在說謊，我衝
出房間而且不跟他說話。有點像否認吧我想。我爸好像對我那個樣子很生

氣。我猜他應該不曉得這些階段。」

　　傑克也談到他的憤怒，那好像讓他惹了不少麻煩。所以他就壓抑下來，也認為自己感受到這樣的情緒是很糟的一件事。治療師把一大團陶土放在傑克面前，並邀請他用橡皮槌用力的槌打。傑克非常樂在其中。當治療師請傑克對自己的槌打說些話，傑克倏地站起，用極大的力量敲打陶土，他哭了起來，一邊大喊著：「妳為什麼要離開我？」顯然現在是在和他母親說話。治療師說了些鼓勵的話，如「對，告訴她！」她知道如果她保持沉默，傑克會忽然覺察到自己在做什麼並且會停止自己嘈雜的外放怒氣。傑克持續了一會兒，最後坐了下來。很快的，治療師讚美他能讓自己的憤怒發洩出來。治療師塑了一個小人物，她稱它為七歲大的傑克。

治療師：傑克，這是七歲大的你。想像你坐上時光機器回到過去，可以
　　　　跟他講話。你會說什麼？

傑克：我不知道。

治療師：試著說說看嘛。我很遺憾你失去了母親。

傑克：是啊。我很遺憾你失去了母親。你只是個小孩子，而且你需要她。
　　　那並不好受。

　　傑克持續在此情境中，治療師則一邊給予鼓勵與建議。

治療師：傑克，這個小男孩住在你心裡。他已經安靜好一陣子了，可是
　　　　你現在十二歲了，而且可以做很多事，我想他一直試著讓你注意
　　　　到他。我想他在那個年齡被堵住了，因為他從來沒表達出（或是
　　　　知道）他的感覺。現在他需要你。當你害怕的時候，當你父親離
　　　　開的時候，就是他，會一直想著有什麼事要發生在爸爸身上了。
　　　　就是他，讓你睡不著。但是現在他有你了，當然，你也不會離開
　　　　他，因為他是你的一部分。現在他需要你。所以我希望你在這個
　　　　禮拜每晚要上床睡覺的時候，和他說說話，告訴他你絕不會離開
　　　　他，而且他是個非常棒的孩子。或許你躺在床上的時候也可以說
　　　　個故事給他聽。

傑克：我媽媽以前都會講故事給我聽。

治療師：現在你可以做這件事了。你很擅長這個，就試試吧。這是你這
　　　　個禮拜的家庭作業！

　傑克婉拒在治療師的辦公室裡練習這個活動，但他同意在家裡完成。

第五單元

　　在第五個單元中，傑克報告說他現在睡得比較好了，但還不夠好。治
療師請傑克閉上眼睛並想像現在是晚上，他躺在床上，要他說出他所經驗
到的感覺。傑克說他仍然有點害怕，但他不確定在怕些什麼。治療師要傑
克用顏色、線條、弧度、形狀，把此一恐懼畫出來。

傑克：這就是我的感覺。有很多詭異的線條和圓圈圈，大部分是黑的。
　　　我想我是怕爸爸會死掉，就像你上個禮拜說的那樣。

治療師：傑克，沒有人知道未來某人會發生什麼事。但是當一個男孩子
　　　　失去了親密的人，尤其是他的母親，他可能會非常擔心焦慮，而
　　　　且自然而然會開始想到其他親近的人會發生什麼事，特別是他的
　　　　爸爸。你要讓你心裡的這個小男孩知道，害怕是沒有關係的－因為
　　　　你可以理解。他在這裡（用線條塗鴉出一個人形）——告訴他吧。

傑克：好，害怕是沒有關係的。

治療師：你相信嗎？

傑克：唔……他要害怕是沒關係啦，我不認為我應該害怕。

治療師：這就是我請你跟他說話的原因。我想如果你可以允許他害怕，
　　　　或許那可以幫助你不那麼害怕。但是真的，傑克，你要害怕也是
　　　　沒關係的。

傑克：好，你可以害怕。那是很自然的，你只是個小孩。

治療師：提醒他你和他在一起，而且絕不會離開他，有很多他沒辦法做
　　　　到的事，你都知道怎麼完成。

　傑克把以上內容練習了一會兒。

第六單元

第六個單元，傑克報告說他在還沒跟七歲大的自己講完話就睡著了，而且也忘記擔心自己的爸爸。他很忙。治療師提醒傑克不管現在還是過去，他因為媽媽而感到孤單，要記得他得讓自己這麼做，或許為他七歲大的自己做些不錯的事情。

第七單元

在最後一個單元，傑克和他的父母一同參加，每個人都談了一些傑克學到了什麼。要讓傑克來教他們讓他有點焦慮，尤其是關於面對死亡的各個階段。傑克說他覺得很高興，現在已經不那麼累了。一個月後有個追蹤的單元——一切都很好。

整個治療總共進行了七個單元，包括最後一次。第一個單元納入家人，接下來的兩個禮拜是關係的建立，同時提供了聚焦在傑克母親死亡一事的基礎。治療師假設這是他目前症狀的原因，特別是因為他有依附上的毛病。這些自發產生的問題包括害怕被遺棄、憤怒，以及悲傷。學會滋養自我並習得照顧自己的技巧是相當重要且有效的方式。

案例二：蘇珊

蘇珊十歲大，父親因為自殺而過世。她的父母有三個孩子，蘇珊是老么，他們在蘇珊還是個嬰兒時就離婚了。蘇珊的爸爸相當融入她的生活，她也跟他非常親近。協議是她可以跟他同住一年，就在她搬過去之前，他就自殺了。六個月後，蘇珊的母親把她帶來接受治療，因為蘇珊當時的行為變得很糟，會突然生氣、有攻擊性，老師則抱怨說她不做功課，而且變得很好鬥。像這樣在創傷事件後的幾個月因為症狀的出現和加劇，家長帶

孩子進入治療是很普遍的狀況。

第一單元

　　第一個單元由母親和女兒一同參加。母親說從父親過世那時候，蘇珊上學就出現困難，她們的關係也開始惡化。「事情越來越糟」，她說：「而且一點都不像我所想的過一段時間就好了。」在這個單元中，蘇珊相當退縮且都不參與。治療師要求母親進入等待室，然後邀請蘇珊在一張紙上畫一個房子、一棵樹和一個人。蘇珊知道自己不一定要說話就比較放鬆了，仔細地畫著。

治療師：蘇珊，這事實上是個測驗，但是我不會照那個方式用─我只想用它來更了解你。它告訴我一些關於妳的事情，我想要和妳確認一下，看看那對不對。

蘇珊：它告訴妳什麼？

治療師：嗯，第一個，它告訴我妳自己隱藏了很多東西。

蘇珊：對啊，妳怎麼會知道？

治療師：妳的房子有幾個很小的窗戶，而且有黑影，有時候有人畫成那樣，就可能表示這個意思。

蘇珊：（*表現出有興趣的樣子*）其他還告訴妳什麼？

治療師：這還說了妳可能也保有很多憤怒，因為妳可能不太知道怎麼發洩出來。妳是這樣的嗎？這邊這個人看起來有點生氣。

蘇珊：是啊！

治療師：妳看這個房子是怎麼被標記的？也許妳現在對任何事都覺得不確定。這個女孩子在角落，離房子很遠。也許妳不知道妳屬於哪裡。

蘇珊：（*非常細微的聲音*）對啊。

　　治療師注意到蘇珊的眼裡湧出了淚水，她溫柔地告訴蘇珊她們會試著一同在之後的單元裡處理這些事。她在蘇珊的畫紙背後寫下她的發現並且

念給蘇珊聽。蘇珊專注地聽著，然後治療師建議這個單元的最後幾分鐘用來玩個遊戲。蘇珊選了「四個連一線」，關係似乎是逐漸穩固了。

第二單元

在第二個單元中，治療師要蘇珊用黏土捏塑出她的家庭。蘇珊很快做出她的兩個姐姐和媽媽。當治療師請她把爸爸的放進來，她拒絕了。「他不會再出現在這邊了。」治療師很快地捏出一個粗略的人形。「這是你的父親，」她說：「他就在這兒。」治療師把這個黏土人遠遠放在黏土板的角落上。

治療師：我希望妳對每個人說一些話。

蘇珊：（*對大姐*）妳一點都不關心我。妳總是和朋友跑出去。（*對二姐*）
我希望妳不要那麼常嘲笑我。（*對媽媽*）我希望妳不要再一直有那麼多工作，如果可以多在家裡待著就好了。

治療師：現在對爸爸說些話吧。

蘇珊：我不想。

治療師：好吧。妳不一定要做。蘇珊，有時候爸爸或媽媽自殺了，小孩子會自責也會羞於告訴任何人。我不知道妳是不是也會這樣。

蘇珊：別的小孩也會這樣覺得啊？

治療師：是啊，這些都是很常見的感覺哦！

蘇珊：我不知道我做了什麼，不過大家認為我要去跟他一起住，然後他就自殺了。他們會知道是因為我的關係。

治療師：這些感覺一定讓妳很不好受，我很遺憾。

蘇珊點點頭然後不再說話。很明顯的，她缺乏接觸、她的身體姿態顯示越來越缺乏能量。治療師建議停止講話，開始來玩四個連一線。可以看到蘇珊忽然有了活力而且以煥然一新的能量開始玩起這個遊戲。治療師告訴蘇珊，下個單元中媽媽會一起來參加。

第三單元

在第三單元，媽媽也在一邊，治療師請蘇珊跟媽媽都做出某個會讓他們生氣的東西。蘇珊看著她的媽媽畫圖，然後最後也開始畫起自己的圖來。媽媽畫了工作上發生的一件意外事件，也聊了一點。

蘇珊：我沒做妳要我的事，我只是畫了我的家人。

治療師：好。我注意到妳沒畫你父親。妳在上面這邊的角落畫一個小圈圈來代表他。蘇珊，告訴妳每個家人讓你生氣的事情，或是妳不希望他們做的事情。

蘇珊照著做了，但這次她也拒絕跟爸爸說話。

治療師：（*對母親*）我在想妳是否願意在這裡跟妳的前夫說些話，這對蘇珊有點難。任何妳想告訴他的都可以。

蘇珊的母親立刻開始對他的自殺表達出強烈的憤怒，因為那對他的孩子造成許多傷害和痛苦，尤其是對蘇珊，還有讓她獨自去承擔三個孩子的責任。

蘇珊哭了起來，她說她也很生氣，而且她很確定那都是她的錯。治療師指示她把這些話跟圖上的爸爸說。蘇珊的媽媽說她很震驚，她同理蘇珊的感覺，並且告訴她那跟她沒有關係，她父親有財務問題，她認為那是他自殺的可能原因，而且他很愛蘇珊的，但那些壓力對他而言太沉重了。蘇珊在母親環抱著她時仍一直哭泣。

第四單元

在第四單元，治療師建議蘇珊畫一張圖，主題是她喜歡和爸爸一起做的事。她畫了一張游泳池的圖，她也說了他們以前一起游泳時有多好玩。然後她詢問是否她可以玩沙盤，她在上面做了個墓地的景，並宣布其中一做墳墓屬於她父親。

治療師：蘇珊，我希望妳對爸爸的墳墓說些話。

蘇珊：爸，我希望你在那兒快樂。我好想你。我很難過你經歷那麼糟糕的事情。

治療師：妳可以告訴他妳愛他嗎？

蘇珊：是的！爸，我愛你。（*長長的暫停*）再見。（*對著治療師*）我們還有時間玩個遊戲嗎？

第五單元

　　蘇珊和治療師還有一個單元可以在一起。她的母親沒辦法參加，所以寫了張紙條要蘇珊乖乖的。治療師問蘇珊想在這個道別單元中做些什麼，蘇珊選了黏土。她做了個生日蛋糕，用牙籤當蠟燭，很開心地說爸爸的生日快到了，她想要為他準備個蛋糕。

　　這次治療花了五個單元。這個個案像傑克一樣，關係很快便建立起來，即使蘇珊一開始有抗拒，後來她仍相當有反應。她要負起父親死亡之責的議題似乎很快地被處理了。她表達出憤怒和悲傷。治療師打電話給蘇珊的母親，告知蘇珊已經在她這個發展階段上處理對父親的失落感，但更深層的感覺可能會在後續的發展中呈現出來，包括蘇珊現在缺乏自我支持去處理的問題。她在生活中運作得如何是將來是否需要進一步治療的最佳測量指標。

案例三：吉米

　　六歲大的吉米被父親帶來這裡。吉米有個比他小兩歲的妹妹在一場車禍中喪生，吉米和他的父母則受了輕傷。父親說吉米在生活上似乎過得還可以，但他覺得吉米需要有人協助他度過妹妹的死亡，因為他從未談到她。吉米的媽媽極度的悲傷而且幾乎沒辦法過日子，現在正接受精神科的照顧。吉米持續地壓抑著。治療師猜測吉米害怕表現出他的哀傷會讓他失去

媽媽──他得爲了她而強壯起來。吉米的爸爸告訴治療師他們這兩個孩子的關係很好，一向都玩在一起，但吉米喜歡嘲弄妹妹，有時候會打她，而且好像喜歡把她弄哭。吉米仍處在一個自我中心的發展階段，可能會因妹妹的死亡而自責，特別是因爲過去他對她的那些行爲。治療師認爲後面的這個想法加上害怕失去媽媽的愛和注意，似乎是他們要一同處理的首要之務。

第一單元

　　在第一個單元中，當父親和治療師談話時，吉米拒絕說話而且坐在沙盤前面，把他的雙手從沙堆裡鑽進鑽出的，但治療師看到吉米的身體姿勢表示他其實注意聽著他們的對話。治療師問吉米讓他爸爸在等待室裡坐著等他好不好，吉米點點頭，但仍背對著治療師。治療師把吉米的注意力引到放沙盤物件的架子，邀請他把它們放到沙子裡造一個景出來。吉米一步步把他能找到的所有樹木都放進沙子裡，在其中一棵樹下，他放了一隻非常小的兔子。「我做好了」他說。

治療師：吉米，你可以跟我談談你的景嗎？

吉米：這是一片有好多樹木的森林。

治療師：那這個小兔子呢？

吉米：他躲在那棵樹下。

治療師：我希望你談談他。你要不要當他的聲音？你知道的，就好像他是個布偶。小兔子，你在做什麼啊？

吉米：我躲起來了。

治療師：你在躲什麼啊？

吉米：有些很大的動物會吃掉兔子，我在躲他們。

治療師：你有個好地方可以躲。你覺得安全嗎？

吉米：不，我還是很害怕。

治療師：附近有沒有人可以幫你？

吉米：（*聲音壓得很低——身體捲曲成一團*）沒有。

治療師：哦，你一定覺得很難受。

吉米：是啊。

　　在當時治療師告訴吉米他們有五分鐘可以玩一個遊戲，直到這個單元結束。她詢問吉米是否可以把這個景拍照下來，並且晚一點再把這些物件拿走，這樣她可以多看看它。吉米同意了。

第二單元

　　吉米來了，他問說能不能再用沙盤造另外一個景，接著他把上個禮拜的那個景一分不差地又造出來，不過多了一隻小兔子放在原本的兔子附近。「現在這個兔子有人可以幫他了」，他說。治療師猜想吉米認可了他可以從治療師身上獲得的協助。

治療師：吉米，我很遺憾你失去了你的妹妹。我很希望你可以畫一張她的圖，這樣我可以大概知道她長得什麼樣子。

　　吉米投入地畫了她的樣子，他一邊畫著一邊說明她頭髮的顏色、眼睛，還有她穿的衣服，以及其他的細節。

治療師：吉米，我要列出一張清單，記下你跟你妹妹一起做過的事情。告訴我其中一件事。

吉米：嗯。我們在她的一本書上面塗顏色。我們演虎克船長和小飛俠我是虎克船長。我們用積木蓋東西。她只有四歲，我得做給她看怎麼做這些事。

治療師：我知道你是個好大哥。大哥哥有時候也會嘲笑他們的妹妹，你有沒有那樣呢？我知道我兒子常常嘲笑他的小妹，然後她會哭著跑來找我。現在他們都長大了，也成為好朋友。我打賭你跟茱莉長大以後一定也會變成很好的朋友。

吉米：你的兒子會嘲笑妹妹？是啊！我常常嘲笑茱莉耶！我輕而易舉就可以讓她哭起來。她有時候也會把我得很煩，那我就會打她。然

後他會哭著去找我媽，媽媽就會對我生氣。我真的好喜歡她哦。

治療師：我打賭你一定很想她。

吉米：（點點頭，淚水在眼眶裡打轉。）

治療師給吉米看一場布偶秀。在第一幕，有兩個動物布偶──一隻狗跟一隻貓──他們一起玩，然後狗開始叫起貓咪的綽號。貓咪哭了起來。在第二幕裡，一個大一點的動物，一隻老鷹，告訴狗說剛剛有一場車禍把貓咪撞死了。狗開始哭泣，說他並不是故意要嘲笑她的。老鷹跟他保證說，貓咪並不是因為他的嘲笑而死去。在第三幕，狗告訴老鷹說她失去了妹妹有多麼悲傷。老鷹抱了抱他。

吉米專注地看著這個簡單的戲，而且馬上問了他能不能自己做做看。他表演的戲更為感人，其中狗告訴老鷹打貓咪的事情還有其中代表的意義，老鷹繼續跟他保證說這些行為不會造成她的死亡。吉米離開治療室時說的最後一句話是「我真愛這個布偶秀！」

第三單元

治療師問吉米是否認為媽媽對他很生氣，因為她那麼沮喪。吉米哭了起來。因為在他的發展階段，吉米會覺得他媽媽那麼強烈的悲傷都是他的錯。

治療師：吉米，我想你媽媽是因為失去茱莉才這麼傷心，我不認為她是在氣你。如果我們請你爸爸進來這裡，這樣我們才能談這件事，好嗎？

吉米點點頭。治療師要吉米請爸爸想一想媽媽是不是在氣他。吉米看著治療師，之後治療師詢問是否可以告訴爸爸。吉米熱切地點頭。他爸爸有點被這個想法嚇到，他感性地告訴吉米他和媽媽有多麼愛他。吉米爬上爸爸的大腿，啜泣起來。

第四單元

吉米告訴治療師說他媽媽看起來似乎好一點了。他說她微笑了，而且在早上擁抱了他。治療師猜測吉米的爸爸把他們上次治療中發生的事告訴了她。治療師請吉米用黏土做一個妹妹並且跟她說話。吉米告訴黏土人偶說他很想她，很遺憾她過世了，還有他會很想她。然後他自動地把黏土人偶拿起來，親親它，並且說了再見。「我想在我今天離開之前玩那個遊戲(『腦筋急轉彎』)。」

這真的是最後一個單元了。吉米的爸爸打電話來說他覺得吉米不再需要後續的治療了。治療師建議他注意是否有新的症狀產生，因為仍有許多可能影響吉米的議題仍未處理。就發展的觀點，也許吉米已經表達出他現下所能處理的狀況了，而且因為他更強壯了，有些其他的議題也可能會需要再處理。

個案四：莎莉

另一種情況如莎莉所遇到的，這個九歲大的女孩被爸爸暴力虐待；最後，她接受保護令而逃到一個新的城市，不再與他接觸。這個女孩變得很乖戾、粗暴，且對妹妹和媽媽有攻擊性。媽媽告訴治療師說她們只能過來五或六次。基於過去類似的經驗，治療師覺得這個孩子可能有和失去父親有關的衝突感覺，也氣她媽媽把她從爸爸以及她以前的家、她的學校，以及她的朋友身邊帶走。

第一單元

在第一個單元中，莎莉在她媽媽說話時顯得相當焦慮，她彎腰駝背把腿捲曲地坐著。治療師直接對著莎莉問那些「初始會談」的問題，把答案

寫在她的寫字板上。「妳睡得好不好？妳有時候會不會做惡夢？這裡的學校怎麼樣？」等等。治療師在過去就已發現許多焦慮和抗拒的孩子在她寫答案的時候會一邊回答夾在寫字板上的表格或紙張，這似乎讓治療師和孩子之間拉開距離，有助於減少孩子可能會出現的任何掛慮。更進一步，直接詢問孩子相關的問題，用一種日常的、對話式的態度，不是只問父母，而是立刻讓孩子加入進來。莎莉可以回答了，看起來明顯地放鬆許多，然後她問為什麼所有的玩具和填充娃娃都在房間裡面。治療師說明那些她們以後會用到，還有畫畫、黏土跟沙盤，是用來幫助孩子表達他們內在發生哪些事，而不是只用講的。媽媽在這個單元很緊張，離開時似乎很焦慮。治療師邀請她在等待室稍等一下，這段時間讓她跟莎莉熟稔一下。

治療師鼓勵莎莉在房間裡走走，看看每樣東西。在一個完整的檢查之後，她被娃娃屋吸引了，並且開始將家具排了又排。在一段時間之後，治療師建議她選擇一個住在娃娃屋裡的家庭。莎莉選了爸爸、媽媽、小男孩和一個中型大小的女孩子，把他們放在屋子的各個角落。治療師指出他們看起來是個和樂融融的家庭。莎莉表示同意，突然間，莎莉明顯地對娃娃屋失去了她的能量和熱情。治療師建議他們來玩個遊戲，而莎莉也重拾接觸，選了疊疊樂來玩。

當一個孩子突然對一件事情失去興趣，原本對那件事相當有能量時接觸卻忽然破壞，一般而言這是一個相當重要的線索，暗示著必定有某件事發生了，讓孩子關掉了開關。這似乎證明了娃娃屋裡「和樂融融的家庭」觸碰到莎莉的痛點。這種型態的關閉在治療過程中其實是個正向事件，因為它表示在抗拒之後，感覺更容易浮現了。

因為母親已經貼心地事先告知治療單元數的限制，治療師為這個治療規劃了一個計劃，並且時時謹記期望會造成不良後果。她對於莎莉設定的計劃如下：

在下個單元，她要呈現一種非威脅性的表達方式，如一種塗鴉技術，好玩而且簡單，而且也可以引出重要的投射。在第三單元，治療師認為她可以請莎莉用黏土做出家裡的每個人，包括她的父親，並讓莎莉與每個人

對話。治療師可以幫助她把焦點放在憤怒、自責，以及失去父親和她熟悉的家之悲傷。在第四單元，治療師認為她可以藉由畫畫或著色把這些感覺整合起來，也許包括任何莎莉所感到困惑的，如此一來，各種感覺更能外顯出來，要處理它們也就更為容易。這時候，可以用打擊樂器「演奏」出各種感覺，提供這些情緒一個滋養、樂在其中的氣氛。第五單元中，治療師會建議莎莉用沙盤造出她生活的樣子。最後，在最後一個單元，治療師會與莎莉和她媽媽一起度過，並且會花些時間給媽媽幾個幫助莎莉適當地表達出感覺以及如何改善溝通技巧的建議。

以下是實際進行時的摘要。

第二單元

治療師介紹塗鴉技巧，請莎莉塗鴉並且在裡面找到一張圖畫來著色。莎莉似乎很喜歡這項工作並且找到一個被樹木環繞的大貓咪圖畫。她說了關於這隻貓的故事：

「很久很久以前，有一隻貓迷路了。她去找朋友，但是在回家的路上不知怎麼的迷路了。她本來想從森林裡走捷徑，現在卻迷路了。她不知道她現在在哪裡，也不知道走哪條路才能回家。天色漸漸黑了，開始出現各種噪音，她很害怕。」

治療師：然後發生了什麼事？

莎莉：她很累很累，捲曲在一棵樹下，漸漸要睡著了。

治療師：她醒來的時候發生什麼事？

莎莉：早上的時候，這隻貓就知道她在哪裡了，快快跑回家。家人看到她都很開心，而且拍拍她、餵她吃東西。講完了。

治療師：這個故事很棒！莎莉，這個故事裡是不是有哪些符合妳和妳的生活呢？

莎莉：我不知道。（長長的暫停）嗯，我不知道我以前的家在哪裡。

治療師：告訴我關於妳以前那個家的事情吧。

莎莉開始描述她居住的房子、她的鄰居、她的學校，以及她的朋友。說這些事時她充滿活力，同時也小心翼翼地看著治療師（期待她的反應？）。治療師相信莎莉不太可能在家裡講這些事，因為只要提到任何以前的家的事情都會讓媽媽難受。在這個單元的最後十分鐘，治療師決定引入樂器，她和莎莉開心地演奏出各種音樂，包括快樂、悲傷、瘋狂、孤單，尤其是憤怒。

第三單元

在接下來的這個單元，治療師拿出了陶土、板子，以及各種工具。他們坐在桌邊玩黏土玩了好一會兒，治療師請莎利用黏土做出她的家庭。莎裡忽略這個指示而一直做著各式各樣的食物。治療師暫時放棄她的計劃，並和莎莉一起假裝吃這些食物。莎莉因治療師誇張地享受這些食物而咯咯笑了起來。在吃的時候，治療師很快地捏出莎莉家人的大致形體：媽媽、妹妹、還有爸爸，就是那個被她放得遠遠的人。

治療師：莎莉，我希望妳對這裡的每個人說些話——也許是妳喜歡他們什麼、不喜歡他們什麼，或單只是妳想對他們說的話。

莎莉：（*對妹妹*）有時候我喜歡和妳一起玩。我不喜歡你抱走我的娃娃。
（*對媽媽*）（*長長的暫停*）我喜歡妳跟我一起玩的時候。（*對治療師*）她老是在工作，而且都很累。

治療師：也許妳可以告訴她，這是妳不喜歡的事情。

莎莉：好啊。我不喜歡妳老是在工作，而且很累，而且不再有很多時間跟我一起玩了。

治療師：現在對這個放在角落的爸爸說些話吧。

莎莉：我現在不想跟他說話。

說完這句話，她把橡膠槌拿起來開始敲打旁邊的黏土堆。

治療師：莎莉，讓我看看妳可以打這些黏土打得多大力。如果需要的話，妳可以站起來。

　　莎莉使盡吃奶的力氣用力槌打黏土，兩手都握著橡膠槌。

治療師：妳在想什麼，莎莉，妳這樣做的時候在想什麼？

莎莉：沒什麼。

治療師：我打賭妳生活裡有很多事情讓妳生氣。妳就打黏土吧——不一
　　　　定要告訴我它們代表什麼。

　　莎莉在治療師鼓勵她時繼續槌打著黏土。時間結束時，她們一起清理
乾淨。

第四單元

　　在第四單元，莎莉的媽媽告訴治療師只能再過來一個單元了，因為她
換了工作，之後就沒辦法再帶莎莉過來了。治療師鼓勵她在最後一個單元
時陪同莎莉一起過來，她有點不太情願地同意了。

　　治療師因缺乏時間而感到危急，她決定要讓莎莉看一齣布偶秀。這場
戲有三幕，治療師希望藉此處理與莎莉目前處境有關的議題。在第一幕，
媽媽布偶自己唱著歌：「我在煮晚餐，我在煮晚餐——」，爸爸布偶進門來
大吼著：「晚餐呢？我餓了！我希望已經可以吃飯了。」媽媽布偶回答說：
「很快就好了，親愛的。再過幾分鐘就好了。」爸爸大叫：「我現在就要！」
並且狂暴地打媽媽的頭。莎莉在觀眾席上喃喃自語：「這好像我的生活啊。」
治療師並沒有回應她的話，逕自換了下一幕。然後，兩個毛茸茸的動物布
偶上場，是一隻猴子和一隻狗，他們交談著。猴子（兩個布偶中比較小的
那隻）說：「你看到爸爸又在打媽媽了嗎？我希望他別再這樣了，嚇死我了。」
狗回答說：「是啊，我也嚇得要命。我很氣他那樣做。為什麼他一定要那樣
傷害媽媽！」猴子說：「那你要叫他停下來啊，畢竟，你年紀比較大。」狗
同意會去試試看。在下一幕，狗叫住爸爸，爸爸說：「怎麼了，孩子，這是
什麼？」狗承受很大的困難、很多情緒，說了：「爸，你可不可以不要再打
媽媽了，那嚇到我了，也嚇到弟弟了。而且，爸，你那樣做我很生氣！！」
爸爸布偶顯得很沮喪，但最後說了：「我猜我是真的失去控制了。我會試著

停止的，我不希望你和你弟弟被我嚇到。」「謝謝爸爸，」狗說，然後他們抱在一起。

　　布偶秀到此結束，莎莉立刻問了她能不能自己來演。莎莉重複了剛剛那齣戲，加上了她自己的話。治療師用這個單元剩下的時間演了另一場戲。這一次，狗去找媽媽，說：「媽，我得告訴妳一些事，妳別生氣哦。」她回應：「親愛的，妳可以跟我說任何事情。」「好，」狗說：「我想念爸爸。」媽媽布偶變得非常激動。「你知道我們不能再見他了！」狗很快的說：「我知道我們不能見他，我只是想告訴妳我希望我可以見他，還有我很想他。而且有時候我很生氣妳把我們帶到那麼遠的地方，離開了一切。」媽媽沉默了幾秒，然後說：「我知道你想念他，畢竟他對你來說是個好爸爸。或許過一陣子你可以見他吧。我知道有時候我會讓你生氣。那沒關係的。我也會對某些事情生氣。」狗說：「謝謝，媽咪，我只是想要告訴妳。」然後他們互相擁抱。

　　莎莉也被這場短短的戲所振奮，而且她很快又自己演了一次。治療師察覺到莎莉過去一直害怕告訴爸爸她的憤怒以及她的其他感覺，但她希望至少能幫助莎莉了解到她的感覺是正常且可以接受的。

第五單元

　　在最後一個單元，莎莉想演這兩齣戲給媽媽看。治療師警告媽媽她可能會不喜歡那個內容，但這對於了解莎莉導致那些行為背後的感覺很重要，而且經由幻想的方式表達它們至少對莎莉而言可以有所紓解，而且有治癒效果。莎莉充滿熱忱地演出，而媽媽也欣然給予鼓舞，一邊用手輕輕按著濕潤的眼眶。治療師稍微談了一些關於莎莉表達感覺的需求，此時媽媽只是聽著，沒有任何評斷。

　　一個月之後，治療師打電話給莎莉的媽媽，媽媽報告說莎莉平靜多了，也比較好相處，不再那麼好鬥，而且大致上表現良好。媽媽似乎也比較平靜了，大大地感謝治療師。治療師建議媽媽在莎莉達到新的發展階段時，

要注意是否出現新的症狀。

我常常使用布偶秀，就好像前面在吉米跟莎莉的案例中所描述，特別是在孩子難以表達感覺時。孩子們很容易被這樣的短劇所吸引，也可以藉此原諒他們的「不完美」。重要的議題可以在簡單的幾幕中戲劇化地呈現出來，而這些隱喻式的訊息相當有震撼效果。它們似乎可以達到孩子自我的深層。

摘要與結論

在這一章，我試圖提供一些有效的方法，以短期模式處理兒童關於失落與哀悼的議題。這些方法奠基於完形治療的理論、哲學，以及實際應用。這些投射技巧（繪畫、黏土，以及幻想；說故事、沙盤場景、音樂，以及布偶戲）讓孩子們得以用非威脅性，甚至是好玩的方法來表達出他們更深層的感覺。治療師必須了解與創傷性失落有關的各種議題，並決定何者是短期治療中最重要、最立即的焦點。治療師必須按部就班進行，即使時間短暫，也要讓孩子感覺安全，並讓他們慢慢揭露出自己更深的部分。治療師必須當心不要逼迫孩子做出或表達出任何他或她所抗拒之事。抗拒通常是這個孩子未有足夠自我支持以處理呈現出的材料的重要指標；必須尊重此點，不要管所謂的短期有何要求。雖然治療師可能有目標或計劃，帶有預期可能會是百害而無一利。治療師得對孩子有無限的敏感度。

在任何工作開始之前，不可或缺的是建立某種關係的脈絡。此種關係隨著每個單元而逐漸建立。接觸，如本章所述，必須隨時呈現，以讓任何重要的工作得以發生，而且治療師必須小心觀察接觸的破壞，如此才能把治療導向對孩子較不具威脅的狀況。在實際實踐時，治療師可以用孩子身

體的反應猜測到接觸的消失：缺乏能量、縮成一團、呆滯的眼神。治療師
若意圖忽略這些顯示孩子並未完全投入的線索，那會是百害而無一利。必
須要有足夠的時間讓孩子可以從接觸中退出。治療師的責任是要與孩子完
完全全的接觸，無論孩子是否有能力這麼做。無論孩子如何呈現自我，治
療師都能以尊重之心滿足他或她，而非預期有任何特定的回應。她必須是
溫柔、可靠，而且尊重他人，不要變成與孩子糾纏在一起或融入孩子而成
爲他的一部分。

　　在短期的做法中，許多其他的議題也許會忽然闖入而變得很明顯或抓
住治療師的注意力。如果是被委託要進行短期的療法，必須要依循優先順
序。若達到好的結果，也就是說，如果孩子似乎開始揭露與失落有關的其
他事情，就可以視作成功。往往，孩子在這幾個單元中所經歷到的經驗會
擴展到他或她生活中的其他領域。

　　兒童並不了解如何哀悼，而且往往被體內種種感覺所困惑。由投射技
術產生的隱喻提供孩子一個安全的距離，允許治療師溫柔地幫助他們擁有
適切的感覺。經由這樣的擁有，兒童便可走過哀悼的歷程。和兒童一起工
作的治療師很榮幸地有此機會可以在他們的生活中幫助他們走過這些困難
的過程。

誌謝

　　此章由 Violet Oaklander 即將出版的作品中節錄出來。版權由 Violet
Oaklander 擁有，經允許後節錄出版。

參 考 文 獻

Bowlby, J. (1973–1983). *Attachment, separation, and loss*. New York: Basic Books.

Buber, M. (1958). *I and thou*. New York: Scribner.

Kübler-Ross, E. (1973). *On death and dying*. New York: Macmillan.

Latner, J. (1986). *The Gestalt therapy book*. New York: Gestalt Journal Press.

Oaklander, V. (1982). The relationship of Gestalt therapy to children. *The Gestalt Journal, 1*, 64–74.

Oaklander, V. (1988). *Windows to our children*. New York: Gestalt Journal Press.

Perls, F. S. (1969). *Ego, hunger and aggression*. New York: Vintage.

Perls, F., Hefferline, R., & Goodman, P. (1951). *Gestalt therapy*. New York: Julian.

Polster, E., & Polster, M. (1973). *Gestalt therapy integrated*. New York: Brunner/Mazel.

Terr, L. (1990). *Too scared to cry*. New York: Basic Books.

第 **3** 章

困擾學生的兒童中心遊戲治療

Carol Mader, MEd, Lancaster-Lebanon Non-Public School Services, Manheim, Pennsylvania

導言

　　布南拿起黏土做的龍捲風造型漩渦，把它上下顛倒，像個大大的微笑般左右左右的擺蕩，發出像鐘擺的滴答聲。這個鐘擺越擺越低，直到撞到下面的托盤。他把黏土重新捏成一顆棒球，上面有細緻的藍色縫線。我告訴他我看到的過程，描述他的笑容和修飾黏土球時小心翼翼的態度。在這次療程中他變得更強壯，準備好面對學校生活中的挑戰。是什麼改變了他四週前的焦慮表現？

　　布南是我接觸過的幾個學生之一，他們的共同問題在於恐懼上學或是有分離焦慮。學校現今面臨的問題是，校園中的諮商師可用的資源實在太少了。作為一個學校諮商師，我尋尋覓覓一種適合學齡兒童的治療模式，期望用短期的形式即可執行。兒童中心遊戲治療（Child-centered play therapy，以下簡稱 CCPT）便以遊戲為基礎，了解兒童在治療過程中使用的語言及經歷的世界。CCPT 通常需要長期的介入。最近以在校園中施行的計劃來看，研究指出它在學校情境下很有用。只需要六週的時間，我大約就可以決定是否需要轉介給醫療專業人員、是否可以停止治療或是讓他

偶爾回報即可，或者是否還需幾週的時間繼續協助他改善。

依據 Schmidt (1991)的說法，像布南的那種拒學症常和以下因素有關：如，情緒困擾、沒有生理因素卻抱怨身體不適、鬧脾氣（temper tantrums）。

拒學症沒有迫切的危險，卻會讓成人們擔心。兒童中心療法對以下幾種問題很有效：

◇事件發生後經過一段時間才出現的哀慟反應

◇家人罹患慢性疾病

◇背負過重的責任

◇需要受到肯定

◇需要學習問題解決技巧

◇口語、聽力、視力等障礙

◇正因注意力不足過動症（ADHD）接受藥物治療的學生

◇輕度到中度的憂鬱

◇交友困難

◇故意作對的行為

發展介入計劃時需有團隊的努力，盡快使學生在生理上及情緒上能回來上學。治療問題學生的主要學派有三個：心理動力取向、行為取向、認知取向（Schmidt, 1991）。CCPT 屬於心理動力取向，可以協助發展問題解決技巧，並且可以與危機處理團隊或訓導處的計劃共同運作。

利用與父母晤談來了解這個問題是否長期如此或屬偶發，醫學的檢驗有助於排除生理疾病，另外，老師和父母要清楚的告訴學生一定得待在學校裡。我們會要求父母先離開學校暗中觀察，並且要他們相信自己的孩子辦得到。

這一章詳細說明如何對幼稚園到小學三年級的孩子使用短期遊戲諮商，以增進他們的自我效能感、出席狀況、學習行為。此諮商模式含括為期六週、每週一次、每次半小時的遊戲介入。

Cambell (1993)提出須事先考量的一些問題：

在考慮為兒童進行輔導介入方案時，學校諮商師必須關切的議題包括

在全面性的發展輔導計畫中要有多少時間做個別介入、他們的情緒問題嚴重度及其內容為何、社區中可提供且適切的轉介資源。有些諮商師會質疑遊戲治療是否適合在學校中進行，他們的理由是，諮商師和治療師不同，因此遊戲治療不屬於學校，應該在心理衛生機構、醫院裡、或私人執業中進行。比方說 Golden(1985)質疑只用短暫時間執行遊戲治療是否足以有效，並質疑部分學校諮商師的臨床技巧。

　　Landreth、Strother 以及 Barlow(1986)則以 Guerney(1964)有關親子遊戲治療治療等言論作為反證。熱衷於遊戲治療的人士了解父母的治療性角色大大影響其子女的心理健康，也反駁 Golden 所稱遊戲治療太花時間而不適於作為學校諮商師的介入策略的論點。

　　Fall、Balvane、Johnson 與 Nelson 的研究支持在學校使用 CCPT 是有正向效果的(1995)，此研究中追蹤 62 個隨機選出的學生，把一半分在控制組，一半則接受介入。學校諮商師要求老師區分出哪些兒童的因應機制不利於學習行為。抽樣出來的學生常見的狀況包括害羞、內向、以自我打擊的方式因應壓力、容易挫折、有攻擊行為、不敢冒險、尋求旁人注意、對學習不感興趣等。老師們報告在六週的遊戲治療介入團體後，大部分兒童的學習狀況都改善了。

短期遊戲諮商方法

　　遊戲諮商的助益在於，學生們常無法對父母或學校人員以口語說出他們的擔心和害怕，有時他們只是想要保護自己內在的感覺世界。表露出這些東西太過痛苦，而學生們並沒有發展出足夠的因應技巧。個體的自我察覺以及他們與自己所在世界的關係是如人飲水冷暖自知（Axline, 1955）。那麼，校園內的諮商師如何創造出開放的感覺，讓他們在一個安全的小天

地裡釋放自我呢？

　　孩子們有兩種方法來觀察週邊氣氛，其一是諮商師的態度，其二是遊戲室裡玩具的呈現。一個好的遊戲諮商師喜歡小孩、充滿玩心、有同情心、尊重孩子與家長、會訂立明確且堅定的限制，同時也具有彈性和創意。Axline 把以上這些特質都納入遊戲治療的基本原則中。

對兒童中心遊戲治療的描述

　　要開始使用 CCPT，必須先知道 Axline（1982）的八個遊戲治療原則。她的研究及著作都是很有價值的工具：

◇治療師必須與兒童發展出溫暖友善的關係，良好融洽的關係（Rapport）必須盡快建立。

◇治療師要無條件的接受這個孩子。

◇治療師要在關係中建立起包容的感覺，使孩子可以安心表達自己全部的感受。

◇治療師要很快辨識出孩子所傳達的感受，並把這些感受以孩子可以領悟（insightful）的形式詮釋給孩子聽，使他能知道自己行為的意義。

◇治療師能一直尊重孩子自我解決問題的能力，做決定以及開始進行改變是孩子自己的責任。

◇治療師不會試圖以任何形式的行動和話語來指示孩子，而是由他自己來主導該怎麼做，治療師跟隨其後。

◇治療師不會試圖加快治療的進行。這是一個漸進的過程，治療師須有此認知。

◇治療師可以設定一些限制，但只限定那些將療程及現實世界相切合時必須遵守的規定，以便讓孩子意識到自己在治療中的責任。

這些原則應用到校園時必須因應短期遊戲諮商做些調整，以便在幾週

內就能結束治療。Axline 的第七項原則其原意是要應用在臨床環境中。而本章所介紹的架構使諮商人員可以用來跟校長、老師或家長發展出一套含有遊戲諮商的行動計劃，有效幫助有困擾的學生改變行為。

「短期」並不表示立竿見影。遊戲作為一種自我表達的工具時，是在給予兒童「玩出」感覺及問題的機會，就好像成人「說出」自己的困難。遊戲治療或許在形式上具有指導性，但可以併入兒童中心的治療或諮商。要建立以孩子為中心的關係、建立信任感、並關懷其安全感，我會觀察孩子們在遊戲及工作中的表現，也會綜合老師及家長的看法，統合後的架構可能會是 20 分鐘的兒童中心諮商之後，再加上 10 分鐘的直接指導。所有涉及其中的人都會被告知，學生將會去面對那些困難的感覺。當這一扇門被開啓，也許可以進一步影響他在教室及家庭情境中的樣貌。溝通很重要，如此我才知道問題何時發生。在學生要回到班上之前，我通常會問他兩個問題，以幫助他導回現實：

「當我們在遊戲室裡，誰做主？」

（學生們通常會指指自己）

「現在，你要回到教室了，誰做主？」

（學生們會回答班級老師的名字）

技巧

CCPT 的基本技巧在於創造一種氣氛，可以激發個體在安全的界限內發展出必備的因應技巧。這種由學生們自己發展出來的內在安全感，在我跟著學生（或玩具）的引導做出簡短反應時就已開始。為了不讓學生在專注於遊戲的過程中分心，我選擇適當的對話並發展出他們對自身感覺的領悟。通常我不問問題，除非學生們需要確認他們是安全的。當孩子以恐怖、危險、不安全的行動玩玩具時，我講的話不會以「你」做開頭，而會去提及玩具。在下一節中會討論特定的語言、玩具、大概的空間以及其他細節，

在此，只簡單描述一些技巧。VanFleet (1997a)介紹了下列四個 CCPT 的基本技巧：

建立結構的技巧

「在每次會談的開始及結束時建立結構，這是在告知兒童一般性的界線，同時又維持一種邀請的氣氛。」（VanFleet, 1997a, P.15）建立結構使兒童了解在這個特殊的遊戲室裡允許的自由，而治療師要維持這些限制的穩定性。比如說，我告訴孩子們，只要進了遊戲室，他們可以說、可以做任何他們想說想做的事，如果有些事是不能做的，我會讓他們知道。

具同理心的聆聽

此技巧有助於體察和了解孩子的行動、感覺和需求。我必須全神灌注於孩子們的每一句話，以及表情和肢體語言，以精確描述他們的感覺，並予以適當的回應，這個技巧有一部分是要以不干擾的方式「陪伴」兒童。他們通常可以由我回應的詞彙中釐清是否有受到誤解的行動或感受，並學會察覺自己的感覺。

以兒童為中心的想像遊戲

如果要給孩子預設目標，我會選用指導性的方法來互動。在 CCPT 的互動中，學生本人就是球員兼教練，邀請我來參加，或只玩出其中一部份的遊戲，全由他斟酌決定　所以是我請孩子選擇前進方向，而不是告訴他「我們來做這個……」。

設限的技巧

所謂設限，是提醒孩子們對自己、對遊戲室及諮商師負責任。這些規定越少越好，且要便於口述。一般的「規則」必須考量到學生的安全、他人的安全或要保護昂貴玩具器材等。在 CCPT 中設限的三部曲爲：講述規定、給警告、堅持執行後果。

遊戲諮商的階段

我常把有關遊戲諮商的相關資料打字在紙上呈現給家長了解，有時我會在電話訪談中把這些資訊回顧一遍，偶而，我會在面對面會談中分享這些。其中有一種讓我便於溝通學生進展的資訊，是以一般學生在諮商過程中都會經歷到的各時期來說明。

兒童的治療往往依各時期的順序進展。大多在孩子安頓下來且和我形成關係時，會先有一個「介紹期」（introductory phase）。若孩子對人與世界的信任感已被擊垮，這一期得花許多時間。在這部分的諮商中，孩子的行爲並不能代表他的真我。在短期諮商中，此一期約需兩到三次會談，若在六週後仍停留在介紹期，我會要求家長尋求外援，但我仍會定期與孩子見面。

「探索期」（exploratory phase）在孩子發展出某些自我察覺後就宣告開始。不能逼催他們進入治療的第二期。對孩子而言，需要勇氣才能表露出自己內在的衝突和問題，而且願意相信諮商師會不帶任何批評或評斷地接受他。

「鞏固期」（consolidating phase）時孩子開始出現持續的成長，修正那些過去造成痛苦或困惑的事情。有個小女孩說：「這就像你做了一張桌子，而且也真的完成了，但是你仍然得繼續把它磨得光滑，小心那些粗糙的邊邊。」

「結束期」（termination phase）中，孩子們得和諮商關係「斷奶」。稍後會介紹一種「剪票系統」（ticket system），學生可以知道他們和我還有多少共處時間。這或許能幫助他們「計劃」自己的進度，也給他們時間去思考有關諮商結束的相關事宜。

遊戲諮商如何與學校輔導計畫相輔相成

之前我以在三所不同學校的工作經驗，創造了「遊戲諮商」這個名稱。家長和老師比較能接受這個詞，而較排拒「治療」。我試著在團體輔導及個別諮商中使用各種遊戲媒材。一如 Campell（1993, P.10）所言：「有趣的活動可以激發孩子們全神貫注於嚴肅的思考。」我們寄了一封信給所有的家長，介紹學校的諮商計劃，這個計劃後來變成 K-8 發展性輔導計劃（K-8 Developmental Guidance Program），其目標也與兒童中心遊戲治療的目標相符（VanFleet, 1997a）：

◇發展出對感覺的了解
◇表達感受以更能符合需求
◇發展出問題解決技巧
◇減少適應不良的行為
◇克服衝突，並且告訴大家
◇增強自信

每次我遇到家長，解釋這個計劃給他們聽，他們在我說到學生可能回家說他們今天和馬德太太「玩」時，都會噗嗤一笑。如果介入方案要執行超過六個禮拜，我便會用一個追蹤表和老師溝通必要的資訊。由老師們所做的需求評估中可知，他們想知道：在教室裡有什麼策略會有幫助？是否要對特殊學生網開一面？有哪些課堂觀察對我來說是重要的？溝通對我們雙方處理任何問題都重要，尤其是害怕上學的問題。老師們需要了解這個問題是來自課堂或是外在因素造成。父母和老師都是和我一同支持學生成

為主動學習者的好夥伴。他們都很願意協助孩子發展出技巧及專注力或控制感、發現希望，並成為成年的支撐者。

玩具

表 3.1 是兒童中心遊戲治療建議使用的玩具。我還加上彈珠、動物家族、軟尺和校車。在我的遊戲室裡，彈珠會變成「珠寶」、「炸彈」、「寶藏」、「蛋」、「膠囊藥丸」。有個透明的水槽放在長椅上，讓我可以做更清楚的觀察。

表 3.1　兒童中心遊戲治療遊戲室的玩具選擇（1998，遊戲治療出版社）

和家庭有關及含有養育意義的玩具	
娃娃家族（父母兄弟姊妹、寶寶）	奶瓶
有娃娃家具的屋子或箱子	裝水的碗
布偶家族 ／ 動物布偶	裝了水的大型容器
嬰兒洋娃娃	廚具、餐具
替換的娃娃衣物	動物家族
和攻擊有關的玩具	
沙包 ／ 出氣包	6-10 英呎長的繩子
鏢和鏢靶	泡棉球棒
小塑膠士兵、恐龍	
具表達意義及建構性質的玩具	
圖畫紙、蠟筆、標籤紙	黑板或白板
紙黏土、雕刻刀，或其他可塑形的工具	鏡子
附有小物件玩具的沙箱	眼罩或蒙面布
塑膠電話	魔杖
桌巾或花布（柔和的顏色）	面具

積木或可供建築的玩具　　　　　　彈珠

厚的卡紙磚　　　　　　　　　　　透明水槽／玩具

其他多用途的玩具

轎車、卡車、飛機、警車、救護車、消防車、　遊戲卡、撲克牌

校車等

擲環套釘或沙包投擲的遊戲　　　　玩具鈔票

醫生遊戲套件　　　　　　　　　　軟尺

手提包、皮夾　　　　　　　　　　塑膠槌子、塑膠工具

加入其它玩具時需要考慮以下事項

這玩具對孩子而言是否安全？

這玩具是否能鼓勵孩子表達出感覺或某個主題？

這玩具是否能讓孩子引發想像及投射出想法、感覺？

　　安安走到水槽邊，把彈珠丟進去，擺好一個桌子，邀請諮商師參加她的小宴會，諮商師在一旁看著，她正為這個宴會調配「秘方飲料」，她一一說著這些不同顏色的彈珠會讓飲料有怎樣不同的味道。她用了個小茶壺來混合。這成為五個禮拜以來每次必做的儀式之一，這個過程似乎也讓她平和下來，幫助她放鬆，之後她才得以說出她很想念坐牢中的爸爸，她想念有爸爸一起吃晚餐的時光。

遊戲區及可用的空間

　　往往，學校諮商師能應用的空間有限。沙和水是很有用的，且能引領學生表達自己的感覺。它們提供一種不常在教室中使用的媒材。我認識幾個諮商師會用方便攜帶的玩具，有時會隨處放幾個有蓋的塑膠桶，裡面裝滿沙子。但流動的水就比較困難了，為了彌補這個缺失，我會準備一個水桶，可以每天裝滿乾淨的水倒進透明的水槽裡。

介紹單元

我的遊戲室是一個貨櫃車廂，裡面併有遊戲室和諮商室。這個空間方便移動、旅行，裡面的物品在一天工作完結後，都需要覆蓋好，並且上鎖。用來覆蓋的東西包括有蓋住兩個玩具櫃的大浴巾，上面的圖案會引發學生的好奇心。第一次來這個遊戲室時，只會看見沙、水和畫畫的用具。我讓學生走在前頭，讓他們先進入遊戲室，並觀察他們的反應。靠牆的地方有放沙和透明水槽的長椅，在它前方有兩個小凳子。其他能坐的位子是地板上的一塊薄地毯、上面有鋪著舊踩腳墊的大輪胎、兩個大枕頭、美術工具箱。我請學生自己選擇最舒服的位子坐下，通常他們會窩在前面描述的那個「藝術角落」。

當孩子已經在介紹單元中舒服放鬆，我說明我的責任在於幫助學生發現他的感覺而且保證一定保密。我會大致描述他們的老師和／或家長觀察到的現象，讓他們對這樣的狀況表達他們的看法。然後，提供各種畫畫的材料，我會要求他們畫一些東西。有些是「畫張你可以說出個故事的圖」（VanFleet, 1997b），或某人在做某事，或一張有關感覺的圖，通常是能讓他們感到開心的事。只有一次有個學生拒絕畫圖，但卻用塑膠小人物做了「沙畫」。如此便能自然導引出下週第一次要進行的兒童中心遊戲單元。

剪票制度

介紹單元結束時，我讓學生選一張他喜歡的卡紙，作為進入遊戲室的「門票」。我在 6 吋 ×10 吋大小的卡紙上，橫跨長邊寫下他的名字，然後剪五刀，就有六張可以逐一撕下的門票了。我讓學生在上面標號。在每次會談結束時，就撕下一張，便可知道我們還有多少單元，這可以幫助學生掌握時間概念，包括假日和／或特別節日會如何及在何時每週一次的規律。

有個叫提森的一年級學生，在班上好似停擺了一般木然，他看起來很悲傷，頹喪的隨著我走進貨櫃屋裡。我讓他從「高興」、「悲傷」、「生氣」或「害怕」中選一個詞來畫張圖，他立刻畫了一張哀傷的圖，內容是有關保姆的過世。後面幾週的時間裡，提森發展出一個援救的主題，他把娃娃屋當作救援中心，有救護車、消防車和消防隊員。可能他想要把自己從對死亡的深沉哀傷及困惑中解救出來。

遊戲治療的介紹單元基本的要素是接納的氣氛，這比直接指導孩子怎麼做要更來得有挑戰性。我希望能讓學生們知道我無條件的接納他們，而且我也相信他們有能力克服自己的問題。

第一次 CCPT 單元

在介紹性面會後的第一個單元中，我把學生帶進遊戲室，那兒可以看見所有的玩具。我說：「某某（學生的名字），這是一個很特別的房間，你可以在這個房間裡作任何你想做的事，如果有些事在這裡不能做，我會告訴你。你也可以說任何你想說的話。」通常我只要在第二次治療時再把這些台詞說一遍，學生就會謹記在心。CCPT 技巧中的設定限制主要是在情況出現時才使用，目的在確保學生和諮商師的安全。例如常需要設定限制的是玩具槍的使用（會在此提出這個規定是因為我的遊戲室裡有一把塑膠槍和刀子，它們得在我的監督下才能使用）。在兒童中心治療／諮商中（VanFleet, 1997a），以三階段的方式設限：限制、警告、堅持執行後果。

大龍因為恐懼上學被轉介過來，他的懼學和家人要他「考高分」有關。在第三次會談時，大龍邀我一起玩「警察抓強盜」。他指揮我：「你用槍射我。」這下得告訴他限制何在了：「大龍，你要我用槍射你。記得我說過，我會讓你知道有哪些事你不能做？其中之一就是我們倆在這個特別的遊戲室裡都不能用槍指著或射任何人，尤其裡面裝了子彈的時候。但你可以用槍射房裡其他地方。」大龍說：「好，那我先把子彈拿出來。」

　　如果大龍堅持要更進一步試探限制何在，我會「給警告」。此時，重述一次遊戲室裡的限制，並且告訴他後果，這樣他可以決定他是否要冒這個險。比如說，大龍又用裡頭裝了 BB 彈的玩具槍指著我，我會說：「大龍，記不記得我告訴過你，你不可以在槍裡有子彈時用它指著我或射我？如果你這麼做，我就得把槍拿出遊戲室了。」

　　為了「堅持執行後果」，這是設限的第三階段，我仍會再講一次限制的內容以及前面警告說過的後果，我用溫和但堅定的語調讓學生了解這個決定。臨床上，會談中可能會出現一次堅持執行後果。我還沒遇過有學生需要兩個或三個以上的東西被取走才了解到警告中所說的後果會確實執行。

　　當金恩因為想用 BB 槍射我而失去使用的特權，他很清楚聽到我說：「因為你又一次用裝了子彈的 BB 槍指我，我要沒收這支槍。」他很快回答：「但是我下個禮拜還是可以用它，是吧？」「你希望下個禮拜還是可以玩 BB 槍，」我強調：「是啊，下個禮拜每樣東西都會擺回架子上。」下一週，他再拿 BB 槍時先徵詢我的許可，一如第一次會談時我說道：「你可以做任何你想做的事，但如果有些事在這裡不被允許，我會讓你知道。」金恩說：「我已經知道不可以用 BB 槍射人了。」

和家長溝通

　　在第一次和小朋友會面之後，我會打電話給家長，告訴他們會有六次遊戲諮商以及相關事宜。我說明三次會談後會再跟他們聯絡一次以報告進度。我發展出一份相關資料單張，裡面有一般父母會問到有關 CCPT 的問題，我盡量以電話得知這些訊息，但有時也會把這份資料郵寄出去。在給家長回饋時，我會先聽聽家長的看法（「他在學校或家裡是不是有什麼改變？」）然後，我把這些訊息連結上遊戲的目前階段（攻擊、退化、進步中、精熟），或簡單描述這些歷程在發展上是正常的。如果這個孩子被「困」在攻擊階段，我會問家長是否也注意到類似的行為，或是否有任何持續在家

發生的問題必須讓校方了解。我也會向他們保證,如果六次會談結束後,仍有額外再諮商的必要,我會讓他們知道本地有哪些機構也提供了兒童中心遊戲治療的服務。

案例說明

　　CCPT 應用在學校中時,只用到三個層次的詮釋:內容(孩子在做些什麼)、感覺(其中的情緒表達)、簡述意圖(遊戲中清楚的意圖、遊戲順序的簡述)(VanFleet, 1997b)。我試過幾種速記法,因為學生們每半小時就有一個活動時間,或我自己得跑回教室上課,或多多少少發生的任何干擾。兩種最好的速記法是利用錄音機簡單描述我所觀察到的遊戲主題與學生的觀點,以及利用遊戲治療的進展記錄格式記下整個歷程。進展記錄有助於讓資料有跡可循,包括活動、行為,和來自學生的溝通。它們也提供評估的空間及後續計劃的發展。

個案一:瑪紗

　　瑪紗是家裡三個女孩中的老么,她的父母在今年八月分居了,而兩週前她才剛上國小一年級。她母親描述每個禮拜天晚上和禮拜一早晨都是「惡夢一場」。瑪紗會抱怨身體不適、賴床不去上學、拒吃早餐、忘記帶上課要用的東西。瑪紗過去和爸爸很親近,而他現在卻不太規律來探視女兒。在媽媽帶瑪紗看過醫生之後,醫生便請學校把她轉介過來。

　　在班上,瑪紗是個溫和有禮、笑口常開的學生。但在媽媽帶著遲到的她上學時,老師看出她的眼中有敵意。她對校內活動的態度是冷漠、不太

有表達的。因此，針對瑪紗的情況，我們組成一個團隊計劃，包括使用
CCPT、老師每天用特別的方式迎接她上學、請表姐在週日晚上打電話鼓勵
她「上學前和我碰個面，我們就可以先聊聊天了。」媽媽則安排一週中某
一天完全屬於瑪紗，作為她們的約會日。

型態、儀式、主題

在以兒童為中心的遊戲中觀察一個學生，我會盡可能注意遊戲主題的
型態及儀式，這樣才不至於在一次單一的遊戲中產生太離譜的結論。一些
常見的遊戲主題包括控制、善／惡、輸／贏、問題解決、拯救、家庭／同
儕關係，以及權威的處理（VanFleet, 1997a）。瑪紗的主題反映出她在家中
面對的某些問題。她在沙盤上持續排演的一個故事事關於馬兒藏了金子或
珠寶（彈珠），而其他的動物們很想把它們偷走。另一個重複出現的主題是
各種的攻擊，她用布偶來詮釋。

故事之一，狼布偶咬了豬和兔子一口，兔子逃走後又回來射了狼一槍。
在下一次會談時，一隻麋鹿拿著棍子打寶寶（Babies），把豬銜在嘴裡，並
且用槍暴力掃射。之後麋鹿搶走了豬和寶寶的武器和錢。在最後一次會談
時（第六次），瑪紗變成一個醫生，照顧、治療、餵食寶寶。她重演了馬兒
在沙中發現珠寶的一幕，在其他動物前來攻擊時，馬兒戰勝了。她把積木
堆起來，又用黏土做了一個球，把積木敲倒。滋養（nurturing）和善良戰
勝邪惡，以及以創造性主控遊戲等主題的出現，表示瑪紗正在進步。

經由瑪紗的幾次遊戲，我聽她說出各種角色間的對話、故事，再回應
給她其中的行動和感覺。我的用語如「醫生把急救繃帶放在寶寶的手臂
上」，若我的詮釋有誤，學生通常會給予糾正、重述事實，或搖搖頭說「不
是」，甚至三者一起來。

在前六週的介入方案中，班級導師觀察到瑪紗漸漸像個領導者，會準
時到校，和同儕有互動。她會在課堂上表現出她的需求，必要時發問問題，
也開始對自己的學習負責。

案例二：布南

布南因害怕上學被轉介過來，他的害怕導因於天氣，他害怕上學時爸爸媽媽會被暴風捲走，他特別害怕大雷雨和颶風。即使上了三年級，他的父母仍然無法說服他相信颶風不太可能侵襲賓州中部地區。布南資賦優異，智商接近天才程度，他的父母努力工作賺錢，母親有自己的事業，每天都要到遠處接洽業務。布南的童年幾乎都是在日間托育中心渡過。

Landreth(1987)寫道，兒童在遊戲中用玩具和各種媒材來和諮商師溝通自己的內在世界。此刻布南的內在世界迷失在生命中重要成人的困惑言詞之中，而現在別人對他沒來由的害怕感到心煩，他覺得自己被疏離了。因此，我決定用六個禮拜的時間，以非指導性的遊戲治療做開頭，首要目標不在解決他的問題，而是幫助他在一個安全、體諒、具鼓勵性的氣氛中成長；次要目標則在於提供他有機會發展出控制感，並經由行為、文字、感覺及活動來展現他的經驗（Landreth, 1987）。

我帶布南進入諮商室，那裡的玩具一一羅列在他面前,似乎告訴他:「這裡完全屬於你。」因為這只是開學第一週，我告訴他我希望這一學年會有一些學生陸陸續續來到這裡使用這個空間。然後我讓他自由去玩，觀察他的興趣。我也說了我必備的台詞:「如果有哪些事是不能做的,我會告訴你。」

他拿了玩具槍和兩盒遊戲，並邀請我和他一起玩。他知道遊戲的規則，也沒有改變它，我隨著他的主導玩。我覺得他想做一些他認為我會喜歡的事，在介紹單元之後，我把這些觀察告訴他母親，她說就寢前的特別共處時間通常是由她決定要進行哪些活動，我建議給布南一些時間做決定。如果第二天他又因為要和媽媽分開而難受，她可以給他一個代表媽媽的紀念品（token remembrance），這樣一來，布南可以把那個讓他安心的小東西放在口袋裡，想媽媽的時候可以碰碰它或捏捏它，也提醒他說媽媽（和爸爸）一整天都會想念著他。

布南的母親沒有時間來和我詳談，所以要我寄一些有關遊戲諮商的資

料給她。在第二次治療之後，她和老師都告訴我，他又再次因為天氣預報而心情起伏不定。

　　第二次治療中，布南假裝彈珠是天上來的「子彈」，它們被埋在沙裡，而他得把它們找出來，一直到每一個都找到為止。在第三次治療時，他一開始又重複了這項活動，接著玩起他很熟練的一項遊戲，並且發明一種新的白板板擦。他的遊戲反映出他的完美主義傾向，所有的彈珠在埋起來之後得全部都找出來，而且他很重視秩序和整潔（VanFleet, 1997b）。另一方面，他可能正在處理自己隱藏的恐懼，同時也展現出自己具備的力量。

　　就在布南第四次治療後不久，正當他在諮商遊戲室中逐漸展現自信之際，他在學校裡出現了另一種困難。他的老師搞不懂他在幹嘛，因為他開始自己預習功課，不聽課堂上的教學，也不服從指示，而且在被指正行為時變得很有防禦性。上體育課時分組活動，布南就想叫跟他同組的人都按照他的方式做，好像是他把自己的控制感提升到另一個層次了。我決定在最後兩個單元繼續使用 CCPT，希望能讓結果更好。即使在諮商開始前我已經先警告老師們和家長，在諮商進行過程中，行為轉變時會有好一段的困難時期，但真的發生時還是很難被他們理解。經由導師和體育老師的合作，我們共同發展出一個計劃，使布南和其他小朋友一樣受同樣的限制、約束，如此可以讓他覺得有安全感，而且是班上的一份子。他在課堂上可以很快抓到老師要表達的概念，他被派任當「小老師」，教班上幾個功課跟不上的同學，老師並事先告訴他教導同學時要注意的事，這樣他可以依據同學們的反應調整自己的教法。

　　在最後幾次的會談，布南仍出現一些強迫性的行為。他只用某幾種顏色畫畫、在沙盤上小心選出幾個人物來玩，或自己發明遊戲規則。他創造自己的世界，一如 VanFleet（1997b）所說：「追求完美的孩子因為害怕失敗，常常會設定好某些情境以確保他們會成功。」

　　第五次會談開始時，布南笑得很開心，而且馬上走到沙盤旁玩了起來：從天空中掉下了炸彈，攻擊所有的人和動物，這個炸彈是軍隊從遙控飛機上丟下來的。在這一個及下一個的單元中，他似乎突然轉換到不同的活動，

但仍用這種型態修通他的議題。他從「炸彈／飛機」的故事轉變成玩黏土，並創造「颶風」，接下來就出現項本章導言中所述的事件順序：他把黏土颶風上下顛倒變成一個鐘擺，然後揉成一個棒球，還加上細緻的藍色縫線。他拿了個平底鍋把黏土球擊出，然後他宣佈：「全壘打！」

在我們最後一次的治療中，布南拿了劍要懲罰所有的人，他們被殺到，卻沒有死。這一次有幾隻玩具熊「從天而降」，引起他和人們大笑。然後，他從這個劇情轉移去找櫃子裡的繩子，熟練的打起繩結，一試再試，很有耐心地做出了一個套索。之後他又做了個「原創」的積木金字塔。

回顧布南的例子，評估他的治療收穫，我想起 Axline(1955)對兒童內在世界的描述：

在與孩子一起進行遊戲治療時，治療師要先能接受一個假設，就是兒童所做的任何事都有其原因，也許有很多對他很重要的事是無法對治療師說出口的。遊戲治療的過程讓孩子有機會用感情去體會到這種關係。因為這樣的情緒經驗，孩子可以獲得許多甚至是治療師永遠不曉得的內在歷程而且那也是外人看不見的。孩子們的幻想往往不依成人的規則，若是太斤斤計較孩子的話語或無法容許孩子這些飛也似的幻想，可能你就會失去了解孩子的機會。

布南有天生的運動長才，尤其是打棒球，以及用簡單的東西發明出新用法。我相信他可以用這些能力扭轉他的想法，一如他做的黏土颶風，很可能就是在處理他對天氣的恐懼。

後續的追蹤包括一份「沒那麼恐怖的東西」的遊戲讓他帶回家和父母玩幾個禮拜。他的主訴行為已經消失，也不再害怕和父母分離了。他仍然不喜歡暴風雨，但他現在可以坐在父母腿上，在安全的房間裡靜待暴風雨離去。

結論

　　身為一個學校的諮商師需要處理孩子的各種困擾，我們仰賴那些在短時間內就能發揮作用的模式，這些模式依孩子的發展階段而有不同。在過去五十年來，CCPT 在臨床界一直是個有效的治療模式，我也據此發展出一套適合在學校中運作的 CCPT 計劃。既然以團隊合作來解決問題是相當普遍的做法策略也有助於和老師及家長溝通。回想 Cambell(1993)所言，仍須繼續提醒教育界的是：「有趣的活動可以激發孩子專注思考嚴肅的問題」以及行為的改變。

參 考 文 獻

Axline, V. M. (1955). Nondirective play therapy procedures and results. In G. Landreth (Ed.), *Play therapy: Dynamics of the process of counseling with children* (pp. 120–129). Springfield, IL: Charles C Thomas.

Axline, V. M. (1982). Entering the child's world via play experiences. In G. Landreth (Ed.), *Play therapy: Dynamics of the process of counseling with children* (pp. 47–57). Springfield, IL: Charles C Thomas.

Campbell, C. A. (1993). Play, the fabric of elementary school counseling programs. *Elementary School Guidance and Counseling, 28,* 10–16.

Fall, M., Balvanz, J., Johnson, L., & Nelson, L. (1995). A play therapy intervention and its relationship to self-efficacy and learning behaviors. *Professional School Counseling, 2,* 194–204.

Landreth, G. L. (1987). Play therapy: Facilitative use of child's play in elementary school counseling. *Elementary School Guidance and Counseling, 21,* 253–261.

Schmidt, J. J. (1991). *Survival guide for the elementary/middle school counselor.* West Nyack, NY: Center for Applied Research in Education.

Van Fleet, R. (1994). *Filial therapy: Strengthening parent–child relationships through play.* Sarasota, FL: Professional Resource Press.

Van Fleet, R. (1997a). *Child-centered play therapy training manual.* Boiling Springs, PA: Play Therapy Press.

Van Fleet, R. (1997b). Play and perfectionism: Putting fun back into families. In H. G. Kaduson, D. Cangelosi, & C. Schaefer (Eds.), *The playing cure: Individualized play therapy for specific childhood problems* (pp. 61–81). Northvale, NJ: Aronson.

第 *4* 章

遭受創傷的孩子：
發展性觀點的短期治療

Janine S. Shelby, PhD, SantaMonica UCLA Medical Center, Rape Treatment Center, Santa Monica, California

分分秒秒都是時間旅程中的一扇窗

——吳爾芙（Wolfe, 1953, p. 3）

導言

　　我有一張撒拉耶佛的孩子們的照片，照片裡，四歲大的達利從來不知道沒有戰爭的日子是怎麼樣，當他那只有十幾歲大的叔叔第一次把他放在鞍韉上時，他笑得好燦爛。

　　在士兵把他的家人趕出山丘上的小屋時，這男孩只是個兩、三歲大的學步兒。達利小小的心靈保護他免於那些他親眼目睹的事件。他的稚齡期失憶讓他不會記得他的叔伯們是怎麼被虐待和謀殺、他的母親和祖母被強暴，以及士兵們凌辱他的家人時他所發出的那些驚恐的尖叫聲。然而，達

利的記憶卻無法讓他免於其他方面的迫害，他仍然知道戰爭的聲音和氣味。在他四歲大的時候，達利學會了害怕哨音、槍聲、爆炸，以及飛彈和槍火的沉寂。因為他和家人住在大街上，那裡是惡名昭彰的危險地區，因此被暱稱為「狙擊巷」。達利學會只能在室內玩，而且要離窗子遠一點。他學會避開寬闊的地方；他知道除了穿越危險的十字路口外，都不要用跑的；他也知道爸爸在戰犯營裡是不會回來了；他知道怎麼玩墓地和葬禮遊戲；他知道怎麼擺放玩具兵來進攻。達利知道那些遭受創傷的兒童們的遊戲，但他一點都不知道有安全感的孩子所創造出的遊戲是什麼樣子。

　　戰爭最後摧毀了一切，達利和他的家人暫時逃亡到城裡。大人們想把孩子帶到公園裡，或和他們坐在門外，再過一次他們過去熟悉的生活。這些受到侮辱的受害者仍想再次擁有遊玩的尊嚴。

　　在撒拉耶佛，我和達利的家人、鄰近地區的居民一起工作，想要把在鞦韆被當柴燒、溜滑梯滿布槍火之前的遊戲場重建起來。幾個小時下來，我們跪在地上，移開玻璃、子彈、瓦礫，以及提醒我們人類曾在這裏互相殘殺的所有喚醒物（reminders），它們都處於一個極端相悖之處：遊戲場。

　　我鼓勵大人們讓達利和其他的孩子們一起來參與這個計劃。孩子們已經知道戰爭對這片土地的殘害，重要的是他們似乎也知道怎麼療癒它。我們在這個貧瘠的城市尋找繩子和木頭，把鞦韆搭建起來。在眾人為大批亡靈哀悼時，我們做了我們能力所及之事──不管有多麼不足──清理地面，把玩具回歸給曾被狙擊兵掃射而成一片荒蕪的土地上。

　　當我們最後邀請孩子們來試試這個新鞦韆，他們戒慎恐懼地盯著我們。大人們摒住呼吸，深切期盼孩子們能重新得到一些常態的感覺。在此刻，沒有人移動一下，然後，達利大膽地往前邁了一步，從一群大孩子中擠出來自願嘗試。

　　在達利的獨照裡，他的叔叔把他放在鞦韆上，達利第一次興高采烈地飛翔著，進入他的童年。無疑地，在達利重獲童年的這個地方，不知有多少人死亡。照片裡，那個金髮男孩擺盪在半空中，開懷地咯咯笑著，和背景中摧殘殆盡的建築物形成強烈的對比。就在那一刻，達利發現影響他最

大的對立力量是什麼。這一幕將會永遠留存在記憶中，達利看著狙擊巷的方向，笑了。

有些時刻會違反常規時間運行的界限。創痛和治療一樣，都會塑造及重整年輕的生命。這一章可以幫助臨床工作者去改變創傷發生後出現的逃避和恐懼，這讓年輕的倖存者可以重返生命中的熱情。在此介入方案下，創傷後的療癒技術須與創傷的發展性觀點整合起來。我的結論多半來自孩子們自己告訴我他們想要怎麼被治癒。雖然這些並非來自系統性的研究，這個架構仍可提供臨床工作者一個工具來治療不同發展階段的受創兒童。

短期遊戲治療之窗

我曾經鑽研於如何在每個治療當下讓零碎的時間成為具有治療性質的時刻，同時找出每個治療時刻的「窗口」或潛在力量。在設計給戰爭、街頭暴力、身體虐待及性虐待、車禍，及自然災害後兒童的心智健康計劃時，我發現創傷之後的整合及治療並非全然由創傷本身所決定，短期但有意義的邂逅——有時可能只是單單一次的介入——就能提供有力的改變和成長。

此一治療的運作受兩個前提影響：「年齡中心主義」以及心理交叉點的確認。

時間的意義以及「年齡中心主義」

單一一次治療或短期治療使某些治療師感到氣餒，他們經驗到短期治療似乎是背離常軌的一種治療方法。即使短期治療背離了以心理分析療法

為首的歷史軌跡，但短期療法是治療的一種規則而非例外。Cohen 與 Cohen
（1984）創造了一個詞「臨床工作者的錯覺」（Clinician's Illusion），描繪
出治療師認為大多數病人都接受長期治療的信念。實際上，多數病人接受
的治療次數仍落在一個短期的架構中，治療次數的中位數是三到五次，而
平均數則是五到八次（Phillips, 1989）。

　　對於時間的「年齡中心」觀點可能也負向影響了治療師對於短期治療
的反應；也就是說，成人和兒童是在不同的時間量尺上生活的，而年紀較
長的那些人可能會強加不合宜的時間量尺在兒童身上。由成人定義出的一
小段時間長度，實際上卻可能是兒童生命中一個相當大的比例。例如，一
個三歲大的孩子接受為期一個月的治療，可能等同於一個 36 歲的成人接受
一年的治療，也可能等同於 72 歲的老人接受兩年的治療。想想看，要說兩
年的治療無法帶動治療性的改變，是多可笑的一件事。也許治療師執行兒
童短期治療的首要任務，便是改變自己對短期治療歷程所需時間的認知架
構。

心理交叉點與賦予發展活力的治療

　　雖然一般都把短期治療的目標設定在症狀的緩解，有些人會描述創傷
後的治療目標可不只是讓症狀緩解。Mann（1973, p.36）寫道：「症狀緩解
只是這個過程的副產品，而非目標。」短期遊戲治療師的目標在捕捉每一
個治療機會，或心理上的分叉點，這些都是發展上適切且完美的介入時機，
同時在多個方向上促發其進步。

　　發展性的因素也可能扮演著支撐單一一次治療或短期介入的效果得以
顯現。雖然過去的舊式觀念中，尚未有研究證實發展上有固定的關鍵期，
但發展上有某些敏感時期的觀念卻已得到支持（Rutter, 1996）。此一領域的
研究焦點長期鎖定在敏感時期發生的負向事件所造成的衝擊，但仍可以合
理假設的是，在某些敏感時刻給予治療性的介入可能會有特別正向的影響。

　　在本章的其他部分，發展性的觀點會用來描述創傷經驗、認知能力、症狀，以及因應方法在形成短期遊戲治療式的介入方案上的重要性。學步兒、學齡前兒童、學齡兒童，以及青少年都可能遭遇可怖的創傷事件，而一直活在其陰影下。經由符合其發展階段的短期遊戲技術，讓他們統整自身所遭遇的創傷事件，並且重新回到正常的發展運作軌道上。

【表 4.1　發展表】

	學步兒	學齡前兒童	國小學童	青少年
認知運作的主要成分	◇將自我與他人分離 ◇同理／同理的壓力 ◇羞愧感	◇表象 VS. 真實 ◇簡單的設身處地 ◇因果關係的扭曲	◇表達性語言 ◇罪惡感	◇抽象思考 ◇假設性思考
症狀	◇羞愧 ◇易怒	◇失去保護 ◇重複性遊戲 ◇廣泛性焦慮	◇重複性遊戲 ◇身體化 ◇預兆（Omens） ◇對行為表現出罪惡感	◇類似成人的PTSD；瞬間經驗再現 ◇續發性憂慮 ◇對於沒有行動表現出罪惡感
因應	◇依賴照顧者 ◇否認	◇否認 ◇祈願式的想法	◇保護 ◇利他性	◇理智化 ◇利他性 ◇複雜的問題解決 ◇壓抑
主要介入策略	◇預先裝置的遊戲道具 ◇撫慰式的治療	◇預先裝置的遊戲道具 ◇由經驗得來的掌控技巧	◇創傷後的晤談 ◇自我指導	◇認知行為治療 ◇歸咎的派（Blameberry pie） ◇揭露性的角色扮演

年幼倖存者的症狀、因應，及介入

症狀

　　無疑地，單一時刻的創傷就有可能毀掉一生。孩子一如成人，在災禍降臨之後，會經歷創傷後的症狀以及創傷後壓力障礙症（PTSD）（Vogel & Vernberg, 1993）。PTSD 的診斷標準如下：(1)此人暴露在死亡或傷害的威脅事件下，反應出強烈的害怕、無助感或恐怖感受；(2)彷彿此創傷事件又再度發生的行動或感受，包括重複性的遊戲、惡夢，或瞬間經驗再現(flashback)；(3)逃避行為，包括避免討論此創傷事件；(4)警醒度增加，包括過分警覺、過度的驚嚇反應、睡眠障礙，以及難以集中注意力。在創傷事件發生後的立即反應中，用孩子們創傷後的逃避症狀來預測此兒童是否會發展出 PTSD 有最高的診斷準確性（Lonigan, Anthony, & Shannon, 1998）。類似的是，疏離、麻木、解離行為，以及悲傷都和慢性的 PTSD 有關（Famularo, Kinscherff, & Fenton, 1990）。逃避和麻木的症狀可能會成為嚴重及慢性創傷後反應的指標。提供創傷後治療的挑戰之一是，被 PTSD 影響最鉅的孩子往往是最逃避創傷喚醒物者，包括在治療中討論創傷事件。

　　在創傷事件剛結束的那段時間，兒童可能會達到急性壓力疾患（acute stress disorder, ASD）的診斷標準，即在達到 PTSD 中多數的標準外，再加上解離一項。解離症狀包括麻木、自我感消失或與失真感，以及對創傷事件的失憶。

因應

　　在面對壓力時，不同孩子的偏好模式或因應型態會有風格上的差異。每個孩子的特殊因應行為也會因不同的情境與發展階段的差異而有不同。

因此，因應方式可以界定爲「不同的孩子對於各種型態的壓力事件、突發狀況，以及外在環境的反應所表現出的個別差異」（Rutter, 1988, p.2）。

依附（Bowlby, 1977）、氣質（Kagan, Snidman, & Arcus, 1995）、樂觀或悲觀的傾向（Scheier, Carver, & Weintraub, 1989）、社會支持（Sandler, Wolchik, MacKinnon, Ayers, & Roosa, 1997）、對壓力源的評斷及用來因應的資源是否適當（Lazarus & Folkman, 1984）以及因應行爲本身，已被視作影響創傷後調適的重要因子。

其中一個淸楚的因子包含了以問題爲焦點與以情緒爲焦點的因應（Lazarus & Folkman, 1984）。當人們使用以問題爲焦點的因應方式，較傾向於改變或掌控情境本身的某些面向或他們對情境的觀點。在以問題爲焦點的因應方式中，會把壓力刺激的管理切分成一連串的任務要去完成或克服。以情緒爲焦點的因應方式，其目標在於感覺而非壓力源。當人們使用以情緒爲焦點的因應方式，較傾向於管理或協調與情境相關的負向情緒。

如果情境是可以被改變的，使用以問題爲焦點的因應會更有效。如果情境無法改變，則以情緒爲焦點的因應會更有效。當孩子的認知技巧成熟了，他們就更能區分哪些壓力情境是他們能有所控制，但哪些是無法控制的（Band & Weisz, 1988）。與研究成人的發現一致，能夠在被認爲可控制的壓力情境中使用以問題爲焦點的因應，且在認爲自己無力控制的情境中使用以情緒爲焦點因應的孩子，研究顯示他們的問題行爲比其他的孩子要來得少（Comps, Malcarne, & Fondacaro, 1988; Rossman & Risenberg, 1992）。一般而言，孩子從嬰幼兒期到青少年期的因應方式，會從單純依賴以問題爲焦點的因應轉變爲以問題爲焦點及以情緒爲焦點兩者兼用（Compas, Banez, Malcarne, & Worsham, 1991）。

幼年孩童的特定因應方式及問題解決策略受限於他們與生俱來的認知能力。大部分的人都同意，無論使用哪一種因應方式-無論年紀多大——有多元及有彈性的因應方式會比只使用單一一種因應策略來緩解壓力更爲重要。學齡前的孩子相對而言用來因應的選擇性較少，而且許多因應策略都是無效的。相反的，青少年有多樣且可應用的複雜因應策略，有一部分是

因為青少年期會發展出更為複雜成熟的認知技巧（即抽象思考及假設性的想法）（Compas, 1998）。例如在捉迷藏的遊戲中，一個稚齡兒童會把眼睛閉起來以躲過在找他的另一個孩子。青少年會用設身處地的技巧精確預測出不會被發現的地點，而且他們會假設性地思考，以產生在各種情況下隱藏自己的策略。

　　雖然關於各種策略有效性的研究仍無一致的結論，但有一些研究指出，逃避行為、自我批評、災難化想法、退縮、責難他人，以及祈願式的想法一般而言不如問題解決、情緒表達與自我安撫、轉移注意、重新框架，以及社會支持等來得有幫助（Carver, Pozo, Harris, & Noriega, 1993; Epping-Jordan, Compas,& Howell, 1994; Gil, Williams, Thompson, & Kinney, 1991; Spirito, Stark, & Williams, 1988）。

介入

　　雖然有不少受創傷兒童的真人真事報告，但針對他們進行的療效結果評估卻相當少。即使資料有限，仍可得出一些初步的結論。多數人都同意早期介入比創傷發生過後許久才介入更為有效（Cohen & Mannarino, 1997; Beblinger, McLeer, & Henry, 1990）。以創傷為焦點的治療比非指導性治療更為有效。以引出孩子自覺有能力掌控恐懼事件的治療設計，效果勝於只幫助孩子表達感覺的治療技術（Corder & Haizlip, 1989; Galante & Foa, 1986; Shelby, 1995）。

　　臨床介入若能將家長涵括在內，治療效果更佳（Cohen & Mannarino, 1989; Beblinger et al., 1990）。照顧者也許需要了解孩童創傷後的正常反應為何，他們可能也需要處理無法保護孩子的罪惡感及懊惱。大人們也許需要認清他們無法讓他們的孩子免於遭受某些生活中的痛苦。成人若能分享自己對壓力的主觀感覺，對孩子的幫助最大，而非逃避、顧左右而言他，或低估孩子的傷痛。當照顧者了解到他們無法將孩子從痛苦的感覺中抽

離，這些大人在同理及真誠對待自己的孩子時會更自在。

案例一：嬰兒期到三歲

　　兩歲大的米拉由外祖父母帶來接受治療。一個禮拜前，米拉的父親謀
殺了她的母親，用槍射傷了她的外婆，然後自殺。

　　槍擊那天，米拉的爸爸來到米拉和媽媽同住的外婆家。在爸爸和媽媽
大吵當時，米拉正臥在媽媽懷裡。米拉覺得很害怕，所以她急著想讓他們
停下來，她聽不懂他們說的任何一個字，但是她能感覺到那股瀰漫在他們
之間的緊張氣氛。媽媽哭起來的時候，米拉也哭了。她看到爸爸手裡有個
黑黑發亮的東西，但她不知道那是什麼，當第一聲砰然巨響劃過耳際，她
只覺得困惑。第二聲槍響時，她已經倒在柏油路面的車道上了。她被媽媽
一動也不動的身子壓住，米拉也浸在血泊之中。米拉的膝蓋因為重重跌下
而受傷，耳朵則因為巨大的聲響而受損。在第三次巨響之後，米拉看見爸
爸倒下了。媽媽好重、好重。「至少，」她想著，「哭可以讓媽媽醒過來。」
她便嚎啕大哭起來。當然囉，媽媽以前總是會醒來而且用低沉、甜美的聲
音讓一切恢復成過去那般美好，但是，媽媽終究沒有醒過來。當米拉想從
媽媽身子之下爬出來時，鄰居男孩安德魯過來了，把她拉了出來。他一直
待到米拉的外公回家才離去。

認知的幾個重要層面

自己

從人生的最開端，人類便已積極地想要了解他們的世界，並想組織來自它的訊息。自我概念的雛形約在 15 到 24 個月之間發展出來，大約兩歲左右，兒童就能區分自己和他人了，正當如此之時，學步期的兒童發展出對他人及他人反應的覺察，這讓孩子能有感覺同情、同理他人痛苦，以及羞赧的能力。

因果關係

在快滿兩歲時，孩子就能理解簡單的因果關係了，比如「我哭了，媽媽就會來」。只要孩子將此理解固結起來（約兩歲時），他們就會開始預想或恐懼後果了。然而學步兒對因果關係的理解並不高明，原因可能會被結果所擾亂，而外在刺激也許會被因或果所影響。這種對因果關係的淺薄了解會由於年幼孩子傾向以心理性的因果關係來歸因物理性的現象（「彈珠會滾下斜坡是因為它想要這樣」；Piaget, 1979）而變得更加複雜。在米拉的案例中，她似乎相信槍本身自動地引發受傷和謀殺。

自尊

Erikson 機構的 Garbarini 與 Scott 等人（1992）描述了嬰幼兒自尊的兩個面向。第一個是「我知道我能做什麼」的感覺，也包含了自我發現的興奮感。第二個面向是 Stern（1985）指稱的「跟別人相處的自己」。自我價值感是基於一種信念：一個人在親密關係中是有價值且值得被愛的伴侶。

羞愧

Erikson（1950）描述這個時期的孩子在自我懷疑時會出現羞愧感。他寫道，罪惡感在接下來約四歲左右開始的發展階段才會浮現。羞愧感來自顯現出自己的無價值、無力，或一些其他的負向層面，而罪惡感則來自錯誤的行為。

雖然孩子有基本的同理心，但因羞愧感是聚焦於自己的，它會干擾孩子把注意力放在他人經驗的能力。羞愧感會促發逃避。例如在療程中，米拉想去拿一個玩具武器，她叫它「壞槍」，治療師對於孩子專注於與槍相關的遊戲相當不自在，於是難過地問她：「你想要這把槍啊？你想要這把壞槍啊？槍傷害了媽咪，那是把壞槍。」米拉的頭垂了下來，好像很困窘。她轉頭離開治療師，也遠離那把槍，然後想回去繼續玩娃娃屋。當時，這位治療師干擾了米拉玩創傷後遊戲的需求，而不小心引發了米拉的羞愧感。

記憶

即使嬰兒都有很強的再認記憶（Recognition Memory）技巧（Kail, 1984）。學步兒的再認記憶遠比其自由回想更為精確，因為他們的回想策略不佳，以及將資訊以符號標碼的能力有限（Piaget, 1979）。在三歲之前，創傷事件的遠期記憶主要是感官或視覺的記憶（Monahon, 1997）。這個年紀的孩子一般而言無法以口語方式表達出他們的記憶。但當他們在後期的發展階段習得更好的表達語言技巧，孩子們便能將此一時期遭遇的創傷印象及感官感覺表達出來。

了解死亡

學步兒尚無法了解死亡的不可逆性及無可避免。

症狀

以下症狀在受創傷的嬰幼兒相當普遍：(1)退化行為，如緊抓著不放、依賴度增高，以及分離焦慮的再現或增強；(2)焦慮的依附行為（Bowlby, 1977）；(3)警醒的症狀，如易怒和哭泣（Gaensbauer, Chatoor, Drell, Siegel, & Zeanah, 1995）；與(4)深刻的羞愧感。

因應

雖然學步兒有基本的問題解決策略，他們仍相當依賴他們依附的對象來取得情緒的撫慰及問題解決之道。嬰兒與學步兒管理負向情緒的能力都未發展健全，這麼說來，學步兒在受到壓力事件的影響之後是相當脆弱的。否認可能是學步兒主要的因應策略，這與他們尚未穩固的物體恆存（object Permanence）與物體恆久性（object constancy）概念有關。

對警醒症狀的介入

撫慰式的治療

米拉的祖父母發展出一套撫慰的儀式，他們會有 15 分鐘的「美好時光」。請祖父母把房間的燈關暗，移走會令人分心的東西，讓孩子覺得很舒服，並且用柔和的聲音和她說話。米拉喜歡被輕輕搖動，抓抓她的背，這也變成儀式的一部分。這個「美好時光」一天會來上幾次，讓米拉暫時減輕她那無法抵擋的焦慮感。

對口語能力未成熟兒童的介入方法

　　米拉的症狀包括會避開槍擊發生的那個家用車道，她也有闖入式的再度經驗，如做惡夢或在面對那個車道時出現生理的警醒。然而，在她可以用口語表達她的記憶並克服她的逃避行為之前，她必須學會這些相關物體的名字，比如「車道」和「槍」。

　　預先設置的遊戲治療（Preset Play Therapy）：最早由 Levy（1939）提出，此一技術包括使用道具來協助增進兒童經由遊戲表達自己的能力。利用具體的提取線索，如一些物體道具來協助稚齡兒童記憶的回想（Goodman, 1984）。所以，有一個放在遊戲室地上的大型娃娃屋讓米拉可以很容易的使用它。治療師用厚紙板在屋子外面做了一個車道，也在屋子裡放了一支小型槍枝，由油漆塗成黑色以類同她的真實生活經驗。把小汽車、洋娃娃，和一個叫做「安德魯」的小物件放好之後，整個景就完成了。當米拉首次進入遊戲室時，治療師鼓勵她參與非指導性遊戲。不過，如果她選擇要玩出來，創傷事件才會出現。

　　在第一個單元，米拉注意到槍，但在她探索房間裡的每個東西時卻會逃避它。在第二個單元，米拉撿起了槍，問道：「這個？」好像在問：「這是什麼？」治療師告訴她：「槍。」下一次，米拉用洋娃娃玩出各種娃娃寶寶、娃娃媽媽、娃娃爸爸間的互動。她出奇不意地停了下來，跑到放槍的架子那邊，拿起槍來，跑到房間的另一邊，打開玩具烤箱的門，把槍丟進烤箱，用力砰地把門關上，然後宣佈它是「壞槍」。

　　顯然米拉認為是槍造成這些傷害，而非她的父親。在後面的每一個單元，米拉一開始總會尋找那把槍，把它丟進烤箱裡，以證明她對自己有能力解決和掌控槍的問題相當高興。米拉在遊戲室裡把槍移走，眼不見為淨，以創造出更大的安全感。她已經懲罰這把槍了。不管怎樣，這似乎是米拉對那個曾帶來巨大痛苦和恐懼的物體的一種掌控形式。在幾週之後，米拉把槍丟進烤箱的儀式的情感強度逐漸消退，雖然她仍會在每次單元一開始

都要先演出一次。

對哀悼的介入

與媽咪的對話：在治療的第二階段，治療師為米拉創造哀悼喪失雙親的機會。由治療師對祖父母提出要求，米拉把一張媽媽的照片帶來治療室。當米拉拿照片給治療師看時，她用很長但難以理解的話語來描述媽咪。治療師反映出媽咪已經跟她道別的現實，以及米拉對此感覺到的難過。然後治療師模仿電話鈴響，把玩具電話拿給米拉，她用了幾分鐘的時間假裝跟媽咪說話。當她掛上電話，治療師問了米拉剛剛說了些什麼，並鼓勵她再和媽媽說一次話。重複了幾次，每次跟媽咪講完電話，米拉就會用難以理解的長篇大論向治療師報告。為了要幫助米拉觸碰到自己的記憶並讓她把對媽媽的感覺內化，治療師便問了一些問題如「媽咪現在在做什麼啊？」「媽咪說了些什麼？」在這個單元結束時，米拉輕輕地搖動著身子，宣佈「媽媽愛妳」。在這個單元中，米拉可以抓到一個概念，就是即使媽咪實際上已經不再出現，她仍然可以繼續經驗到有媽咪的感覺。簡言之，她學會了記得媽媽。

對闖入式的再度經驗症狀的介入

掌控恐懼：在下一個單元，米拉一開始又如往常般把槍放進烤箱，然後玩起了爸爸娃娃與媽媽娃娃。當他看到娃娃屋裡的小畫像，引發了她想起上一次她帶來的媽咪的照片。米拉說「媽咪照片」，又重複「媽咪照片」。然後她匆匆回到烤箱那邊把槍移走，改放到爸爸的手上。米拉在那個時間點上中斷了娃娃屋的遊戲，改到水槽邊玩，她轉開水龍頭（讓水不斷流出），把槍拿給治療師，並且把她的手放在不斷流出的水中出奇地久。她恍惚的棕色眼珠子越睜越大，看穿了遊戲室外那個經歷創傷後的場景。

最後，治療師溫柔地說：「溼溼的，是吧？」米拉才想起她還正被水沖

著。治療師把創傷事件連結到這個遊戲，問道：「媽媽也溼了嗎？」米拉哀傷地點點頭。「米拉也溼了嗎？」她再次肯定地點點頭。米拉把水倒在檯子上，然後用紙毛巾狂暴地擦拭。當治療師大聲反映出米拉有多麼想把它全都弄乾淨，米拉的遊戲更為劇烈。她很快地又把水倒在地板上，試圖要用自己的身體把水擦乾。在那時，米拉丟了一張紙巾到溼漉漉的地上，用她的腳重重的在上面像跳舞般踩踏。米拉在水坑中央遞給治療師一大堆紙巾，治療師便把玩具槍放下，以幫忙米拉把水擦掉。治療師重述了米拉有多麼想要幫媽咪清理乾淨，以及有多麼想把自己也清理乾淨。「繼續，」米拉重複說了幾次，最後，地板乾了，米拉也結束了創傷事件的重演。治療師詢問米拉該怎麼處理那把槍，米拉講了一長串生動但難解的話語，一邊環視著遊戲室。治療師鼓勵性地回答她：「嗯哼。」米拉又開始了，而且在某個句子的末尾說了一個像「時鐘」的詞。「時鐘嗎？」治療師問。「是啊，時匆，我的時匆和你的時匆，放時匆！」她命令著，一邊指著遊戲室裡的時鐘。治療師看著高掛在牆上的圓形時鐘，那是房間裡最遠的一個東西，沒有哪個東西比它更難拿到了。治療師有些懷疑這個還穿著尿布的孩子怎麼會這麼有治療的天份，便詢問米拉是不是想要她把槍放到時鐘上，米拉熱切地點點頭。

　　治療師把槍放到時鐘上，米拉鬆了一口氣，便以這個創傷後的遊戲作為結尾。之後米拉就再也沒有玩過與槍相關的遊戲了，在之後的幾次單元也不再重演創傷事件。她的症狀完全解除，除了還是會不時詢問媽媽跑到哪去了。「壞槍」現在放在一個永遠拿不到的地方，而她可以回到一個喪親的兩歲兒童的發展任務去了。

學齡前兒童

狄托和媽媽一起睡在床上，忽然有個陌生人破窗而入進到他們的公寓裡，想要強暴狄托的媽媽（見圖 4.1）。

圖 4.1 「進來我家的怪物」

在充滿神怪故事的世界中，對於四歲大的狄托而言，要區分真實與幻想是有困難的。什麼是真實，什麼是每天上演的卡通和電動玩具中的幻想，還有閱讀、數學、科學、宗教、自然現象，都分不清了。假如真有運行原則導引著這些能力、權力，和力量，那狄托就還不知道它們是什麼。在一個沒有依著清楚原則組織起來的世界中，生活中有些事情特別令人害怕，如天黑以後，還有怪物。唯一可以讓自己暫時從討厭的魔怪世界逃離的，只有和爸爸媽媽在一起的時光。狄托知道大男孩們都會獨自睡在自己的床上，但爸爸去上班之後，狄托就在媽媽身邊睡著了。她被媽媽的尖叫聲驚醒，在下一秒鐘，他看到了一個壞蛋。那是個怪獸，真的，有個怪獸在房間裡，可是怪獸應該不會跑到爸爸媽媽的房間裡來的啊！

怪獸說如果狄托的媽媽再不閉嘴，就要把他們兩個人都殺掉。狄托有

生以來從沒這麼害怕過。他開始哭了起來，但怪獸摑了他一巴掌，狄托就
不再哭了。

　　狄托決定躲在床單下面，或許，只要狄托不發出任何聲音，怪獸就不
會看到他了。狄托躲到床腳下時，他聽到媽媽和怪獸纏鬥的聲音。有人把
他推到地板上。當狄托看到怪獸把媽媽的睡衣撕裂開來時，他把眼睛閉上，
想讓怪獸就此消失。狄托感覺到自己的心臟好像快要跳出來，他猜他大概
會因此而死掉吧。或許之後他可以「讓時間中止」，就像電視上演的那樣，
這樣子他就可以從怪獸手中拯救自己和媽媽了。但他沒有讓任何的事情停
止，他只是坐在地板上覺得無比的恐懼和渺小。

　　他希望他的爸爸，或誰都好，可以趕快回家來拯救他們。他希望再希
望，直到警察聽到他的願望破門而入。怪獸從窗戶消失了。他媽媽把門打
開讓警察進來，對門的鄰居諾拉也來了，她告訴狄托要勇敢，不要去煩媽
媽。稍後當狄托的媽媽抱住他，問他會不會覺得很害怕，他用他最勇敢的
聲音勉強擠出兩個字：「不會」。

認知的幾個重要層面

　　認知能力的進展讓學齡前的兒童有更好的象徵性思考能力，能了解簡
單的因果關係，而且可以組織、讀取與口語表達他們的記憶。這些孩子也
可以報告出一些他們認為不真實的事物。但學齡前的兒童仍然相當仰賴成
人的認可，且除了父母之外，極少尋求其他的資訊來源。因此他們慣常地
遵從成人的指示，以取得認可或滿足依附的需求。

　　Donovan 與 McIntyre（1990）描述了兩種與學齡前兒童發展特別有關
的挑戰：(1)區辨表象與真實的能力；(2)有能力設身處地而非只有自己觀點。

　　歷史性的傳統觀點認為孩子發展出邏輯觀念前有一段很長的前邏輯時
期。但兒童難以區辨表象與真實並不表示他們缺乏邏輯。「邏輯只是相互關
聯的命題間較為緊密的系統罷了——不見得是真的（Donovan & McIntyre,

1990, p.22）。」狄托希望獲得援助，外援就到達了，因此他認為是他的希望使得此一行動成真。有趣的是，此一時期的里程碑——象徵性的遊戲會激發這個年紀孩子的好奇心，正是因為他們區分表象與真實有困難（一個孩子知道當爹地戴上鬼面具的時候並不是真的變成鬼，但他還是會怕戴著鬼面具的爸爸）。

關於第二個發展任務，設身處地，則有較多爭議在於學齡前的孩子能推論他人的想法、感覺、情感到什麼程度。學齡前的孩子可能會在熟悉的脈絡中採取一個以上的觀點，但一般而言，他們要設身處地仍有困難。

因果關係

學齡前兒童可以了解具體的因果機制（如，人們會讓槍引燃），但他們並不是很能區分何時可以用因果關係來下結論的判準；亦即，他們會對並不實際存在的事物或原因不明者提供因果性的解釋。學齡前的孩子普遍會對他們並不很了解的事件提供魔奇的或讓人困惑的解釋。在這個例子中，狄托相信是他尋求幫助的願望（因）召喚了警察（果）的到來，實際上，他的願望和鄰居報警的行為毫無關係。

記憶：學齡前兒童的記憶容量遠比學步兒要來得進步，至少有一部份是因為年紀較長的兒童有更多認知基模可以組織和取得特定記憶，但記憶可能會因要符合原有的基模而有所扭曲。例如，狄托並不認識強暴者，但他相信有怪獸存在，因此他便理解強暴者是一頭怪獸。因此，他的描述便是記憶中那個有著怪獸外貌的男人，有綠色頭髮，還會飛行。

罪惡感：雖然罪惡感的某種總體感覺會在這個年紀出現（孩子們會相信是他們造成創傷事件發生；Shelby & Tredinnick, 1995），孩子們的語言和認知侷限抑制了他們表達出罪惡感（Ridgeway, Watters, & Kuczaj, 1985）。同時，學齡前兒童並沒有良好的認知能力可以回溯過去事件，也無

法想出其他可以採取的行動，所以他們不太可能為了創傷事件發生當時他們的特定行動而有罪惡感。此種認知上的不成熟形成一種保護機制，可以緩衝稚齡兒童不致於感到無法抵擋的罪惡感。

對死亡的了解：六歲以下的兒童一般而言並不了解死亡的不可逆性和不可避免的特性（Grollman, 1990）。

症狀

以下症狀在學齡前期的創傷後倖存兒童相當明顯：(1)身體方面的抱怨；(2)失去父母親有控制力及有能力保護的錯覺（Shelby, 1997）；(3)重複性的遊戲（Eth & Pynoos, 1995）；以及(4)廣泛性焦慮（Shelby & Tredinnick, 1995）。

因應

一般而言，學齡前的兒童相對來說因應的選擇性較少。實際存在的一些選擇性都是較為被動的。Cramer（1987）指出否認的機制在人生的早期就已產生，以兩歲左右為最高峰，在四歲的時候會急劇降低。幻想的高峰在四歲，在兒童中期逐漸消失。稚齡兒童的前運思期思考可能會使得他們更依賴祈願實現的策略而非客觀的有效策略（Eisenberg, Fabes, & Guthrie, 1997; Eth & Pynoos, 1995）。

介入

警醒狀態與安全感

父母的保護：狄托的世界不再安全了。他不再相信他的爸爸媽媽可以對傷害免疫，也因此無法保護他遠離危險。為了要重建父母有能力保護他的信念，治療師指導狄托的父母一步步在家中增進他的安全感，並且強調他們必須執行的步驟。例如，當狄托的媽媽把窗戶的鎖換掉之後，她指著新的鎖給狄托看，並且告訴他，她這麼做可以讓他很安全。她也買了個哨子和床頭電話，從容地展示給狄托看。

逃避行為

遭受創傷的許可：在攻擊者離開他們的公寓之後，鄰居告訴狄托隱藏住自己的感覺不要讓媽媽知道。對四歲大的孩子而言，狄托已經有能力說謊了，而且他極度仰賴成人的認可。因此狄托相信，他應該不要感覺到恐懼，或者至少不應該表現出他所感受到的恐懼。我們建議狄托的爸媽告訴他，覺得恐懼是沒有關係的，並不會因為他感覺到害怕而讓爸爸媽媽難受，而且前來就診時講出或玩出跟「怪獸」有關的事情是沒有關係的。狄托在此種介入後的幾個單元似乎大大鬆了一口氣，但他的逃避行為在家中依然如故，直到鄰居諾莎告訴狄托，在媽媽面前表現出害怕沒有關係，他才有所改變。

給怪獸的毒藥：可以理解狄托會有入睡的困難。為了對付他的逃避行為，狄托和他的治療師發展出了好幾種「怪獸毒藥」，成分是水裡面混了食用色素（如，放一瓶可噴霧的瓶子在床旁，夜裡在他的口袋帶著一支水槍，還有水球，可以丟到未來可能出現的怪獸頭上）。在其中一個單元，狄

托高興地尖叫著，他說他想要在窗邊放一瓶裝滿「毒藥」的玻璃杯，還有一些餅乾，這樣怪獸就會在不知情的情況下喝下毒藥。狄托的逃避行為被他自己有能力以智取勝的欣喜所取代——即使在遊戲中——他似乎已經可以面對那個曾經無情殘害他的男人了。

語言的詮釋：孩子可能會難以詮釋問題或敘述的意涵，雖然他們會回答，以取得成人的認可。孩子們也可能對於語言及溝通投注特別的注意，但或許會因語言中的模稜兩可而誤解了創傷事件中的重要成分。例如，在安得魯龍捲風襲擊美國之後，有幾個孩子把它畫成獨眼巨人般，並發展出對眼睛的恐懼或關注。深入探究之後，發現是因為他們聽到大人們說「颱風眼」，孩子們便假設龍捲風是一個有某種巨大眼睛的生物。類似地，在舊金山大地震之後，許多稚齡兒童聽到大人們討論地理的板塊，有些孩子就開始擔心移動餐桌的桌板會讓地震發生。

闖入式的再度經驗

象徵性遊戲或許特別有力，因為學齡前兒童仍不太能區分表象與真實。類似於治療學步兒，學齡前兒童可以利用遊戲室中的道具來協助進行治療性的重演。

經驗性的掌控技巧（The Experiential Mastery Technique，EMT）：此種技術的主要目的在引出創傷後的感覺（Shelby, 1997）。在此種技術中，兒童畫出讓他們覺得害怕的東西，然後讓他們說出它對他們做了什麼。對於沉默壓抑的孩子，治療師會對著孩子的畫講一些話，以鼓勵他們參與。例如，狄托的治療師對著圖畫說：「嘿，討厭的怪獸，我們不喜歡你做的那些事。我們不喜歡你，因為你……（治療師暫停一下，等著狄托回應）你從窗戶進來，而且你把我跟我媽媽嚇壞了。」治療師鼓勵孩子將他對侵襲者（或災害）的感覺對著圖畫講出來。在孩子說出來之後，他們就可以對

圖畫做任何他們想做的事情。狄托在圖畫上亂塗一通，又戳了好幾個洞、用力擊打、把它放在毯子下、撕碎它，然後放進馬桶裡沖走。對於自己有能力掌控之前那個讓他不知所措的「怪獸」，他感到相當高興。

治療中的謊言：狄托告訴治療師，在襲擊發生時，他拿了棒球球棒追著怪獸到房間外面。當治療師反映出，他一定很希望他可以讓怪獸逃走，狄托堅持那是真的發生的事。雖然治療師往往會對孩子的謊言做詮釋，或他們會去修正稚齡兒童的謊言或幻想，但很重要的一點是，孩子第一次的成功說謊具有與父母親分離的重要功能（Goleman, 1989）。當孩子學到他們可以報告出可信的錯誤資訊，他們便相信他們有成為獨立個體的力量了；亦即，成人並非無所不能者，也無法觸及或控制孩子的思想。這讓他們有對自己及成人有更實際的觀點。說謊本身有時候是一種掌控的形式。介入的重點並不會放在狄托對此人想像的英雄式攻擊、他的吹牛，或他對「怪獸」的堅信不移，而是在他目前的發展位置上，著重於解決他認為有意義的問題。

學齡期兒童

八歲大的卡蒂和她七歲大的妹妹寶兒在等校車時，被一輛煞車失靈的卡車撞上，寶兒當場不治死亡，而卡蒂則多處嚴重內傷，左腿有多重骨折（見圖 4.2）。

她記得紅色。這一秒還是一如往常的早晨，城市一片忙亂，這是校車的站牌，還有妹妹的笑聲。下一秒，一團巨大、紅色的東西向著她們怒吼，一張臉向下盯著她看。在紅色的閃光中夾雜著喇叭尖銳的聲音，時間好像靜止般，沒辦法思考也沒辦法動了。劇烈的疼痛忽然降臨，瞬間整個世界

忽然變得寂靜又黑暗。

圖 4.2 有大紅卡車的那一天

　　在黑暗中，她聽到一個女士問她的名字。卡蒂並不知道她的脾臟已經破裂，左腿也幾乎斷裂，但是她可以感覺到她的身體正在死去。她聽到有人說「這一個死掉了」，但是卡蒂用盡力量也沒有辦法問出那一個是不是她的妹妹。卡蒂的意識消退殆盡。

　　她在醫院裡醒來，她在那裡接受了醫療照顧並且救了她一命。她的腿

也倖存下來，但仍有嚴重的損傷與變形。

卡蒂的罪惡感折磨著她。她很快就想起來那件痛苦的事實——如果當時她站在妹妹的另一邊，妹妹就可以活下來了。卡蒂想了上百種方法可以改變當時的情境。卡蒂通常都很小心地站得離街角遠遠的，她通常都會看著校車到站，但這一次她卻沒有這麼做。

卡蒂的情緒快要將她吞噬，她對卡車司機憤怒到了極點，她希望他永遠被囚禁在監牢裡。她告訴護士如果她遇到他，一定會把他殺死。卡蒂想念她的妹妹勝過世界上所有的東西，她甚至想著，只要自己死了就能再見寶兒一面。

卡蒂看到媽媽有多麼傷心，她不想再讓媽媽更痛苦了。當精神科醫師來問卡蒂是否她想要死掉或殺掉誰，卡蒂的媽媽正在房間裡，所以卡蒂說她並不想死而且也不再那麼憤怒了。她沉寂的傷痛創造了一個讓她掙扎求生的囚牢。

認知的幾個重要層面

七歲上下的孩子可以在心理上回溯、反映並模擬他們的想法和語言。在此一發展階段的兒童通常可以用自己的觀點來評估他們的行動、將自己與外在行為分離、設身處地、讓自己專注於規則與命令，並且視同儕為社會支持的重要工具。在五到八歲之間，孩子們狹隘地專注於行動的結果（即，好的或壞的）會轉移到考量其他人對此行為的反應（贊同或不贊同），進一步轉移到考量更複雜，也就是他自己對此行為的反應（贊同或不贊同）（Harris, 1989）。兒童不僅是從成人是否贊同來評估，而是從自己的觀點來評估自己的這種能力，表示他們已經不像稚齡兒童，治療師不能只是向他們保證，「這不是你的錯。」

在八歲，孩子會區辨具體的行為與自我的基本層面。例如，卡蒂知道她通常都站得離街道遠遠的，但是這一次她卻沒有這樣。此一能力有助於

將她的特定行為與總體自我概念有所區分。

　　設身處地的能力在國小的兒童身上就已經發展得不錯了。在這個案例中，卡蒂清楚地意識到他母親的感覺，也了解在她建構的假設情境中母親會有何反應（即，「如果我講出我的哀傷和憤怒，會讓媽媽覺得更糟糕」）。另外，孩子們也會在父母面前隱藏自己面對創傷的負向反應。Yule 與 Williams（1990）發現，在船難之後訪問那些孩子，他們在沒有父母在場時，比有父母在場時會透露出更多症狀。

　　在此一發展階段，兒童執著於規範、秩序和正義的情況相當普遍。狄托希望襲擊者坐牢是基於安全的考量，卡蒂希望司機入獄則是因為她已經有能力將正義概念化了。在國小時期，同儕變得更重要，且孩子們的社交圈也更為擴張。對卡蒂而言，失去妹妹正表示失去她最好的朋友，這對她的社會支持系統而言是一個重大的打擊。

記憶

　　此一年齡的孩子很可能對創傷事件有巨細靡遺、長期性的記憶。他們有能力維持著準確詳實的記憶，但記憶的內容仍可能會有所修飾或扭曲（Terr, 1991）。卡蒂記得許多事件的確切細節，但她也記得司機有著「像吸血鬼的牙齒」，還有「那輛卡車像帝國大廈一樣高」。

罪惡感

　　罪惡感的某些早期形式在兩、三歲左右形成，但孩子要到國小年紀才有辦法辨認或表達出來。Ridgeway 等人（1985）發現「罪惡感」這個詞直到孩子五歲半至六歲左右才會從他們自發的詞彙中出現。Tangney（1998）發現此一年齡的孩子會對具體事件有罪惡感（傷害別人、弄壞東西），而青少年及成人會對較抽象者（沒有行動，或是無法達成理想），或結合了具體及抽象的事物出現罪惡感。在這個案例中，卡蒂因為沒有和妹妹換位子，

以及沒有站得遠一點而有罪惡感,而非因爲更抽象的概念,如沒辦法負起只有自己活著的責任等。

羞愧感是以自我爲主的,會干擾同理心。相反的,罪惡感則會促進修正性的行爲(Baumeister, Stillwell, & Heatherton, 1994; Tangney, 1991)。在設計介入方案時,重點在於幫助孩子將罪惡感轉移到可以促進同理心表達的行爲。

對死亡的了解

死亡是不可逆的,通常八到十歲的兒童已能理解此一概念(Garmezy, 1983)。在九歲左右,多數兒童可以了解死亡乃不可避免。不像米拉認爲媽媽會回來,卡蒂知道她的妹妹是真的走了。

因應

此一發展層級的孩子比稚齡兒童有更實際的自我知覺。因此,他們可能在內化負向經驗時會比稚齡兒童更脆弱(Thompson, 1990)。學齡期兒童能更實際地評估自己的失敗,此種能力破壞了稚齡期兒童所使用的保護措施。同時,較大的孩子對一個問題可以產生更多樣的解決方法。此種技巧在青少年期會更爲進步,讓孩子很容易認爲自己沒有採行另一種行動而引發的強烈自我責難和罪惡感。狄托決不會想到當時他還能做些什麼別的,卡蒂則日復一日反芻著這樣的想法。

症狀

在前面所述的 PTSD 與急性壓力疾患之外,此一發展階段的孩子可能

會出現以下的症狀或問題：(1)精緻的創傷後遊戲，重演時可能會讓朋友參
與其中；(2)行動的內在計劃（即，關於修復創傷時刻的回溯式希望；Eth &
Pynoos, 1995）；(3)身體的抱怨以及擔心身體上的完整性；(4)對採行的行動
感到罪惡感；(5)努力掩蓋壓力不讓父母知道（Yule & Williams, 1990）；(6)
各種預兆（即，相信有些事物預示了創傷事件的發生；Terr, 1991）。

對逃避行為的介入

吉米的書

　　對許多孩子而言，創傷後治療的首要焦點在於克服他們會逃避與創傷
事件相關的遊戲或討論。有一本治療性活動的手冊，我稱之為「吉米的書」，
對於了解和處理兒童的逃避行為相當有用。這本書可以隨每個個案的不同
需求加以調整，這裡有一些頁面範例（見圖 4.3）。這幾頁有助於找出為何
孩子不願意討論其創傷經驗的原因。

對侵入性的重新經驗的介入

　　半結構性面談：在這個發展階段，兒童已發展出較佳的口語能力來
表達他們的創傷經驗及感覺。Pynoos 與 Eth（1986）發展出的創傷後面談
中，鼓勵孩子畫一張圖，並且說一個關於此圖的故事。臨床工作者點出圖
畫中必定會提及的創傷事件，並要求孩子回想創傷事件並詳細描述（包括
孩子的感官經驗與最糟糕的時刻）。在孩子講完之後，治療師鼓勵孩子完完
全全的表達出「復仇的幻想」。此技術的提倡者建議，可以向孩子提出現在
在遊戲中做某些事會很不錯，但之後就不能這麼做了，以區分幻想與真實。
結尾時要指出孩子在創傷事件中以及回想描述時都相當勇敢。

這是吉米

他發生了一些很糟糕的事情,

但……

他沒辦法講出來。

如果吉米講出來的話,

會發生什麼事?

畫在下面……

如果吉米講出來,

他覺得會發生什麼事:

☐他的爸爸或媽媽不喜歡這樣

☐他會太過害怕

☐他的治療師不希望他說出來

☐有一些其他的理由

如果吉米可以講講發生了什麼事,我想他會

覺得...

☺   ☹

圖 4.3 吉米的書對於了解和處理孩子的逃避行為相當有用

對過度警醒的介入

自我指導:認知行為技術過去普遍使用在協助兒童和青少年減低過度警醒以及侵入性的重新經驗症狀(Saigh, 1989)。卡蒂的治療師將 Meichenbaum 與 Goodman(1971)的自我指導技巧稍加更動,讓卡蒂找出當一台車輛靠近時她的反應(生理感覺、情緒,以及自我語言),治療師沒有讓卡蒂想像一台車輛的靠近(這涉及了假設性的想法),而是以更適合她目前發展能力的方式,將一台大型的火柴盒汽車移動經過卡蒂。治療師和

卡蒂練習深呼吸和正向的自我陳述，如「我很害怕，但我可以熬過的。」一開始，治療師提醒卡蒂在火柴盒汽車經過她時要深呼吸並且講出正向陳述。稍後，卡蒂吸了一口氣並且大聲說出那個句子。最後，讓孩子進入沉默的自我語言。卡蒂的姑姑也學會這個流程，並跟卡蒂一起在公車站牌處練習。

對正義感的介入

法律與秩序的遊戲：因為這個年齡的孩子普遍來說都會顧慮到公平與正義，讓他們有機會假扮成仲裁者會有特別的助益。法官的長袍和議事槌，或保安官的徽章和手銬，附帶一個假裝的監獄等，都是幫助孩子玩出他們渴望正義實踐的有用工具。卡蒂每週在遊戲室裡舉行的聽證會中花了很多時間假扮成法官。當她在一次次的治療單元中要求司機提出證詞，卡蒂終於了解他並不是惡意傷害她及她的妹妹。她將他的刑期減輕，並吊銷了他的駕照。治療師在治療的尾聲給了卡蒂一支議事槌作為結案的禮物，並告訴她那可以用來提醒她所擁有的力量。

對哀悼的介入

治療性的葬禮：卡蒂有眾多哀悼的理由。寶兒的葬禮舉行時，卡蒂還在住院，因此她被拒絕參加任何妹妹死亡的相關儀式。在這個單元中，卡蒂計劃並舉行了妹妹的葬禮。她邀請了自己最喜歡的洋娃娃及妹妹的洋娃娃作為賓客，卡蒂帶來一張寶兒的相片，把它埋在裝滿沙子的鞋盒裡，之後她會把它埋在家裡的後院。

回憶盒：卡蒂也創造了一個特別的盒子，裝滿了妹妹的照片和值得紀念的東西，她用妹妹最喜歡的顏色來裝飾這個盒子，把電影票根、特別的錢幣，和妹妹最喜歡的耳環、畫畫與照片都裝進盒子裡。這個盒子一直

放在卡蒂的房間裡作爲提醒妹妹存在的具體物品。

紀念失落：卡蒂最喜歡的錢包在那場意外中被摧毀了，她在好幾個單元裡急切地描述它，治療師便詢問她是否想爲小錢包舉辦葬禮，卡蒂熱切地同意了。她和治療師討論小錢包的各種特徵，比方它看起來如何，她是怎麼得到它的，她曾經弄丟錢包的所有地方，以及她想像小錢包現在會在哪裡。卡蒂情感強烈地描述她的失落感，遠勝於弄丟一個錢包。在此一單元的結尾，治療師和卡蒂下了一個結論：這是一個好錢包，它會被懷念，沒有什麼能取代它，但是如果有一天卡蒂有了一個新錢包，也沒有關係。在最後一個單元之後數個月，卡蒂寄給治療師一張在學校拍的照片，在照片中，卡蒂洋溢著耀眼笑容的臉頰上，擁著一個新的、粉紅色的錢包。

對罪惡感的介入

家長的許可：爲了要處理卡蒂的罪惡感，治療師主動邀請卡蒂的母親進入治療。在這個單元中，媽媽向卡蒂保證，家人仍會在哀悼中活下來，因此卡蒂無須隱藏自己的悲傷與憤怒。

利他性：因爲卡蒂持續的罪惡感，治療師爲她的感覺尋找利他性的出口。在媽媽的協助下，卡蒂成爲學校的糾察隊，讓她幫助指揮孩子們安全地過馬路。

青少年

茉莉被一個答應載她到派對的陌生人強暴了。

　　當茱莉和蘿拉爬出蘿拉臥室的窗戶時相視而笑。在幾分鐘之前，這兩個 14 歲的女孩剛走到一個同班同學家，要參加她們入學以來第一次的派對。

　　萬人迷猶大也在那兒，靠近點看他更帥了。他告訴茱莉他和他的朋友們要去海邊的一個廢棄房屋裡續攤。當他眨眨眼睛問她要不要一起來的時候，茱莉很高興地說，只要蘿拉也去，她就會去。

　　茱莉在擁擠的房子裡找不到蘿拉。大概半個小時之後，有人告訴茱莉，猶大和他的朋友們已經開了好幾台車子離開了，而且蘿拉也跟著他們一起。「猶大一定是找到蘿拉了，而且他們一定是想說我在其中一台車子裡。」茱莉這麼想著。她走到外面，想看看能不能找到猶大的朋友可以搭便車，但是大家都走了。

　　茱莉已經告訴屋子裡的每個人猶大邀請她去參加他的續攤派對，如果她再走回屋裡就太丟臉了。她一邊走向公車站牌，一邊喝完她的第三瓶啤酒。有一輛車在她身邊停下來，駕駛自我介紹說他叫賴利。他看起來年紀比較大，大概 20 歲吧。在他們聊天的時候，茱莉認為他是個好人，但是真的怪怪的，就像個只會玩電腦的笨蛋。「像這種笨蛋一定沒什麼傷害性，」她這麼想著，所以她接受了讓賴利載她到猶大的派對，就這樣，她的問題解決了。

　　在開往派對的路上，賴利說他得在他家那邊停一下，拿一些汽油錢。茱莉在這段時間裡四處閒晃，當賴利邀請她進入屋子，她一開始有點遲疑，但在 15 分鐘後還是進去了，這樣她才有辦法上個廁所。賴利說他還在找他的皮夾，並且給了她一瓶啤酒。茱莉真的被拖了很多時間，這讓她難以忍受。賴利現在真的看起來很奇怪，茱莉覺得不太舒服，當她試著要離開的時候，他用力把她拖回屋裡。當她拒絕他的性要求，他強暴了她。

　　電話鈴響了，茱莉要求去上個廁所。賴利一邊趕著去接電話，一邊同意她的要求。在牢牢地把廁所的門鎖上之後，她打開廁所的紗窗逃跑了。

　　賴利留著她的錢包、她的錢，還有猶大的電話號碼。茱莉在這個不熟悉的社區裡如遊魂般走著，她考慮要不要打電話給她的爸媽，但她知道這

麼做會給她惹上大麻煩。她現在甚至是衣衫不整的，如果被派對裡的人看到她現在這樣，她一定會羞愧而死的。茉莉對於欺瞞爸媽覺得很罪惡，對於跑出去跟酒肉朋友鬼混覺得很罪惡，也對於自己沒有盡快做些事情以逃跑覺得很罪惡。她也因為被強迫進行的性行為而覺得既羞恥又骯髒。

茉莉最後沿著原路回到蘿拉家，蘿拉在那邊等她而且非常擔心。她告訴蘿拉剛剛發生的事情，他們倆都發誓絕對不會告訴任何人。在幾個月後，茉莉發現自己懷孕了，她這才告訴母親。她們都同意應該要中止懷孕。她也到當地的執法機關做了筆錄，但警探不太願意相信她，因為她一直到發現自己懷孕之前都沒有透露任何有關強暴的事情。在懷孕中止及後續的警局報告之後，茉莉開始接受治療。

認知的幾個重要層面

雖然青少年常被視為狂暴時期，研究仍無法支持青少年時期會發生共通或戲劇性的壓力及混亂解組。因為他們的認知能力日益成熟，青少年一般都具有抽象思考、複雜的設身處地（包括第三人的眾多觀點），以及回溯性及預期性的假設性思考。

罪惡感

辨認出自己是否做錯事的能力從兒童早期到青少年期逐漸強化（ Bybee, Merisca & Velasco, 1998 ），一部份是因為認知性的推理能力增加，促使自我責難式的歸因形成。更有甚者，青少年會因為自己的不行動或無法達成理想而負向評估自己的行為。在這個案例中，茉莉的罪惡感不只來自她的所作所為，也來自她沒有做的那些事。

死亡

在青少年期，年輕人一般都已了解死亡的不可逆及不可避免，但他們仍可能繼續低估他們自身死亡的危險性。

症狀

青少年期可能會出現以下症狀：(1)類似成人的 PTSD 症狀，包括瞬間經驗再現；(2)專注在續發於創傷事件的擔心（如，家長的懲罰）；以及(3)故意作對、反社會，或冒險的行為，如物質使用或雜交（Eth & Pynoos, 1995）。

因應

因為認知能力的逐漸成熟，青少年可能會出現理智化、利他性、複雜的問題解決，以及壓抑等狀況（Bybee et al., 1998）。他們也比年齡較輕的孩子有更大的能力可使用以情緒為中心的因應，並且能在不改變問題的狀況下管理自己的負向情緒。

介入

逃避行為

降低困窘：青少年敏銳意識到自己的困窘可能會阻礙治療的進行。治療師可以用以下方式向十幾歲的個案保證：「要說出發生了什麼事會讓你覺得不舒服，這是完全可以理解的，但這一點都不會讓我難堪。每天都有

年輕人告訴我像這樣的事情。所以啊，即使那可能讓你覺得有點困窘，但這是我的工作，而且這一點都不會讓我覺得難堪。」

「我會指責她嗎？」活動：要處理自責，治療師可以詢問受害者如果其他人經歷的類似的創傷事件，她是否會指責她（以同樣的方式反應，做同樣的選擇）。許多青少年報告他們並不會對處於同樣情境的受害者加以指責。接著，治療師和個案便可以一起探索個案對自己與別人為何會有不同的反應。如果青少年報告說，實際上她會去責難他人，治療便可利用這個機會進一步探討此一受害者關於苛責其有罪的歸因及信念。

歸咎的派（Blameberry Pie）：對於那些相信性侵害是她們的錯的倖存者，有一個策略是，治療時帶來幾個裝派的錫箔容器，介紹第一個（最大的）派叫做「歸咎的派」，可以描述這個派是一個特別的派，它將有助於釐清為何受害者相信他或她要為創傷事件負責。將幾張色紙交給個案，讓他／她或治療師在上面寫下受害者覺得為何要為造成創傷負責的理由（「因為我和她一起上車了」或「因為我喝了酒」）。把所有理由列在清單上之後，把這些項目都放進裝派的容器裡。「難怪妳會覺得這麼糟」治療師可以這麼回應。「看看放在這兒的這些理由，這是一個跟強暴有關的派。讓我們來看看這些理由是否都適合裝進這個派裡。來，讓我們從裡面拿出一個來看看。」治療師或個案從派裡面挑出一個項目。「這一張說『因為我相信他。』好的，妳相信他。妳希望妳那時候不要相信會傷害妳的人。這屬於另外一個派，而不該放在這個要為了妳被強暴而負責的人這兒。讓我們為它做一個信任的派。」治療師請個案把這張紙放在另外一個小一點的派盤或碗裡，上面標明「信任」。治療師和青少年從大的錫箔容器裡挑出另一個項目，討論它，並在另一個碗上做標示（「喝酒」、「接受搭便車」、「在逃走之前等太久」）。最後，沒有任何東西遺留在「歸咎」的錫箔容器裡。「所以囉，」治療師可以下一個結論，「妳希望妳不要信任、不要喝酒、不要接受搭他的便車，還有不要在逃走前等這麼久。妳覺得要為這些事情負責，但是，這裡有一個

派是有關誰該爲強暴負責，而沒有誰該爲信任或喝酒負責。強暴是誰的錯呢？」通常在這個點上，青少年很清楚他們一點也不必爲創傷事件本身負責。治療師可以把其他每個碗上的標示作爲後續介入的目標（幫助個案對他們的判斷覺得更安全，並協助他們對於飲酒做安全的決定。）

闖入式的再度經驗

症狀的整體緩解：有許多方法已經證實能有效治療青少年及成年創傷倖存者的闖入式的再度經驗症狀。這些方法多半都含有認知行爲的技巧，包括重複暴露於（即，重述）創傷刺激、某種型態的認知重整，或有關創傷事件及一般症狀的教育（Cohen & Mannarino, 1997; Deblinger et al., 1990; Foa & Rothbaum, 1998; Saigh, 1989; Voronen & Kilpatrick, 1983）。

提供年輕人一些機會去畫圖、遊戲，或其他非語言的方式來描繪出發生了什麼事，可以使這些方法更易被青少年所接受。遊戲室中典型的玩具對青少年而言可能太幼稚了，因此，治療師可以呈現其他的媒材以重演創傷場景。茱莉使用鞋盒與幾塊硬紙板（而非娃娃屋）描繪出襲擊者的屋子以及裡面的房間。之後她可以用口語及非口語的方法演出發生在她身上的事。即使在使用認知行爲技巧中的重複暴露法時，治療師也可以在治療中提供使青少年感到自在及熟悉的東西（指甲油或最喜歡的電台音樂）。

瞬間經驗再現的管理：要緩解伴隨瞬間經驗再現而來的恐慌（panic）症狀，有一種定基技巧往往很有幫助。我們會教導個案提醒自己，當瞬間經驗再現時，他們知道這些瞬間經驗再現是肇因於創傷事件，而它們終究會過去的。個案可以把焦點放在他們所坐著的椅子上或正站著的地面上。他們可以用力重壓椅子，或在地板上踩步，並提醒自己他們現在在這裡，現在很安全，不會再回到過去。

惡夢的管理：爲了要管理困擾的惡夢，可以指導青少年在他們醒來

時盡快想想與這個夢有關的更正向的結局。許多人會很快又睡著,把新的材料重整到夢中。為了要強化這些新的結局,青少年期的個案可以在治療中畫畫、描述,或演出來。

對過度警醒的介入

要協助青少年倖存者處理與創傷直接相關的過度警醒症狀,放鬆訓練和正向想像相當有用。個案也許會經歷與創傷事件間接相關的過度警醒症狀,比如說因為覺得被傷害或被害而來的憤怒。要治療此種過度警醒,治療師可以使用以下的故事:

在南方的海灘附近有一棵特別的樹。這棵樹被剝奪了能讓它長得筆直的陽光。它因為沒有得到自己所需要的東西而受傷了,所以它水平生長了好幾呎直到最後才向著天空彎去。有個小女孩總是在海灘上它那彎曲的樹幹上玩耍。她知道,而且認為那棵樹也知道它絕對不可能長得跟其他的樹一樣,它已經嚴重變形了。她認為這太不公平了,一棵無辜的樹竟然要因為它的歹運一輩子都要跟其他的樹不同。

當她長成一個落落大方的女人,她回到那棵樹生長的地方。她在海灘上找了又找,但卻找不到那棵嚴重受損的樹木。當她正想放棄的時候,這才注意到有一棵樹的上半截樹幹微微彎曲著。那是它啊!但,現在站在她面前的這棵樹已經變得幾乎讓人認不出來了。它那翠綠的樹枝優雅地從空中伸展到海灘上,而且它大大地把自己拉直了。上半截樹幹的微微彎曲會一直存在著,但這棵樹曾經經歷過的厄運現在已經成為它的力量、美麗,以及能優雅存活的最佳見證了。

處理同儕的介入

因為青少年的社交網絡相當重要,治療的焦點如果能將創傷事件整合進他們的社交脈絡中,這些倖存者便能由此獲益。有時候,這表示要發展

出一個計劃，包括可以告訴誰，以及其他人將會如何被告知此一創傷事件。在適當的時機，治療師也要以角色扮演的方式幫助青少年準備好面對其他人責備受害者的反應或其他不支持的反應。

對哀悼的介入

治療性的喪禮：處理茱莉創傷後的工作之一包括找出她在中止懷孕後的失落感。治療中，茱莉淚流滿面地描述她關於中止懷孕後無法解除的感覺。她和治療師一起計劃了一個喪禮。她定下日期，並在附近的公園選了一個位置。茱莉邀請蘿拉站在她身邊一起舉行了喪禮。一開始，她讀了一封信給她那未出世的孩子，然後，她把剛得知自己懷孕時蘿拉送她的嬰兒鞋埋起來。最後，茱莉和蘿拉各自在「墓地」上留了一朵花。這個儀式提供了一種完成感，是難以從單純的口語性治療中得到的。之後茱莉便能情緒自由地回到正規青少年生活的發展任務之中。

對整合的介入：特別是在治療的最後一個階段，用利他性來維持並強化創傷後的治療收獲是一個相當有用的技巧。青少年也許會對將他們的經驗傳授給其他的年輕人特別有興趣。他們可以寫信或是準備一本手冊來幫助其他可能經歷類似創傷的青少年。類似地，青少年也可以用錄音機錄下他們給其他人的訊息。這些介入方法給青少年一個機會能視自己為提供訊息給他人的專家。治療師可以把這些錄音帶保存起來，與未來的倖存者分享。茱莉寫著：「我（從治療中）學到的是，你就是必須忘了它。我的意思是，你不能把所有關於這件事的想法通通都自己吸收起來，你就是得順其自然。就好像大海一樣，當你沉浸在大海中，你只要隨波逐流就好了。不要讓它把你拖到水下。你只要說你辦得到，在海裡放輕鬆，直到你浮上水面。」

結論

當果子豐滿結實，隨風起舞並在陽光中成熟，從枝幹取出汁液，然後
它在核中感覺到遠處的呼喚，它準備好面對更廣闊人生的使命。

——泰戈爾（1956, p. 82）

在我即將離開撒拉耶佛的時候，我送給那個叫做摩諾的男孩子一個告
別禮物，因為摩諾是協助重建遊戲場（就是達利第一次知道怎麼盪鞦韆的
地方）的孩子中最頑強的一個，在我離開波士尼亞之後，維持這個公園就
是他的任務了。摩諾只是個十一歲的孤兒，但也是最安靜的一個。他見過
的恐怖難以言述。在我們一起建造遊戲場的日子裡，摩諾總是跟在我的身
邊。往往，他會說這四年多的戰爭堆積著他濃重的失望，而其他的記憶，
他說，他真的無法言述。他用一根小木棍在地上畫出那些他曾經親眼目睹
死亡的臉孔。我陪著他走過他的苦痛，試著尊重他以沉默來哀悼失落的方
式。

摩諾被我的銀色指環震懾住，那上面繪著何露絲（譯註：Horus，古代
埃及的蒼天神，鷹首人身）的眼睛。我告訴他有關何露絲的神話故事，祂
在埃及的神話中保護祂所愛的人。摩諾認為自己和何露絲一樣，父親都是
被謀殺的。何露絲警覺的眼睛象徵著隨時提高警覺保護所愛的人不被傷
害，以及夠強壯的愛讓他堅持著偉大的自我犧牲。

在我離開的前一天，我把這個指環當作告別禮物送給摩諾。我希望他
能保留這個代表我們曾經共享過的安全及溫暖的象徵物。摩諾說，指環上
的眼睛會提醒他我看著他時的雙眼。這個神話故事對摩諾是有意義的，而
且他會珍惜這個禮物。

在我離開撒拉耶佛的那一天，摩諾和六個住在他家附近的男孩子來到
公車站。在我搭乘的那輛過度擁擠的巴士正要開走時，摩諾的悲傷叫住了
我，我本能地向著他移動，把我的手放在窗板上。他看著他的手貼著我的

手，在那一刻，玻璃上反射的影子好像我們都戴了那一只指環。在我對他
最後的記憶中，他試圖讓自己看起來壓抑冷靜。他揮手道別，直到他不得
不從眼裡拭去淚水。在他小小的人影消失前，銀色的指環還映照著陽光。

　　幾天之後，北大西洋公約組織（NATO）的士兵竟把那枚指環拿到札
格拉布（克羅埃西亞共和國首都）來還給我。摩諾懇求這位先生在我離開
巴爾幹半島前找到我。摩諾的理由是，如果他把這枚指環留下來，我就不
會再回到撒拉耶佛了，但是我如果拿著這枚指環，我就有義務將「他的指
環」歸還給身處波士尼亞的他。但我沒辦法把它還給摩諾。我能和他共處
的時間已經結束了，我並沒有預期要再見他一面。

　　之後的幾年，摩諾仍不時出現，好像一個不平靜的記憶。我很後悔當
時給了他一個他認為自己不能保有的禮物。我希望他當時可以允許自己接
受這個指環所能帶給他的慰藉。

　　五年後，在阿爾巴尼亞的另一個不同的計劃中，諷刺地，我竟然能夠
歸還這枚指環，而摩諾已經長大成人了。「最後，我還是把你的指環還給你
了，」我一邊迎接他一邊說著，「從我把它給你的那一刻，它就屬於你了。」
我溫柔地告訴他。我們聊了許多他對戰後生活的種種滿意之後，他暫停了
一下，以深長、哀愁的眼神盯著我。他變得更有智慧了，過去的經驗讓他
了解到，他忍耐與復原的價值所在。代表著保護的象徵物對他來說已不再
重要，他找到了比他所需更多的愛來支持自己。

　　摩諾跟我都相信他不再需要這個對他而言曾經是無價之寶的指環了。
「當你還小的時候，這是個象徵著保護和養育的東西，」我說明著：「現在，
這個眼睛不再是個保護者了，它是個見證者。在很久以前，何露絲和我都
看到你經歷著苦難，而現在我們看到的你是已經痊癒的了。」「用這隻眼睛
啊，」摩諾調皮地加上一句：「你們會不會看到我賺大錢而且交了很多女朋
友？」「會呀，」我們同聲大笑，我也向他保證：「當你的人生在你面前展
開，它將會是讓我能看到這一切的特權。」在他離開時，他把指環放進口
袋裡。我抗拒著不要壓抑；看著他離去，我的淚簌簌地滑落。此時，我相
信他將會保有這個指環。

在創傷之後的治療，年輕的個案帶著他們的驚恐與倖存感而來。治療師無時無刻不是帶著孩子走過人類存在的極端經驗。然後，治療師站到一邊，讓孩子們找到自己走完餘生之道。

這一章所提供的是適於各種發展階段的介入方案，以協助運用短期治療的治療師幫助遭受創傷的兒童。在各種針對創傷兒童的介入方案有更進步的經驗研究之前，這些由兒童自身所教授的課程必然是治療的重要指標。就像前面描述的這些孩子，米拉現在已經上一年級了，狄托是個足球小聯盟的明星球員，卡蒂幫著把她的新弟弟取名為丹尼爾，而茱莉則成為中學的班級幹部，摩諾在撒拉耶佛工作，現在正積極尋找他的下一任女友。或許現在最值得注意而且最棒的事情是，相較於其他的孩子而言，他們是這麼的不引人注意，他們是獨一無二的平凡人。

但是達利，我真的不知道他在那兒。他的家庭，還有其他數百個家庭，在最後的和平協定中被強迫搬遷。無論他在哪裡，不管之後他所面對的是什麼，我相信，從那個春日之後他會一直記得怎麼盪鞦韆。

參 考 文 獻

Band, E. B., & Weisz, J. R. (1988). How to feel better when it feels bad: Children's perspective on coping with everyday stress. *Developmental Psychology, 24,* 247–253.

Baumeister, R. F., Stillwell, A. M., & Heatherton, R. F. (1994). Guilt: An interpersonal approach. *Psychological Bulletin, 11,* 243–267.

Bowlby, J. (1977). The making and breaking of affectionate bonds. *British Journal of Psychiatry, 130,* 421–431.

Bybee, J., Merisca, R., & Velasco, R. (1998). The development of reactions to guilt-provoking events. In J. Bybee (Ed.), *Guilt and children* (pp. 185–214). San Diego: Academic Press.

Carver, C. S., Pozo, C., Harris, S. D., & Noriega, V. (1993). How coping mediates the effect of optimism on distress: A study of women with early stage breast cancer. *Journal of Personality and Social Psychology, 65,* 375–390.

Cohen, P., & Cohen, J. (1984). The clinician's illusion. *Archives of General Psychiatry, 41,* 1178–1182.

Cohen, J. A., & Mannarino, A. P. (1997). A treatment study for sexually abused preschool children: Outcome during a one-year follow-up. *Journal of the American Academy of Child and Adolescent Psychiatry, 36,* 1228–1235.

Cohen, J. A., & Mannarino, A. P. (1998). Interventions for sexually abused children: Initial treatment outcome findings. *Child Maltreatment: Journal of the American Professional Society on the Abuse of Children, 3,* 17–26.

Compas, B. E. (1998). An agenda for coping research and theory: Basic and applied developmental issues. *International Journal of Behavioral Development, 22,* 231–237.

Compas, B. E., Banez, G. A., Malcarne, V., & Worsham, N. (1991). Perceived control and coping with stress: A developmental perspective. *Journal of Social Issues, 47,* 23–34.

Compas, B. E., Malcarne, V. L., & Fondacaro, K. (1988). Coping with stressful events in older children and young adolescents. *Journal of Consulting and Clinical Psychology, 56,* 405–411.

Corder, B. F., & Haizlip, T. M. (1989). The role of mastery experiences in therapeutic interventions for children dealing with acute trauma: Some implications for treatment of sexual abuse. *Psychiatric Forum, 15,* 57–63.

Cramer, P. (1987). The development of defense mechanisms. *Journal of Personality, 55,* 597–614.

Deblinger, E., McLeer, S. V., & Henry, D. (1990). Cognitive behavioral treatment for sexually abused children suffering post-traumatic stress: Preliminary findings. *Journal of the American Academy of Child and Adolescent Psychiatry, 29,* 747–752.

Donovan, D. M., & McIntyre, D. (1990). *Healing the hurt child: A developmental-contextual approach.* New York: Norton.

Eisenberg, N., Fabes, R. A., & Guthrie, I. K. (1997). Coping with stress: The roles of regulation and development. In S. A. Wolchik & I. N. Sandler (Eds.), *Handbook of children's coping: Linking theory and intervention* (pp. 41–72). New York: Plenum Press.

Epping-Jordan, J. E., Compas, B. E., & Howell, D. C. (1994). Predictors of cancer progression in young adult men and women: Avoidance, intrusive thoughts, and psychological symptoms. *Health Psychology, 13,* 539–547.

Erikson, E. H. (1950). *Childhood and society.* New York: Norton.

Eth, S., & Pynoos, R. S. (1995). Developmental perspective on psychic trauma in childhood. In C. R. Figley (Ed.), *Trauma and its wake: The study of treatment of post-traumatic stress disorder* (pp. 36–52). New York: Brunner/Mazel.

Famularo, R., Kinscherff, R., & Fenton, T. (1990). Symptom differences in acute and chronic presentation of childhood post-traumatic stress disorder. *Child Abuse and Neglect, 14,* 439–444.

Foa, E. B., & Rothbaum, B. O. (1998). *Treating the trauma of rape: Cognitive-behavioral therapy for PTSD.* New York: Guilford Press.

Gaensbauer, T., Chatoor, I., Drell, M., Siegel, D., & Zeanah, C. H. (1995). Trau-

Pynoos, R. S., & Eth, S. (1986). Witness to violence: The child interview. *Journal of the Academy of Child Psychiatry, 25*, 306–319.

Ridgeway, D., Waters, E., & Kuczaj, S. A. (1985). Acquisition of emotion-descriptive language: Receptive and productive vocabulary norms for ages 18 months to 6 years. *Developmental Psychology, 21*, 901–908.

Rossman, B. R., & Rosenberg, M. S. (1992). Family stress and functioning in children: The moderating effects of children's belief about their control over parental conflict. *Journal of Child Psychology and Psychiatry and Allied Disciplines, 33*, 699–715.

Rutter, M. (1988). Stress, coping, and development. In N. Garmezy & M. Rutter (Eds.), *Stress, coping and development in children* (pp. 1–42). Baltimore: Johns Hopkins University Press.

Rutter, M. (1988). The role of cognition in child development and disorder. In S. Chess, A. Thomas, & M. E. Hertzig (Eds.), *Annual progress in child psychiatry and child development* (pp. 77–101). New York: Brunner/Mazel.

Rutter, M. (1996). Transitions and turning points in developmental psychopathology: As applied to the age span between childhood and mid-adulthood. *International Journal of Behavioral Development, 19*, 603–626.

Saigh, P. (1989). The use of an *in vitro* flooding package in treatment of traumatized adolescents. *Journal of Developmental and Behavioral Pediatrics, 10*, 17–21.

Sandler, I. N., Wolchik, S. A., MacKinnon, D., Ayers, T. S., & Roosa, M. W. (1997). Developing linkages between theory and intervention in stress and coping processes. In S. A Wolchik & I. N. Sandler (Eds.), *Handbook of children's coping: Linking theory and intervention* (pp. 3–40). New York: Plenum Press.

Scheier, M. F., Carver, C. S., & Weintraub, J. K. (1989). Assessing coping strategies: A theoretically based approach. *Journal of Personality and Social Psychology, 56*, 267–283.

Shelby, J. S. (1995). Crisis intervention with children following Hurricane Andrew: A comparison of two treatment approaches. *Dissertation Abstracts International, 56*, 1121.

Shelby, J. S. (1997). Rubble, disruption, and tears: Helping young survivors of natural disaster. In H. Kaduson, D. Cangelosi, & C. Schaefer (Eds.), *The playing cure* (pp. 143–169). Northvale, NJ: Aronson.

Shelby, J. S., & Tredinnick, M. G. (1995). Crisis intervention with children following natural disaster: Lessons form Hurricane Andrew. *Journal of Counseling and Development, 73*, 491–497.

Spirito, A., Stark, L. J., & Williams, C. (1988). Development of a brief coping checklist for use with pediatric populations. *Journal of Pediatric Psychology, 13*, 555–574.

Stern, D. N. (1985). *The interpersonal world of the infant*. New York: Basic Books.

Tagore, R. (1956). The world of personality. In C. Moustakas (Ed.), *The self: Explorations in personal growth* (pp. 76–85). Northvale, NJ: Aronson.

Tangney, J. P. (1991). Moral affect: The good, the bad, and the ugly. *Journal of Personality and Social Psychology, 61*, 598–607.

Tangney, J. P. (1998). How does guilt differ from shame? In J. Bybee (Ed.), *Guilt and children* (pp. 1–17). San Diego, CA: Academic Press.

Terr, L. (1991). Childhood traumas: An outline and overview. *American Journal of Psychiatry, 148,* 10–20.

Thompson, R. A. (1990). Vulnerability in research: A developmental perspective on research risk. *Child Development, 61,* 1–16.

Veronen, L. J., & Kilpatrick, D. G. (1983). Stress management for rape victims. In D. Meichenbaum & M. E. Jaremko (Eds.), *Stress reduction and prevention* (pp. 341–374). New York: Plenum Press.

Vogel, J., & Vernberg, E. M. (1993). Psychological needs of children in the aftermath of disasters: Children's responses to disasters and intervention strategies with children after disasters. *Journal of Clinical Child Psychology, 22,* 485–498.

Wolfe, T. (1952). *Look homeward angel.* New York: Charles Scribner.

Yule, W., & Williams, R. M. (1990). Post-traumatic stress reactions in chiidren. *Journal of Traumatic Stress, 3,* 279–295.

第 *5* 章

注意力不足／過動症兒童的結構性
短期遊戲治療

Heidi Gerard Kaduson, PhD, RPT-S, Private practice, Hightstown, New Jersey

導言

　　注意力不足／過動症（Attention-deficit／hyperactivity disorder, ADHD）是兒童疾患中投注最多研究的議題之一，有許多種治療方法試圖處理它，但成效有限。遊戲治療是一種能夠成功因應的技術，因為它讓孩子進入改變的歷程，同時它也教孩子處理生活的一些技巧。

　　兒童的認知和行為問題可分類為注意力不良、衝動，以及過動，這也是遊戲治療要面臨的挑戰。這些問題構成了最常見的長期行為問題（Wender, 1987）以及青少年心智健康中心最大宗的轉介來源（Barkley, 1990）。這些問題包括注意力不佳、對刺激過度敏感、過動、衝動、易怒，以及無法延宕滿足。這些情況在診斷上都會被視作是注意力不足／過動症（美國精神醫學會，1994），即最複雜的兒童期問題之一。這些問題影響兒童與其環境的互動，並且使得孩子無法如其年齡的成熟度來因應情境的需求（Routh, 1978）。患有 ADHD 的兒童在家中、學校、社區常會出現行為困擾。同儕互動、學業成就，和整體的適應也都會被影響。ADHD 兒童對他們的父母

和老師來說常是一個難解的謎，他們突如其來、無法預期的行爲造成額外的壓力，使得其他人會誤認那是動機和意念的問題，而非他們生理上的缺陷。

　　ADHD 的症狀往往造成孩子日常與環境互動時明顯且廣泛的損害。然而這種狀況在出生時便已經開始，卻不太可能在早期就評估其預後。家庭、社會、學業各方面給予孩子的要求基本上是由成人決定的（Goldstein & Goldstein, 1990），成人可以盡量減少這些問題對自己的負面衝擊，但孩子卻無能爲力，他們只會覺得自己和別人不一樣，卻不了解原因。ADHD 很明顯地會衝擊孩子的外顯性格和認知技巧。這些技巧的缺損導致環境中各個面向的負向回饋。舉例來說，孩子可能會認爲自己做什麼都是錯的、感覺到因他的負面外顯行爲而使家人不快樂，以及覺得再怎麼努力也無力挽救。技巧的缺陷致使他們會有很長一段時間都困在負向回饋及缺乏正向增強的狀態，同時也無法達到家人、朋友、老師賦予的合理要求，因此而影響了孩子的一生。遊戲治療師必須同時關照到此疾病的核心症狀及症狀對相關家庭成員帶來的重大續發性衝擊。

　　ADHD 的處遇需要許多專業人員的參與，包括兒童精神科醫師、兒童心理學家、教育工作者、社工、語言病理學家，以及遊戲治療師。數年來，每個專業都各自爲政，發展自己對於評估及介入的定義和理念。本章中要介紹的短期療法是一種多元方法，把各種技術整合起來，讓 ADHD 的孩子可以得到最有效的治療方法。

　　多元方法需要先教育家長有關 ADHD 的知識以及後續可能出現的情況，可以讓家長參加每週一次的訓練，有必要時須轉介藥物治療、課堂上的介入方案、社交技巧訓練，以及個別遊戲治療。這些方法幫助孩子對自己的疾病負起責任，並發展出因應技巧。

　　在這個結構化、短期的治療方式中，孩子的家長成爲輔助治療師，以便幫助他們在短期介入方案完成後，仍有能力將治療持續下去。由於各種原因，這種做法有時會有困難。但無論如何都必須告訴家長他們參與其中的重要性。當孩子被轉介過來，治療師常常遇到的複雜問題是糾雜了各種

社會性及非社會性的問題。

與家長有關的議題

相信 ADHD 兒童的家長同時也有許多問題必須處理是極重要的事情。首先，他們必然會哀怨自己沒有一個「正常」的孩子。這個過程需要支持和引導以理解，雖然孩子外表上看起來正常，但其行為卻非如此。好比一個半身麻痺的孩子需要輪椅才能行動，而且大家會預期他不能走路；但 ADHD 孩子卻是行為方面的疾患——有個概念上的「輪椅」讓腦子沒辦法以正常的方式運作，因此，我們也無法預期孩子能規規矩矩的。

治療師也許會在處理家長時遇到各式各樣的問題，包括否認和錯誤的期望。家長必須了解 ADHD 不是暫時的問題，並不會隨著孩子長大而自動消失，必須有效訓練孩子們改善自己的行為，而這個過程是可行的。治療師應該建議家長維持一個實際的態度，並且對其他的治療方法保持開放、接受的胸襟。ADHD 兒童有廣泛的問題，但也有很多因應的技術。家長需要能接納各種治療 ADHD 的策略（藥物、兒童及相關的家庭治療、與學校人士溝通），必須儘可能學會所有有關 ADHD 的知識，以便於把這些因應策略教給家中其他成員。另外，治療師應該教家長有關兒童發展的知識，以幫助他們調整對 ADHD 兒童的期待。

ADHD 兒童的父母應該了解到罪惡感和格格不入的感覺是很自然的，他們必須接受負向和矛盾的情感，並且避免把完美當作目標，以便能看到孩子的優點；同時，也必須教孩子接受這一點。接受錯誤和練習去給予不完美的表現鼓勵，有助於讓家長在面對每天都會發生的問題時，能更有效的處理。治療師得幫助家長了解及辨別孩子行為中的小小進步及收穫，以發展出更強的親子關係。無條件的愛應該要無時無刻展現，而非只當作良好行為的正增強。家長應該要學著去創造和孩子正向互動的情境。這些步驟應該包含給家長的正向回饋，以提昇他們的信心和自我價值感。ADHD

兒童的父母傾向於過度批評自己，治療師應該持續對家長強調自我讚許的重要，把自己視為人，而不只是父母。

另一個目前家長會遇到的問題是他們有過度涉入的傾向。當孩子沒有跟著規劃走，或是發生其他之類的狀況，家長通常會代替孩子擔起責任。其實，他們應該退一步，和孩子共享他的生活經驗。允許孩子有獨自完成某件事的自由，讓他有能力感，這是教不來的。一旦孩子承擔了自己生命經驗中的責任，家長應該要表達出信任孩子有能力應對困難的態度。如果問題發生了，家長可以協助小孩一起想出解決方法，而不是代替孩子出面解決它。這有助於讓孩子了解他的行為會造成怎樣的後果，而同理孩子可能會讓他從他的處境中經驗到負向的感覺，家長必須努力克服自己同情孩子的感覺。對家長來說，不要過度反應是很重要的，應該要以適當的觀點組織事件，幫助孩子更有效的處理困難的處境。

治療師必須記得 ADHD 兒童的家長會有許多害怕和擔心。有些人會要求保證他們的孩子不會變成虞犯少年，當沒辦法得到保證時，治療師可以教導家長區辨關愛（溫暖的表達對潛在危險或壓力情境的關心）和擔心（懷疑某人是否能克服困難時的一種軟弱、沒有貢獻的焦慮狀態）。關愛也許有些幫助，但擔心則否。引導家長分析情況以決定最好的行動歷程，過去的經驗無法改變，所以家長們更應該著眼於未來。

ADHD 兒童的父母會經歷到某些不明白此處境者的訕笑和批評。治療師可以幫忙家長了解也許其中有些是可採納的忠告，他們應該預期這些諷言諷語是忠告且是無害的。通常他們過去都已聽過這些觀點，若是沒有良好的心理建設，很容易誤解旁人的好意，也可能會把忠告誤認為是批評。引導家長篩選出有建設性的忠告，以發現實質的意義。這個過程可以緩和忿怒和防衛，以同理心和內省建議家長接受忠告，把其他的忽略掉。

家長會怒氣沖沖進到你的辦公室裡，他們壓根沒料到自己會生出或領養到一個過動兒，他們可能會花一生的時間去質疑為什麼這種事會發生，但不會得到任何答案。協助家長避免將怒氣轉移到別人身上，尤其是患有 ADHD 的孩子。沒有人能強迫另一個人生氣，是人們自己選擇感受到或表

達出憤怒的。當家長認知到這一點，便有可能控制和調解他們的憤怒。讓家長了解他們的憤怒是來自於其他的原發情緒反應，如壓力、失望、苦惱和悲傷，也很重要。更有效的方式是去減少原發情緒的影響，而非處理憤怒。當因孩子行為不良而感到的羞愧轉變成憤怒，家長必須試著不要去控制孩子，並且，也不要為了孩子的不良行為責怪自己，因為那並非反映家長的個人價值。試著用「我」造個句子，有助於找出憤怒的源頭。在許多例子中，憤怒是向著自己的，是憤怒於自己無效且衝動的行為。讓他們探索和討論他們的挫折；教育他們區別他們和孩子間的關係以及他們對孩子行為的反應。通常，行為都與 ADHD 有關，那可能並非故意的。原發壓力的來源是疾病，而非孩子，家長們要試著看到孩子行為背後所經歷的，並提供無條件的支持。

家長必須有心理準備，在 ADHD 兒童長大成人前，共同生活的這些年需要額外付出許多的代價。有一些變項可以預測孩子將來的樣子，以下的這些預測項通常與特定類型的兒童期問題是相互獨立的：

社會與經濟地位

家長的社經地位越高，兒童的改變會越好。這些家長較可能意識到孩子的行為問題，可能有較佳的出生前／後的照顧，且可能更有能力負擔專業的協助。

智力

較高的智力水準可以幫助 ADHD 兒童補足他們易分心、缺乏自我控制的部分。但，患有 ADHD 的天才兒童卻困在一種感覺中，就是他應該很了解某些事了，卻無法喚出、視覺化，或界定出這些知識。一般而言，只要有較高的智力，就可讓未來的成年生活有更好的適應。

攻擊性

　　ADHD 兒童的控制性往往會隨著時間逐漸改善，但攻擊行為與教養方式及社經地位有緊密的關係（Conners & Wells, 1986）。對青少年無法調適情緒狀態及反社會行為的最佳單一預測因子是在幼年期有攻擊行為的個人史（Loney, 1980）。這是一個很穩定的特質，而且一旦建立了，就很難消除。

活動量

　　某些研究指出，小學時的過動行為程度和高中時的學業成就成反比。小學生越過動，高中時的成就就越可能受到負面的影響。但，非過動型的ADHD 兒童較容易控制，他們可能就從教育體系裡一路走過來，比較不易在早年發現。

社交技巧

　　Milich 和 Landau（1981）的報告認為，預測成年人良好情緒調適能力的最佳單一預測變項，是兒童期時有能力發展並維持正向的社會性接觸及友誼。許多 ADHD 兒童都有社交問題，若能培養孩子有正向的社會性互動，往往能幫助他們適應自己的注意力缺損，及家中、學校中每天會遇到的挫折。

滿足的延宕

　　研究指出，兒童越有能力等待酬賞出現，在青少年時就越可能在智力測驗上表現得好、越有能力抗拒不正當的誘惑、能展現出更適當的社交技巧，且有更高的成就慾望（Mischel, Shoda, & Rodriguez, 1989）。當然這種延宕、等待是可以教的，但在許多 ADHD 兒童身上並非與生俱來的能力。

家族心智健康

在許多有 ADHD 兒童的家庭中，雙親之一也會展現出此種症候。若家族中有好幾代都出現 ADHD 的問題，在治療上便困難重重。當然他們會期望孩子能改變自己的行為，但他們的監督管教能力卻很弱。有時候家長會缺乏管教技巧、持續性，以及持續配合治療的能力。若有精神科相關疾病的家族史，ADHD 兒童長大後出現類似或相關疾病的可能性便增加許多。

結構性短期遊戲治療方法

本方案的基本假設是，ADHD 兒童需要密集的治療，以習得技巧去管理他們的世界，以促進與他人的關係。在目前的健保醫療體系限制下，重要的是在短期形式中找出能幫助 ADHD 兒童的方式。此多元模式方案將遊戲治療和學校人員及家長的參與合併使用，以創造更圓滿的治療內容設計。實證研究顯示兒童在多元模式的介入方案中，會比未予以介入或無規律介入的兒童有更佳的表現（Satterfield, Satterfield, & Cantwell, 1981）。

接下來的十週計劃呈現了治療的結構。這個結構包括分別和雙親會談 15 分鐘，然後再單獨和孩子們進行 35 分鐘的遊戲治療，或是平均分配一次治療的 50 分鐘時間。這種做法很直接，並且教導雙親和孩子改善他們掌控 ADHD 的方法。

治療的焦點在於 ADHD 的基本成分，分別是：注意力（注意力持續度短）、過動（停不下來、坐立不安、無法一直待在椅子上等），以及衝動（未經思考就行動、計劃能力差，以及挫折忍受度低等）。治療目標著重在建立兒童在某些能力缺損上的自信心、增加持續專注於某一作業的能力、鼓勵他們展現自我控制，並教導他們在行動之前先想想可能的後果。

第一單元：初始晤談（intake）

治療中最重要的一步大概就屬將個案初始晤談的過程了。治療師應該收集整個家庭的發展史。附錄 5.1 是一個適用於收集家族資料時的家系圖。要詢問每個人的姓名和年齡。在傳統的晤談中，應該要了解個案的兄弟姊妹、父母、祖父母、叔伯、阿姨的姓名和年齡。一旦得到這些資料，接下來便需詢問婚姻及雙親的關係：

◇是否有藥物濫用或酒精濫用的情況？

◇是否曾有暴力虐待或性侵害的情況？

◇是否有人患有情緒方面的疾病──有過診斷或其他？

◇是否有人有任何學習障礙或注意力缺陷的疾病？

在大多數的案例中，前述一個或多個情況會同時發生。若個案是個被領養的孩子，或許無法取得生物性相關的資料。治療師應該找出這些資訊，因為這可以協助理解家長的撫養方式、任何學習障礙，以及他們對治療結構的重要性。

管教是撫養孩子時很重要的一部份，治療師必須（不帶批評的）找出家庭中有哪些的管教技術，如暫時隔離（time-out）、體罰、吼叫等通常都對患有 ADHD 的孩子無效。一旦管教技術成型了，治療師應該要與父母討論這些方法是否成功。

治療師應該得到以下與孩子相關的資訊：

◇**學校、老師、年級、學業問題**。評估學習問題（算術、閱讀）以及與家庭作業相關等的事項。

◇**生物性的習慣**。了解是否有睡眠疾患的問題（難入睡、一睡難叫醒，或做惡夢等）、飲食型態的問題（過於講究飲食、吃太多等）、異常的排泄型態（過晚的如廁訓練、尿床、原發或續發的遺尿、大便失禁等），或自我照顧相關事項（自己穿衣服、自己刷牙等）。

◇**社交問題**。了解兒童的外在關係網絡（交不到朋友或無法維持友

誼，控制遊戲進行等）。

◇**大肌肉能力**。總體評斷兒童的生理能力（運動方面的興趣、害怕運動或參與體育活動，學不會騎腳踏車等）

◇**細部肌肉／能力**。總體評斷兒童的小肌肉運作技巧（畫圖及／或寫字、握筆有困難等）。

獲得這些訊息後，治療師詢問家長孩子的遊戲史，附錄 5.2 是「遊戲史問卷」，裡面有些問題可供治療師參考，以評估孩子在遊戲室及其他的治療結構中可能出現的反應。

之後家長需要填寫一份量表以得到這個孩子基準線的資料。

Conners 行為評估量表

Conners 在 1989 年發展出來的這份量表，是目前最廣為使用來讓家長評估 ADHD 的評分量表（Barkley, 1990）。它列出了 48 個描述兒童行為的描述詞如興奮、衝動、過度哭泣、停不下來、無法完成一件事等作為評估。這份量表很容易填寫，以四點量表來評分（0=一點也不，1=只有一點，2=常常，3=非常）。（譯註：目前此量表在台灣未有正式發表及台灣常模。）

Achenbach 兒童行為檢核表（CBCL）

這份量表是由 Thomas M. Achenbach（1978）所設計，於 1982 年改版。這份量表較長，有 113 題，它有助於鑑別診斷，因為其中的題目包括內向性（憂鬱、焦慮）或外向性（過動、攻擊）的行為。家長可以三點量尺來給自己孩子的行為評分（0=不符合；1=有些或有時符合；2=很符合或常常如此）。（譯註：目前此量表已由高雄醫學大學行為科學研究所黃惠玲副教授譯有中文版及常模，但僅供研究使用。）

家庭情境問卷

這個問卷是 1987 年由 Russell Barkley 發展出來的，評估兒童的注意力及相關缺陷在家庭及社區情境中造成的衝擊。這也提供治療師評估兒童的質性資料。

兒童和家庭的晤談問卷

附錄 5.3 的問卷是讓家長拿回家填寫的。它更詳細的收集孩子的發展史及家庭相關問題的資料。這可以節省治療師收集資料的時間，且可讓家長有時間分析家庭中發生的種種都與孩子的參與有關。

第二單元：孩子的初始晤談

在第二單元，只和孩子會談。治療師在等候室迎接孩子，問他是否想進遊戲室玩一玩。小孩子通常都會不加遲疑地進了遊戲室。如果這是個小心翼翼的孩子，家長可以陪他一起進門，治療師先在門口和孩子交談一會兒，家長再離開。

在這一單元的第一部份，先讓孩子畫一個人。如果孩子有精細動作的問題而無法畫圖，這個部份就先省略。孩子畫完圖，治療師可以稱讚一下他的作品，或以這幅圖問一些問題（「這個人年紀多大？」「這個人正在做什麼？」「這個人現在在上學還是在工作？」「這個人最喜歡做什麼事情？」或「這個人最不喜歡做什麼事情？」等等）。通常第一個畫出來的人正是代表孩子本身，因此治療師可以間接的收集到一些資料。

在「畫人」活動之後，治療師要求孩子再畫房子和樹。依據 Lord（1985）的建議，可以問問以下這些問題：

1.這間房子最特別的是什麼？

2.這間房子最糟的是什麼？

3.這是哪一種樹？

4.若你可以改變這個房子，你想改變什麼？

5.房子裡是否有可怕的地方？

最後要畫的是家庭繪畫，此時可以問問以下的問題：

1.每個家庭成員的名字為何？

2.這個家庭現在在做什麼？

3.這個家庭最棒的事情是什麼？

4.這個家庭最糟糕的事情是什麼？

5.這個家庭是否有什麼秘密？

6.這個家庭會一起做哪些事？

7.誰是這個家中最受歡迎的人？

8.每個家庭成員的生活是怎樣的？

以第三人稱來問問題很重要，這樣對孩子而言較不具威脅性。如果他答不出來，治療師應該直接問下一個問題就好。

畫完圖之後，便是「布偶句子完成測驗」（Puppet Sentence-Completion Test, Knell, 1993），很多 ADHD 的孩子都覺得這個很有趣，很樂意參與。治療師先讓孩子選一個布偶，然後治療師自己選兩個布偶，一手拿一個。布偶 A 和 B 在治療師手上，布偶 C 由孩子扮演。布偶 A 和 B 先自我介紹之後，孩子得幫布偶 C 取個名字。在這些介紹之後，呈現幾個不具威脅性的語幹，當孩子了解接下來要做些什麼，再講出更多語幹讓孩子去想各種問題（「我最難過的是……的時候」、「我最高興的是……的時候」等等），這些語幹可以參考與父母會談時得到的資料（「我在……的時候會大吼大叫」、「在……的時候我需要更多自我控制力」），依個案的個別情況做調整。

觀察孩子的遊戲是很重要的，如此可以分析他與遊戲媒材的互動模式。在自由、非結構的遊戲中，治療師要注意的是孩子對玩具的態度和方式、從刺激到反應間的時間、常出現的變化、創造性、攻擊模式、或在無結構時就沒辦法玩了。重要的是要辨別孩子的遊戲年齡（play age）是否符

合診斷上的標準，因為 ADHD 兒童會比其他同年齡孩子的遊戲層次更不成熟。治療師應該要注意遊戲中是否有重複出現的主題，以及孩子是否難以起始遊戲或終結遊戲。

這一單元治療的最後以結構化的方式引入幾種比賽遊戲，以確認孩子的自我穩定性、專注程度、自我控制力，以及聽覺歷程。「猜猜這是誰」（Guess Who）在評估孩子的這些能力時相當好用。很多 ADHD 的孩子在這種棋盤遊戲（Board Game）時會無法控制自己的衝動，也不會等到問題的答案出現就要求要進行下一步，這些狀況出現時，治療師可以介入並協助孩子處理。然而在評估過程中，最好仍是讓孩子繼續玩而不要給予干涉。

競賽遊戲「惹麻煩和說抱歉」（Trouble and Sorry）測出孩子在輪流出招、贏了，和輸了的時候會有怎樣的反應。當然，在初始晤談的這一單元治療中最好是不要干涉。在短期療程中，收集這些資料會有助於將焦點集中在治療上。

第三單元：和家長會談

與家長會談時，需要注意幾個重要的因素。治療師必須讓家長著重自身的訓練，以學會管理孩子的必要技巧。或許家長會堅持要治療師建議一些懲罰的方法，因為以前的方法一點用都沒有。治療師應該要強調家長是最了解何種管教方法最有用的人，可以建議的是一些正向的教養方案，因為它重視的是正增強，那可激勵更好的行為以及更強的關係。

治療師應該教導家長孩子行為不良的四個理由（Barkley, 1990），並給予一張特徵清單，請他們回答下列關於孩子及他們自己的主題：

　　◇活動量的水準

　　◇注意力廣度

　　◇對刺激的反應

　　◇衝動性

◇情緒上的反應

◇社交能力

◇習慣的一致性

◇生理特徵

◇發展層次上的能力

家長或許無法改變孩子的「配線（wiring）」（理由一），也無法改變自己的「配線」（理由二）或家庭的壓力（理由三），但他們仍有能力去改變孩子和家長的學習歷史（理由四）。行為模式是隨著時間而發展出來的，並且可以在重視正向行為的過程中被改變。

「良好行為手冊」（Kaduson, 1993）是類似速記用的本子，家長可以把孩子的良好行為都紀錄下來。只要不是「壞」的行為都可稱之為好行為。治療師先用一頁來示範說明，並且告訴家長要說出並記錄行為如「起床、脫睡衣、穿上內衣、穿上襯衫、穿上襪子、穿上鞋子、進浴室、梳頭髮」等等。把每一個正向行為分開寫成一行一行，每一行只要用兩到四個字來描述即可，這樣在每天晚上就可以看到滿滿一頁都是良好行為的紀錄。家長記下的這些資訊應該與孩子生活中的其他重要他人分享，在放學後或晚餐時間都可以。「你相信嗎？小喬今天自己完成好多事！她起床了，而且還自己脫掉睡衣哦！」盡量讓孩子偷聽到家長對他正向行為的稱讚，這可以強化正向行為的重要性。在孩子睡前，家長可以再讀一次今天這本本子上記下的正向行為，形成正增強。在這個過程中父母知道孩子被吸引住了，因為孩子會說：「我把自己的衣服收拾好了，你有沒有把它記在本子裡啊？」

第三單元：和孩子會談

在遊戲室中，治療師會讓孩子玩「感覺字彙遊戲」（Feeling Word Game, Kaduson, 1993）。治療師會用到四張 A4 大小的白紙——裁成一半變成八張、一個標記卡，和一個裝了棋子的袋子。然後問孩子：「（孩子的年齡）

歲的小朋友會有怎樣的感覺？」把每個他說出的感覺各寫在一張紙上，然後放在他的面前。有一張寫著感覺字彙的海報貼在牆上，供孩子參考。常常孩子會拒絕說出某些字彙，為了讓治療師示範這樣的技巧，可以先介紹如「快樂」、「難過」、「生氣」、「害怕」等基本的感覺字彙，如果孩子還是說不出來，治療師便問：「你覺得他們有沒有快樂的感覺？」這讓治療師可以在清單上寫下這個字彙。

　　所有的感覺都列出來之後，治療師會講一個不具威脅性的、依個案狀況設計的故事，裡面會出現好幾個個案剛剛列出的感覺。在說完故事之後，治療師把裝著棋子的袋子拿出來，告訴孩子這是個裝滿感覺的袋子，並討論剛剛故事中出現的感覺。例如：

　　「我去大賣場買一本我喜歡的書，買完之後到外面來，發現我的車子不見了。」

　　「我可能會覺得快樂，因為我買到我想要的那本書，但我可能也怕的要死，因為車子不見了；我會生氣，因為有人把它偷走了。我可能同時會出現好多感覺，而且這些感覺的大小程度也會不一樣（用棋子的數量來表示感覺的強烈程度）」

　　「好，我現在說一個故事，然後你把你的感覺放在這邊。」

　　治療師應該講一個不具威脅性的故事，同時包含了孩子的感覺清單中的負向及正向感覺。當孩子把棋子擺好之後，治療師便可以此探索相關的感覺。

　　這個過程的最後一部份是當治療師以棋子連接起這些感覺後，要求孩子也講個故事。這種投射式的故事是一種相當有價值的治療工具，可以重複使用好幾次，來激發孩子以口語表達出自己的潛意識心智。

　　接下來的活動是「打敗時鐘」（Beat the Clock, Kaduson, 1993），教孩子專注於一個任務上，排除任何干擾，以增進他的注意力廣度。治療師先給孩子十張「因仔標」或撲克牌作為集點卡、一張彩色紙，以及下面的指導語：

　　「我們要玩一個『打敗時鐘』的遊戲，我會給你十張集點卡。你必須

讓你的眼睛一直盯著這邊兩分鐘（或這個孩子的注意力廣度基準線水準），不可以瞄到別的地方，也不可以注意其他的事情哦。如果你做到了，就再給你十張集點卡，如果你瞄到別的地方去，我會拿走你的一點。我們如果做完三次你就集滿 25 點的話（允許他犯五次錯誤），你就可以從這個藏寶盒裡挑一個禮物（簡單、便宜的玩具，比如從 39 元商店或量販店買來的玩具）。」

這一單元的遊戲療程一定能讓孩子在每個技術及介入方案中都成功達成。「打敗時鐘」需用馬錶計時，如果孩子在此遊戲中明顯出現困難，可以縮短時限，再來一次。成功達成之後，孩子可以立即從藏寶盒裡挑選玩具。

本單元最後一部份是一個策略性的棋盤遊戲。我建議可以用「惹麻煩和說抱歉」、四個成一線、下棋，或其他市面上買得到的競賽遊戲。在玩這些遊戲時，治療師移動任何一步時都要把自己的策略說出來並與孩子討論，這讓孩子觀察到治療師的問題解決能力、了解輪流的規則、如何做決定，以及怎麼運用策略或得勝利。只要孩子願意，治療師都可以幫他擬定適合的策略，並且可從中學習到「停下來想一下」的方法。

第四單元：與家長會談

這一單元與家長一同回顧「良好行為手冊」並修正不適當的紀錄，比方負面的描述句「他沒有打妹妹」要改成「對妹妹很好」。因為這本手冊的內容是要念給孩子聽的，只用正面的描述句會很有幫助。下一步要幫助訓練父母的，包括一個非指導性、人本導向的遊戲時間。這並非如親子遊戲治療（Filial therapy, VanFleet, 1994）那麼廣泛，此種訓練教導父母在和孩子玩的時候不要給予指導、要求，或評論。治療師可以執行這種技術讓家長看，即治療師示範整個遊戲技術的流程時讓家長也在地板上一起玩。家長必須了解這是個很困難的任務，這樣他們的預期才不會定得太不切實際。如果他們能每天花十五分鐘和孩子這樣玩，會很有幫助，而他們只需

要問：「你今天想玩什麼？」家長可以引導孩子玩扮演遊戲、洋娃娃、積木、畫畫等。這可以促進孩子本身的創造性，且讓家長可以用口語描述出來。

在這一單元中，教導家長「打敗時鐘」，讓他們也可以在家中玩這個遊戲。

第四單元：和孩子會談

治療師讀「良好行為手冊」給孩子聽，大大強調做成這些行為有多厲害，並問孩子時時表現好行為有多困難，無論他回答什麼，治療師隨後便以初始晤談時及後續和父母通電話時得到的資料，以設計另一個故事，引導孩子玩「感覺字彙遊戲」。

接下來要介紹給孩子的是「垃圾袋技巧」。孩子和治療師都有一個裝三明治用的牛皮紙袋，開始在袋子上畫出他們想要的圖案。一邊畫畫，治療師一邊描述著一個家是怎麼收集垃圾的、垃圾的味道和樣子，還有垃圾量是如何地增加，以吸引孩子對此主題的興趣。治療師以誇張的口吻說：

「沒經過揀選的垃圾會聚成好大一堆。這一堆堆垃圾好重好重，沒辦法讓人背在背上搬去朋友家，或搬去學校，也沒辦法搬到別的地方去。可是如果我們都不去管這些垃圾，我們就得老是擔心還有哪邊可以存放它們囉。」

這樣的隱喻可以用來比較有哪些垃圾是人們會一直帶在身上的：

「垃圾啊，就是那些我們隨時隨地都在想著的討厭事情，它們在我們想上床睡覺的時候還一直困擾我們，也干擾我們想開心事情時候的心情。所以讓我們把一些垃圾丟出來裝進這個垃圾袋裡吧！」

孩子會拿到四張便條紙寫下自己的「垃圾」──一種寫在一張紙上。治療師也寫下四種，然後把它們放進垃圾袋裡封起來。治療師把這些保存下來，在後續的療程裡仍可用到。

再玩一次「打敗時鐘」，把不能分心的時間增加到五分鐘。在遊戲開始

前，再把指導語跟規則講述一遍。玩三次，之後告訴孩子，這樣的遊戲也可以在家裡玩。

這一單元結束之前要玩的是彈力球（ReBound），是一種自我控制的競賽遊戲。為了要贏得比賽，可用 ADHD 兒童好勝、好比賽的天性來激發出他自我控制的才能。過快打擊很快就會輸掉，可是如果善用自我控制力的話就可以獲勝。治療師玩的技術必須好到可以隨心所欲的贏或輸，目標是到最後一局時兩人成為平手。

第五單元：家長及命令

在這一單元中，回顧家長和孩子間的遊戲時間，以判斷是否其中出現任何問題。治療師幫助家長了解孩子的需求，以及如何創造一個正向互動的情境。回顧完後，便教導家長如何給予有效的指令讓孩子執行一項任務。許多 ADHD 兒童的家長都會「請求」孩子做一些雜事，而不是給予清楚的指令。當父母請求孩子完成一項任務，往往是因預期孩子並不會答應。有些家長認為「要求」違反了合宜的禮節，因為那是粗魯的做法。當家長給 ADHD 兒童有效的要求，可利用下列概念：

1.直接且有效的呈現你的要求，而不是用問句或請他幫個忙。

2.一次一個要求。

3.如果必須的話可以跟著做。無論結果是好是壞，都應該呈現給孩子知道。

4.確定孩子有注意在聽。有時候必須溫柔地把孩子的臉轉向面對父母。

5.當不太確定他是否理解，請孩子把剛剛的要求重複一遍。

家長要練習每天給孩子三個「簡單的」要求。每次孩子完成要求，家長就回應：「我好喜歡你做好我要求的事情。」簡單的要求包括「把叉子傳過來」、「給我一些紙巾」等等。

家長或許會要求某些行為是希望孩子能改變的，治療師也會與孩子訂立契約以達成這樣的選擇。這個概念教孩子與父母約定的意義，以及如何成功達成。因此，如果家長說：「他早上的時候應該要乖一點」，這正如其他的許多要求般，不是一個行為的可操作定義，此時應該要教家長選出「一個」行為來作為約定的內容。

第五單元：與孩子訂立契約

讀「良好行為手冊」，再次強調每一頁列出的都是孩子的良好行為。這個過程將作為行為契約的前奏，治療師介紹接下來會出現的獎勵系統，而且那可能讓他贏得一個玩具。如果孩子對於得到一個玩具有興趣（這幾乎是肯定的），治療師就可以開始和孩子一同擬定契約了。

「契約範例」

小喬每天早上
都會自己刷牙
而且不會抱怨也不必提醒
然後，（治療師的名字）會給小喬
一包籃球明星集點卡。

治療師和孩子都要在契約上簽名，而且一人保留一份複本。

然後兩人一同回顧家中的特別遊戲時間，孩子的觀點與回饋相當重要，以決定遊戲是否成功。回顧完後，讓孩子從垃圾袋裡揀出一張他自己的「垃圾」，治療師要事先準備好（如角色扮演或利用微縮物）來幫助他把「袋子」裡的垃圾用遊戲的方式表達出來。在協助孩子以遊戲表達其問題的過程中，讓孩子用他自己的過去經驗來解決這個問題。如此不具威脅的情境下，讓孩子「玩出」這些問題一如真實的狀況。治療師仍然著重並幫

助孩子利用洋娃娃或其他玩具，一同找出這些問題的解決之道。

一個問題結束後，治療師指示孩子再玩一次「打敗時鐘」以贏得獎品，這次挑戰時間再增加兩分鐘。開始時仍需再把遊戲規則及指導語講述一遍（即使孩子說他已經會了）。

接下來，治療師和孩子玩另一種自我控制的競賽遊戲（惹麻煩和說抱歉、動物棋、四個連一線、下棋），治療師用口語描述示範每一步移動的策略，孩子注意聽，並且比注意自己的動作更注意治療師的每一步棋。然後，讓孩子做給治療師看。

第六單元：訓練家長關注孩子

這一單元中，應該先回顧服從訓練的執行狀況，以便了解是否有問題出現。和家長共同討論他們面對的問題，有助於將來家長配合治療的意願。

接下來的訓練階段要教家長注意孩子沒有打擾他們時的情形。對於有 ADHD 的孩子而言，給予他們越多的注意，就會有更多的正向行為展現出來。因此，當孩子做的正是家長所期望的事時，家長可以用擁抱、稱讚，以及輕柔的撫摸，或其他的正向回饋來獎勵他們。必須提醒家長花點時間全心地注意孩子獨自遊戲時的樣子。結果是，家長會注意到孩子越來越多的正向行為，給予的干預也就越來越少。家長們應該試試這種新行為，比方假裝看書、講電話等等。

治療師會在孩子的行為契約上再加上一項，藉以增加孩子的遵從性及正向的感覺。

第六單元：持續給孩子正向的回饋

一開始先讀「良好行為手冊」，然後回顧契約裡的項目。通常孩子都已

完成第一項任務，而且對於接受獎品相當興奮。

　　然後讓孩子從垃圾袋裡揀出另一張「垃圾」，然後在遊戲中「玩出」這個問題的解決方法，治療師仍然以角色扮演或微縮物引導此一遊戲的進行。在指導性的遊戲治療中，治療師保持主動的態度以協助孩子解決心理層面的問題。

　　在這一單元中，再玩一次「打敗時鐘」，這次的挑戰時間再增加五分鐘。每一週，孩子都能對單一任務更為專注，而現在家庭作業便成為要專注的對象。當治療師拿起計時器，重述指導語，並且對於他的專注力和挑戰成功給予讚美，孩子會有成就感並且想要得到獎勵。

　　這一單元的尾聲以教導自我控制的遊戲作為「閉幕式」，遊戲的內容須與剛剛的「垃圾」有關。

第七單元：家長的回顧與回饋

　　回顧上一週派給家長的家庭作業，治療師一邊示範一邊重述學習這些技術的重要性。治療師必須讓家長著眼於訓練，不要讓他們把這一週遇到的所有問題都拿出來討論。這可讓他們練習正向的教養方式，同時逐漸忽視原本在家中習以為常的懲罰。對於 ADHD 兒童來說，處罰無助於停止行為，處罰只是讓家長和孩子的互動日益惡化。然而，光是讚美和注意似乎還不足以激發 ADHD 兒童的遵從性。治療師要求家長實行一種極為有效的鼓勵方案，它列出各種在家中極容易施行的酬賞和誘因，所謂的「代幣」獎勵系統，鼓勵孩子遵從指令、規矩、社交行為的禮節，和校規。四到十歲的孩子可以用「囡仔標」卡片或撲克牌作為代幣，大一點的孩子就可以用一本類似記帳的格式化本子用來積分和集點。

　　附錄 5.4 是一個代幣系統的範例。家長先列出五個「簡單」的任務，分別值 1 到 5 點；五個「中等」的任務，分別值 5 到 10 點；和三個「困難」的任務，只要達成一項就有 25 點。這些任務和概念都可以參考「良好行為

手冊」來設計。治療師引領家長完成整體的設計，找出重複出現多次的行為（簡單）、很少出現的行為（中等），以及從未出現過的行為（困難）。運用「買賣表」可以監督孩子從完成良好行為中得到幾點，現在也需開始觀察孩子用多少點數換取活動，如看半小時電視。大多數的孩子都樂於掌控集點卡，並且努力想得到更多點數，如此他們才能換到想要的東西。前提是讓孩子花 80% 的點數去換得想要的活動，省下另外的 20% 以取得較長期的酬賞。孩子應至少保留一到兩個禮拜。即使孩子之前從未存過錢，他們也可能會把所有的點數一直留存下來，以換取更長期（延宕滿足）的酬賞。

在治療室中建立代幣制度的概念後，治療師讓家長和孩子在回家後一同完成它，這能創造更有效的目標設定系統。

本週的這一單元治療中家長要擔負大約一半的執行責任，然而，治療師會激勵孩子贏得一百點或更多，以贏得獎賞，作為治療師與孩子所訂立契約中的一部份。

第七單元，和孩子一起：引入代幣制度

這一週是最後一次唸「良好行為手冊」給孩子聽。治療師以一種非常正向的形式介紹代幣制度的概念，此時通常孩子都會願意參與其中。治療師和孩子簽署另一份契約，在原本的契約上外加一項，要求孩子在這一週必須贏得一百點或更多，並得到獎賞。

簽署完契約後，孩子從他的袋子裡揀出最後一張「垃圾」，並且和治療師一起玩出來，治療師或主動幫助解決這個問題，或在遊戲時間中教導孩子一些因應的技巧。

「打敗時鐘」的遊戲安排在家庭作業中進行，而且要挑戰超過十分鐘的時間。這些競賽性的遊戲要在家中練習，所以孩子在七個禮拜的治療後應已精熟於增加自己的注意力廣度了。

如果孩子有入睡困難的困擾（在初始晤談時得到的資訊），可以引入「吹

泡泡遊戲」（Bubble Blowing Game），它用一種有趣的方式教導孩子如何深呼吸，這讓身體在上床前就可以放鬆下來。這可作為家庭作業，或一種休息的方式。治療師拿出兩罐泡泡水：一罐給孩子，一罐給治療師。治療師示範怎麼吹泡泡：如果呼吸短促而且吹得很快，就吹不出泡泡；如果深呼吸之後吹得很快，那就會有很多泡泡；但是如果可以深呼吸之後慢慢的吐氣，那就可以吹出很大的泡泡囉。這個遊戲的目標在於和孩子比賽誰可以在五次吹出的泡泡中吹出最大的泡泡。治療師鼓勵孩子利用深呼吸以吹出最大的泡泡。在本單元治療中練習這個技巧，然後孩子可以把那罐泡泡水帶回家，讓家長和孩子可以在每晚睡前都練習五次吹大泡泡的遊戲。（如果治療師認為可能無法完成此項作業，可以把它加入行為契約中。）

第八單元：家長的回饋

回顧代幣制度，看看是否有什麼問題。治療師幫助家長調整計劃內容，使得運作更順暢。

在這一單元中，將暫時隔離（time-out）的概念介紹給父母，這是開始加上負增強的第一個禮拜。暫時隔離應該能不用就盡量不用——通常，在孩子暴力相向或咒罵時才用。如果只要孩子一不聽話，家長就使用暫時隔離，那麼 ADHD 兒童大概一天中大部分時間都會待在隔離房裡了！暫時隔離使用的地點最好由父母挑選，且必須是可以隨時使用的同一地方。很多家長會選擇臥室，只要它沒有太多會吸引孩子的東西，就可以用它。浴室（把所有的東西都移走）或儲藏室是較令人討厭的地方但仍然安全。暫時隔離的執行時間是孩子幾歲就幾分鐘，用馬錶或時鐘來計算時間，而且孩子離開隔離房時必須已經安靜下來。治療師應該指導家長如何正確使用這個方法。如果在前幾週家長都很配合針對父母的教養訓練，大多數的負向行為都已經消減，如此暫時隔離才不會被濫用。

第八單元：孩子的回饋

　　和孩子一起算算他現在有幾張集點卡，讓他報告所有的良好行為。許多孩子都記得他們自己完成的正向事件，因為集點卡的酬賞相當能激發動機。這一單元著重於孩子的成功，並創造一個和這個孩子有關的棋盤遊戲，附錄 5.5 是一個棋盤遊戲的範例。治療師和孩子記下所有他在遊戲室與家裡經歷到的成功。治療師引導孩子畫出一格一格的路徑，讓孩子在每一格裡寫下一個他的成功經驗，如果仍是有一些行為問題尚未克服，也可以列進來作為提醒，例如：

　　在第二格裡寫下，小喬自己刷完牙而且沒有抱怨──前進兩格。在空格五，小喬自己穿好衣服──前進三格。在空格七，小喬沒趕上校車──退後兩格。諸如此類。

第九單元：讓孩子由家長來照顧

　　這一單元的作用在於讓家長有能力承擔管理孩子的各個面向。到這一次之前，他們已經獲得管理他們孩子的必須技巧了。他們可能不太放心，想要繼續留在治療中，但很重要的一點是要向他們保證，他們現在已經可以靠自己的力量來管理孩子了。之前家長們成功地執行過新的教養技巧，治療師再詳細與他們複習一遍（繼續寫「良好行為手冊」、和孩子共享特別的遊戲時間、給更好的命令，以及觀察追蹤）。家長現在也可以和孩子訂立契約。雖然處理 ADHD 並無一定的做法，但是在經過治療中的教育和訓練以後，他們現在已經有能力和學校當局互動了。

　　治療師讓家長再填一次 Conner 行為量表以及 Achenbach 兒童行為檢核表，看看治療後的狀況如何。因這些測量的是他們不同時間點中改變的分數，有助於個案再度回診時可供比較。

　　應該要建議家長，當孩子似乎有退步的跡象時，就必須檢視一下自己的行為。治療師提醒家長不良行為的原因，以及當出現家庭的壓力源時，家長可能就會轉移自己注意的對象。並再度強調正向教養以維持孩子的順從性以及自尊有多麼重要。

第九單元：孩子與治療道別

　　第九單元的重點在治療的結束，當遊戲治療不再繼續下去時，孩子會覺得有些失落。治療師必須賦予孩子力量，可以在這一單元完成棋盤遊戲，強調孩子的成就。任何新的行為調整都可以用孩子在治療關係中習得的技巧來管理（如持續在同一件任務上、一次解決一個問題、自我控制、停下來想一想再行動、以可以激發動機的東西來增加專注力，等等）

　　本單元的最後一部份是「好的我清單」（List of Good Me），讓孩子在治療師的協助下完成。治療師問孩子是不是一個好的游泳者，然後治療師列上「好的游泳者」；如果孩子是個好的朋友，治療師就列上「好的朋友」。把「好的我清單」打字印出、護貝，在最後一次會談時送給孩子。

第十單元：與父母和孩子的治療結案了

　　治療師邀請家長和孩子一同進入治療室，並且只聊著家中發生的好的改變。頒發合格證書給父母和孩子，因為他們都主動參與所有的改變。接著是畫圖比賽，所有人，包括治療師，圍著桌子坐下，一起為治療的結束而畫畫。

　　在 B4 大小的紙上，治療師一邊討論這個家庭所有的美好改變，一邊畫圖，然後，每個人各有三分鐘的時間可以畫，畫好了就把筆和紙傳給下一個人。如果爸爸和媽媽都到場，這個部分大約需要 12 到 15 分鐘。不必

訂出主題，但治療師或許可以畫一條彩虹，代表治療之前到現在最後一單元治療間的轉變，孩子可以跟著這個主題，而家長則隨他們自己的心意來畫。這是最後一次有治療師參與的正向互動了，這次會面之後，家庭必須獨力繼續創造成功。

把「好的我清單」以及治療師和孩子一起做的棋盤遊戲贈送給孩子。這些過渡性客體（transitional objects）讓孩子留存，在不安穩或出現懷疑的時候，可用來增強他的成功和成就。「好的我清單」和棋盤遊戲，可以和家長一同溫習、分享。

案例分析

莉塔，一個九歲大的女孩，由學校和家長轉介過來治療，他們無法控制她的不聽話、過動，和衝動。學校老師和同學抱怨她缺乏注意力，而且作業遲交、做不完。

第一單元：初始晤談

在初始晤談時，出現了幾個重點：因為莉塔是家中的老大，下面還有一個六歲大的妹妹，家人花過多時間涉入莉塔的生活，比如為了避免莉塔在早上的盥洗時間發脾氣，每天都是由她的爸媽來幫她更衣。所有的注意力都集中在負向事件上，也因此鼓勵和增加了莉塔的負向行為，這一招一式都被妹妹仿效了。回溯家族史發現有兩個表親有學習障礙的問題，而莉塔的爸爸認為自己小時候也是個過動兒，那時他常常被體罰，所以不希望莉塔接受跟他一樣的待遇。因此，雖然家中常常有爭執，但是爸媽卻很少

貫徹到底。莉塔每天要吃兩次利他能（Ritalin, 10mg），家人在藥效還沒發作或藥效退了之後，都沒法管得住莉塔。

雙親都參與了這次會談，且對於有關莉塔的問題有問必答。他們對她的行為生氣時，不會互相責難。治療師建議他們閱讀幾本和 ADHD 有關的書，尤其是《掌握 ADHD》（"Taking Charge of ADHD" by Russell A. Barkley, 1995）一書。在解釋了 ADHD 行為不良背後的動機之後，他們似乎了解了為什麼他們控制不了莉塔。然後給他們所有的評分量表，在下次會談前要填寫完畢。在莉塔開始遊戲治療前，爸爸和媽媽立即開始實行「良好行為手冊」。

第二單元：評估莉塔

　　莉塔的第一單元治療就呈現許多訊息，她很明顯有過動和衝動的情況。她配合治療師所有的指導語，並沉浸於畫畫當中，也完成了布偶句子完成測驗（Knell, 1993）。她的畫說明了她在家中握有的權力，以及她對此的不安全感；在她的畫中，那個女孩子微笑著，但手卻向外伸展像要抓住什麼，她說這個女孩試著想讓人家注意到她，她需要一些什麼東西。家庭繪畫畫中呈現出媽媽對她來說很重要，但父親卻好像部分被移除了，她說她的家人試圖享受在海邊渡假的時光，但卻一直在下雨。在布偶測驗中，她說她最開心的事是和朋友在一起，最害怕的是黑黑的地方，最討厭閱讀，最喜歡玩耍。有許多答案都圍繞著同一個主題。她說：「媽媽很好，在她唸書給我聽的時候；爸爸很好，在他微笑的時候。」但她在完成以下句子的時有卻有困難：「媽媽和／或爸爸很討厭，在……的時候。」這種阻抗還滿常出現的。

　　她不太有辦法玩「猜猜這是誰」，她在回答一些讓她感到困惑的問題時會很衝動。她會問：「你的那個人有藍眼睛嗎？」治療師回答：「沒有」，然後她會很疑惑地說，她剩下的圖片裡沒有人有藍眼睛啊。在鼓勵及指導之

下，她漸漸了解該怎麼玩這個遊戲。

玩「惹麻煩和說抱歉」的時候，她衝動地在治療師還沒出招之前就搶著要走自己的下一步，而且在治療師開始要贏的時候，她就很快說她不玩了。在初始晤談時，她的家人就已報告過類似的情況，她無法持續在一件事上或把遊戲玩完。和剛剛一樣，多鼓勵她一下，莉塔就能一直玩到遊戲結束了。

第三單元：與家長會談

媽媽每一單元治療都陪著莉塔一起來。「良好行為手冊」只有一些地方需要修正，媽媽每行都寫超過兩到四個字的長度，而且有些是負向描述的行為。在重新訓練後，她已經可以清楚地把這個工作做得很好了。在第三單元之前，莉塔多完成了一些好事，所以媽媽也把它記進本子裡。爸爸要負責哄莉塔睡著，所以讓他每晚念良好行為手冊，而莉塔也很喜歡這樣的共處時光。

第三單元：與孩子會談

在莉塔第一單元的遊戲治療中，首先上場的是「感覺字彙遊戲」，其中可以很清楚看到莉塔覺得她的父母比較偏愛妹妹，這讓她處處感到焦慮，而且覺得上學是件很困難的事。莉塔並沒有社交問題（這在 ADHD 兒童身上挺少見的），但有些人會讓她覺得很難親近。她喜歡和朋友們在一起，這也是吸引她上學的最大原因。

她在「打敗時鐘」遊戲中的基準線時間是 4 分鐘。莉塔盯著自己的圖畫，完全沒有亂瞄到其他地方，到了快接近四分鐘的時候，她開始侷促不安，而且想用盡所有的力氣「獲勝」。玩了三次之後，她從寶藏盒裡挑了個

獎品，而且還想再玩一次打敗時鐘，但治療師堅持接下來應該要玩四個連一線。她聽從了治療師的引導，也沒有抗拒。

在玩四個連一線（訓練自我控制的遊戲）的時候，莉塔相當衝動。治療師開始口述移動棋子的策略，並且提示莉塔在走步的時候先看看棋盤。因為有這個「停一下」的技巧，莉塔可以讓自己在移動棋子前先緩和她自己的反應和評論。

第四單元：與家長會談

接下來的這一單元，莉塔的爸媽說，之前叫不動她幫忙做些雜事，現在已有些改善。治療師則跟爸媽解釋他們的那些正面改變以及莉塔的反應。

緊接著引入「特別的遊戲時間」，一開始，媽媽覺得這一點都不難，因為她一直都很喜歡每天花一點時間和莉塔玩耍，於是治療師便示範怎麼把行為口語化，以及記錄遊戲時發生的事，這時媽媽便有些遲疑了，因此治療師要求她每晚單獨跟莉塔玩時做這些事時，此時必須讓妹妹專注在其他的事情或是讓她和爸爸玩。

第四單元：與孩子會談

讀「良好行為手冊」會讓莉塔相當開心，因為她對於自己完成了那麼多事覺得很興奮，她甚至還記得有些媽媽沒記上去的成就。玩了「感覺字彙遊戲」之後，莉塔講了更多正向的故事，她似乎對於「成為好孩子」更有信心了，說出的故事也反映出這些事。治療師想要找出影響莉塔的恐懼是什麼，看起來她的焦慮擴張得相當廣泛了。

莉塔開始玩「垃圾袋」遊戲時有些抗拒，她對於治療師提出的垃圾故事不甚同意，最後她聯想到一堆堆的垃圾，說道：「如果你把那些都背在身

上，走起路來就像鐘樓怪人啦。」於是她寫下三項垃圾：(1)我妹妹老讓我惹上麻煩；(2)數學作業要寫整個晚上；(3)我的朋友沒有常常打電話給我。治療師也寫下自己的三項垃圾：(1)有好多東西會讓我嚇到；(2)我的身體好像老是停不下來；(3)沒人想試試我做事的方法。這三項也獲得莉塔的同意，因為她點了點頭。

把「垃圾」放進袋子之後，她開始玩「打敗時鐘」，莉塔挑戰 5 分鐘，而且輕鬆過關，這三次嘗試讓她得到 30 點。治療師請莉塔和媽媽一起在家中練習，每次五分鐘，以判斷她在「真實世界」中是否也有同樣的因應能力。她對於這個挑戰樂得很。

接下來的自我控制遊戲是彈力球。莉塔很快就把球丟出去，所以一下子就彈走了，經由一些示範和許多口頭指導，她把動作放慢，就可以玩，而且越來越能得到高分。治療師維持著讓雙方平手，最後一局再贏她，以評估莉塔對於失敗的容忍力。她說她下個禮拜還要再來挑戰。

第五單元：與家長會談

特別的遊戲時間對媽媽來說滿困難的，她覺得沒時間完成。因為莉塔仍在浴盆裡洗澡，治療師便建議媽媽利用洗澡時間來玩，莉塔很喜歡在浴盆裡玩耍，而且媽媽也有機會可以用口語敘述。

接著引入的是「順從」訓練。媽媽說她好像總要「請求」孩子們去做某些事，因為她覺得命令好像太粗魯了些。對妹妹來說，「請求」還挺有用的，但莉塔卻對此無動於衷。她很願意試試這個新技巧，但還附帶一問能不能說「請」，以免語氣聽起來太嚴厲。她同意對兩個孩子都以同樣的方法來要求，這樣比較有一致性。

當治療師詢問是否有什麼可以用來訂立契約的項目，媽媽立刻就說了，她希望莉塔在七點半前就可以自己穿好衣服，這樣媽媽才有時間可以睡個回籠覺。這似乎是個合理的要求，因為莉塔的確可!以在不必上學的週

末早晨自己更衣。治療師告訴媽媽放個鬧鐘,前兩次可以用「起床了、穿好衣服、走了」來催促莉塔,然後她要記下每一次莉塔能做得多好。

第五單元：與孩子會談

　　這次仍由「良好行為手冊」作為開場,治療師告訴莉塔有時候孩子們會為了得到更大的獎項,而一整個禮拜都在某一個行為上好好表現。莉塔一聽,相當興奮,很想去做,也同意要每天早上七點半之前自己穿好衣服,而她媽媽會設好鬧鐘提醒她時間。莉塔似乎很想自己完成這項任務,所以就在契約上簽了名。莉塔想要贏得美術用品類的獎品。

　　莉塔從袋子裡抽出的第一張「垃圾」是「數學作業要寫整個晚上」。她和治療師把一些小人排好,而且做了一些小小的數學作業範例。媽媽娃娃要小朋友看看作業紙上有多少題目要寫,然後媽媽娃娃把作業紙折成一半,告訴小女孩得把這部分做完才能休息。小女孩娃娃不太甘願地坐下,因為她比較想玩耍。媽媽娃娃說這不到十分鐘就可以寫玩了,然後她就可以玩十分鐘。媽媽娃娃用時鐘提醒時間,如果小女孩娃娃決定一次就把所有的題目寫完,那只需再多花五分鐘就可以完成,然後她就可以玩更久。小女孩娃娃對此質疑,然後決定把作業一次做完,以換得更長的遊戲時間。莉塔評論道:「欸,挺簡單的嘛。」

　　「打敗時鐘」在家裡進行得很順利,因為本週莉塔的基準線時間已經延長到八分鐘了。莉塔和治療師玩了兩次,而且也得到了獎品(當此遊戲在家中進行時,孩子會以更快的速度增加注意力廣度)。

　　這一單元的尾聲是彈力球和「惹麻煩和說抱歉」。治療師示範每一步該怎麼走,並且討論和她一來一往的過程。莉塔專心看著治療師的每一步移動,然後模仿著。這一週,她也可以講出她的移動策略,這表示她的規劃能力已經發展出來了。

第六單元：與家長會談

　　順從訓練進行順利。莉塔很輕易地完成任務，爸爸和媽媽對於她的服從相當驚訝，治療師也恭喜媽媽在此得到的成功。之前，他們告訴她該做什麼，並讓莉塔自己去完成任務（這是很罕見的）。這一週莉塔也都自己獨力穿好衣服，而且每天都能準時達成，媽媽真心地為她感到驕傲。

　　治療師教導媽媽如何在姊妹倆沒來煩她時注意到她們，她說她一直認為姊妹倆除了打架之外，根本沒辦法安安靜靜地玩耍，但在鼓勵之後，她願意試試看。她選擇假裝看報紙，這樣可以常常停下來給姊妹倆的良好行為一些口語回饋。

　　莉塔下一個要列入契約的項目是寫完作業而且不抱怨。媽媽一直有和莉塔練習「打敗時鐘」，媽媽接下來要利用契約來鼓勵莉塔一直坐在椅子上寫作業，而且不帶抱怨。

第六單元：與孩子會談

　　莉塔對於完成家庭作業就可以得到獎品作為酬賞相當興奮。「良好行為手冊」在她的興奮之下顯得相形失色。她問道是不是自己會贏得另一個獎品，於是擬訂了另一份契約：莉塔要做好家庭作業，不抱怨，而且不離開座位。治療師提醒莉塔她在「打敗時鐘」進步神速，表現得超乎預期，所以這一定沒問題的。這鼓舞莉塔躍躍欲試。

　　下一張抽出的「垃圾」是「我妹妹老讓我惹上麻煩」。這用微縮人物的爸媽和姊妹娃娃表現出來，從她的遊戲中說明了無論莉塔犯錯或惹到妹妹，妹妹都會跑去跟媽媽告狀，搬弄是非。「媽媽」娃娃幫忙莉塔練習一種技巧，讓莉塔先去找媽媽報告是不是遇上什麼麻煩事，因此阻撓了妹妹想讓她看起來很糟糕的努力。只要她相信她對情境能掌控，莉塔便可以不帶

怒氣地解決問題。遊戲中也看到莉塔對妹妹的嫉妒，在這種情況下是可理解的，因為妹妹好像比較容易得到她想要的東西。「媽媽娃娃」開始列出姊姊可以做得越來越快、越好的好事情，以調節這種負向的感覺。

莉塔的遊戲比往常花了更多時間，所以就跳過「打敗時鐘」，莉塔的媽媽在家裡和她一起努力練習過，莉塔現在已經可以維持 15 分鐘的注意力而不抬頭或分心。

在本單元的尾聲，莉塔和治療師玩挑揀小棍子的遊戲，以放更多重點在自我控制的發展。莉塔玩這個遊戲的時候，的確很努力地在試著控制及安定自己的身體。輪到治療師玩的時候，她便顯得坐立不安，但在快輪到她的時候，她便深呼吸一口，然後說：「OK！」好像她已經準備好迎接這個挑戰了。

第七單元：與家長會談

媽媽和莉塔一樣興奮地告訴治療師，莉塔不只自己穿好衣服，而且一整個禮拜都自動自發做好作業，也沒有抱怨。但媽媽說要在孩子們沒干擾她的時候注意到她們實在有點難，她覺得她們好像比平常更不乖了。這可能是真的，但治療師告訴她，當孩子們注意到週遭有所變化，在他們的行為改善之前，通常都會先變壞一陣子。這個資訊鼓勵媽媽繼續努力做下去。

接著引入的是代幣制度，治療師告訴媽媽她不必再時時紀錄「良好行為手冊」了，她鬆了一口氣。代幣制度使用「囡仔標」作為集點卡，而且家中的兩個孩子都參與其中，因為競爭可以使注意力集中在良好行為上，而非壞的行為。媽媽很快就了解這個系統的精髓，而且夫妻倆人會在接下來的那個週末和孩子們一起把它發展出來。對莉塔來說，要贏得一百點不是件難事，所以這一項也加入了她的契約當中。

第七單元：與孩子會談

在和莉塔會談時，治療師介紹了代幣制度的概念。治療師帶了集點卡來，而且給她足夠多張卡片以說明下列項目：

◇起床　　　　　　　　2 點
◇更衣　　　　　　　　5 點
◇刷牙　　　　　　　　4 點
◇收好書包　　　　　　5 點
◇吃藥　　　　　　　　3 點
◇把衣服收拾好　　　　10 點
◇收拾書桌　　　　　　8 點
◇鋪床　　　　　　　　8 點
◇餵狗　　　　　　　　5 點
◇蹓狗　　　　　　　　10 點
◇做作業時不抱怨　　　25 點
◇和妹妹好好地玩　　　25 點

莉塔對於能贏得點數相當興奮，也同意在契約裡加上，下個禮拜前要贏得 100 點。

莉塔把最後一張「垃圾」玩出來：「我的朋友沒有常常打電話來」。這一單元遊戲的療程以角色扮演的方式進行，治療師和莉塔打扮成兩個不同的女孩。這齣「戲」的焦點在她的朋友忙著寫作業、上健身房等等，然後，治療師扮演莉塔，每天晚上打一通電話給她的朋友問問她好不好。「莉塔」問這位朋友許多問題，也回答問題，而且覺得非常投入。在角色扮演之後，莉塔說了她扮演朋友時所經歷到的經驗。她說她覺得治療師好關心她在做什麼，她會試著用這樣的技巧和朋友相處。最後她說道：「我想問題應該解決了吧。」

「打敗時鐘」的遊戲已經變成家中的例行事項了，所以治療師引入了

吹泡泡遊戲。莉塔非常善於深呼吸，但她卻憋住而不是慢慢呼出來。在練了大概十次之後，她開始能正確執行，所以她得到兩瓶泡泡水可以在家裡練習。她得在每天做家庭作業前和媽媽比賽五次，在就寢前和爸爸比賽五次。

第八單元：與家長會談

代幣制度對兩個小孩都非常有效，媽媽覺得這真是救命仙丹，因為孩子們只想著一直做一直做（家事和良好行為）以得到更多點數。姊妹倆已經不太打架了，而且有越來越多正向的遊戲時間。孩子們只要好好的玩一個小時就可以得到點數。

治療師和媽媽一同複習了暫時隔離的進行方式，她同意盡量不用它，也覺得之後應該用不到它。媽媽認為儲藏室是好地方，因為莉塔不會被那邊的任何東西傷到。也討論了扣點數的概念，治療師建議媽媽在莉塔得到一個存點數較久才能得到的大獎品之後，再用扣點的方式因應莉塔沒完成清單上所列事項的情況，但扣點絕對不能隨機進行。

第八單元：與孩子會談

莉塔給治療師看她在遊戲室中贏得的集點卡，而且立刻就要她的獎品。獎品在這一單元要結束的時候才給她，這樣她就必須控制自己，而她也做得很好。之後治療師便引導她創作屬於自己的棋盤遊戲。

莉塔的棋盤遊戲列出她所有的成功事蹟，然後她覺得好像還有些事沒有完成。她列出她的成功事蹟：自己更衣、好好地和妹妹玩、自己做功課不抱怨、坐在椅子上直到功課寫完、每天晚上打一次電話給朋友、鋪床、覺得開心。她也列出了她的目標：拼字測驗要拿到「丙」、收拾衣服、看更

多電視、和媽媽有獨處的時間。她想要努力完成這些事項，因此，她的棋盤遊戲包括幾個空格呈現這些項目。在某幾個空格上，治療師紙放了一個快樂的笑臉，旁邊寫著：「微笑吧！因為你就是你啊！」

第九單元：與家長會談

媽媽所有的成功事蹟也都條列出來，媽媽真心覺得自己做得真棒。她說這是治療師幫忙的結果才會實現，但治療師說：「我只是導演，是你把所有的工作完成的。」治療師讓媽媽準備好接受訂立契約的工作，特別是因為代幣制度是契約的媒材。

在莉塔會談時，媽媽填寫了幾份量表，爸爸則在下一週前填完並交還。最後一節的治療需要爸媽都在場。治療師建議媽媽在管理將來的問題時，要時時檢視自己的行為或家庭內的壓力源，並且在打電話求助前，先判別莉塔的問題是否反應了外在的變化。個案有需要的時候，治療師的大門總是打開的。

第九單元：與孩子會談

莉塔被告知離治療結束還有兩次會談，莉塔並不想結束，但治療師把焦點放在她之前成功完成了多少事，並開始製作「好的我清單」。莉塔回想起她完成的許多事，治療師也幫她列出了「好女兒」、「好姊姊」、「超讚學生」，和「貼心好朋友」。

最後由莉塔和治療師一起玩她所創造的棋盤遊戲，她從頭到尾都樂在其中。當她走到「微笑」格，她露出牙齒大大的一笑，看得出她有多以自己為榮。

第十單元：將孩子回歸給家長

最後一次，爸爸和媽媽加入了莉塔和治療師的會談，大家都開心地報告代幣制度進行得有多順利，而莉塔現在正在努力的長期目標是和兩個朋友共度一晚。

治療師開始畫畫比賽，他先在紙上畫了一座連接陰天和彩虹的橋；莉塔接棒之後小心翼翼地把整個彩虹塗上顏色（她全神貫注於她的工作，因為被爸媽稱讚）；媽媽在彩虹的尾端畫上一個金色的罐子，裡面裝滿了糖果和獎品；爸爸加上太陽和歌唱著的小鳥。沒有人在陰天的那一邊畫上任何東西（轉化完成了，這個家庭從這邊作為起點開啟了他們的未來）。

莉塔獲頒她的「好的我清單」，以及棋盤遊戲讓她帶回家。她要求要抱一下治療師，她開心地帶著正向的個人表徵離去。

摘要與結論

ADHD 是一種慢性疾病，讓許多治療師和老師頭痛不已。然而，藉由遊戲治療和教養方式的改變，家長能夠運作和管理這個問題，讓他們最後能達到約定俗成的養育標準。許多家長不夠了解這個疾病，所以不知道該從何下手。其實只要給予鼓勵和指導，許多這樣的家庭就能運作得越來越好。生活中總是會有退步和艱困的時候，但看看孩子臉上的笑容，聽聽他們感覺有多糟，會讓一切的辛苦都變成值得。作為一個治療師，能與一個家庭共享這樣的歷程，是一件相當滿足的事。

參 考 文 獻

Achenbach, T. M. (1978). The child behavior profile. *Journal of Consulting and Clinical Psychology, 46,* 478–488.

American Psychiatric Association. (1994). *Diagnostic and statistical manual of mental disorders* (4th ed.). Washington, DC: Author.

Barkley, R. A. (1987). *Defiant children: A clinician's manual for parent training.* New York: Guilford Press.

Barkley, R. A. (1990). *Attention-deficit hyperactivity disorder: A handbook for diagnosis and treatment.* New York: Guilford Press.

Barkley, R. A. (1995). *Taking charge of ADHD: The complete, authoritative guide for parents.* New York: Guilford Press.

Conners, C. K. (1989). *Conners Parent Rating Scales.* Toronto: Multi-Health Systems.

Conners, C. K., & Wells, K. C. (1986). *Hyperkinetic children: A neuropsychosocial approach.* Beverly Hills, CA: Sage.

Goldstein, S., & Goldstein, M. (1990). *Managing attention disorders in children.* New York: Wiley.

Kaduson, H. G. (1993a). Play therapy for children with attention-deficit hyperactivity disorder. In H. G. Kaduson, D. Cangelosi, & C. Schaefer (Eds.), *The playing cure* (pp. 197–227). Northvale, NJ: Aronson.

Kaduson, H. G. (1993b). The Feeling Word Game. In H. G. Kaduson & C. Schaefer (Eds.), *101 favorite play therapy techniques* (pp. 19–21). Northvale, NJ: Aronson.

Knell, S. M. (1993). *Cognitive-behavioral play therapy.* Northvale, NJ: Aronson.

Loney, J. (1980). Hyperkinesis comes of age: What do we know and where should we go? *American Journal of Orthopsychiatry, 50,* 28–42.

Loney, J., Kramer, J., & Milich, R. (1981). The hyperkinetic child grows up: Predictors of symptoms, delinquency and achievement at follow-up. In K. D. Gadow & J. Loney (Eds.), *Psychosocial aspects of drug treatment for hyperactivity* (pp. 243–252). Boulder, CO: Westview Press.

Lord, J. (1985). *A guide to individual psychotherapy with school-age children and adolescents.* Springfield, IL: Charles C Thomas.

Milich, R. S., & Landau, S. (1981). Socialization and peer relations in the hyperactive child. In K. D. Gadow & I. Bailer (Eds.), *Advances in learning and behavior disabilities* (Vol. 1, pp. 283–339). Greenwich, CT: JAI Press.

Mischel, W., Shoda, Y., & Rodriguez, M. L. (1989). Delay of gratification in children. *Science, 244,* 933–938.

Routh, D. K. (1978). Hyperactivity. In P. R. Magrab (Ed.), *Psychological management of pediatric problems* (Vol. 2, pp. 131–140). Baltimore: University Park Press.

Satterfield, J. H., Satterfield, B. T., & Cantwell D. P. (1981). Three-year multi-modality treatment study of 100 hyperactive boys. *Journal of Pediatrics, 98,* 650–655.

VanFleet, R. (1994). *Filial therapy: Strengthening parent–child relationships through play.* Sarasota, FL: Professional Resource Press.

Weiss, G., & Hechtman, L. T. (1986). *Hyperactive children grownup: Empirical findings and theoretical considerations.* New York: Guilford Press.

Wender, P. H. (1987). *Minimal brain dysfunction in children.* New York: Guilford Press.

附錄 5.1

家庭評估圖

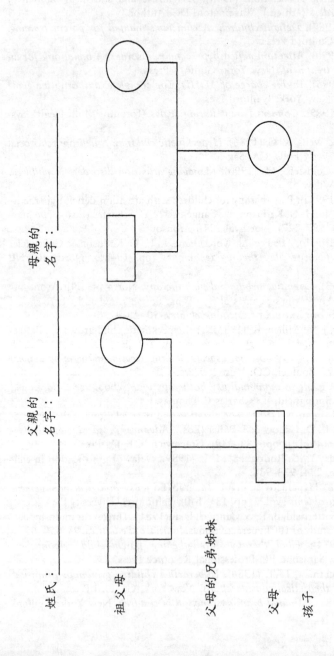

附錄 5.2

遊戲史問卷

1.這個孩子最喜歡玩的東西是什麼？

2.他／她玩一個玩具的時間有多長？

3.你的孩子是否會負責把自己的玩具收拾好？

4.這個孩子是玩玩具或是把它拆開？

5.你的孩子有收集什麼東西嗎？

6.你的孩子偏好什麼遊戲（game）？

7.你的孩子怎麼玩競賽性的遊戲？他／她能否玩到遊戲結束？他／她在輸了的時候會不會很沮喪？

8.如果你的孩子可以選擇，他／她會想要做什麼事？

9.你的孩子看電視看多久？

10.他／她最喜歡的電視節目是什麼？

11.你的孩子玩不玩任天堂、PS、Game Boy、電動玩具？他／她花多少時間在那上面？

12.你的孩子喜不喜歡畫畫或著色？

13.你的孩子會不會在操場或公園裡加入其他人的遊戲？

14.你的孩子喜歡獨自玩耍還是和別人一起玩？

15.是不是有任何他／她喜歡參與的運動？

附錄 5.3

兒童／家庭問卷

日期：＿＿＿＿＿＿＿＿＿＿＿

孩子的姓名：＿＿＿＿＿＿＿＿＿ 出生日期：＿＿＿＿＿＿＿＿＿

目前地址：＿＿＿＿＿＿＿＿＿＿＿＿＿＿＿＿

家裡的電話：＿＿＿＿＿＿＿＿ 公司的電話：＿＿＿＿＿＿＿

籍貫：＿＿＿＿＿＿＿＿＿ 宗教：＿＿＿＿＿＿＿＿＿

性別：＿＿＿＿＿＿＿＿＿ 出生地：＿＿＿＿＿＿＿＿

家庭的年收入：＿＿＿＿＿＿＿＿＿＿

依賴此收入的家中人口數：＿＿＿＿＿＿＿＿

學校：＿＿＿＿＿＿＿＿＿ 年級：＿＿＿＿＿＿＿＿

填寫此表格的成人姓名：＿＿＿＿＿＿ 與孩子的關係：＿＿＿＿＿＿＿＿

誰轉介你們來的？＿＿＿＿＿＿＿＿

地址：＿＿＿＿＿＿＿＿＿＿＿＿＿＿＿＿

孩子有此問題（你們前來求助的原因）有多久了？＿＿＿＿＿＿＿＿

主要的問題（你們前來求助的原因）是？＿＿＿＿＿＿＿＿

為何你們選擇現在來求助？＿＿＿＿＿＿＿＿

孩子之前是否曾接受過心理或精神科方面的諮商？ 是＿＿否＿＿

若上題答「是」： 專家的姓名：＿＿＿＿＿＿＿＿

接受諮商的日期：＿＿＿＿＿＿＿＿

接受諮商的地點：＿＿＿＿＿＿＿＿

目的為何？＿＿＿＿＿＿＿＿

這個孩子是領養的嗎？ 是＿＿＿否＿＿＿日期：＿＿＿＿＿＿

這個孩子是雙胞胎嗎？ 是＿＿＿＿否＿＿＿＿日期：＿＿＿＿＿＿＿

這個孩子是否曾寄養他處或遠離家庭好一段時間？

　　是＿＿＿＿否＿＿＿＿若有此情形，是和誰同住？＿＿＿＿＿＿＿

日期：＿＿＿＿＿

這個孩子是否惹過麻煩或與警方接觸過？ 是＿＿＿＿否＿＿＿＿ 如果

　　有此情形，描述該事件：＿＿＿＿＿＿＿＿＿＿＿＿＿＿＿＿＿＿

　　＿＿＿＿＿＿＿＿＿＿＿＿＿＿＿＿＿＿＿＿＿＿＿＿＿＿＿＿＿＿

列出所有與孩子同住的人：

姓 名	關 係	出生日期	職 業

列出其他未與孩子同住但卻和他／她有密切關係的人（如，兄姊、祖父母、保母、老師、牧師，等等）

姓 名	關 係	居住地點

如果孩子現下沒有和親生父母同住。

　　是否生父或生母有人已過世？＿＿＿＿＿＿＿＿＿＿＿＿＿＿＿＿

　　若是如此，何時過世的？＿＿＿＿＿＿＿＿＿＿＿＿＿＿＿＿＿＿

　　親生父母有結婚嗎？＿＿＿＿＿＿＿＿＿＿＿＿＿＿＿＿＿＿＿＿

簡要說明任何特殊的生活事件（寄養、保護管束、父母訪視權，等等）

_____

_____

誰在經濟上支援這個孩子？_____

你在目前這個地址居住多久了？_____

是否有誰和這個孩子共享一間臥室？若有，是誰？_____

你個人會怎麼描述這個孩子？_____

_____

你的孩子在學校有遇上什麼麻煩嗎？簡述之：_____

_____

你的孩子是否有留級過？_____

簡要申論孩子在學校裡的行為及進展狀況？_____

_____

你的孩子有很多朋友嗎？_____

你的孩子在交朋友和維持友誼上是否有困難？_____

是否有和兄弟姊妹相處上的困難？_____

家庭目前的憂慮（若符合，請打∨）

婚姻有問題_____　　　　家人過世_____

年老的祖父母_____　　　　家中有藥／毒癮者_____

家中有酗酒者_____　　　　經濟問題_____

家中有重病者_____　　　　單親_____

家中有新生兒_____　　　　失業_____

其他：請敘述_____

簡要描述所有家中成員所參與的特殊興趣、嗜好、休閒活動：

孩 子	媽 媽	爸 爸

在每一欄中勾選（∨）孩子每一種能力的發展狀況：

兒童早期

走 路　　　　　　　講出單字　　　　　　講出句子

_____ ＜12 個月　　　_____ ＜12 個月　　　_____ ＜12 個月

_____ 12-24 個月　　_____ 12-24 個月　　_____ 12-24 個月

_____ 24-36 個月　　_____ 24-36 個月　　_____ 24-36 個月

_____ ＞36 個月　　　_____ ＞36 個月　　　_____ ＞36 個月

_____仍不會走路　　_____仍不會說單字　_____仍不會說句子

孩子第一次訓練尿尿：　　　　　孩子第一次訓練大便：

_____ ＜12 個月　　　　　　_____ ＜12 個月

_____ 12-36 個月　　　　　　_____ 12-36 個月

_____ 3-5 歲　　　　　　　　_____ 3-5 歲

_____ ＞5 歲　　　　　　　　_____ ＞5 歲

_____還沒訓練　　　　　　　_____還沒訓練

從一開始的如廁訓練就：　　　　從一開始的如廁訓練就：

_____常在白天尿溼褲子　　　_____常在白天弄髒褲子

_____常在夜晚尿溼褲子　　　_____常在夜晚弄髒褲子

青春期

第二性徵出現（胸部發育、月經、陰毛、鬍子）：

_____ <10 歲	_____ 14-16 歲
_____ 10-12 歲	_____ >16 歲
_____ 12-14	_____歲沒有發育

輕微疾病與重大疾病

如果你的孩子有下列疾病，請打勾∨：

_____氣喘	_____肺結核	_____暈眩
_____溼疹	_____腦病變	_____腦膜炎
_____關節炎	_____流行性感冒	_____骨折
_____糖尿病	_____肺炎	_____癲癇
_____癌症	_____隱睪症	_____貧血
_____偏頭痛	_____麻疹	_____高血壓
_____腮腺炎	_____低血壓	_____水痘
_____鼻竇炎	_____白喉盲	_____腸炎
_____猩紅熱	_____心臟手術	_____小兒麻痺
_____扁桃體切除術	_____腦性麻痺	_____痙攣
_____鉛中毒	_____腦傷	_____腦炎
_____昏倒		

其他（寫下疾病名）： _____ _____

_____ _____ _____

_____ _____ _____

住院

如果你的孩子曾經住院，列出他住院時的年齡、住院原因，及住院的時間：

住院原因　　　　　　　孩子的年紀　　　　　　住院時間長度

_____　　　　_____　　　　_____

_____　　　　_____　　　　_____

_____　　　　_____　　　　_____

_____　　　　_____　　　　_____

_____　　　　_____　　　　_____

附錄 5.4

代幣制度 ((c)1997 HeidinGerard Kaduson, PhD)

良 好 行 為	點 數	買 賣 表	點 數
起床	2	小餅乾	5
更衣	3	可樂	2
刷牙	2	玩 15 分鐘電動玩具	10
吃早餐	1	看半小時電視	15
把盤子收進水槽	4	冰淇淋	10
		和媽媽獨處	25
把衣服丟進洗衣籃	5	和爸爸獨處	25
把垃圾拿出去丟	10	租錄影帶	100
鋪床	10	看電影	100
收拾書包	5	在外面過夜	50
做午餐	5	選擇晚餐吃什麼	20
		餐後甜點	5
好聲好氣地說話		棒棒糖	20
早上	25	糖果	5
放學後	25	晚 15 分鐘睡覺	15
晚餐後	25		50
九點就寢	25		
寫完作業	25	大冒險遊戲	1,000
		玩具（台幣 300 元）	1,000
		去……玩	500

附錄 5.5

棋盤遊戲

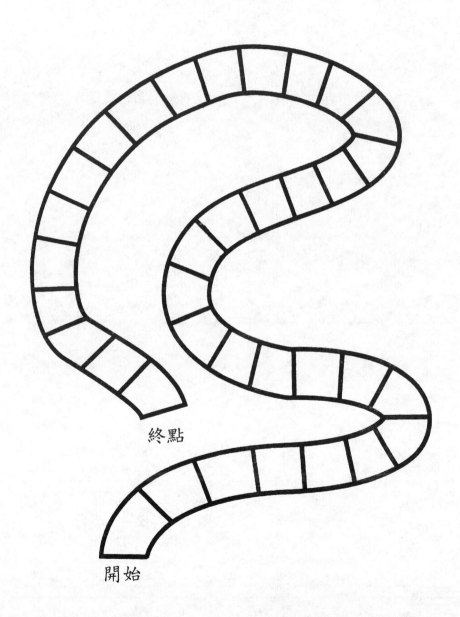

終點

開始

第 **6** 章

短期解決導向遊戲治療應用於父母離婚的兒童

Julia A. Trebing, PsyD, CPT-P, ECETS-D, Creative Therapies at the Playroom, Stamford, Connecticut

導言

我們為什麼要提供短期解決導向遊戲治療（Short-Term Solution-Oriented Play Therapy, STSOPT）給父母離婚的 3 至 10 歲兒童呢？主要是因為有太多孩子面臨這個問題，但這個領域的兒童治療師卻太少。STSOPT 省時，而且費用低廉，所以在管理性照護體系中，它很能符合那些限制。當然，也有一些來自社會層面的壓力，但更重要的是，因為孩子的性格結構較有彈性，他們的人格具有較大的復原力，而且他們的前景是朝向正向和健康，STSOP 自然適合他們。有許多理由，但最好的理由是：它真的有效。

依本章的目的，短期治療的定義為（Shapiro, 1994）：

治療師與兒童通常在廣義的短期治療定義下最能受益。短期治療的目標不在「治癒」兒童，而是在刺激他們的內在資源以便能成長、發展，並使環境能應和他們的需求。短期治療本身並不是目的，而是兒童到成人這

段旅途中的一個轉驛點。

短期治療和長期治療之間並沒有明確次數上的區分,但研究指出 12 到 18 次的療程是一個常態。

創造性治療(Creative TherapiesTM)建議平均 8 到 12 次的治療,並讓治療間的時距逐漸拉大。有些個案需要的治療次數較少,特別是那些很快便可達到目標的稚齡兒童,只要父母能夠執行治療師的建議並且投入有效而持續的教養方式。

Poinsier 與 Laurin(1995)贊成對於有輕微問題的兒童使用短期心理治療,並報告這種治療可以預防其他可能需要醫療追蹤的病理性疾病。他們最近報告了經由短期治療的兒童其生活品質也大幅受益。若是在很年幼時或是在症狀剛出現時就接受治療,個案終其一生都會受益。由健康照護系統負擔的費用也比傳統的治療方法明顯降低。

依據 Klar 和 Coleman(1995)所言,短期解決導向治療特別有效率,原因在於六個焦點解決的技術:它把焦點放在現在及未來;著重於清楚、現實性的目標;使用作業;發展出個案自身的合作性及效能感。

雖然短期療法的文獻不多,但可追溯到七十年前,讀者可以找到 Ferenczi 和 Rank(1925)、Alexander 和 French(1946)、Barten 和 Barten(1973) 的文章。Maror(1979)說心理健康專業因應現代的意識型態轉變,越來越朝向實用主義、折衷主義和系統取向。最近有 Selekman(1997)出版的《兒童的焦點解決治療》和 Shapiro(1994)的《兒童短期治療:以多元模式幫助孩子處理問題》。

長期療法通常適用於長期的身/心虐待、父母有心理疾病、依附疾患和嚴重人格/性格疾患等情況。Castelnuove-Tedesco(1971)報告,較短期的治療對那些還多少有些自我強度的正常人特別有用,如某些人生活過得不錯,但一時陷入無法解決的困境中,使得他們的負擔加重,或是喚起了早期潛在的內在衝突。這種治療可以專注在解除最具壓迫性的症狀,並使此人回到面臨此突發狀況前的狀態。

很多治療師對短期治療有偏見。有一個研究發現,在 12 週的療程結束

後，治療師往往會覺得仍需再增加幾單元追蹤孩子的狀況，才會有進步。相反的，父母卻對整個治療的長度很滿意，而且他們一致覺得自己的教養方式有改善，孩子的症狀也緩解了（Kissel, 1974）。研究者指出，讓治療師們評估心理治療的效果時，他們都根深蒂固的認為長期治療才有效。

　　長期治療和短期治療的論戰把專業者區分成兩群。但，對清楚了解短期治療為何的人來說，兩種方式都是必須存在的。本章便是解釋短期治療應用於父母離婚的孩子時，其效用為何。本章使用了一些一般人的用語，以便幫助父母、老師和其他照顧者對此新方式有更多的了解。

短期遊戲治療

　　在創造性治療（Creative ThrapiesTM）中，讓父母離婚的孩子接受短期解決導向遊戲治療（STSOPT）的有效條件如下：

　　1.以 FEEDBAC 2TM 評估，並用合作的方式設計治療計劃

　　2. STSOPT 的成分

　　3.遊戲的空間和媒材

　　4.雙親的涉入和參與

　　5.持續的支持，及六個月後的追蹤

以 FEEDBAC 2 評估，並用統合的方式 設計治療計劃

　　早期介入很重要，因為兒童在父母分開的第一年經歷很大的壓力，和離婚前一年父母不斷爭吵時承受的壓力差不多。在這段期間，父母通常只關心自己的需要，而無暇注意到孩子的需求。離婚的根源及離婚後發生的種種會以各種複雜的方式影響孩子。理想上，父母分開之前就應該讓孩子接受治療。

　　這套工具是針對孩子及其環境所做的完整評估，以決定適當的治療。對短期、解決導向的治療而言，一套完整且個別性的治療計劃，搭配「孩子本身的系統」（雙親、學校老師、社區的照顧者）之合作，可使孩子的福祉極大化。特定的目標、技術與時程表都是專為個案的個別強況來設計，並提供一些必要的技巧給孩子系統中的每個人，有助於把這個孩子推向計劃中的治療目標。

　　「FEEDBAC 2」是一些觀點的縮寫，我們便是利用這些觀點組成的理論架構來形成評估及選擇技術。它們是：

F—（Family）家人的參與，並且讓功能不良的家庭解套。

E—（Everyone else）社會及社區中的其他個人

E—（Emotional）情緒方面

D—（Developmental）發展方面

B—（Behavioral）行為方面

A—（Academic）學業上

C—（Cognitive）認知能力上

而其中的「2」則是提醒在治療時有另一組平行的概念也必須考慮：

F—（Food）食物，包括飲食、營養、身高、體重、補品和毒品

E—（Environmental）環境，如空氣和噪音

E—（Everything else）其他各項事物，可以一直加入這個清單，如自尊、興趣等

D—（Diagnostic）診斷。智力、心智及身體狀況，如患過中耳炎及曾接受過的治療

B—（Background）背景資料。包括詳細的治療史，哪些有效、哪些無效等等

A—（Altruism）利他的想法。他們是否能爲別人著想？大人教他們的價值觀爲何？

C—（Consciousness）意識型態。宗教、靈性、信仰和信任

　　在高度個人化的治療計劃中，任何在此系統中的人都有責任執行和遵循他們應該做的部分，並且要有可以觀察及測量的標準。在短期治療結束時，也須有各種服務能繼續提供孩子後續的支持，如個別指導、每週由學校輔導人員訪視，及社區的支援。

短期解決導向治療的成分

指導性與非指導性的遊戲治療

　　創造性治療同時涵括指導性及非指導性的遊戲治療，並取得平衡，以提供最佳療效。例如在遊戲室中，由孩子們主導他們必須處理的問題是什麼，而非由家長或治療師決定。必須成爲完全屬於孩子自身的治療歷程，這在遊戲治療中極爲重要。比方說在一開始與父母會談時，就提及母親重回職場的問題，也談到他們決定讓哥哥來照顧妹妹。父母主要聚焦的想法是認爲女兒「自從父親搬出去住之後就開始越來越退縮。」但非指導性遊戲治療卻發現一個更大的問題。我讓這個女孩自己決定在遊戲中怎麼表達，而非以父母的期望做決定，於是她在遊戲中建了兩個房子：(a)媽媽工作的大樓，(b)她的家。她表演出媽媽因爲忙碌工作而忽略她的求救電話——

她在家中被哥哥性侵害了。若非利用非指導性的遊戲治療，大概很難發現這個問題。

　　何時遊戲治療會轉為由治療師來指導？例子之一是當孩子重複出現相同的遊戲型態時，治療師可以用另一個簡單的動作（如，彈指）或口令打斷那個模式，將其轉化為另一種更直接的替代行為。這麼做的假設是，只有當這個孩子已經準備好，且此一替代行為對他或她有意義時，這種方法便能有效。

　　比如有個六歲的女孩莎拉，在非指導性遊戲治療中一直重複讓一個小洋娃娃死在醫院床上，而當時她的父母正在爭奪她的監護權。轉換成指導性遊戲的呈現時，治療師進入遊戲擔任仲裁者，緩和了孩子在其中左右為難的角色。遊戲中擔任仲裁者的小布偶也教她說出「不要把我卡在你們中間」、「別在我面前吵架」，以及「你自己去問問媽媽」。若非這樣直接、指導性的介入，死亡主題以及各種生理症狀、逃避行為，如曠課，很可能持續幾個禮拜。經由仲裁者的教育及提醒，這個孩子被賦予了力量，不再需要用生理症狀來表達自己，所有症狀也因此緩解了。

回家玩遊戲（Homeplay™），包括讀書治療

　　若家人同意參與指定的「回家玩遊戲」，教導便會受到增強。「回家玩遊戲」的概念比「回家作業」更有親和力。回家玩遊戲的內容可能包括治療中用到的材料、書籍和小遊戲，以及利用行為管理策略如「覺得好一點的時間」（Feel Better Time），這在稍後會討論到。回家玩遊戲是目標導向、不必花太多時間，且對兒童及家人都會有幫助。

　　讀書治療是把書本運用到治療過程中。孩子們會借到一些和治療計劃中某些主題相關的書來閱讀（請參考本章最後面有關離婚主題的書目清單）。

居家照顧（In-Home Care™）

居家照顧由來已久，當需要有些額外支持時，這是一套針對家庭不同需求提供協助的方案。大約是一週兩次，一次一小時的家庭訪問，支持兒童所需應付的挑戰，範圍也可以很廣泛，包括家族計劃、家庭會談，以及與學校協調以預防（再度）入院。通常工作人員的角色是在負責聯繫學校及各種公共機構。如果孩子在班上出現「問題行為」，工作成員會陪著這個孩子，作為讓孩子和老師都冷靜下來的中間人。

居家照顧的成員包括專業人員、實習心理師，及其他創造性治療（受過訓練及督導）的成員。此計畫的成效在 Masher 和 Burti(1989)的研究中得到證實，他們描述加州的「蘇特拉居家計劃」（Soteria House Project），發現在居家環境中利用非專業治療師的效果勝於傳統的心理衛生系統及服用藥物；在哈佛—瑞克里夫精神專科醫院（Harvard-Radcliff Mental Hospital）的志工方案中，讓大學生擔任專案助理，使原本接受個別心理治療的個案能持續到公立的精神專科醫院回診；而全國機構及替代組織管理中心主席 Jerome Miller，讓志工成為整個計劃中，和家庭共同運作的一分子，這個方案最後讓麻州的少年觀護所門可羅雀、關門大吉。

團體

除了從個人及家庭介入，有時孩子也會被轉介到一個有保密性，且兼具有心理、教育功能的離婚主題團體，稱作「感覺團體」（Feeling Group）。其中進行的主題包括不同類型的家庭、為何人會離婚、自己和別人的感覺、管理憤怒、因應策略、如何照顧自己，以及道別。在為期八週的團體後，一致發現成員的調適行為均有明顯改善。可參考 Stolberg 和 Mahler(1994) 及 Garcin, Leber 和 Kalter(1991)的研究。

遊戲的空間和材料

　　以下描述「遊戲室中的創造性治療」（Creative Therapies at the Playroom），其中特別詳細說明了材料和環境。

　　「遊戲室中的創造性治療中心」座落在康乃迪克州當佛鎮的商業區中一棟維多利亞式的建築物內。一打開門，暖風迎面而來，符合中國風水設計的裝潢看起來平靜、和諧，創造出一種最健康舒服的空間，可以自由自在的遊戲，且適於療癒人心。粉紅色的絨毛地毯，暖色系的牆，以及有寧靜效果的風鈴迎接著來訪的人們。

　　你可以看到一個心型的歡迎標示，候診區改名爲「家屬室」（Family Room），感覺更親切，孩子進入治療室之後，家長們可以在這邊稍作放鬆。這個房間裡播放著祥和的音樂，有柔軟的懶骨頭座椅、小孩的搖搖椅、闔家歡遊戲、繪畫的材料、一個不斷擴增的圖書館（供給讀書治療之用），還有適合親子一同觀賞的錄影帶。那兒也有影音設備、使用說明書及一些劇本（教學用），家長們可以放鬆一下或把這些當作床邊故事的題材。這些劇本都有特定的主題，如分離焦慮，也有一些講的是有關和平、愛以及正向自我肯定的內容。

　　孩子們個別治療結束後回到這裡，會發現爸爸或媽媽舒服的躺臥在沙發上，好像快睡著了——這可是爸媽一個禮拜裡頭唯一可以放輕鬆的時間。有些家長們會和個案的其他兄弟姊妹開心地玩在一起，在家裡很少有這樣的機會，因爲家裡不時會有手足紛爭、電話干擾、電視，及其他令人分心的事物。也有些家長會利用 10 到 20 分鐘的時間，一邊看教學錄影帶，一邊做筆記。每個教學帶都有一個特定的與父母教養有關的主題（Boys Town National Training Center, 1990）。這裡的電視和短片都僅供教學使用。

　　另一個房間叫做「水屋」（Water Room），有點像家的感覺，附有一些廚具，有大人和小孩各自適用的家具以提供安全及便於掌握的環境。這個房間也包括一個可容納兩個人的大型搖椅，讓人能平靜舒適。

　　超過五歲且常常尿床或遺尿的孩子，以及難產出世的孩子，似乎都很容易被水吸引。在「水屋」中，不管水花四濺或搞得一團糟都沒關係，孩子們只要能控制和感覺到水在他們身體上的感覺就好。有遺尿問題的男孩子常常會選擇粗大的水管來玩水，或用一些可以用手拿著又會噴出水來的東西，比如滴管或水槍，都是類同於陰莖的客體。他們往往會慢慢轉移去玩可以抓住擰乾的東西，如海綿。

　　透明的抽屜，沒有門的櫥子，還有踩腳凳，都讓孩子們可以從一大堆美術用具中選出他們喜歡的。這些媒材就像遊戲室裡的其他東西，都分門別類的擺好，有一致性和可預測性。包括有沙、黏土、指印畫，往往會引發各種架構的創意，如帶有隱喻意味的狂怒火山，以及其他你想像得到的各種藝術形式。

　　若要更深入使用象徵物來表達，也有上百種的微縮物，依類別放在抽屜裡，包括：1.平房、高樓和其他建築物；2.樹木和叢林；3.籬笆和柵門；4.野生動物和家禽家畜；5.海洋生物；6.交通工具、家庭成員、社區中的助人者及其他角色；7.神話人物、民間傳說，「好人」和「壞人」；8.食物和餐具；9.沙和水的設備；10.多用途的設備。這些微縮物有些用在沙箱中，有些放在兩個小小的木屋裡。爲了避免對這些小木屋有性別區隔的意涵，刻意不稱作娃娃屋。這兩個屋子可以讓孩子表達對不同主題的感覺，如學校、祖父母、教堂，而最常見的是被當作離婚後爸爸和媽媽分別居住的房子。

　　這種特殊的技術在創造性治療中稱作「雙屋治療」（Two House Therapy），它可以促進父母離婚的個案在遊戲中的象徵性表達。當孩子有機會進入非指導性的遊戲中，他們會很自然地玩出在爸爸或媽媽的房子裡遇到的麻煩。這樣的遊戲如同生活的縮影，提供機會去修通（work through）衝突與挑戰、重建感覺，或學會解決那些阻礙學習、成長及發展的問題。

　　在初步評估時，一位家長說女兒在他們離婚後變得越來越焦慮，之後她進入非指導性的遊戲治療，而非如傳統上只針對此一困擾設計方案。我們用了雙屋治療，在其中可以看到，不是離婚使她焦慮，而是那個「壞壞的」保母現在「當家了」。

　　一個五歲大的男孩則只關注於廚房及浴室，忽略媽媽屋的其他區域，利用一些非指導性的技巧之後，印證了媽媽有神經性暴食症（Bulimia nervosa）的問題。另一個男孩子從一個家要到另一個家時有困難，在「來電時間」（Phone-In，與孩子會談完後一天，治療師會與家長電話聯絡，在本章稍後會有詳盡介紹）中，我與他的父母一同找出幾個從一個家到另一個家的可能方式。父母發現只要在離開家到另一個家時，能提供兒子較大的容忍和緩和時間，及一段私密的時間，便可以解除他的症狀。

　　如先前所述，提供各式各樣的微縮家具、人物，及其他物體讓孩子運用，是為了刺激治癒性遊戲的出現。但若治療師觀察到孩子只專注於小人小物的細節或擺放的位置，那麼治療師可以選擇不要使用微縮物，只要讓孩子想像就好，這樣仍能保有類似的過程，這讓自然的幻想不被外物污染。

　　最後一間治療室是「日光室」（Sun Room），一個光亮、有朝氣的房間，沒有擺設任何家具。窗戶上的稜鏡投射出一排彩虹，如同午後陽光閃爍。這個溫暖、黃色系的房間促發強烈情緒的安全探索、表達、發洩，諸如來自幻想或真實的駭人想法。這兒有超過一百個高品質的布偶，可以讓孩子安全而有距離地投射出自己內在的情緒世界。這些精挑細選出的布偶都具有投射意味（如，凶暴的、天真的、懷孕的），有些不錯的布偶被我們拒於門外，只是因為手放進布偶的位置不妥，而可能被歪曲解釋。

　　這個房間裡也放了精細的解剖娃娃、做體操的海綿墊、一個可以看到全身的大鏡子、單槓、泡棉椿、大型天鵝絨枕頭、一個大的體操球，以及一個巨大、適合環抱的填充玩具熊，它在雙打或訓練時都可以拿來當作摔角的對象。這個房間是特別設計的，所以好動的孩子在這邊可以安全地探索界限，以及發展出以自己身體為中心的感覺統合。櫃子裡有藏起來的各種玩具（如攻擊性及可以亂丟的玩具，供作發洩情緒能量及緊張的安全管道）、治療性的遊戲，還有一些有助於治療的附加配件。一個孩子選擇哪些媒材、他們怎麼使用，以及他們伴隨遊戲說出的隻字片語，可以讓我們看到孩子深層的焦慮、防衛機轉的結構，以及過於拘束或過於鬆散的驅力。

　　當你走出遊戲室時，可以看到一到彩虹，那都是孩子們的圖畫組成的。

這是個很有力的象徵物，代表著雨後天晴。那些畫都是孩子們自發畫出的，代表他們走過痛苦後的痊癒。

在遊戲空間及媒材的背後，創造性治療更重視的是「真實的關係」（REAL-ationship）。個案與治療師之間的治療關係是最重要的面向。在孩子的心靈與治療師之間蘊藏的潛在能量，便是療癒的必要條件。

雙親的涉入和參與

短期解決導向治療需要有動機的父母親，他們被要求允諾要加入並完全參與開創、履行、並遵守整個治療計劃。對於那些只想著「你們把我的小孩治好就好了」，或是不願意遵從要求及計劃的家長，轉介其他機構處理會更恰當。Mackenzie（1991）在一篇有關短期心理治療的回顧性文獻中指出，除了動機之外，在建議運用短期解決導向的治療前，有三個重要因子需在臨床衡鑑中評估：(1)建立關係的能力（capacity to relate）；(2)理解心理的心智能力（psychological mindedness）；(3)存有適應性的力量（evidence of adaptational strength）。我們應該在考慮對孩子使用短期、解決導向的治療法之前，先檢視一下父母親是否有這些特質。

孩子的療癒過程與父母親本身的復原歷程密不可分。治療師應該教導家長，爭執和離婚對孩子造成的衝擊為何──重點在於什麼對孩子最好。要能夠減低負面的影響及孩子的適應不良，並發展正向的親子關係，家長不只要成為治療中的一分子，還得了解需以孩子為主。重要的是，家長能時常與孩子交談，提出各種疑問，把強烈的反應視作正常，並提供滋養的、安全的環境，使孩子能得到最大的幸福。建立和維持一個規律且孩子也認同的行事曆也一樣重要，包括各個訪視相關的細節、例行公事和其他可以促進親子溝通的計劃，以減少孩子何時、在哪裡可以見到爸爸或媽媽的困惑。針對年幼的孩子，這樣的行事曆可以簡化成一天的計劃，把要做的事畫成圖示。建立和維持新規則、角色和例行事務，有助於讓每個人了解現

在的混亂狀況只是暫時的，而且是可以去適應的。兩個家都必須設定清楚、一致的界限，盡量避免讓孩子變成夾心餅乾，也別讓孩子看到或窺聽到兩人的爭執。參與合作的、相互尊重的，和支持性的共同撫養是關鍵。意見不合時，應該把問題和可行的解決之道列出，決定如何取捨，並且做出妥協。協議的達成對於孩子對雙親及他們的新伴侶能否發展出信任很重要。Kelly 和 Wallerstein（1977）報告，短期、支持性、教育性、危機導向的做法對於剛面臨離婚的家長來說，可以顯著減少離婚給孩子的負面影響。

最後，在接近孩子第一次療程的尾聲，我們會邀請他／她再回來，為將來更好的生活努力，大部分的孩子不只想要回來，還想知道還要多久才能再來。幾乎沒有孩子會說：「我不要。」抗拒治療的人可能表示他們並不適合短期解決導向的治療方式。

保密、「登錄」（CHECK-IN），以及「來電」（PHONE-IN）

「保密」在此的定義擴張到同時涵蓋治療師和家長。在此種情況中，治療師是「中間人」，主要作用在促進溝通、家人的參與、以解決為導向的照護，並且持續追蹤，給予建議，漸漸地讓家長能「與中間人斷奶」，使他們能直接與對方、孩子溝通接觸。這種型態的照護方式並非適合每個人，如果家長們以互相傷害的方式溝通，便不適用這套方案，比方那些利用治療中取得的資訊來傷害孩子及另一位家長的成人，所幸，像這樣的人在初始晤談時通常就會被發現並轉介至其他類型的方案。

我們會請家長在帶孩子前來赴約治療的早晨，先在治療師的答錄機留下私人的「登錄」資料，以了解本週需面臨的挑戰及進步。這讓治療時間更有效且有效率，不必在會談的開始時在孩子面前談論他。此外，家長和治療師的電話溝通不再是偶一為之、突襲檢查式的，或危機導向的經驗。現在這是一個每次 10 到 15 分鐘，固定在行事曆上出現的約定，時間是孩子會談完之後的那個工作天，通常是以會談電話的形式與雙親溝通。「來電」時間包括討論孩子在治療中的情形，並教導有效的教養技巧和行為管理策

略。包括成功處理孩子症狀的訓練，以及應用在下一週、回顧、支持及增強的技術。

「闔家歡時間」（Family Time）

在治療的開始以及接近尾聲時，會讓家長和小孩有個團聚的家庭時間（手足也可以在場）。Burdsal 和 Buel（1980）認為治療計劃中必須包括孩子的家庭。如果孩子改變了，但孩子要回歸的自然環境卻仍然沒變，治療效果就不太可能持續。他們指出讓家人涉入的理由有四：

◇提供家長因應技巧（例如可以處理孩子問題的方法）

◇要讓家長對孩子的態度有所改變

◇提供正向、支持性的環境，讓家長可以分享他們在應付孩子時面臨的挑戰

◇提供相關資訊

「闔家歡時間」是一種對付此時此地挑戰的一種解決導向的方法。它包括遇到需處理的情況時大家能達到一致協議、教導新的教養技巧、示範，以及用角色扮演的方式做為新互動方式的演練。重點在於選擇及解決，強調正向的層面。這些策略在下單元前需要實行及追蹤，以便在治療時可以複習，若是必要的話，可以再修正。在整個治療結束之前，「闔家歡時間」變成「家庭聚會」，每週在家中舉行一次。這樣的聚會教導有關分享、關懷和問題解決。創造性治療也會把類似的「課堂聚會」引入學校的課程中，以提供社交技巧上的助益。

「覺得好一點的時間」（FEEL BETTER TIME）

有個專門給孩子「覺得好一點」的空間，那是一個可以使緊繃的肌肉放鬆下來的地方，支持孩子隨意創造。孩子可以選擇在這個空間裡放些什麼（如，毛絨絨的毯子、天鵝絨小布袋、毛毛的玩具熊），重要的是孩子可

以依照自己腦袋裡認為怎樣的地方才能一個讓人放鬆，來設計這個空間。

「覺得好一點的時間」是一個正向的、感覺為主的「暫時隔離」（Time out）措施。當孩子行為不當，有兩次警告他的機會，如果不當的行為仍然持續，家長便導引孩子去「覺得好一點」的空間。1：1：1 表示這要在違規行為後的一分鐘內執行，只要告訴他一句話，然後設定一個時間，孩子幾歲就設定幾分鐘。若是更嚴重的行為，如打人，孩子已先被告知不再有預先警告，一旦行為發生，就立即讓他進去「感覺好一點」的空間。家長可以以身作則，自己進入「覺得好一點的時間」，之後家長要施行「4：1 規則」，即辨認出自己不良行為後，經過一段短時間，要用四個好行為來交換、修正那個不好的行為。

通常，當如上的行為方案不管用時，並非技術的問題，而是執行上可能有差池，往往是因為沒有按照指示進行或是雙親態度及做法不一致。

「你和我時間」（U 'N' ME TIME™）

Patterson 和他的同事（Patterson, 1974; Patterson & Reid, 1973）在他們的研究中證實，可以訓練「問題兒童」的家長，讓他們成功的處理他們的孩子，而「你和我時間」便是以此信念為基礎所產生。這是個讓孩子和家長每天花 20 分鐘、不受干擾、非指導性的遊戲時間。我們教家長要抑制自己的質疑、建議和批評。在某些限制下，孩子可以決定自己要做些什麼，而家長以正向的語詞觀察並描述遊戲中發生的事，並且忽略孩子輕微的不恰當行為。這讓兒童和父母重新建立聯繫，並強化他們之間的關係。家長們發現，若是專注於孩子的正向行為，孩子們會較平靜、較願意聆聽，並且會出現正向的感覺，如自我價值感、信心、有能力感、安全感等。

這個技術在「闔家歡時間」中說明，於「來電時間」時逐步建立，而孩子第三次來訪時，家長已經可以一步步的擴張至家庭生活中了。其中使用了許多常見的非指導性遊戲治療的療癒因子，如賦予力量、反映現象和感覺、將責任回歸給孩子、同步化、讚許其努力、追循（tracking）、接納

沉默、設定限制，以及開放式問句。「你和我時間」已經成爲一種常常成功的技術，尤其當父母說他們再度面對挑戰時，這可以幫助他們和孩子重新連結在一起。

捲入監護權爭奪戰的法律程序

依據 Johnston 和 Roseby（1997）所言，雙方家長都希望能和治療師結成聯盟，這對治療師來說是一種要承認一方是好家長而另一方是壞家長的壓力。雖然父母可能不會明白表現出來或根本沒有意識到這個意圖，但治療師仍會清楚的感受到這樣的壓力。往往家長們會責怪對方沒有盡到責任，甚至利用治療中的資訊利於取得監護權和可探訪的日期。若是治療師感受到這些現象，孩子們很可能也會有相同的感覺。家長這樣的行爲會讓孩子情緒上很掙扎。我們必須請家長重新協議要處理的議題，或是將他們轉介給專門處理離婚協調的心理師。

爲了要把孩子當成是在父母衝突之外的個體來看待及了解，遊戲治療師必須堅定自己的角色，避免被捲入法律訴訟之中。一旦開始治療，治療師就不應該扮演陪審員或偵探的角色。創造性治療主張在第一次與家長會談時，就讓他們簽署一份文件，內容改編自 Gardner（1976）的建議：

以下簽署爲保障（公司名稱）或（治療師姓名）不會被牽連至任何法律訴訟。以下簽署保證不會要求（公司名稱）或（治療師姓名）至法庭提供證詞。這樣做的目的是爲了保證治療不會因此妥協更動、爲此家庭的治療關係得以維持，且讓兒童經驗其遊戲治療師是清明而一致的治療性角色，而非陪審員或偵探。假如法院想要得到精神衛生專業人員的意見，必須尋求（公司名稱）或（治療師姓名）以外的人員協助。（p.152）

此政策讓治療師能一致地維持自己支持性、可信任的角色，以維護兒童的最大利益。若在治療中有相關資訊的外洩而成爲法庭訴訟的材料，治療也會隨之變質。再者，這樣的政策也會使家長打消把治療師牽扯入監護權爭奪戰的念頭。

持續的支持及六個月後的追蹤

在創造性治療的尾聲會列出後續計劃中，有誰可以以及以何種方式繼續支持這個孩子。這個計劃包括了學校的心理師要定期觀察這個孩子，此兒童要被安置在一個有豐富資源之處，有針對學習困難聘請的家教等等。

我們會告知家長即使創造性治療的療程已經結束，他們仍有至多三次的免費諮詢，一次 10 到 15 分鐘。這是品質控制的服務承諾，以便能給家庭保證治療的成功仍可持續。

我們會事先告知在治療結束後六個月，家長會接到電話追蹤，目的在讓家長（有時會讓孩子也加入）回顧過去的成功經驗，並探索各種挑戰。更進一步地，治療師會建議家長閱讀相關書籍，詢問治療計劃的執行情況及對於「孩子的系統」有何影響，若有必要，也可以建議再加上「後續調整」的治療時間。

這個追蹤服務不只嘉惠家庭，也使治療師及此一領域獲益。後續的追蹤提供專業人員內省的機會，使方案進步，以及個人成長。另外，也可以在電話追蹤前先郵寄一份治療結束時請家長填寫的評估問卷，讓他們再填一遍，一方面提醒家長將有電話的追蹤詢問，另一方面，將目前的問卷填答與治療結束時相比，以作為後續提供更佳服務的研究資料。創造性治療可依此提供專業者 STSOPT 成功及限制的書面資料。

案例說明

個案一：生氣的孩子——小傑，四歲九個月

第一次與家長晤談

媽媽抱怨著:「他對我真夠惡劣的！他對我的要求完全不聽也不照做，而且最近他開始打我了。」她說明在小傑快兩歲的時候，她和前夫離婚了；而小傑是在兩歲十一個月的時候開始如廁訓練的。在初始晤談時，她報告自己目前及過去均未有憂鬱症的狀況。小傑的父親住在加州，每隔一週的週末會過來探視。媽媽看過父母養育自助系列的錄影帶，並借了《暫時隔離法的濫用及有效運用》（ "Time-Out: Abuses and Effective Uses" ）一書（Nelson & Glenn, 1992）回家閱讀。

發展上的課題似乎是經歷離婚的家庭所要面臨的最大挑戰。對運思前期（Preoperational stage，2-7 歲）的孩子，必須讓孩子發展出對離婚的一事的觀點，並了解那不是他們的錯，治療師要找出他們的錯誤信念並修正它們。在這個階段，也許會有退化、尿床、黏人、極度想要不同住的那位父親或母親、失眠、做惡夢、鬧脾氣、害怕、自暴自棄、哀傷、過度需求、否認、要求完美，以及關於父母復合的幻想。

第一單元

小傑直接玩了起來，拿起男孩、男人、女人、床的微縮物，他把女人放在床上，小男孩則一直繞著床走。遊戲進行到此，治療師跪著的膝蓋感覺溼溼的，他很快就想到，小傑尿褲子了。遊戲還是繼續下去。只要孩子重複同樣的遊戲三次，治療師便會有所介入，因為治療師相信，如果介入的時機或想法不對，介入就會被否定。

治療師問女人是否想要一些代表著滋養的食物，小傑說她什麼都沒有吃，但因為他不是說「不，她什麼都不想要。」治療師從遊戲中感受到了些什麼，便把藥物拿出來。小傑跟治療師說，他媽媽已經吃很多藥了。小傑的遊戲中展現的是一個憂鬱的、可能過量用藥的母親，和一個大約兩歲、被忽略的小男孩。為了要包容這個強烈的議題，在這一單元結束前，治療師和小傑與媽媽共度了一些時間。

治療師問母親是否感到哀傷、生氣或是愉快，母親說她很高興，因為小傑有個「處理感覺的醫師」。這時候治療師要求母親分享她生活中各種快樂的經歷，同時針對回家玩遊戲的作業（Homeplay），媽媽得在每天小傑放學後告訴他一個難過的、令她生氣的，然後是快樂的故事；之後換小傑告訴媽媽他今天的難過的、令他生氣的，以及快樂的事。這麼做的目的在於增進母子間的溝通，幫助小傑辨認及表達自己的感覺，並且讓他看到他和母親都經歷一連串的感覺。治療師用立可拍相機幫小傑和媽媽拍了難過、生氣、高興的照片，作為這些感覺的「標本」。他們從圖書館借了《憤怒怪獸遊戲》（"Angry Monster Games"），藉此小傑學會了十種管理自己憤怒的方法。把這十個選擇附上圖畫寫成一張單子，小傑著上色，媽媽說回家後要把這張單子貼在冰箱門上，可以時時提醒。

「來電」

這是一個固定與父親和母親的電話會談時間，因為遊戲內容的考量，治療師選擇和父母分開談。母親方面報告小傑仍然會尿褲子，這暗示著在上次他離開前，遊戲尚未成功處理這個問題。回顧這一單元，母親對於兒子退化到更稚齡的狀況感到吃驚和難過，她才「確實地」報告她在初始晤談時沒有說出來的部分。她說當丈夫忽然提出離婚時，她只覺得「大難臨頭」，而以過量的安眠藥作為因應。她報告說從那時候開始，她就已經開始一個「新生活」，包括「有趣的男朋友」、「賺很多錢的工作」、有個「理想的行程表」，以便讓兒子放學回家時可以在家裡遇見她。她否認藥物的使

用，除了外出晚餐時偶而來杯小酒。她同意在回家遊戲的作業中多說些她一天中哪些讓她快樂／高興的事。她說她和小傑已經把那些難過、憤怒、高興的照片都貼在臥房的牆上了。「你和我時間」該做哪些事也都複習了一遍，媽媽便計劃當天就開始執行。她詢問了有關去上教養課程的事宜，那是由她兒子的學校安排的。

「登錄」

爸爸和媽媽都分別告訴治療師小傑已經不再打人了，他們都相信是因為小傑已經不必警告就知道，只要他行為不當，就會被放到「感覺好一點的地方」冷靜一下。他們也了解一致性的態度是成功的關鍵。同時媽媽也注意到，用口語辨明當下的情緒是難過、生氣或高興，會是一種抒發，明顯減少了突然爆發的憤怒。她有能力支持小傑選擇表達憤怒的替代方式，就是從「憤怒怪獸遊戲」中學到的那些，也寫成了清單貼在冰箱上。媽媽說她注意到，自從開始「你和我時間」，她和兒子間的連結變強了，小傑也不再有尿褲子的情況了。

第二單元

在「闔家歡時間」，小傑唱著：「我喜歡你和我時間──」當問及他認為媽媽當時的感覺是什麼，他大叫著：「很高──興！」問他怎麼知道的，他說：「她笑了，而且笑出皺紋來哩。」小傑和媽媽看起來好像都變得更平靜、更快樂。大家再度回顧難過、生氣、高興，還有各種處理憤怒的替代方法。

小傑仍持續著上一單元時的遊戲，但強度已經降低了。當治療師告訴小傑要給病床上的女人一個「處理感覺的醫師」，他馬上讓女人坐起來，而且說道：「她已經好囉。」此情此景，小傑好像隱喻地說：「我媽媽現在已經沒問題了。」顯然他已經走過創痛，因為他說他「完成了」，而且要求要

出去找媽媽，這是一般在治療完成的時候，孩子表達的方式。

「來電」

媽媽說因為小傑面臨父母離婚問題時年紀太小，他可能甚至不記得爸媽曾經住在一起過。因此，她最後發現他的處境不是離婚本身造成的，而是她對離婚的反應所造成。她同意用她新發展出來的、肯定的教養技巧，而在小傑所有的症狀消除之後，接下來的便都是她的工作了。

六個月後的追蹤

媽媽知道當她的教養方式保持一致時，小傑的情緒和行為就會很好。她說：「若是我很高興，我們就都很高興。」她說她已經找了一位男性治療師來探索她跟父親、前夫、伴侶及兒子的議題。

個案二：「The Y-Home-Rec?!」──三姊妹，年紀七歲三個月、九歲兩個月、十歲十個月

第一次與家長會談

家長報告道他們都已經告訴三個女兒他們即將離婚的事實。治療師臆斷，女兒們實際上被告知的是，爸爸和媽媽已經不再相愛了。她們每隔一週的週末可以去爸爸在紐約市的公寓看他，那個公寓原本是爸爸上班時晚上暫住的地方，但現在則是定居之地了。爸媽都說他們沒給孩子問問題的機會，孩子們都猜測爸爸是家庭的「破壞者」，她們一定會「很恨」他，而且「絕對不會」想再見到他。

　　在具體運思期（concrete operations stage，7-11 歲），孩子們需要盡可能知道分手的原因，因為這個階段的孩子更可能明白地表示哀傷、表現責難並展現出對父母其中之一的憤怒和恨意，這可能造成於過度早熟、低自尊，以及性別認同的混亂。重要的是要能了解某些因素固然是在離婚的當時破壞了孩子的發展要務，但創傷很少在雙親形式上的分離／離婚當時才開始，因此，必須要找出孩子在各方面及各年齡階段所承受的發展層面的延緩和阻礙。

第一單元

　　當這三個女孩子前來治療時，都帶著一些症狀。她們希望能有一些歷程來幫助他們哀悼、療癒、並接受新的處境。她們決定做一個變遷儀式，叫做「The Y-Home-Rec?!」（接近「典禮，ceR-emoN-Y」字序的顛倒），事實上好像是在抵銷（undoing）她們爸媽的離婚典禮，這排定在第三單元時要做。這一單元大部分時間都用在「闔家歡時間」上，收集到女孩們對於離婚一事的想法，並協助驅除她們心中有關羞恥感和污名的迷思。有些迷思可用以下的事實來加以修正：

　　◇我們一家人都被離婚拆散了（實際上離婚的只有父親和母親）
　　◇都是我的錯（離婚與孩子無關，只是因為我們不適合做夫妻罷了）
　　◇我只能選跟爸爸或跟媽媽同一國（你是我們兩個生的，你沒有必要當好人或壞人，我們也沒有誰好誰壞，我們還是可以互相給予愛和關懷）

　　女孩們都看到父親哭了，這是他在聽到女兒因與他分離而痛苦的表達後第一次哭了，但這對他們所有人似乎有著溫暖的效應。 Cole（1997）所寫的兒童書《除去婚禮》（ "Un-Wedding" ）被選為家庭遊戲治療作業，以便為儀式做準備。

「來電」

家長雙方分析整理了這一單元，他們都同意加入「你和我時間」的變化類型，依據當時是誰陪著孩子，得在孩子睡前的 20 分鐘好好的陪著她們，這段時間可以讓她們發問，或是講講她們可能會擔心的事情。可以參考 Schmidt 和 Spencer（1991）的「所有的基本事實（All the Basic Facts）清單」作為指引。媽媽同意買個白板放在廚房，讓每個人都可以寫上自己想要在「家庭會議」裡討論的議題。爸爸和媽媽都同意既不要攻擊，也不要說對方的壞話，相反的，他們會鼓勵女兒們直接對著那個人說出她想問、想討論的事。同時，他們也同意不要讓孩子牽扯進他們之間的爭執，包括不讓她們無意間聽到電話對談而斷章取義。

「登錄」

媽媽報告到女兒們每天都一起看那本書，而且計劃著變遷的儀式。甚至，媽媽說她們之間有更多表達、更多支持了，也了解為什麼爸爸媽媽要離婚。她說女兒們的症狀都有明顯改進了。

爸爸說自從上一單元之後，他「只有」和女兒通電話，但有感覺和她們越來越「心心相繫」了。他計劃在每兩週一次的週末會面之外，禮拜二的時候還要帶她們去吃頓晚餐。他說他現在比過去幾年更快樂。

第二單元

女孩們討論他們過去曾有過的快樂及悲傷記憶，想找出父母離婚的原因。過程中有笑有淚。每個人都說出父母離婚對她自己而言最難熬的事情，然後她們一起為了現在這個新的家庭結構創造了好些儀式。這一次她們借了 Blitzer／Field 和 Shore（1994）的書《破局而出》（"My Life Was Turned Upside Down, But I Turned It Right Side Up"）。

「來電」

治療師要求爸爸和媽媽想一個適合的故事，是他們願意分享來幫助女兒們能夠正確理解父母將離婚的事情。建議他們可以帶入一些關於儀式的點子或物品，會有助於支持治療的歷程。

「登錄」

爸爸和媽媽分別報告他們自身及孩子們都有所改善，顯然每個人都對這件事開心不已。

第三單元

這次的治療爸媽和孩子們都來了，孩子們決定把原本一聽就有敵意、非難意味的典禮名稱改爲「友善的離婚典禮」。每個女兒都各自講述一個讓她感覺有趣、甜蜜、正向的回憶，之後由爸媽講述他們離婚的理由，幫助她們理解。然後孩子們每個人都提出一項儀式，爸爸和媽媽說了故事後，也提出他們建議的儀式。治療師加上一些關於家庭會議和如何增進溝通的忠告，包括持續的對抗那些迷思。在典禮中，家長原諒了自己，也原諒了對方。爸爸給每個女兒一條相片墜鍊，一邊是爸爸的照片，一邊是女兒的照片。當他把項鍊繫上女兒的頸子時，他說：「妳會永遠在我心中，我也會永遠陪著妳。」

六個月後的追蹤

爸爸說他比過去花更多時間在女兒身上，而且也很喜歡有她們在身邊陪伴。媽媽說自己比較放鬆了，也可以享受母親的角色，以及新的自由。雙親都認爲「友善的離婚典禮」不但改變了孩子們，也改變了他們自己。

他們也同意對雙方最有力的改變因子在於原諒自己及對方。他們也表示現在女兒們仍然持續表現良好。

個案三：自家公寓電梯裡的系統減敏感法——佩蒂，七歲七個月

此個案展現的是居家照護中使用的計劃與技術的效果，它可以在傳統的治療室治療以外的時間有極大增益效果。可以更常碰面，而且可選在一天中可能最具療效的時間進行（包括早上上學之前的時間）。

初次家長晤談

據媽媽所說，佩蒂是個有藝術天份、成熟的七歲獨生女。在爸爸「拋棄」佩蒂和媽媽之後沒多久，佩蒂就拒絕搭乘她家那棟 15 層樓高公寓的電梯。媽媽說她自己是個被哀傷重創、背負著經濟壓力、被摧殘殆盡的母親，已經沒有活力、耐性，或時間陪她的女兒爬樓梯了。她說她一天至少有兩次要「硬拖」著「歇斯底里」的佩蒂「又踢又叫」地進電梯。

母親簽署了一份證明，允許治療師和學校老師以及學校心理師談話。學校心理師同意讓佩蒂進入雙親分居／離婚兒童的團體，並且一週有兩次機會單獨會見她。

第一單元

治療師造訪佩蒂的家，在簡單建立關係後，教導佩蒂深呼吸和放鬆的技巧。治療師用拍立得相機拍了電梯裡和電梯外的照片，佩蒂一邊看著這些照片，一邊運用上述技巧。本單元結束時，佩蒂在公寓的走廊上玩耍，

假裝在等著搭電梯。

「來電」

媽媽被轉介到分居與離婚婦女中心接受照護。治療師也教了她和女兒所學一樣的深呼吸及放鬆技巧。

第二單元

佩蒂和治療師聊了和電梯有關的一些事，還有為什麼它們很可怕。她想到媽媽嗚咽著告訴她，爸爸離開她們了，而當時她們正在搭電梯，顯然在那一刻，一個負向連結就這麼建立了。治療師回顧了深呼吸和漸進式的肌肉放鬆技巧，然後佩蒂畫了一張關於媽媽告訴她這個壞消息時的圖，她用黑色蠟筆把電梯畫上厚重的陰影，圖中一大片的黑暗把兩個小小的人吞噬了。治療師和佩蒂一起讀了 Lori Lite（1994）的書《男孩和熊：兒童放鬆訓練手冊》。佩蒂借出這本書到下一單元時再歸還。

「來電」

母親報告她和佩蒂一起讀了書，練習深呼吸和放鬆技巧。她說她很喜歡母女共處的時光，計劃每天陪佩蒂練習這個技巧，這也讓她有更多正向的感覺。她和治療師一同回顧了她借出的父母教學錄影帶「懂得他們會更好」。他們討論了如何有效地鼓勵，而不是讚美。媽媽找出並報告清單上列出的一些擔憂，包括佩蒂害怕她媽媽會拋棄她，廣泛的失落感，以及佩蒂需要節制自己的感覺和需求來照顧媽媽。

「登錄」

媽媽報告上週給她的清單中已無其他要再加上去的擔憂事項,這些就在這次的電話對談中討論一番。

第三單元

治療師和佩蒂一同站在門廊上,一次次數著電梯的起落,經過了她所住的樓層幾次。佩蒂按了電梯的鈕,電梯很快就來了。她重複地做這件事,而且也迎接她的鄰居然後揮手告別。然後,治療師和佩蒂討論有哪些「不同種類的家庭」中的孩子需要去上學,佩蒂知道並且告訴治療師,有單親家庭、家裡有繼父母的、還有混合式的家庭。她向正搭著電梯的朋友揮手道別。在整個經驗之中,佩蒂使用深呼吸以及各種放鬆技巧,她說現在雖然爸爸走了,但這樣好像可以讓情況「好一點」而且「安靜一點」。佩蒂的「回家玩遊戲」是膚電式生理回饋儀,讓她能常常使用,學著去了解和控制自己的焦慮。

「來電」

媽媽報告道她自己覺得比較平靜了,她同意開始進行「你和我時間」。

「登錄」

媽媽報告她和女兒的關係有明顯的改善,也相當推崇「你和我時間」。

第四單元

正如原先計劃般,佩蒂按下了電梯的按鈕。當電梯停止、門打開時,

治療師把門按住，佩蒂走進電梯，繞了一圈，然後走出來。她重複這個動作好幾次，越來越覺得有趣。她嘗試用各種方式進出，比方說跳進去，跑幾圈，轉圈圈，躲貓貓似的藏在看不見的角落理，甚至坐下來，而治療師仍然一直按住電梯的門。佩蒂又按了另一台電梯的按鈕，然後進去那邊同樣如此玩耍。

「來電」

媽媽和治療師討論用於「你和我時間」中的治療因子，並開始在家進行「家庭會議」。

「登錄」

媽媽要求要借兩捲創造性治療的錄影帶，一捲有關怎麼使用治療因子，另一捲有關「家庭會議」。

第五單元

治療師和佩蒂搭電梯一次下降一層樓，出去、進入，然後再下去另一層樓。接下來他們一次下降兩層樓，然後是三層樓。當他們搭到一樓，佩蒂決定他們要一起一口氣搭電梯回 15 樓，然後她衝進母親的懷裡告訴她剛剛的事情，邀請媽媽跟她一起搭電梯上下來回一趟。之後她練習獨自一人一次向下一層樓。治療師先從樓梯下樓，因此當佩蒂的電梯門打開時就可以看到治療師在那個樓層迎接她。然後，佩蒂自己一人搭電梯下樓，到治療師站著等她的地方去。佩蒂和治療師笑了又笑，似乎有驚人的釋放效果把壓抑的能量都釋放出來。佩蒂用雜誌的剪貼、某些次會談中所畫的繪畫和某些她治療故事的拍立得照片做了一本小書。她計劃在下一週的最後一次會談將它完成。

「來電」

媽媽認為最後一單元和治療師一同回顧整個方案設計的各部分,會有助於之後她承接整個後續責任的執行。

第六單元

治療師從公寓一樓用對講機呼叫佩蒂,邀請她搭電梯下樓來會合。佩蒂毫不遲疑地答應了。治療師給佩蒂看她帶來的冰淇淋甜筒,要恭喜她從治療中畢業了,並且提議她們搭不同的電梯,比賽看誰先到達佩蒂的家門口(她們要一起慶祝,甜筒得趕快放到冰箱裡冰起來!)然後佩蒂搭著電梯上上下下了三十分鐘,之後便開始慶祝,她們一起讀了佩蒂為了這六單元寫下的故事。這本書是她治癒過程的代表作。

與母親的會談單元

這一單元的重點在教導與回顧治療計劃。

六個月後的追蹤

媽媽報告佩蒂連續幾個禮拜都在讀她的那本書。她有一張寫著常見的離婚迷思與對應事實的清單,用來提醒自己和佩蒂。媽媽報告道,到目前為止,雖然佩蒂仍偶而會提到爸爸,她還是一直將他的離去描述為一種解脫。佩蒂已沒有焦慮的症狀了。藉由學校的安排,學校裡的心理師不時會來看看佩蒂,也認為她在學校的表現「和以前相比是越來越好了。」媽媽則繼續接受治療。

摘要與結論

　　Bradshaw（1995）說：「離婚是現代生活中的一項常見的事實，但不管有沒有離婚，許多人在結婚之後就一直持續著功能不良的婚姻。」孩子在父母離婚之前、期間、以及之後需要心理層面照顧的主要原因，可能來自於離婚過程中的醜惡、打架、吼叫、欺騙，和監護權的法律問題。我們常常聽到這種型態的離婚，離婚之後反而能讓孩子表現得更好，因為他們現在處在一個功能良好、寧靜的家庭中生活。更有甚者，一個孩子若生長在一個雙親沒有離婚卻有高度衝突的家庭中，在成長過程中會比離婚的低衝突家庭中的孩子面臨更多挑戰。離婚後卻能維持家人間的聯繫，並提供孩子四個父母和兩個更快樂的家又會是如何呢？這些家長可以示範、幫助，並引導其他正在離婚的家長。有助於混合家庭正常化的溝通型態，可以明顯減少這些家庭經歷的壓力。

　　我們必須改變對離婚一事的想法。一個做法是開始捨棄那些有問題的語言，如「前任的」、「私生的」、「有罪的」、「破碎家庭」，下一步就是將這些分隔繼親家庭成員的連字詞消滅掉。畢竟，人口學家預測 21 世紀時，在美國會有 40%到 60%的婚姻會以離婚收場，儘管其中仍有許多人會再婚（Bradshaw, 1995）。離婚已經逐漸被社會所接受，接續性的一夫一妻制（serial monogamy）似乎已經成為一種生活型態，而混合家庭也會越來越多。有研究預測在 1990 年代出生的孩子，其中有 50%到 60%，在生命中的某一段時間會處於單親家庭中（Hetherington, Bridges, & Insabella, 1998; Furstenberg & Cherlin, 1991; Wallerstein, 1991）。即使是穩定婚姻中的孩子，也因觀察他們那些來自離婚家庭的朋友、同學而意識到離婚及其影響。

　　就統計而言，或許有人會說離婚已經成為常態了。漸增的意識以及態度的改善更能支持和引領我們的孩子。把焦點從家庭結構轉移到家庭歷程，會是一個好的開始。不是離婚本身，而是環繞在它週遭的事件決定了孩子要面臨的挑戰。

認知到離婚的正常，能讓孩子理解到，情緒上的安全感以及社會的接受並非仰賴他們的父母是否處於結婚的狀態。當社會污名被移除，孩子的自尊就會是完整的。他們會知道無論他們父母的婚姻狀態為何，他們都仍是處於常態之中。

綜上所述，創造性治療成功使用 STSOPT 治療父母離婚的兒童，其成功因素有下列五項：㈠以 FEEDBAC 2 評估，並用合作的方法設計治療計劃；㈡ STSOPT 的成分；㈢遊戲的空間和媒材；㈣雙親的涉入與參與；㈤持續的支持和六個月後的追蹤。

本章對遊戲室及其內容的廣泛描述其用意在強調環境的重要性及強化專業人員對細節、供應品和設備的重視。

「雙屋治療」對來自離婚家庭的孩子而言，是一種有力的治療技術。遊戲室中如果缺少這個便不完整了。

上面列出的三個例子，在六個月後的追蹤仍報告有持續的成功，支持了短期解決導向治療關於治療父母離婚的孩子在理論及實務的有效性。

參 考 文 獻

Alexander, F., & French, T. M. (1946). *Psychoanalytic therapy.* New York: Ronald Press.

Barten, H. H., & Barten, S. S. (Eds.). (1973). *Children and their parents in brief therapy.* New York: Behavioral Publications.

Boys Town National Training Center. (1990). *Boys Town Videos for parents.* (800) 545-5771. Boys Town Center, Boys Town, NE 68010.

Bradshaw, J. (1995). *On surviving divorce* [Audio]. Houston, TX: Sagebrush Productions.

Burdsal, C., & Buel, C. L. (1980, January). A short term community based early stage intervention program for behavior problem youth. *Journal of Clinical Psychology, 36*(1), 226–241.

Castelnuovo-Tedesco, P. (1971). Decreasing the length of psychotherapy: Theoretical and practical aspects of the problem. In S. Arieti (Ed.), *The world biennial of psychiatry* (pp. 55–71). New York: Basic Books.

Childswork/Childsplay. (800) 962-1141 c/o Genesis Direct, Inc., 100 Plaza Drive, Secaucus, NJ 07094-3613.

Creative Therapies. (1998). *How to use the curative factors: A video for parents.* Stamford, CT: Musical Dog Studio.

Creative Therapies. (1999). *Family meetings* [Video].

Empowering People. (800) 456-7770. P.O. Box 1926, Orem, UT 84059.

Ferenczi, S., & Rank, O. (1925). *The development of psychoanalysis.* New York: Nervous and Mental Disease.

Furstenberg, F. F., Jr., & Cherlin, A. J. (1991). *Divided families: What happens to children when parents part.* Cambridge, MA: Harvard University Press.

Gardner, K. (1976). *Psychotherapy with children of divorce.* New York: Aronson.

Garvin, V., Leber, D., & Kalter, N. (1991, July). Children of divorce: Predictors of change following preventive intervention. *American Journal of Orthopsychiatry, 61*(3), 438–447.

Hetherington, E. M., Bridges, M., & Inabella, G. M. (1998, February). What matters? What does not? Five perspectives on the association between marital transitions and children's adjustment. *American Psychologist, 53*(2), 167–184.

Johnston, J. R., & Roseby, V. (1997). *In the name of the child: A developmental approach to understanding and helping children of conflicted and violent divorce.* New York: Free Press.

Kelly, J., & Wallerstein, J. S. (1977, January). Brief interventions with children in divorcing families. *American Journal of Orthopsychiatry, 47*(1), 23–39.

Kissel, S. (1974, July). Mothers and therapists evaluate long-term and short-term child therapy. *Journal of Clinical Psychology, 30*(3), 296–299.

Klar, H., & Coleman, W. L. (1995). Brief solution focused strategies for behavioral pediatrics. *Pediatric Clinic of North America, 42*(1), 131–141.

Kuhli, L. (1983). The use of two houses in play therapy. In C. E. Schaefer & K. J. O'Connor (Eds.), *Handbook of play therapy* (pp. 274–280). New York: Wiley.

Mackenzie, K. R. (1991). Principles in brief intensive psychotherapy. *Psychiatric Annals, 21,* 398–404.

Marmor, J. (1979). Short term dynamic psychotherapy. *American Journal of Psychiatry, 136,* 149–155.

Mosher, L., & Burti, L. (1989). *Community mental health.* New York: Norton.

Nelson, J., & Glenn, H. S. (1992). *Time-out: Abuses and effective uses.* Fair Oaks, CA: Sunrise Press.

Neuman, M. G. (1998). *Helping your kids cope with divorce the Sandcastles way.* New York: Random House.

Patterson, G. R. (1974). Interventions for boys with conduct problems: Multiple settings, treatment, and criteria. *Journal of Consulting and Clinical Psychology, 42,* 471–481.

Patterson, G. R., & Reid, J. A. B. (1973). Intervention for families of aggressive boys: A replication study. *Behaviour Research and Therapy, 11,* 383–394.

Poinsier, B., & Laurin, A. S. (1995). Economic evaluation of a simulated program of brief psychotherapy for children with mild problems. *Sante Mentale au Quebec, 20*(2), 203–218.

Schmidt, T., & Spencer, T. (1991). *Building trust, making friends: Four group activity manuals for high-risk students. Thomas Barker talks about divorce and separation (Grades K–6).* Minneapolis, MN: Johnson Institute.

Selekman, M. D. (1997). Solution-focused therapy with children: Harnessing family strengths for systemic change. New York: Guilford Press.

Shapiro, L. (1994). *Short-term therapy with children: A multi-modal approach to helping children with their problems.* King of Prussia, PA: Center for Applied Psychology.

Stolberg, A., & Mahler, J. (1994, February). Enhancing treatment gains in a school-based intervention for children of divorce through skill training, parental involvement, and transfer procedures. *Journal of Consulting and Clinical Psychology, 62*(1), 147–156.

Thought Technology, Ltd. (514) 489-9251, 2180 Belgrave Avenue, Montreal (QC) Canada H4A 2L8.

Wallerstein, J. S. (1991, May). The long term effects of divorce on children: A review. *Journal of the American Academy of Child and Adolescent Psychiatry, 30*(3), 349–360.

BIBLIOTHERAPY

Blackstone-Ford, J. (1995). *My parents are divorced, too: Book for kids by kids.* Washington, DC: Magination Press.

Blakeslee, S., Fassler, S., & Lash, M. (1996). *The divorce workbook: An interactive guide for kids and families.* Burlington, VT: Waterfront Books.

Blitzer/Field, M. (1992). *All about divorce.* King of Prussia, PA: Center for Applied Psychology.—The book comes with a doll family and back drop scenes to allow children to play out their concerns.

Blitzer/Field, M., & Shore, H. (1994). *My life turned upside down, but I turned it right side up.* King of Prussia, PA: Center for Applied Psychology.—A story about a girl who lives in two places. On every page, we learn about a problem, and when we turn the book upside down it tells how she solved it.

Blume, J. (1972). *It's not the end of the world.* New York: Bradbury.—Ages 10–12. A first person, humorous, narrative about a child's experiences at home and school. The child does not want her parents to divorce, but deep down knows it is inevitable. Includes the confused emotions experienced during divorce.

Cole, B. (1997). *The Un-wedding.* New York: Alfred A. Knopf, Inc.—A silly story about why divorce can be a good thing for parents and children.

Coleman, W. (1998). *What children need to know when parents get divorced: A book to read with children going through the trauma of divorce.* Minneapolis, MN: Betany House.—Ages 6–12.

Evans, M. D. (1986). *This is me and my two families: An awareness scrapbook/journal for children living in step-families.* Washington, DC: Magination Press.

Fassler, D., Lash, M., & Ives, S. (1996). *Changing families: An interactive guide for kids and grown-ups.* Burlington, VT: Waterfront Books.

Gardner, R. (1970). *The boys and girls book about divorce: For children and their divorced parents.* New York: Bantam.—Ages 9–12. Discusses the fears and worries common to children of divorce and offers advice on how to handle these challenges.

Heegaard, M. (1991). *When mom and dad separate.* Minneapolis, MN: Woodland Press.—Ages 6–12. A facilitators' guide is also available.

Heegaard, M. (1993). *When a parent marries again.* Minneapolis, MN: Woodland Press.

Hogan. (1996). *Will dad ever move back home?* Ages 5–8.

Johnston, J., & Breunig, C. (1997). *Through the eyes of children: Healing stories for children of divorce.* New York: Free Press.—15 metaphoric stories to help children understand and cope with their parents' separation and living apart. Ages 5–8.

Kimball, G. (1996). *How to survive your parents' divorce: Kids' advice to kids.* Chico, CA: Equality Press.

Krementz, J. (1984). *How it feels when parents divorce.* New York: Random House.—By children ages 7–16 from highly diverse backgrounds.

Lindsay, J. W. (1996). *Do I have a daddy?* Buena Park, CA: Morning Glory Press.—Ages 3–6. Contains a special section for single parents, including the never-married parent and the totally absent father.

Lite, L. (1994). *A boy and a bear: The children's relaxation book.*

Prestine, J. (1996). *Mom and Dad break-up.* Parsippany, NJ: Fearon Teacher Aids.—Preschool–second grade. A practical resource guide is also available.

Stinson, K. (1997). *Mom and Dad don't live together anymore.* Buffalo, NY: Annick Press.—Ages 4–8.

Thomas, S., & Rankin, D. (1998). *Divorced but still my parents: A helping-book about divorce for children and parents.* Longmont, CO: Springboard Publications.—Contains workbook activities for children ages 6–12.

第二部份

家庭遊戲治療

第 *7* 章

短期遊戲治療應用於罹患慢性疾病的家庭

Risë VanFleet, PhD, RPT-S, Family Enhancement and Play Therapy Center, Boiling Springs, Pennsylvania

導言

　　醫藥科技的進步已大幅降低因疾病而來的死亡率，有許多過去稱為「絕症」的疾病已經可被治癒或控制住。即使如此，美國仍約有 15% 的兒童患有慢性疾病，他們的生活型態需要因此而調整，或是持續接受醫療處置（Hobbs & Perrin, 1985）。另外，45 到 60 歲的人口中罹患慢性疾病的比率則升高到 25%（Shuman, 1996），你可以想想有多少家長患有慢性疾病，有多少孩子的生活會直接被慢性疾病影響，這樣問題就會變得很明顯了。

　　本章中所謂的「慢性疾病」，是指一個長期的疾病，需要持續的醫療監控或治療，及／或導致生理上的衰弱或生活型態的改變。疾病如癌症、糖尿病、氣喘、囊性纖維變性、腎臟疾病、心臟病，以及其他許多疾病都是符合此項描述的疾病。近年來治療 AIDS 也有極大的進展，因此它現在也被視為一種慢性疾病了。

　　患有慢性病的兒童或家長的生活品質固然得到改善，這些疾病及相應

的治療仍會給家人帶來許多負擔，往往來自長期性且往往不太愉快的藥物
治療、不時地住院、特殊飲食、焦慮、失去與對方共處的時間、經濟壓力，
還要驅除別人對此疾病的誤解。在健康照護體系變遷下，家庭比過往背負
著更多與醫療管理相關的責任。有許多家庭固然極力因應，這樣的要求可
能造成兒童及其家長心理上的障礙，而使他們在調適上有風險，可能產生
心理健康的問題。

　　目前的研究趨勢描繪出慢性疾病對家庭的衝擊，而短期遊戲治療的介
入則可用以協助家人在疾病的壓力下維持美滿的生活。針對此一族群使用
親子遊戲治療的做法在另一篇文章中有詳述（VanFleet, 1992），本章將介紹
的是短期形式的親子遊戲治療。

慢性疾病對家庭的衝擊

　　慢性疾病的許多面向會同時給一個家庭帶來衝擊：疾病本身、針對此
疾病的治療或處理，以及更廣的層次，即家庭的生活型態會被打亂。慢性
疾病的衝擊在其他文章中有詳細的描述（Elisenberg, Sutkin, & Jansen, 1984;
Hobbs & Perrin, 1985; Hobbs, Perrin, & Ireys, 1985; Bigbee, 1992; VanFleet,
1985, 1992; McCue, 1994; Shuman, 1996），所以本章對此只簡短描述。

疾病帶來的衝擊

　　慢性疾病可能會伴隨著疼痛和／或不舒服，許多疾病都會導致活力喪
失。有些疾病限制了病人的活動能力、睡眠型態，或飲食習慣。舉例來說，
為了維持健康，患有糖尿病的孩子必須限制糖分的攝取，並且依據規律的
飲食時間表，小心控制食品的成分。疾病可能造成外表以及情緒、行為的
變化。疾病的病程也會影響家人的情緒及生活型態：有些疾病會漸有進展；
有些疾病會穩定好長一段時間；另外有一些疾病的特色是不斷地循環著緩

解及再發。

　　家中的每一個人都必須了解這個疾病以及它可能的結果。年幼的孩子通常會誤解且恐懼疾病是來自自己的不良行為或憤怒。不少孩子認為糖尿病的意思就是會讓某個人死掉（英文中，糖尿病 diabetes 的第一個音節與「死亡」die 同音）。病童的手足可能會害怕他們也將生病。家長則必須學習有關此疾病以及相關治療的複雜醫學語言。

　　所有的家庭成員都一樣會對這個疾病有情緒反應。焦慮、恐懼、憤怒和憂鬱等情緒在病童及生病的父母身上很普遍。手足可能會覺得忿恨不平和罪惡感。情緒的退縮和否認也很常見。

　　慢性疾病的出現可能會改變家庭內部成員間的互動，以及和其他親戚、鄰居、老師、同事等人的社交互動。孩子們在患有慢性疾病時，通常會覺得自己「不一樣」。一個九歲大的糖尿病女病童在萬聖節的扮裝比賽中贏得一根巧克力棒，在她領獎之後，原本她打算把巧克力棒送給她的弟弟，但裁判卻要求她把獎品還回來，因為「你有糖尿病，你不能吃這個。」其他人可能會嘲笑慢性病童或拒絕和他們互動。病童的家長報告說有些好意的親戚可能會給病童一些他必須限制的食物，而即使家長提出抗議，他們還是會說：「就吃這一次，不會怎樣的。」這在家長要努力讓孩子遵從醫囑乖乖吃藥時，可真是幫了個倒忙。在家庭之中，角色可能會有所改變。病童的手足或父母生病的孩子可能會變成照顧者或保護者的角色。家中的休閒活動可能會減少（Quitter, Opipari, Espelage, Carter, & Eid, 1998）。

治療帶來的衝擊

　　慢性疾病的治療本身就會給家庭帶來壓力。治療的過程可能會是痛苦的、侵入性的，或令人驚恐的。每天的針劑注射和血液檢驗是最麻煩的事了；腎臟透析很耗時，而且會讓人喪失活力。飲食限制極難遵從，且有時候會造成整個家庭的飲食習慣改變。藥物的副作用可能比疾病本身更難受。癌症的化學治療和放射線治療會導致長期的噁心、落髮等。住院會讓

家人在最需要彼此時將他們分離。例如，一個八歲大，患有囊性纖維變性的孩子需要住院兩個禮拜。她和她的家人住在一個鄉間的社區，距離醫院150 英里遠。女孩和媽媽待在醫院，而爸爸和弟弟則仍住在家裡，平日要上班和上學。她和媽媽都覺得被隔離了，而爸爸和弟弟則一直都很擔心在醫院裡會發生什麼事。

家庭成員往往必須學會複雜的醫藥處置流程，以便在家也能施行（Quitter, Opipari, Regoli, Jacobsen, & Eigen, 1992; Siminerio & Betschart, 1986）。如果孩子或家長無法遵循治療或飲食的限制，會出現很大的問題。醫療專業人員可能藉由責難或表示責任所託非人，而加劇家庭內部的緊張。例如一個罹患慢性疾病的父親在末期腎臟疾病的血液透析治療上無法遵從嚴格的流質攝取限制，他的醫師對於他的生理狀況感覺很挫折，所以打電話給他太太並且告訴她：「你真的得一直盯著看他喝了什麼，他恢復健康可是你的責任啊。」這樣的忠告激怒了這位太太，而且導致她和丈夫間的爭執越演越烈。

家庭生活型態的改變

慢性疾病及其治療可能會以各種方式擾亂家庭生活，普遍可見的是至少一個家長會減少自己的工作時數以便照顧生病的孩子或配偶。干擾上學或必須排定特別的學校日課表或需要特別關照都很常發生（Rynard, Chambers, Klinck, &Gray, 1998; VanFleet, 1985）。經濟壓力也相當重要。當家庭成員們開始要應付治療所需，他們必須學會怎麼注射針劑、準備特殊飲食、依疾病所需來重新規劃生活，他們的生活通常會變得不能隨心所欲。大部分的家人會報告說，一旦他們調整了新的生活常規來過日子，就再也不會覺得自己是「正常」的了。家人和社區成員的誤解和偏見會帶來傷害。一個十幾歲的男孩在課後以整理草坪賺取外快，但在被其中一個長期雇主發現他患有糖尿病之後，他便丟了工作。

這些因素都使得家人的生活變得更複雜，但仍有許多家庭可以因應這

些額外的要求（Barbarin, Hughes, & Chesler, 1985; Drotar, Crawford, & Bush, 1984; VanFleet, 1985），某些家庭則有困難。一個病童的母親曾這麼說：「我們有能力去調適這些事情，但真的不容易。它確實讓我們當家長的人在下決定時要顧慮更多，我們也不時覺得很有壓力，計劃家庭活動可能因為這些額外要考慮的事情而變成惡夢一場。」在本章，面對這些慢性疾病的家人被視作心理調適困難的「高危險群」。

短期遊戲治療取向

處理慢性病患者家屬的短期遊戲介入方案，主要目標有三：(1)提供支持給那些經歷慢性疾病壓力的家屬；(2)強化家人間的關係，並增加讓家人更緊密的機會，而不是因負擔著家中慢性病患者的照顧責任而變得更疏遠；(3)協助那些歷經困難的家人。這一節詳述一套短期介入方案，其有效地整合了遊戲治療和家庭治療，也就是親子遊戲治療。

短期親子遊戲治療

親子遊戲治療（Filial play therapy）是由 Bernard Guerney 和 Louise Guerney 所發展出來的（B. Guerney, 1964; L. F. Guerney, 1983），結合了遊戲治療和家庭治療，成為一種極有效的介入方案，用來幫助經歷慢性疾病的家庭（VanFleet, 1992）。在親子遊戲治療中，治療師要訓練並督導家長們以特別的兒童中心遊戲方式和他們的孩子互動。經由適當的訓練和督導，家長通常都有能力在家執行這些特別的遊戲互動方式，而無須治療師直接監督。

親子遊戲治療的目標在於協助家長創造一個接納的、安全的環境，讓孩子可以完全表達出自己的感覺，了解他們的世界，解決問題，並讓孩子對自己和爸媽發展出信心。治療的過程設計來幫助家長對孩子的感覺和需求更能回應，更能解決和孩子或和家長有關的問題，並且在親職角色上更有信心和技巧。我們預期那些參與親子遊戲治療的家人會有更良好的溝通技巧、問題解決和因應技巧，以及更強健的家庭關係。更有甚者，親子遊戲治療通常能讓整個家庭樂在其中，有許多家庭在正式治療結束後，將其整合成他們生活方式的一部份（VanFleet, 1998）。

親子遊戲治療基於以下的原因，在處理有慢性病患的家庭時特別好用：

1. 原本家人的關係可能因疾病及治療而緊繃，此治療的用意在強化家人間的關係。它可以提供正向的關注，以平衡那些與疾病相關的壓力。它讓家庭成員相互提供真誠的支持。

2. 它提供病童的家長一些可行且富建設性的事項可做，尤其在他們覺得無助的時候。一個母親曾這麼說：「我們都太專注於這個疾病了，每件事都看起來好沉重、好嚴肅，這個病支配了我們的生活。親子的治療讓我們大大鬆了一口氣，它讓我覺得我們的確為了自己和彼此做了一些正向而且有趣的事情。」

3. 當父母之一生病了，親子遊戲的治療內容可以提供「高品質時間」，這或許是其他時候無法做到的。

4. 親子遊戲治療提供慢性病童和他們健康的手足一個安全、有效的情緒出口以及支持性的氣氛，讓他們發展出因應能力及問題解決技巧。

5. 與疾病有關的失落，可能讓活著的家人覺得無助，親子遊戲治療可以讓所有的家庭成員重新儲存他們的控制感。

6. 此一取向提供家長一個接納性的氛圍，可以討論和修通（work through）他們的感覺與困擾。

7. 親子遊戲治療提供家長一些技巧，在遊戲治療情境之外以及未來的日子裡仍能幫助他們。

因爲其教育性的本質，親子遊戲治療絕非一個冗長的治療取向。呈現輕到中度困擾的家庭，一般需要 17-20 次一小時的治療單元。對於經歷到慢性疾病的家庭來說，這樣的治療份量似乎過於沉重。他們的生活或許已經塞滿了與醫療人員的約會、疾病的處置方案，或因疾病而使生活型態處處受限。若想讓這些家庭接受親子治療的特別關照，就必須讓整個療程越短越好。這一章將會介紹一個爲期十次（共 11 小時）的治療方案，它仍保有親子遊戲治療的整體性，縮減了實際的治療面會，並提供家人實際且持久的幫助。後續的內容是親子遊戲治療的歷程及其短期模式的調整。

親子遊戲治療的歷程

VanFleet（1994）詳述了親子遊戲治療的方法和過程，摘要如下：

1. 治療師說明親子遊戲治療的原理和方法，回答家長的問題，並讓他們成爲此一歷程中的工作夥伴。

2. 治療師與孩子一對一進行遊戲治療，同時家長要觀看並記錄他們的觀察和疑問。治療師之後會與家長討論此次治療的進行。

3. 治療師訓練家長四個基本的遊戲技巧：組織化、同理性的傾聽、兒童中心的想像遊戲，以及設定限制。各種訓練取向都可應用，但治療的這一部份最重要的是有幾次仿真的遊戲治療單元，治療師假扮成孩子，讓家長練習這四個基本技巧。治療師和家長開誠佈公地討論其中的經驗，包括對於技術的回饋意見，以及孩子可能出現的狀況。

4. 家長開始與他們的孩子遊戲，而由治療師負責督導。遊戲的過程中一次有一位家長和一個孩子，也可以改變爲囊括所有家庭成員（VanFleet, 1994）。治療師先觀察家長和孩子間的遊戲，之後與家長詳細討論。治療師給家長有關技術上的回饋，幫助他們更了解孩子們的遊戲，並討論其中出現的各種家庭動力議題。

5. 在家長覺得能自在地執行遊戲單元之後，他們開始獨立在家中進行

遊戲。治療師和家長會定期碰面討論遊戲的情況，解決家庭中出現的議題，並且把這些技術應用到遊戲以外的日常生活上。

家庭面對慢性疾病時的短期治療修正

親子治療修改為短期形式已有許多成功經驗，筆者曾在各種機構中成功處理數個類似個案：醫學中心、心理衛生中心、獨立執業的單位，以及個案家中。兒童的慢性疾病包括糖尿病、囊性纖維變性、癌症、先天性心臟病、末期腎臟病、發育疾病，以及氣喘。家長的慢性疾病包括 AIDS、癌症、糖尿病、自體免疫肝臟疾病、末期腎臟病，以及多發性硬化症。

短期親子遊戲治療的流程概述

第一單元（一小時，只有家長）：簡介

討論過家長的憂慮後，治療師建議使用親子治療法與其他介入一同使用。對治療師而言極重要的一點是要坦白無晦地說明親子遊戲治療可以協助處理家長所擔憂之事以及主述問題。所有的疑問都在此拿出來討論。

討論每個人對此疾病的了解及其衝擊，在治療早期也很重要，治療師可以建議一些活動或閱讀資料，以幫助孩子和家長能完全了解他們家庭成員罹患的疾病。多數與疾病有關的機構，如美國癌症協會、美國糖尿病協會，及美國心臟聯盟，都出版了許多衛教單張、書籍、繪本等資料（譯註：台灣的官方機構主要由衛生署及各地區醫學中心出版衛教資料；其他也有一些民間機構、聯盟能提供相關服務，如中華民國台灣黏多醣症協會，以及成骨不全症患者及家屬組成的「中華玻璃娃娃社會關懷協會」等）。McCue（1994）寫了一本資料齊全的指導手冊，幫助孩子走過父母的病痛。市面上有越來越多關於孩子自身的、手足的、家長的疾病的童書出版（Krisher,

1992; Mills, 1992; Mulder, 1992; Peterkin, 1992; Kohlenberg, 1993; Carter & Carter, 1995），當家人一同閱讀時，可以在其中獲得意義。

　　結束之前，治療師讓家長參觀遊戲室，討論玩具的選擇，並說明各種玩具都可以發揮想像力來使用，讓各種感覺都能藉此傳達出來。治療師鼓勵家長多問問題，並盡己所能地詳細回答。

第二單元（一個小時，全家人）：遊戲示範

　　在這一單元中，治療師示範了兒童中心的遊戲小單元，供家長學習，以利後續的執行。理想上，治療師須個別與此家庭中每個 3 到 12 歲大的孩子都有幾次的簡短遊戲小單元。如果只有一個孩子，遊戲約持續 30 分鐘；當越多孩子加入，時間就越短。比方說，如果有兩個孩子，治療師就先花 15 分鐘和一個孩子進行遊戲，再來的 15 分鐘給另一個孩子。家長在遊戲室角落的桌子或其他傢俱後面觀察遊戲的進行（或利用單面鏡）。治療師提供家長寫字板和紙張，讓他們記下觀察及疑問。

　　在示範遊戲之後，治療師帶孩子到另一個等候的空間去，然後單獨與家長討論剛剛的遊戲。治療師請家長先分享他們的評論與感想，仔細聆聽，然後分享自己對此次遊戲的回應。往往治療師可以點出方才使用的各種技術，以及孩子遊戲中的各種主題。

　　在這一單元的尾聲，治療師回顧四項遊戲治療的基本技巧，以供家長學習，並提供親子治療相關的資料，如親子治療的父母指南（A Parent's Guide to Filial Therapy, VanFleet, 1998）。

第三單元（一個半小時，只有家長）：訓練

　　親子治療的訓練期開始前，治療師詢問在第一單元治療時所建議的教育介入方案。然後，治療師深度討論四項遊戲治療技術的原理與「機制」，四項技巧爲：組織化、同理性的傾聽、兒童中心的想像遊戲，以及設定限

制（VanFleet, 1994）。只要有機會，治療師便會提醒家長在遊戲示範時所使用的各種技巧為何。

訓練的下一步包括同理性傾聽的練習。家長坐在椅子上，這時治療師拿出一些玩具並玩了起來，請家長大聲描述治療師正在做些什麼（行為追蹤，behavioral tracking），以及治療師現在可能的感覺。治療師以一些方式確保家長能夠成功，如展現出明顯的感覺、給家長督促或示範，並且正向增強他們的努力。舉例來說，治療師把積木堆成一堆，家長會反映：「你現在放了另一塊上去……你把它弄得很高……很難變成你想要的樣子……」以反應出治療師的行為與面部表情。治療師隨後把積木塔擊倒，大笑起來，幫助家長反映出感覺：「你真的很喜歡把它弄倒」或「看到積木倒下來好像挺有趣的」。訓練過程的關鍵在於確保家長能成功運用這些技術。

雙親都要能有機會練習同理性的傾聽技術，之後，治療師分別與爸爸和媽媽各有一次模擬的遊戲小單元。治療師扮演孩子，協助家長練習四項基本技巧。同樣地，治療師從旁提醒、示範，並且鼓勵他們做對的地方，以確認他們能成功運用。在模擬的遊戲中，治療師先提供家長技術使用上較有建設性的回饋，之後逐漸就細節去討論。治療師對家長使用行為模塑，逐步增強他們技巧上的習得。如果父母雙方都參與其中，他們互相觀察對方在模擬遊戲中的表現，但不給予批評。所有的回饋都來自治療師。

治療師最好能分別與父母各進行兩次模擬遊戲，以建立他們的信心，並且修正其技巧的使用。或許時間有限，不容許這麼做，但父母兩人至少都要有一次模擬遊戲的經驗。

親子遊戲治療的訓練期相當重要，但因時間有限，基本上治療師必須將焦點集中在這個單元中技巧習得的部分。如果家長可以應用這四個技巧，即使還不那麼完美，只要在模擬遊戲中沒有出現太多困難，治療師就可以準備讓他們在下一單元的治療中和他們自己的孩子進行遊戲了。

第四單元（一小時，家長和孩子）：第一次的親子遊戲

在這一單元的前半個小時，治療師觀察家長與一個孩子遊戲的狀況。如果父母都參與其中，每個人各有十五分鐘與兩個孩子遊戲（如果只有一個孩子，就是分別和同一個孩子玩）。之後治療師單獨與父母討論他們的第一次親子遊戲，此時孩子在另一個等待區等候。

這個單元回饋的部分包括：(1)詢問家長自己在這次遊戲中的反應及疑問；(2)提供家長在其中技巧使用的回饋；(3)討論遊戲的主題和孩子遊戲裡可能的意義。

在這一單元的尾聲，治療師提供家長一張玩具的清單，讓他們可以開始學習或佈置怎麼將這些材料應用到他們家中的特別遊戲時間。治療師說明個別的玩具有助於強調兒童中心遊戲治療中特殊的本質，並提供多樣的情緒表達及問題解決的管道。治療師建議家長先看過玩具的清單，再回來討論對於如何以合理價格購得玩具是否有什麼疑問。

第五單元（一小時，家長和孩子）：第二次的親子遊戲

治療師督導家長和孩子的第二次遊戲治療，而且是以和第四單元所描述的相同形式進行。這個單元的前半部分是遊戲；技巧的回饋和遊戲主題的討論則在後半部進行。

在討論期間，治療師幫助家長了解孩子的遊戲如何與真實生活的事件有關。如果有需要的話，其他的問題和介入也可能被涵蓋進去。

在這一單元的尾聲，治療師詢問家長在特別遊戲單元中的「玩具組」是怎麼組合起來的，並且一一為他們解答疑惑。

第六單元（一個半小時，家長和孩子）：第三次親子遊戲，並且過渡至家中進行

第三次親子遊戲治療以及討論一如過去。如果沒有明顯的問題，治療師就用最後半個小時討論怎麼把這樣的遊戲轉換到家中。治療師引導家長，讓他們決定沒有治療師的督導時，要在何地、何時，以及如何在家裡進行親子遊戲。這包括了選擇地點安排一對一親子遊戲的時間表，並決定家長如何處理潛在的干擾，以及可能為了要保護傢俱而設下的特別限制，諸如此類。治療師表示，在下次討論之前，家長只要和每個孩子各進行一次親子治療即可。

第七單元（一小時，只有家長）：討論第一次在家中進行的親子遊戲，以及其他慢性疾病的議題

家長報告第一次和孩子們在家中進行的親子遊戲，指出哪個部分很順利，哪個部分遇到了困難，以及他們認知到的主要遊戲主題。通常，家長若在這方面的技巧表現得很不錯，孩子的遊戲便會反映出真實的問題、問題解決以及因應的方式。往往家長在這個階段的治療就報告出主述問題已有改善。治療師邀請家長分享他們自己對孩子遊戲的反應，這樣常常引發家長對疾病的感覺、他們的家庭生活等，並給了治療師一個機會去幫助家長思考自身問題的解決之道。依此，治療師可以明顯影響家長的感覺與行為。

第八單元（一小時，只有家長）：討論第二次與第三次家中的親子遊戲以及其他議題

治療師在家長完成他們的第二次及第三次家中親子遊戲後與之討論。和之前一樣，這個單元的開始先討論家中遊戲進行的狀況，以及從中可以

了解到哪些關於孩子和家長的問題。如果有需要的話，治療師會鼓勵提出更多出現的議題來做問題解決。

在此會更著重於因疾病及其治療而造成的特殊家庭與養育問題。當家長們經由親子遊戲得到了信心並更了解他們的孩子，他們參與治療過程的角色會越來越具主動性。問題解決策略可以應用到許多議題上，從決定孩子的適應不良行為是來自疾病或是屬於「正常」的發展／行為因素，到幫助孩子處理其他人對此疾病的誤解，或紓解父母的罪惡感，因為他們的生活和其他人「不同」。

治療師幫助家長學會把在遊戲室中已經做得很不錯的技巧發揮到日常生活中。例如，治療師幫助家長在和孩子討論學校或朋友或與疾病相關的事件時，找出一些方法使用聆聽技巧。設定限制的使用則依日常情境做調整。

這時候，治療師可以分享其他的介入方案，如家庭說故事（VanFleet, 1993）、繪畫（McCue, 1994）、行為諮詢（Schaefer & Eisen, 1998），或其他短期技術（Kaduson & Schaefer, 1997），這些可以幫助孩子處理疾病相關及其他的問題。

第九單元（一小時，只有家長）：討論第四次與第五次家中的親子遊戲以及其他議題

治療師以如同第八單元中的方式討論家庭中第四次與第五次的親子遊戲。技巧的類化以及其他問題與介入也用相同的方式討論。

如果治療的目標已經達成而且也進行順利，治療師就可以準備讓家長在下一單元之後結案了。治療師說明在正式的治療結束後，親子遊戲仍可以繼續在家中進行，這在下一次（即最後一次）的治療會詳細討論。

第十單元（一小時，只有家長）：討論第六次與第七次家中的親子遊戲以及結案準備

在討論最近幾次的親子遊戲和相關問題之後，治療師把焦點放在結案的過程。會涵蓋下面的主題：如何繼續在家中進行親子遊戲以及要探索什麼、怎麼決定孩子何時準備好結束遊戲治療了、如何從遊戲治療轉換到和孩子共處的「特別時光」，以及如何把整個家庭都納入有趣的活動當中。

治療師提醒家長，未來若有任何疑問或問題，隨時都可以與他／她聯絡，但焦點要放在他們這些新習得的技巧與養育孩子的能力和信心。這要傳達的訊息是一種賦能感（empowerment）：父母有能力可以繼續下去。結案時，關於未來的討論已告一段落，治療師便可以用慶祝的態度獎勵家長，如頒贈「獎章」或小丑的鼻子，或其他有趣的象徵物可以代表他們在親子遊戲治療中的努力時光。

短期親子遊戲治療模式摘要

表 7.1 是處理家中有慢性病患時的十週，十一小時的治療模式摘要。

表 7.1　短期親子遊戲治療模式摘要

單元	活　動	小時數
1	提出採用親子遊戲治療的建議 慢性疾病相關資訊 討論親子遊戲治療所需玩具	1
2	親子遊戲的示範 討論親子遊戲的內容 回顧技巧；列出大綱	1
3	訓練——詳細討論技巧 練習同理性的傾聽	1.5

	父母兩人各有一或兩次的模擬親子遊戲	
4	第一次的親子遊戲 回饋與討論	1
5	第二次的親子遊戲 回饋與討論	1
6	第三次的親子遊戲 回饋與討論 討論如何過渡到家中進行	1.5
7	在第一次於家中進行親子遊戲治療後的會談 其他有關慢性疾病的議題 若有需要,討論其他介入	1
8	在第三次於家中進行親子遊戲治療後的會談 若有需要,討論其他有關慢性疾病／介入的議題 親子遊戲技巧的類化	1
9	在第五次於家中進行親子遊戲治療後的會談 若有需要,討論其他有關慢性疾病／介入的議題 親子遊戲技巧的類化	1
10	在第七次於家中進行親子遊戲治療後的會談 討論後續在家中進行的親子遊戲 討論最後轉移到「特別時間」 討論家庭的有趣活動 結案	1

這個模式要有調整的彈性

此一短期模式只是一個準則,在處理不同族群的問題時,需要更有彈性地調整使用。舉例來說,有一對就讀國小的姊妹都因囊性纖維變性而住院兩個禮拜,父母則暫居醫院附近的親戚家以便於照顧。醫療系統裡的心理師以每天一次的模式處理這個家庭的問題,在孩子住院的這段期間中,

進行親子遊戲治療的訓練及督導。當女孩們出院時，父母繼續在家中進行親子遊戲，且持續與心理師用電話聯繫。後續的追蹤在九個月之後，那時姊妹中的一人再次入院了一個禮拜。

治療的步調和次數都會依家庭的需求及面臨的情況而有所變動。

案例說明

靜宜是一位 34 歲的已婚婦女，也是一位母親，慢性疼痛的問題六年來一直困擾著她，且不時限制她的行動。最近她被診斷出有自體免疫肝臟疾病，可能必須進行肝臟移植。她起初是由於因應自己生病後的恐懼和憂鬱上有困難而來求助。她描述丈夫給他相當多的支持，但他的工作卻常常需要出差。她也提到他沒辦法像她七歲大的女兒，莎米，那樣子玩、那樣子活潑，因為她怕會讓自己的症狀加劇。治療的時間架構有限，因為十週後他們會搬到一個新地方去。

初期的治療以靜宜的個別心理治療為主。兩次各一個小時會談主要在討論她的一些限制以及對自身健康狀況的恐懼。治療師和靜宜一同找出她的失落感，且列出一張清單，上面寫著她仍然能做的事。治療師鼓勵她去緬懷「她失去的那些東西」，但同時也更專注於「她還保有的東西」。

在此歷程中可以很清楚看到她大部分的焦慮和憂鬱，都圍繞在她最近剛診斷出來，可能使她喪命的肝臟疾病的太多「未知」。治療師幫助靜宜定出一張問題清單，裡面有要詢問醫療專業人員以及能夠自我教育有關疾病、可選擇的治療，以及器官移植的幾種策略。

在前幾次的會談，靜宜也提到自己的完美主義帶來許多重大壓力，影響了她的健康和人際關係。接下來的三次會談都在直接處理她要求完美的態度及可能由它引起的問題。使用教育取向的認知療法，治療師教靜宜辨

認並調整她扭曲的完美主義想法模式。家庭作業是讓她讀自助書籍《感覺挺好的：新情緒療法》（Bums, 1980）中的幾章，同時，治療師和靜宜將認知治療的原則應用到現實生活的問題上，一直到靜宜可以自己做得不錯為止。在這幾次會談中，靜宜界定出她的自動化想法，而且她和治療師討論較為理性的反應，並把它們記錄在卡片上作為參考。他們發現了一些問題，比方說，靜宜認為得到肝臟疾病就會立刻死亡而過度恐懼、對要搬去的新家附近的醫療品質不佳而感到焦慮（且有負向的預期），以及她無法在其他親戚面前和孩子自在地玩著看起來「愚蠢」或「幼稚」的遊戲。

在這三次會談中，靜宜經由「分派的家庭作業」很快就學會了怎麼把認知治療的原則應用到生活上。她說她感覺輕鬆多了，而且在短期介入之後，「一切都在掌握之中」。

在這五次個別會談之後，接下來的五次會談集中在討論靜宜和莎米的關係。靜宜和莎米的關係已經挺好的了。她們會相互分享活動，靜宜會直接告訴莎米有關她的疾病以及有哪些治療方法。治療師基於以下幾個理由建議使用親子遊戲治療：

◇儘管靜宜患有慢性疾病，仍要強化靜宜和莎米的關係；讓她們一起玩，一起覺得很開心

◇提供莎米機會能去表達及修通她對母親患病的感覺及擔憂

◇在莎米經歷許多變化及不確定性時，給她更大的控制感及安全感（例如，靜宜生病以及要搬家這件事）

◇在靜宜的教養技巧上給她更大的滿足感，並且讓她覺得自己仍然可以給莎米一些正向的東西

靜宜和莎米的親子遊戲治療很類似前面介紹的 11 小時模式。在他們搬家前的五次會談摘要如下：

第一單元：示範親子遊戲的進行（一小時）

治療師更詳盡地跟靜宜介紹親子遊戲治療，討論遊戲中使用的玩具，並花 20 分鐘示範怎麼和莎米進行親子遊戲，讓靜宜在遊戲室的角落觀察。

莎米在遊戲剛開始的 15 分鐘玩的相當有攻擊性。她用像棒球投手的預備動作搥打、踢擊沙包，像作戰似地迴轉著攻擊。治療師同理式地反映出她好像樂於「讓他看看誰是老大」，並且以安全為由設下一個限制。莎米無異議地遵從這個限制。她也在廚房裡創造了一個藏身之處，假裝要射殺「壞人」（沙包）。莎米在最後五分鐘玩了水和碟子。

在示範之後，治療師和靜宜單獨討論剛剛的遊戲，並讓莎米在另一個等候區域玩一些其他的玩具。靜宜從未看過莎米用這樣富攻擊性的方式遊戲，詢問這樣是否「正常」、健康。治療師和靜宜討論攻擊的一般本質，指出當莎米的攻擊變成不太安全時，她對設限的反應很不錯。治療師也引導靜宜注意到莎米遊戲的後半部分比較安靜。靜宜說她對於要表達出憤怒或攻擊通常都會覺得不太舒服，但她仍能了解到釋放出一部分是有所助益的。治療師同理性地傾聽靜宜的顧慮並回應她說，親子遊戲治療中有兩項技巧有助於確認莎米的表達出攻擊是健康的：(1)同理性的傾聽，那會傳達出對攻擊與控制等主題的接納，允許莎米把它們釋放出來；以及(2)設定限制，讓她在安全及社會可接納的界限之內表達出來。靜宜發現莎米對自己目前所經歷的事件上幾乎是無能控制，也承認莎米表達出對此的感覺是相當有價值的。

第二單元：訓練（一個半小時）

治療師使用前面所描述的方式來訓練靜宜，包括了技巧的回顧、同理性傾聽的練習，以及兩次的模擬親子遊戲。靜宜學得很快，而且沒有發生

什麼意外；即使有些小錯誤，靜宜在練習之後也很快就改進。在第二次的模擬遊戲中，他們花了較多時間在練習設定限制，因治療師發現這是靜宜較弱的一環。目標在於讓靜宜對於四個親子遊戲的技巧有可運作的知識，並讓她準備好處理莎米潛在的攻擊性遊戲。在本單元結束時，靜宜和治療師都認為她已經準備好和莎米開始進行親子遊戲了。

第三單元：第一次親子遊戲單元（一小時）

在前半個小時，靜宜和莎米進行親子遊戲，有治療師在一旁觀察。莎米一開始仍像上次的遊戲示範單元一樣，用很攻擊性的方式遊戲，搥打、踢擊沙包。這樣子持續了幾分鐘以後，她的遊戲內涵變成較退化。她假裝自己是個嬰兒，從奶瓶裡吸吮東西、在紙上塗鴉，並且像嬰兒般呀呀學語。她要靜宜告訴嬰兒（她自己）一些特定的話，如「寶寶，你需要你的ㄋㄟㄋㄟ（奶瓶）嗎？」以及「寶寶，這幅畫真是漂亮。」靜宜掌握得很好，讓莎米用自己的方式遊戲，她則反映出莎米的行動和感覺，以及扮演莎米指揮她去做的母親角色。

在後半個小時，靜宜和治療師討論剛剛的遊戲。治療師稱讚她在其中使用的技巧，並建議她只要再多用一些同理性的傾聽技巧就可以了。靜宜說，剛剛那一段對她來說好像並不難，但要她坦然寬容這麼具攻擊性的遊戲，還是有困難。他們討論了她在其中的不舒服與恐懼，擔心莎米在家若是如此遊戲，會不會變成無法控制的攻擊。靜宜說她沒有看到莎米在示範遊戲中出現任何變化的徵兆，治療師提醒她設定限制的技巧，說明她所擔心的情況很罕見，但如果她發現莎米在家裡越來越富攻擊性，就應該馬上跟治療師聯絡。治療師也指出莎米的攻擊性遊戲在這兩個單元中已經轉變為另一種主題性的遊戲。接下來他們討論了莎米遊戲中出現的退化以及養育主題，以及其中可能的意涵。靜宜似乎對了解莎米很有興趣，她說真等不及要進行下一次會談。

第四單元：第二次親子遊戲單元（一小時）

　　靜宜和莎米在這一次會談的前半個小時進行他們的親子遊戲。莎米的遊戲內涵明顯較不那麼具攻擊性，而是更富探索性。她玩了各種玩具，在沙包上滾來滾去，用假麵糰做幾種食物，並且要求媽媽和她一起玩撲克牌。莎米把橡膠刀子丟到一邊時打到天花板，靜宜給她設下了一個限制，莎米無異議地接受了。

　　後來靜宜和治療師如之前那樣單獨討論今天的遊戲。治療師強調靜宜這一次恰如其分地使用的設定限制的技巧，以及莎米的回應為何。靜宜說她對自己有能力來管理莎米再次出現的攻擊性遊戲覺得比較自在。他們也討論到莎米如何拿起醫師工具組，並一起把填充玩具熊打扮成醫生，卻把它們放在一邊。靜宜之前希望莎米能參與一些以醫療為題材的遊戲。治療師鼓勵靜宜先克制著不要對莎米提出這樣的建議，並向她保證將來莎米會用自己的方式，在遊戲中表現出她對醫療的憂慮，而且實際上她已經表現出控制的議題了。莎米對於能再回到親子遊戲中相當興奮，而靜宜則覺得他們正在分享一些特別的事物。

　　當靜宜和莎米離開時，莎米注意到治療師收集了一些玩具，要用在即將來臨的專業人員訓練工作坊中。她問到那個裝著琥珀色黏膠的小容器，裡面還嵌了一隻蜥蝪。治療師說明這是要在工作坊裡用的，莎米便要求在下一次會談時要把它放在遊戲室裡。

第五單元：第三次親子遊戲單元，摘要（一個半小時）

　　莎米一到達，馬上就問治療師有沒有把上次看到的「那個蜥蝪」放在遊戲室裡。在剛開始的半小時，莎米把蜥蝪從琥珀色黏膠中拉出來，並且

把黏膠揉成一個球，開始對媽媽玩起「小把戲」。她把蜥蜴重新插回去，並且要靜宜假裝吃下這一團琥珀黏膠，然後（假裝）發現她吃了一隻蜥蜴的時候，表現出噁心嘔吐的樣子。靜宜把這個角色扮演得很好。這樣玩了十分鐘之後，莎米把蜥蜴拿走，把琥珀黏膠揉成一個長條，然後把它切成一個個小球，她說她正在「造肝」。之後莎米開始演出一個工廠的場景，她是老闆，裡面的工人都在製造肝臟。她站起來大聲對著他們吼叫，要他們多做一點肝，不只是給自己用，還要能提供給別人。她繼續對工人們吼叫了大約五分鐘。靜宜反映出老闆對工人們的挫折感，以及她好像很樂於大吼大叫，莎米告訴靜宜大叫的感覺挺不錯的。然後莎米把「肝」堆起來，用手捧給她的媽媽，告訴她「吃下去」，靜宜也假裝這麼做了。莎米移走了想像的「壞肝」並告訴靜宜：「現在你已經好多了，所以下樓來跟我玩吧。」莎米指示靜宜多玩幾次，然後再加入她在娃娃屋的遊戲。在這個單元剩下的時間中，她們一同安靜地玩著娃娃家族和娃娃屋。

在稍後的分享回饋中，並不太需要技巧方面的回饋，因為靜宜在這一單元中表現實在太棒了。靜宜自己也被莎米的遊戲所感動。她很快就了解莎米是怎麼努力用那些肝臟讓她痊癒，以及莎米真的非常渴望和她一起玩耍。靜宜被大大地激勵要繼續進行後續的親子遊戲。

治療師原本打算再多加幾次會談以幫靜宜和莎米把親子遊戲轉移到家中進行，且便於追蹤，但搬家的日期已近，所以剩下的一些時間就都用來和靜宜討論如何繼續。他們討論到要設置一個特別的遊戲區域，以及該注意哪些事情、如何和治療師以電話或電子郵件聯絡以討論任何可能出現在家中親子遊戲的問題。靜宜和莎米都很有動機要繼續他們的親子遊戲。靜宜已經把親子遊戲治療的技巧和原則學得很好了。在兩個月之後的追蹤發現，即使搬家帶來不少重大的壓力，她們仍然繼續做得很好。

摘要

　　當家人經歷慢性疾病時，其中的心理需求會是複雜且有壓力的。疾病對家中每個人都會帶來衝擊，並且使大部分的家人每天都需面對益形複雜的挑戰。親子遊戲治療以一種系統性但有趣的經驗讓整個家庭參與其中，強化了家庭內的聯繫及因應能力。它幫助家中的每個人表達自己的感覺並修通因疾病造成的問題。雖然只是短期形式，卻應用心理教育方法，結合了遊戲治療與家庭治療，提供家庭更多工具來有效因應將來必須長期面對的困難。

參 考 文 獻

Barbarin, O., Hughes, D., & Chesler, M. (1985). Stress, coping, and marital functioning among parents of children with cancer. *Journal of Marriage and the Family, 47,* 473–480.

Bigbee, J. L. (1992). Family stress, hardiness, and illness: A pilot study. *Family Relations, 41,* 212–217.

Burns, D. D. (1980). *Feeling good: The new mood therapy.* New York: New American Library.

Carter, J., & Carter, A. (1995). *The little baby snoogle-fleejer.* New York: Times Books.

Drotar, D., Crawford, P., & Bush, M. (1984). The family context of childhood chronic illness: Implications for psychosocial intervention. In M. G. Eisenberg, L. C. Sutkin, & M. A. Jansen (Eds.), *Chronic illness and disability through the life span* (pp. 103–129). New York: Springer.

Eisenberg, M. G., Sutkin, L. C., & Jansen, M. A. (Eds.). (1984). *Chronic illness and disability through the life span: Effects on self and family.* New York: Springer.

Guerney, B. G., Jr. (1964). Filial therapy: Description and rationale. *Journal of Consulting Psychology, 28,* 303–310.

Guerney, L. F. (1983). Introduction to filial therapy: Training parents as therapists. In P. A. Keller & L. G. Ritt (Eds.), *Innovations in clinical practice: A source book* (Vol. 2, pp. 26–39). Sarasota, FL: Professional Resource Exchange.

Hobbs, N., & Perrin, J. M. (Eds.). (1985). *Issues in the care of children with chronic illness.* San Francisco: Jossey-Bass.

Hobbs, N., Perrin, J. M., & Ireys, H. T. (1985). *Chronically ill children and their families*. San Francisco: Jossey-Bass.

Kaduson, H., & Schaefer, C. (Eds.). (1997). *101 favorite play therapy techniques*. Northvale, NJ: Aronson.

Kohlenberg, S. (1993). *Sammy's mommy has cancer*. New York: Magination Press.

Krisher, T. (1992). *Kathy's hats: A story of hope*. Morton Grove, IL: Albert Whitman.

McCue, K. (1994). *How to help children through a parent's serious illness*. New York: St. Martin's Griffin.

Mills, J. C. (1992). *Little tree: A story for children with serious medical problems*. Washington, DC: Magination Press.

Mulder, L. (1992). *Sarah and Puffle: A story for children about diabetes*. Washington, DC: Magination Press.

Peterkin, A. (1992). *What about me? When brothers and sisters get sick*. New York: Magination Press.

Quittner, A. L., Opipari, L. C., Espelage, D. L., Carter, B., & Eid, N. (1998). Role strain in couples with and without a child with a chronic illness: Associations with marital satisfaction, intimacy, and daily mood. *Health Psychology, 17*, 112–124.

Quittner, A. L., Opipari, L. C., Regoli, M. J., Jacobsen, J., & Eigen, H. (1992). The impact of caregiving and role strain on family life: Comparisons between mothers of children with CF and matched controls. *Rehabilitation Psychology, 37*, 289–304.

Rynard, D. W., Chambers, A., Klinck, A. M., & Gray, J. D. (1998). School support programs for chronically ill children: Evaluating the adjustment of children with cancer at school. *Children's Health Care, 27*, 31–46.

Schaefer, C. E., & Eisen, A. R. (Eds.). (1998). *Helping parents solve their children's behavior problems*. Northvale, NJ: Aronson.

Siminerio, L., & Betschart, J. (1986). *Children with diabetes*. Alexandria, VA: American Diabetes Association.

Shuman, R. (1996). *The psychology of chronic illness*. New York: Basic Books.

VanFleet, R. (1985). *Mother's perceptions of their families' needs when one of their children has diabetes mellitus: A developmental perspective*. Unpublished doctoral dissertation, The Pennsylvania State University, University Park, PA.

VanFleet, R. (1992). Using filial therapy to strengthen families with chronically ill children. In L. VandeCreek, S. Knapp, & T. L. Jackson (Eds.), *Innovations in clinical practice: A source book* (pp. 87–97). Sarasota, FL: Professional Resource Press.

VanFleet, R. (1993). Strengthening families with storytelling. In L. VandeCreek, S. Knapp, & T. L. Jackson (Eds.), *Innovations in clinical practice: A source book* (pp. 147–154). Sarasota, FL: Professional Resource Press.

VanFleet, R. (1994). *Filial therapy: Strengthening parent–child relationships through play*. Sarasota, FL: Professional Resource Press.

VanFleet, R. (1998). A parent's guide to filial therapy. In L. VandeCreek, S. Knapp, & T. L. Jackson (Eds.), *Innovations in clinical practice: A source book* (pp. 457–463). Sarasota, FL: Professional Resource Press.

第 *8* 章

增進受領養兒童依附的治療

Phyllis B. Booth, MA, The Teraplay Training Institute, Chicago, Illinois
Sandra Lindaman, MSW, The Teraplay Training Institute, Chicago, Illinois

導言

　　治療性遊戲（Theraplay）是一種積極的、好玩的、短期治療的方法，它使用以依附爲基礎的遊戲來創造親子間更好的關係。家長也被納入治療，一開始是觀察者，然後逐漸成爲輔助治療者。治療性遊戲的模式是一種遊戲性、參與性的親子互動，並包含互動中所有對於建立安全依附及健康自我意象的重要因子：結構、投入、滋養，以及挑戰。

　　安全依附能強化自我感、自信心、處理壓力的能力、信任他人的能力，以及後續生涯中形成關係的能力。受領養兒童的治療目標在於創造或強化他們與養父母之間的依附。此過程中最重要的因素在於幫助父母了解並滿足孩子年幼時的需求，並幫助孩子接受這些增強依附的互動。孩子應該可以接受父母的指示，向父母索求撫慰、安全感及情緒調節的協助，並且可以將他們當作安全堡壘地去探索環境。爲了要協助受領養兒童發展出安全的依附，家長必須提供一致性且有責任的照顧、好玩的投入，以及健康親嬰關係的結構。

　　依附的建立並非立竿見影，而是在父母與孩子相處的前幾年中發展出

來，且在後續的生活中逐漸強化。治療性遊戲作為一種短期治療方法，可以開啟依附的過程，並讓父母和孩子在直接治療結束後仍能持續下去。

Jernberg 和 Booth（1999）是這麼描述治療性遊戲的：

治療的目標在於增進依附、自尊、信任與好玩的投入，並賦予家長力量，以便持續在治療過程中習得的健康促進式互動……

治療性遊戲的治療師，就好比「足夠好」（good enough）的父母，在負責掌控孩子的同時幼小心保持對孩子需求的細察及回應。無論某個治療單元中強調的是結構、投入、滋養，或是挑戰……，都要是好玩且有趣的……雖然大多數為了治療而來的孩子都已經超過了嬰兒時期了，他們仍然需要滋養式的撫摸、專注於他們的眼神接觸，以及嬉戲性質的給和取，這些都是健康親子關係的重要部分，也能幫助孩子了解到自己是誰、他們的世界是什麼樣子、誰是他們世界中的重要人物，以及對他們的感覺如何。（pp.3, 4-5）

理論基礎

治療性遊戲的焦點在親嬰關係，因此它與人類發展中的人際關係理論有密切的連結，尤其是自我心理學（Kohut 在 1971 及 1977 年的作品）以及客體關係理論（特別是 Winnicott 在 1958、1965、1971 年的作品），並以依附理論（Bowlby, 1969, 1973；Ainsworth, 1969; Karen, 1994）及 Stern（1985；1995）的理論為主要基礎。

為了要了解治療性遊戲方法背後的原則，及其以依附理論為基礎的遊戲概念，可以將這樣的遊戲理解為，健康的父母和他們的嬰兒期或學步期的孩子相處的典型型態。父母會負責照顧、設定限制，並讓一切都很安全。他們的互動遊戲包括躲貓貓（pee-ka-boo，反覆遮臉又露臉的逗小孩遊戲）、隨韻律拍手、這隻小豬上市場的遊戲等。他們對他們的寶寶耳語、唱歌；他們抱起孩子搖晃，然後相擁入眠；他們餵食、洗浴，讓孩子覺得舒適。

經由這些互動，他們對寶寶的需求展現出細心的回應，並傳達出樂在其中的感覺，也共享了愉悅。這種種互動在寶寶和他的父母之間產生了一種強烈的、安全的依附。寶寶了解到他是值得被愛的、特殊的，且有能力的；他的父母是有愛心的、注意他的，且可以依賴的；世界是安全的、有趣的地方，會發生各種好事。

親子間的許多活動大約可以四種面向來看：結構、投入、滋養，以及挑戰。

◇**結構**：父母會負責照顧並結構起孩子的世界，並讓寶寶覺得安全且受到保護。當他們回應嬰兒的需求時，一舉一動都能讓人信任、安慰；他們值得信賴且可以預測；他們能界定且澄清孩子正在經歷的狀況。這樣的照顧傳達出一種訊息：「你可以信賴我，你和我在一起是安全的，我會好好照顧你。」

◇**投入**：父母提供興奮、驚喜，及刺激，以維持極佳的警覺和參與。據此，他們傳達出的訊息是：「和你在一起很有趣。這個世界滿是讓人興奮的新鮮事，你可以用適當的方法和他人互動，也可以在與他人的親密交往中感受到樂趣。」

◇**滋養**：當父母照顧嬰兒時，他們是溫暖的、溫柔的、提供慰藉的、祥和的、讓人覺得舒適的。傳達出的訊息是：「你值得被愛，你可以依靠我來回應你在照顧、情感及讚美上的需求。」

◇**挑戰**：父母提供適度的挑戰，以鼓勵孩子勇往直前、多奮鬥一些、變得更獨立。這樣的互動傳達出：「你有能力成長並對世界造成正面的影響。」

這些面向分別支持了健康成長的不同需要。誠如後面會介紹的，這些在治療中都能用來處理較年幼的情緒需求，以及較大的受領養兒童典型出現的行為問題。

此方法有效的證據

　　治療性遊戲對於多種行為問題都很有效，從退縮、憂鬱、被動，到攻擊和過動。這些行為問題中大部分都起源於親子關係的困擾。無論這種困擾是來自父母、孩子，或環境，甚或是因一個新關係勢必要形成（因為是受領養的兒童），治療性遊戲都能很快地創造關係的改變。

　　有許多經驗性的證據描述治療性遊戲治療在個別個案上的成功結果（Jernberg & Booth, 1999; Theraplay Institute Newsletter, 1980-1999）。另外，實證性的研究也以數種方法彰顯出其有效性。Morgan（1989）利用前後測的方法，讓參與此一計劃中的父母、老師、觀察者以及治療師分別來評估治療性遊戲治療的結果。有超過三分之二（68%）的研究樣本顯示出，治療性遊戲方案對自信、自我控制、信任感，以及自尊的發展都有正向的影響。

　　Ritterfeld（1990）在一個有對照組的研究中比較語言治療與治療性遊戲的有效性，發現語言發展遲緩的學齡前兒童若接受治療性遊戲，在語言技巧上的進展遠勝於那些只接受語言治療及完全無介入者。這些孩子進步的不只是他們的語言處理能力，在表達能力上也有長足進步。接受治療性遊戲的孩子在自我概念方面也改善了，而且幼稚園老師評定這些孩子變得較為快樂了。

　　Koller（1976）在印第安那州的研究發現，在治療性遊戲的治療之後，學齡兒童的操作智商提高了。Munns、Jenkins 和 Berger（1997）發現孩子們在治療性的遊戲治療之後，攻擊行為與行動外化行為都減少了。Bernt（1990）發現治療性遊戲對於長不大（failure-to-thrive）的嬰兒及其父母都有幫助。

　　受領養的孩子一直以來都佔了治療性遊戲個案的大宗。從 1992 年開始，第一個從歐洲孤兒院被領養出來的孩子進入治療性遊戲機構接受治療，自此有越來越多「機構化後」的孩子利用此一方法進行治療。Mahan

（1999）的雙胞胎領養研究發現，治療性遊戲促進了更安全的依附，並減少了行為問題。

讓治療性遊戲對受領養兒童有效的特徵

本章描述治療性遊戲如何作為領養兒童家庭的短期治療方法。焦點放在曾經驗過照顧的不一致性、失敗或失落，而導致他們無法發展出安全依附的那些兒童。在出生沒多久就被領養的兒童，之後在受照顧的經驗上會經歷到一些不連續性，後續可能需要幫助他們克服被拋棄而再被領養的感覺。不過，與嬰兒形成依附關係仍是比與年紀較長的孩子要來得容易。因此，多數領養嬰兒的家庭都不覺得他們需要額外的協助。如果他們有此需要，本章所描述的治療性遊戲技術便能有所助益。

雖然與較年長兒童形成依附關係的歷程與嬰兒經歷同樣的步驟，但這個孩子已經失去了他的第一任照顧者（或許不只一人），因此要去信任他人時會更加警覺，因此，要照顧他以及誘使他進入信任的關係是特別有挑戰性的事情。Lindaman（1999）的文章描述了治療性遊戲如何提供協助的歷程：

當我們試圖要和一個希望已經破碎的孩子形成依附關係時，其實面對著一個特殊的挑戰。因為這樣的失望，要形成依附關係對於領養父母及收養父母都是相當耗時、費力，需要耐心和承諾。正常的依附過程有一個熱情、信任別人的孩子參與其中；領養關係中的依附過程則是一個帶著警覺心的孩子，完全回到他自己發展出的求生策略以保護自己。因為這實在太困難了，養父母在這個歷程中需要相當大量的支持才行。

不論這個孩子年紀多大，治療性的遊戲營造出一種氣氛，讓孩子覺得自己是特殊的，且值得被愛的，孩子的世界現在是一個有所回應、有生活經驗並能成長的地方，而且他也能夠依賴他人。在治療中孩子和家長用行動表現出這樣的確信，而非只是告訴孩子一些保證。因為它所強調的是孩

子較年幼的情緒需求，治療性遊戲重新為親子配對創造了早期的依附歷程。正如一個從己身所出的孩子依賴、信任他那有所回應的父母，受領養的孩子開始經驗到他的新爸媽是可依賴，而且值得信任的。（p.294）

治療性遊戲強調的是健康親嬰關係中重複出現的愉悅互動以及熱情地與孩子在一起，這能讓一個家庭邁向更好的關係及更安全的依附。養父母需要盡己所能讓孩子愛上他們：花時間與他們相處、回應他們的需求、讚賞他們的特點，並讓他們進入遊戲性的互動。被困在負向互動中的家庭，往往已經發展出不好的感覺，則必須學著怎麼讓共處的時光更有趣。父母要學著去回應他們孩子較年幼的情緒需求，以及在治療結束時能夠學會運用治療性遊戲取向中必備的策略與重點。

治療性遊戲幫助父母提供一個讓孩子有安全感的結構。它示範給家長看（且稍後便讓他們實際執行）父母和他們的孩子間充滿活力的、好玩的相互投入，這也是養父母與剛領養的孩子形成強烈依附關係的基礎。從來沒學過怎麼遊戲的孩子，與急於要親近孩子的父母，會在過程中了解如何一起遊戲。因為那包含了主動的身體互動，父母可以練習情感上與孩子一致的給與取，便能達到如父母和他們親生子女間那種同理與了解的感覺。他們也可從中獲得如何了解和調整孩子的活動量及情緒狀態的經驗。治療師幫助養父母回應孩子較年幼的情緒需求，並能提供較年長的孩子同樣的回應性滋養照顧，一如嬰孩的父母身上自然產生的那一部份。最後，他們學習何時、如何以各種方式挑戰孩子，以促進孩子的自尊以及更大的獨立感。

讓治療性遊戲成為一種有效短期治療的特徵

治療性遊戲不只有對於受領養兒童特別有效的某些層面，它還有以下這些與所有有效的短期療法相同的特徵：

◇**立即開始的介入**：幫助父母了解孩子有何需要的過程在初始評估

時期便已開始。許多父母報告在第一次接觸時便對他們的關係和行為有了新的體悟。

◇ **直接、主動、正向的治療**：即使在衡鑑階段，家長和孩子的直接互動一如運作稍後將介紹的馬歇可互動方法（Marschak Interact Method, MIM）。治療本身包括了孩子、治療師，與家長間充滿活力的身體互動。

◇ **將照顧者涵括進來**：打從一開始，家長便主動參與治療。

◇ **工作聯盟在開始時便已建立**：在治療性遊戲中，與家長的工作聯盟是最清楚的。家長通常不太會選擇一個像治療性遊戲這樣需要大量參與及跟著一起行動的治療方法，除非是他們自己已經準備好扮演重要的角色。治療師和孩子形成「遊戲聯盟」，最後的目標在於促進孩子和家長之間安全依附的形成。

◇ **分派家庭作業**：當治療師覺得父母已經了解活動的目的，也對此取向覺得很自在時，便會開始給予家庭作業。有一些建議的活動，家長可在治療師的協助下排定在家中施行這些活動的時間。

◇ **傳達對成功抱持的樂觀態度**：從初始晤談開始，家長在獲得正向改變上便能得到支持與希望。根據他們的經驗，治療性遊戲的治療師相信治療的歷程會讓家長和孩子在短期內改變行為，因此他們可以對改變抱持樂觀的態度。

◇ **建立力量**：MIM 之後的回饋著重於親子關係的力量。治療師協助父母維持並擴張他們已經能夠使用的成功方法。治療中的活動是活潑的、有趣的，目的在讓父母和孩子都感受到成功。

◇ **目標導向、結構式，以及聚焦式的治療**：與家長會談時便已清楚定出目標了。目標可以清楚特定到如增加眼神接觸、以觸摸來表示撫慰，以及發脾氣的減少，或廣泛到如接受滋養、撤除對於控制的需求，或更安全的依附。在一次次的會談之中，治療的計劃和焦點都會益發朝向這些目標。如果在治療期間有其他的議題出現，目標便需再調整，但主要的議題總括而言仍是相同的。

◇從開始時便設定時間限制：從治療一開始，家長與治療師之間就先談妥會談的總次數，但仍可以依照治療進行的情況再調整實際的次數。治療師會讓家長知道他認為治療走到哪一步了。

決定是否有成功結果的因素

領養家庭的治療是否成功有賴於和孩子及父母雙方的經驗中相關的諸多因素。對孩子而言，主要是看他被忽略、虐待、創傷經驗、剝奪等的時間及嚴重程度，是否有身體殘疾的問題、神經問題及發展遲緩或疾病，以及孩子本身的復原力。一般來說，在幼年就被領養以及有早期介入的孩子，治療的進展便會較快。如果家長在領養孩子時便已有了治療性遊戲的概念，並在孩子抵達家中時即開始與他互動，成功的機會就更大了。

養父母在治療性遊戲中必須展現的的能力與意願，可由以下幾個因素來評估：

◇與這個孩子相處的歷史：他們已經試過什麼？試過幾次？他們有多累、倦怠、無望，或生氣？他們是否做了許多治療性遊戲所建議之事？做得合宜嗎？時機是否正確？夠持久嗎？

◇他們自己的個人史：他們對有依附問題的孩子有怎樣的知識和經驗？他們對於負責照顧、滋養較年長的孩子、開啟互動性的遊戲，或接納孩子退化性的需求是否覺得自在？他們自己是怎麼被養大的？

◇其他的環境因素：他們是否一次領養了好幾個孩子？他們是否有其他的親生子女？他們是單親家庭嗎？他們是否有婚姻、工作或其他的家庭困擾？家中是否有人生病或有其他壓力源？

這些議題都決定了家長在治療性遊戲中的參與度，以及他們在家中獨自執行的能力。孩子和父母的問題兩相合併，將會影響結果且會決定應該使用治療性遊戲或其他形式的治療。一般來說，領養當時或前來治療時孩

子的年紀越大，承受持續創傷經驗的可能性便越大，家庭要花越長的時間處理他的依附與行為問題，孩子的父母也會越難了解及回應他較年幼的需求。這類型孩子在治療中的進展較為緩慢，需要用更長的時間、更多次的會談，也許要花上六個多月、20 次以上的會談才行。治療性遊戲可能會需要結合其他治療模式，以處理孩子的創傷經驗，在家中建立一個督導性、治療性的環境，或是去處理其他的家庭及婚姻問題。

需有其他種類治療的受領養兒童及其父母的需求

雖然治療性遊戲在治療養子女及其父母的依附及關係問題上相當有效，但它並不是設計來處理所有領養家庭會面對到的所有重要問題。治療性遊戲並不著重於幫助孩子直接處理失落、遺棄、受虐或創傷等問題。它的目的不在管理實際或可能傷害自己或他人的嚴重行為問題，那些需由醫療機構監督處理。醫療問題及學習障礙的持續影響則必須由其他機構處理。雖然親子關係的進步會對同儕關係有所助益，治療性遊戲並不直接處理同儕關係的問題。重大婚姻問題的治療或雙親的心智健康問題，以及其他更多所需的支持服務，也在其涵蓋範圍之外。

有許多其他的活動與技術可以幫助兒童面對從一個家庭轉換到另一個家庭，形成一個能夠前後連貫的人生故事，並且了解領養的過程。這些都可以是治療性遊戲治療的重要輔助。儀式和典禮可以使新的關係合法化，可以讓孩子和之前的照顧者道別，並接受可以將自己的感情轉移到新父母身上且成為家庭一份子的許可，這在開啟新關係上扮演相當重要的角色。我們可以教導家長一些技巧來增進他們與剛領養的孩子間的連結（Hopkins-Best, 1997）。可以幫助兒童做一本「生命書」或創作生命故事來填補他們人生經驗中不被記得的缺口，並創造正向及前後連貫的敘事。孩

子們可以閱讀（或由其他人讀給他們聽）有關領養經驗的書籍，以幫助他們了解他們並不孤單，而且他們可以與別人分享這些感覺。在此考量下，團體治療也很有幫助。由國外領養來的兒童可以由學習原生國家的文化中獲益，並形成清楚認同的一部分。

一個被領養的孩子有需要去談論及接受他們被放棄又被領養的這個事實。養父母可以在協助孩子滿足此一需求上扮演重要的角色，但許多養子女在他們生命中的某個點會需要專業人員來協助處理由領養一事引發的議題。有許多治療模式可以幫助孩子了解並接受他們因被領養而來的感覺：沙盤工作、藝術治療、娃娃屋遊戲、布偶遊戲，或其他能和治療師或養父母一同玩出他們經驗的方法。

許多等待被領養的孩子都曾遭受長期忽略，以及身體、性，或情緒的虐待；可想而知，他們的問題相當嚴重。有些孩子需要聚焦在創傷或哀悼的處理；有另一些需要更全面性的方案，以直接處理他們依附─創傷的問題。有許多療法專注於協助兒童了解他們早期被忽略或虐待的經驗與目前的行為問題和強烈的憤怒感之間的關連（Welch, 1988; McKelvey, 1995; Huguhes, 1997, 1998; James, 1994）。

養父母或許需要幫助，才能夠提供這些孩子所需要的治療性教養方式（Hage, 1995）。和受領養兒童一同工作的老師和其他專業人員可能需要了解他們的特殊需求。養父母會需要諮商，以處理他們自己與領養事件有關的問題。或許他們可以從養父母支持團體中獲益。

何時要使用治療性遊戲

決定何時要使用其他的取向，單獨使用或與治療性遊戲一同使用，取決於孩子在當時最急迫的需求，且因人而異。那些設計來讓轉移平順進行、幫助家長照顧到孩子的需求，以及幫助孩子了解何謂領養的技術，在領養過程剛開始的時候就會很有用。有時候，失落或虐待的問題相當緊急，需

要先行處理，這樣在進行治療性遊戲時才有可能產生效用。

但是對於大部分養子女而言，需最先處理的是與新爸媽建立一個更好的、更信賴的關係。治療性遊戲在領養早期特別有用，因為它讓家長「檢視」這個孩子，了解孩子的偏好以及懂得他對什麼有興趣。無論孩子處在了解及接納被領養過程中的哪個階段，治療性遊戲在建立父母及養子女關係中的各項決定性任務上都有相當重要的幫助。在他與養父母的關係中發展出信任與安全感是一種撫慰與穩定性的來源，會將孩子釋放出來，接受自己的經驗。

本章描述治療性遊戲如何依養子女及其父母的需求作設計。開始時使用步驟式的描述介紹治療性遊戲如何運作、每個單元如何結構，以及家長如何加入治療，之後它描述在治療歷程中常見的困難。它指出養子女特有的行為問題，並介紹治療性遊戲的各面向如何應用來處理可能致使孩子有如此行為的潛在問題。最後，會呈現一個案例研究來說明此一方法。

治療性遊戲療法

邏輯

環境與材料

為了要將治療的焦點維持在兒童與成人間的關係，治療性遊戲的治療室很簡單、舒適且不雜亂。沒有任何玩具來邀請孩子進入象徵性的遊戲或私密的幻想世界中。相對的，治療師和父母就是房間裡最有吸引力的「玩具」了。幾個舒服的枕頭和毛毯有助於開始，同時也是某些活動的道具。在一些特定單元中會有經過設計的活動，其中所需的一些媒材如食物、

棉花球、乳液或藥水，或沙包等會放在袋子或籃子裡，並且放在孩子看不到的地方。

這種有趣的兒童與成人間互動的簡單焦點，讓治療性遊戲能有足夠的彈性可用於各種場合。在家中或學校裡進行治療性遊戲時，可以用紙或毯子在地上先鋪好，界定出一塊不雜亂的地方讓孩子與成人可以在那邊互動。這樣的彈性讓它特別適合於給家長在家庭作業中使用。在更正式的環境中，可以裝上雙面鏡，以供家長和治療師觀察之用。

單元的次數與時機

治療性遊戲的治療包括三到四個單元的衡鑑期；治療本身大約需要 10 到 20 次；之後的追蹤期則大約要 4 到 6 次，前後總共約一整年的時間。因為受領養兒童有許多複雜的因素，治療往往會超過至少十次。一個單元的長度約為 30-45 分鐘，一般是一週一次。為了要有更有力的影響，在前兩週的時間排定上可以密集一點，再轉變為一週一次的模式。

參與者

只要可以，所有的治療性遊戲都應將父母納入單元中。在處理受領養兒童的問題時，這絕對是重要的。家長觀察了幾次單元之後，再加入孩子們在遊戲室的活動。

理想的模式中有兩個治療師：一個治療師和孩子一起，而另一個解說的治療師則是和父母一起。如果沒有第二個治療師，單一一位治療師可以修改一些方法來與家長及孩子一同工作。父母可以從雙面鏡後面觀察單元，或假如沒有雙面鏡的話，父母可以坐在房間內觀察。治療師可以在稍後與家長用電話進行討論，或是在孩子待在等待室時與家長討論。另一種方法是將這次單元的錄影下來，擇期再與家長討論。

衡鑑

衡鑑的過程包括一次初始會談、每位家長與孩子的觀察單元，以及一個回饋單元。

初始會談

在初始會談中，要收集的資訊是這個孩子目前的功能運作（強調兩位家長各自如何看待這些問題）、孩子的歷史（強調可能影響依附發展的經驗）、家長的成長經驗與他們目前的婚姻關係（兩者都會影響他們與孩子的關係），以及家庭支持系統的狀況。這個會談可能需要花一段很長的時間，因為受領養的孩子往往有很複雜的歷史。這次的會談孩子不必出現在現場。

觀察單元

兒童與其養父母的關係以 MIM（Marschak, 1960, 1967）來加以評估，這是一個結構化的觀察技術，用來評估孩子和他的照顧者之間關係的本質。MIM 提供了孩子在情緒發展程度的相關資訊，以及他是否準備好接納他的養父母必須提供的結構、投入、滋養，及挑戰。從其中也可以看出，在面對孩子呈現的任何困難時，父母是否有能力提供健全照顧的這些成分。若要了解如何進行衡鑑的細節，請參考 Jernberg 與 Booth（1999）與 Lindaman、Booth 與 Cambers（1999）等作品。

回饋單元

在回饋單元中，臨床工作者呈現給父母看初始評估的問題，以及 MIM 單元中的一些片段的錄影帶來說明一些狀況。這讓家長有機會了解孩子的特定需求以及他們自身回應孩子時的行為表現。要說明治療的本質，且讓

家長準備好之後的單元會發生什麼事，這包括他們預期孩子會有什麼反應，以及他們的角色會是如何。基於此一評估以及與家長的討論，再決定是否進一步使用治療性遊戲療法。與家長一同設定目標。

治療

治療性遊戲的單元都設計得很吸引人而且有趣。治療師設計每次的單元時，會針對他對特定兒童需求的了解來加以計劃。此一計劃會隨孩子當下的行為而有所改變。

雖然孩子們會用自己的方式回應他們與新治療師遊戲時的經驗，但多數孩子都有這樣的歷程：先是猶豫要不要接受，經過阻抗，最後都能熱切地參與。有些受領養兒童剛開始時非常著迷於他們的新治療師，而且相當配合，但他們因害怕形成依附，使得他們在治療的某些時間點會出現阻抗，之後才又能更自在地接納治療師及他們的父母。

在典型的治療性遊戲的治療計劃中，家長在前四次單元與治療師一同觀察他們的孩子，由解說的治療師來引導父母作觀察，治療師的工作在幫助家長了解正在發生的事情，並讓他們準備好加入孩子在遊戲治療室中的活動。在四個單元之後，家長在每個單元的後半個小時進入遊戲室，在那兒會被教導以各種方式與孩子互動，這些都是特別設計來與孩子共處並且滿足其需求的。因為與養父母之間形成依附的優先性很高，養父母也可以更早加入孩子在遊戲室的活動，如第一單元的尾聲，目的在於開始將焦點擺在親子關係上。對於嬰兒或學步兒，或是一個害怕分離的孩子，家長可以從一開始就陪著孩子。可以分派一些治療性遊戲的活動，讓家長們在兩次單元之間在家中進行。

檢核單元

檢核單元排定在前三個月，每個月一次，之後的一年則是一季一次。這些單元與治療的後半部分所進行的一樣。當孩子與治療師一同在治療室遊戲時，家長與另一位解說的治療師一起觀察，並有機會討論任何在有介入的那幾週出現的問題或議題。在單元的後半節，家長們可以進入遊戲室，並且進行他們曾與孩子玩得開心的新活動。

每個單元的順序

治療性遊戲的治療師以生動、有趣的方式將孩子帶進治療中，表示這是好玩的、互動式的，且是治療師精心設計的治療單元。進入治療的活動包括：把稚齡兒童舉起且帶著他走來走去；讓自己給孩子當馬騎；孩子抓住治療師兩腳，治療師用手走路；一起玩「兩人三腳」；一起單腳跳、踮腳尖走，或邁大步走；或是讓治療師和爸媽一同用手臂搭起一座轎子，載著孩子。

治療師幫忙孩子在懶骨頭椅或枕頭上坐好，兩人面對面坐著。應該要有明確的地方可以坐著以及有清楚界定的遊戲區域。一開始的活動是「檢查」，治療師全神貫注在孩子身上，可以算算他臉上的雀斑，在他的傷口上塗點藥水，看看他的臉頰有多溫暖或他的手掌有多麼柔軟。治療師建立眼神的接觸，欣賞孩子所有的獨特特質，並讓他覺得他多麼受到注意。

在一開始的相識期之後，接著是一連串在活潑和有活力以及平穩和安靜間變動的有趣活動。這些單元裡所選用的特殊活動目的在滿足孩子在結構、投入、滋養及挑戰上的不同需求。稍後會討論到要利用哪些面向來處理受領養兒童獨特的行為問題。

在家長要進入遊戲室時，所設計的活動有助於讓孩子期待並接納家長的進入。治療師和孩子可以躲在毯子裡讓家長來找，在孩子身上藏一些粉筆讓家長來找，或者用緞帶把孩子包裝成一個禮物，而讓家長來拆禮物。

單元的最後三分之一是冷靜下來、平緩情緒及含有滋養意義的活動時間，如餵餅乾或飲料。如果孩子接受這樣的照顧，治療師就像父母餵養稚齡兒童般地做；如果孩子說他可以自己吃，治療師便回應：「我知道你可以自己來，但當我們在一起時，我希望能為你做這件事。」年紀較大或較阻抗的孩子會需要挑戰吃父母食指上的甜甜圈，或是在進行吐西瓜籽比賽前接受餵食幾片西瓜，目的在於讓他能接受滋養。治療師可以將這些做在家長身上，讓他們同樣也有機會被餵養。

這一單元的尾聲要唱一首歌，歌的內容是關於這個孩子，或是治療師在此一單元中發現所有關於這個孩子的事物。為了讓這個單元的影響能更為延伸，可以用一些具聯結意義的方式協助這個家庭離開治療室，如在走向電梯的路上大家都一直手牽著手，或讓父母之一像馬般載孩子一程。

與家長一起工作

負責解說的治療師與家長一起工作是治療性遊戲處理受領養兒童中一個重要的部分。和家長的工作有許多面向。負責解說的治療師必須協助家長同理性地了解孩子的需求，幫助他們學習如何在家中仍維持治療性遊戲的方法，教導他們關於發展的議題以及如何處理行為問題，並支持及滿足家長未滿足的情緒需求。

以同理心欣賞及了解孩子的需求開始於他們觀察遊戲治療師與孩子的相處，以及治療師多麼欣賞及重視這個孩子。藉由點出及享受這個孩子獨一無二的特質，治療師可以幫助家長看到他們的孩子有多迷人、有多可愛。解說的治療師引導家長觀察，以幫助他們了解孩子可能有的感覺，以及他的反應暗示了他有何種需求。特別的角色扮演單元可以讓家長有機會經驗到當孩子被撫慰之後或是失去控制的行為停止時，可能會有怎樣的感覺。

要幫助家長能在治療結束之後持續進行治療性遊戲的方法，是以一連串越來越主動的步驟來達成。第一步在回饋單元中進行，也就是在治療師分享他們對這個孩子及其問題的了解時。在治療單元早期中，家長觀察遊

戲治療師和孩子的相處，並模仿治療師的做法。只要他們進了治療室，他們就會被指示怎麼實行這些方法。當家長似乎已經準備好要在家中嘗試新的活動，便可開始給他們家庭作業。解說的治療師協助他們計劃何時、何地，以及如何實行這些作業，並在下一個單元中檢查作業進行得如何。在後期的單元中要讓家長準備好全權執行這些活動，可以排定一個特別的角色扮演單元，讓他們練習這一連串的活動。治療的最後幾個單元幾乎是由家長來引導，治療師只是提供支持性的鼓舞。

教育家長什麼是適當的發展預期以及如何管理行為問題，是親職工作中一個重要的成分。如之前所提及的，受領養兒童情緒方面的需求往往比他們在生理及認知上的發展更年幼。必須幫助家長調適他們的期望，以滿足孩子較年幼的需求。在問題行為的管理上要能提供清楚的結構及簡單的規則，並且以平穩、一致的態度來貫徹執行。我們協助家長了解對這些領養兒童提供堅定且清楚的結構有多重要，並且讓他們越來越有能力提供滋養及照顧，以支持依附形成的過程。

與養父母合作時最後且相當重要的一部份是提供支持並找出方法來滿足父母未滿足的需求。支持包括了承認他們領養的孩子並不容易處理，並接受父母對此兒童的負向情緒。幫助家長尋求互助團體、組織他們的生活，讓他們有自己的時間，以及找到能夠暫時托育孩子的服務都是相當重要。若家長本身的成長歷程並沒有良好的親職養育，他們也需要有治療性遊戲的經驗。可以提供給他們角色扮演的單元，讓他們扮演自己的孩子，或設計幾個專為滿足他們需求的單元。因為受領養兒童本身在關係建立上即有許多限制，父母之間往往需要一些協助來協調彼此的差異以及了解對方的感覺。此一工作有部分可以由解說的治療師在雙面鏡後完成或另外安排單元來完成。當問題很嚴重時，便應將家長轉介至婚姻或個別治療。

治療過程中常見的困難

多數受領養兒童會用一些方法避開或抗拒遊戲治療，因為增進依附的

活動讓他們覺得不舒服且／或脆弱。有時候這些抗拒會以一些形式立即出現，如拒絕或對立，在活動中出現被動的破壞行為；有時候則是一開始有一段「蜜月期」，但在幾個單元後抗拒益形升高。遊戲治療師堅持以同理性地同調參與，察覺到其中的不舒服，但絕不會離開。特別是年紀較大的孩子有能力維持表面上的合作；治療師必須警覺到這一點，觀測「真正的」他是否參與其中。當孩子開始信任治療師與父母，他們便能開始接受一些好玩的投入或撫慰式的滋養。

　　家長常常很難接受孩子們在結構、投入、滋養及挑戰上有較年幼的需求這樣一個概念。解說的治療師經由討論、引導觀察，以及早先提到的主動參與來強化這個概念。有些家長會覺得「玩」對他們的問題無所助益，或對孩子感到生氣或厭煩，或是因佔用他們的時間而有壓力，因此他們沒有能量去滿足孩子較年幼的需求。我們會鼓勵這些家長休息一下，讓治療師暫時主導互動，直到家長們覺得更有能力參與治療單元。

使用治療性遊戲的各個面向來回應受領養兒童特有的行為問題[1]

　　許多受領養兒童在情緒發展上有明顯遲緩或停滯的現象，也有許多行為問題反映出他們在努力應付無可預知、無反應，且常常是傷害性或忽略他們的世界。他們的行為「障礙」可能包括了：拒絕接受成人的權威；我行我素；控制他人的強迫性需求；攻擊性或對立性的蔑視行為、說謊、偷竊；避免眼神接觸或身體接觸；黏著人家不放或無區別的友善態度；缺乏對他人的同理心；不太表現出罪惡感或自責；在飲食、睡眠、排尿，與排便等方面有困擾；密集的、常常是無意義的言談或問問題；不太能了解因

---

[1]　以下一節的內容是修訂自 Lindaman（1999, pp.296-305）的作品。由 Jossy-Bass 在 1999 年出版，經許可後重印。

果關係;計劃能力和／或問題解決能力差;以及衝動、過動、常爆發情緒,以及發脾氣。這些行為大致上可以分成五類:

◇在接受結構化和成人的控制上有問題

◇在形成信任關係上有問題

◇在接受照顧上有問題

◇自尊與感覺到勝任、有價值感方面有問題

◇情緒的調控與表達方面有問題

下一節描述如何選用治療性遊戲的各個面向來回應每一種特有問題下較年幼的情緒需求。

接受結構化和成人的控制方面的問題

在許多受領養兒童的經驗中,世界是不可預知、無法承受、不值得信任,且具有威脅性的。他們一般對這些經驗的反應是試圖去控制並堅持要以一種可預期的「安全」方式去完成所有的事情。他們以發脾氣及外顯的攻擊行為強加此一結構於他們的環境,或退縮到自己的世界中。他們會逃離或拒絕遵從家庭規則。這些問題在年齡較長的受領養兒童身上相當普遍,是多數家長前來求助的首要因素。他們說:「她一定要用自己的方法做每件事情,不管我叫她做什麼,她就是要跟我作對。」「他每件事都要爭論,他不會聽我怎麼說。」

「這就好像孩子說:『我得掌控事情,否則不會有人去做...我必須讓別人做我想要他們做的事,這樣他們才不會做出那些讓我害怕的虐待或忽視我的事情』」(Lindaman, 1999, p.297)。

處理控制的議題。治療性遊戲的結構面向的設計是藉由幫助家長掌控、設定限制,以及讓孩子安全,來處理這些控制的議題。家長們必須了解在家庭環境中結構及可預期性的重要性。這包括了簡單的規則、清楚的限制、小心的監督與督導(有時甚至要讓孩子隨時都跟在一個成人身邊,

假如他是兩歲大的小孩），並且認清轉換和改變所造成的衝擊。家長們必須學會忽略那些分散注意的事物，堅持下去，並且完成活動，以讓清楚的結構可以維持下去。他們必須幫助孩子在他們安全、可依賴的照顧中學會放鬆。因為治療性遊戲是一種結構性的治療方法，且治療師會計劃活動並讓孩子在其帶領下做練習，這讓孩子體驗到，遵從一個成人的帶領會是滿意且有趣的經驗，進而讓他接受成人的權威。幫助孩子接受成人控制，並讓家長學會怎麼進行的一些特定活動包括：遵從帶領者（老師說）、「媽媽，可以嗎？」、紅綠燈、兩人三腳（站在孩子身邊，把你和他相鄰的腳綁在一起，手臂互相環繞對方的腰，走到房間的另一頭），以及讓孩子等待訊號出現才能進行某個活動。

形成信任關係方面的問題

受領養兒童在建立信任關係上常有困難。他們可能會不分對象地表示友善、急迫地要接近每個他們見到的陌生人，但卻抗拒他們的新媽媽的接近，因為害怕再一次被遺棄。他們努力要避開互相承諾的關係，他們可能會避免眼神接觸、不理睬或抗拒肢體的接觸，

展現出一種表面上的友善、不專心，甚至看起來沒有真的「在那裡」和你在一起。他們可能會衝動、不可預料、很難相處，並且很難結交到朋友或維持友誼。Hughes（1997, p.3）點出他們常常「逃避互惠式的樂趣、投入，以及笑聲」，而且他們在和他人相處時的技巧也很有限。

就好像一個孩子對她自己說的：「和人相處時一點都不舒服-我不知道怎麼享受和他人相處的時光，我只能用自己的方式去做。」（Lindaman, 1999, p.298）

處理關係的議題。治療性遊戲中各式各樣的技巧，包括參與性的活動以及新奇的方法，吸引孩子進入一個關係，這在幫助家庭處理此一問題上是相當理想的取向。它鼓勵家長堅持想要爭取的企圖，無論孩子多麼不

情願、不信任，也鼓舞他們在面對孩子的拒絕時能夠維持自信。他們也需要一個好的活動參與的目錄以因應孩子的抗拒。包括使用肢體接觸、眼神接觸、互動式的遊戲、情感的調和，以及情緒狀態的調節，如同父母對待嬰兒一般。首先，孩子也許只會短暫參與，但真實連結的重複經驗可以增進並強化自在與信任的感覺。

當家長注視著孩子的治療師，並仿效治療師的做法進行，他們了解到孩子新的、特別的特質。他們發現特別的雀斑以及新的傷痕和淤青，必須給他親吻、擦藥，每天看看是否被治療得更好了。他們親吻他的舊傷疤並告訴他，他們希望陪在他身邊照顧他，看著他沒有受傷。這個戒慎恐懼、剛剛被領養的孩子剛開始或許會對這種親密的注意置之不理，但大多數的孩子都不會拒絕太久，尤其這還伴隨著對他們的欣賞。那些從來沒有讓任何人接近的孩子，常常在下一個單元中會指出一些新的雀斑或特殊的特質給治療師看，熱切期望治療師會感到高興。

讓孩子們可以融入關係的治療性遊戲活動使孩子和成人一同感受喜悅並樂在其中，如節奏性的吟詠和拍手、躲貓貓、這隻小豬上市場、捉迷藏，以及拔河（家長把孩子拉過來他這一邊）。

接受照顧上的問題

許多受領養兒童不太能允許其他人照顧他們。如果他們受傷了，他們很可能會說：「沒關係，我很好」，對他們父母提供的協助置之不理。許多孩子相當自滿於照顧自己，甚至變成照顧他人的人。相反的，另一些孩子不顧後果、喜歡冒險，無法接受別人撫慰他們的傷口。有些孩子一旦主動詢問，便會接受撫慰，但只以他們自己的方式。Hughes（1997）描述這些孩子是試著要避免被愛、避免感覺對某人很特別，或避免需要任何人。

「這個孩子似乎對他自己說：『我不指望任何人來照顧我，所以我都自己來』」（Lindaman, 1999, p.300）。不顧後果或喜歡冒險的孩子或許還會加上一句：「我不值得被照顧。」

處理照顧的議題。遊戲治療中主要的重點在於找出可以滋養及撫慰孩子的方法。因爲有回應的照顧是形成依附歷程的基礎，重點在於注意孩子臉部及身體的線索、辨認感覺，並做出同調的回應以鏡映出孩子的反應。

提供滋養的照顧對稚齡兒童較爲容易且更爲自然，但基本上這是養父母對於各種年齡的孩子都必須提供的。這包括了抓住每個可以回應孩子需求的機會；擁抱、餵養、沐浴，以及爲他們穿衣；在半夜回應他們對食物及撫慰的需要；並且能保證他們的安全。

家長會發現很難提供一個年長兒童的滋養式的照顧，因爲把他們像個小男嬰一樣又摟又抱、安撫他們，好像有點怪怪的。這樣的照顧往往讓受領養兒童覺得自己很脆弱，因爲在過去，那些應該照顧他們的人們讓他們失望了。因此他們會用各種方式來抗拒，包括過度早熟和自給自足。這些剛領養了孩子的養父母在想要去滋養及撫慰他們時常感到受傷和受挫，因爲孩子不願意讓他們扮演照顧的角色。但有些父母會樂於接受這樣的自給自足，且認爲他們的孩子做得很好。更困難的是，「有衝動想要以照顧新生兒的方式滋養他們的年長養子的父母親，常常會被朋友或家人譏笑說這個孩子『夠大了，不應該把他當作嬰兒』」（Lindaman, 1999, p.302）。基於這些理由，很可能就此放棄了提供滋養的機會，而這樣的滋養可以讓她在關係中漸漸放鬆，允許自己覺得脆弱並仰賴雙親來照顧她。然而，接管照顧中的滋養面向是成功領養的決定性因素。治療性遊戲可以幫助家長找到方法提供受領養兒童所需要的回應性照顧和滋養。

關照傷處、像懷抱嬰兒般搖動、在搖籃中擺盪，以及餵食喜愛的飲食，都可以直接複製早期親嬰關係，並快速建立孩子身爲家中一員的感覺。治療性遊戲有許多間接的滋養方法來處理那些不願意接受直接照顧的孩子。這些活動包括了如蓋手印和腳印、把孩子用皺紋紙的蝴蝶結裝飾起來作爲一個讓父母親拆開的禮物、在孩子身上藏一個棉花球讓家長尋找，以及讓父母在孩子的腳上親吻三下，在吻飛走前爲他把鞋子穿上。

自尊以及感覺勝任與有價值的問題

「許多……領養的孩子覺得自己不勝任、是壞孩子，而且沒有價值。
這些感覺有一部份是來自於他們堅信自己活該遭遇這些壞事，有一部份則
是因為他們未曾經歷過被愛、被溫暖照顧的感覺。」（Lindaman, 1999, p.302）
有些受領養兒童，尤其是那些早年明顯被忽略或缺乏刺激的的孩子，也會
出現認知和發展的問題。這些孩子似乎把自己定義為沒有價值，也表現得
好像根本不值得得到任何好運或成功。

「就好像一個孩子說的：『我不好。如果他們傷害我或是不要我，我也
不算什麼了。』」（Lindaman, p.302）

處理勝任與自尊的議題。為了要對抗孩子的低自尊，很重要的一
點是家長要按照孩子可以成功的程度來期望孩子。這包括了要鼓勵一些非
競爭性與建立信心的活動，並能接納孩子因情緒狀態起伏而造成表現上的
不一致。

許多較年長的受領養兒童無法處理同齡兒童可以自我控制的情境。他
們也許在休息足夠、吃飽飽、覺得不孤單且安全時可以將家庭作業做完，
但當這些支持不見了，他們就沒辦法再做得好了。孩子可能會忘記做作業、
沒辦法專心、違規，並在壓力下崩潰了。家長的心聲是：「他知道怎麼做得
更好的，他是故意那樣讓我生氣的。」實際上，當時孩子並不知道有什麼
更好的法子，他被那些無法控制的感覺淹沒了。

家長必須去學習預期孩子不一致的表現、智力能力與情緒自我控制間
的差異，以及學校表現和家中行為間的差異。他們需要被提醒的是：「有時
候瓊安比較像兩歲小孩，你會不會放任你的兩歲小孩不管，還預期他面對
誘惑時能努力自我控制？」我們要幫助家長從教導、說理及等待孩子行止
合宜，轉移到能了解、預期並主動滿足孩子較年幼的需求。只要他們能對
孩子的情緒需求更有回應，不時出現的孩子氣、失控行為便會消失。

治療性遊戲活動必須能導向每個孩子較年幼的需求。這表示要提供更

多滋養及照顧而非挑戰,合作而非競爭性,以及保證孩子可以成功的挑戰性活動,可以幫助他們更有自信。

情緒調節與表達的問題

受領養兒童在情緒的調節與表達上有很大的困難。突然地,而且沒有明顯的理由,他們會突然「失去理智」。他們可能會亂發脾氣、衝動地打或傷害他人,或是跑開。有些時候,他們會好像沒有感覺而且沒有情緒反應,就好像和自己的感覺相當疏離,忽然跳進一種不受控制的狀態。這些孩子常常經歷這種好像飽受驚嚇的感覺。許多孩子和他們的感覺太過脫節,以至於命名感覺時相當困難。

「這孩子似乎認為情緒很令人害怕。他可能是在對自己說:『我只能處理某個限度內的感覺,要不然它們會滿出來;即使感覺不錯,也可能是很可怕的。』」(Lindaman, 1999, p.304)

處理情緒調節與表達的問題。要讓一個缺乏自我調節、專注能力及對壓力有所回應等早期經驗的孩子冷靜下來是很困難的。被照顧、安撫及滋養的經驗提供孩子日後可以聚焦、專心、控制衝動,以及辨認情緒的樣板。

面對一個失去控制的孩子,家長們往往會驚慌失措,害怕它們的孩子長大後會變成一個暴力的傢伙。他們也可能會變得很生氣,自己也失去控制了……即使是比較不暴力的情緒,如孩子的悲傷及難過,也會擾動父母的哀傷感覺,而使得他們很難去滿足孩子的需求。

孩子在調節及觸及自己情緒狀態方面的困難可以藉由滋養的各個面向處理,以及由治療師及家長提供情緒同調的多重經驗以及對孩子感覺的確認。(Lindaman, 1999, p.304-305)

設計來幫助孩子學習調整他們興奮感的遊戲(以慢和快、大聲和輕柔、等待信號等來進行活動)都讓孩子有機會能練習自我控制及自我調節。

　　遊戲治療師幫助孩子藉由辨認情緒（「你今天一定很不好受……看起來你好像覺得有點難過」或「我看到你眼睛裡的亮光，而且你笑了……你今天看起來很高興哦」）以及認可情緒（「那一定讓你氣得不得了！如果那發生在我身上的話，我一定會很沮喪的」），來更接納自己的情緒。接下來的遊戲中，家長和孩子界定出面部表情的意義，這可以幫助孩子更能意識到自己及他人的感覺。孩子跟治療師討論出一種感覺，讓孩子用表情或肢體表現出來，讓他／她的父母講出這是什麼感覺，然後輪父母來做。一但感覺被界定出來，孩子與父母都可以說出是什麼讓他們有這樣的感覺。

　　接下來的案例研究說明治療性遊戲療法在一個年幼的受領養兒童身上如何實行。

案例說明

初次晤談資料的摘要

　　卡洛斯是一個三歲大的男孩，與他的養父及養母，還有他們親生的兩個五歲和七歲孩子住在一起。卡洛斯出生後沒多久就在育幼院裡生活，是他的母親遺棄了他。卡洛斯在一年之後離開了那個忽略兒童的育幼院，安置在紀氏夫婦家中寄養，當他 30 個月大時，紀氏夫婦收養了他。

　　紀太太帶卡洛斯前來求助，她說他是一個乖巧、可愛，而且迷人的孩子，但也非常獨立而且有時候很難管教。她說卡洛斯似乎不在乎限制，且只做自己喜歡的事，不顧成人的指導、指示、設定規則，或懲戒。讓她特別擔心的是卡洛斯會做危險的事情，例如，家裡上鎖卻還能自己離家。他也會固執地重複某些行為，例如把東西丟進馬桶裡。

　　紀先生是一位現役軍人，當母親求助時他無法到場。因為他要離家兩

個月，在沒有父親的狀況下進行衡鑑和治療，計劃在後期再讓他參加治療單元。

Marschak 互動法（The Marschak Interaction Method，MIM）

卡洛斯和紀太太之間的互動以 MIM 觀察。MIM 的作業包括：玩玩具動物、玩一個熟悉的遊戲、教卡洛斯一些東西、幫對方擦乳液、把卡洛斯單獨留在那裡一分鐘、告訴卡洛斯他是在何時加入這個家庭、幫對方戴上帽子、讓卡洛斯複製紀太太的積木結構，以及互相餵食。

以下描述他們在三個 MIM 作業中的互動，用來說明衡鑑與治療的計劃過程：

1. **和孩子玩一個你們兩個都很熟悉的遊戲**。媽媽很快地開始起始一個節奏性的拍手遊戲。她規律地拍著，而卡洛斯偶爾可以跟上，但很清楚可以看到其中的趣味才是重要的事情，媽媽並沒有要求卡洛斯要很精確地拍到手。一開始，媽媽拍手的速度對卡洛斯來說有點太快了；然後她慢下來，而且把動作簡化，這樣就能在歌曲結束的時候一起拍了。卡洛斯想要一做再做，紀太太也答應了。有一段時間，她引領一段很快而且很激烈的拍手遊戲，結束的時候兩個人都大叫出最後幾個字，而且卡洛斯還向後倒下躺在桌上。媽媽把他拉起來並且說：「再來一次，我們把它做得很慢、很輕柔。」卡洛斯立刻又加速了起來，紀太太試著要讓他慢下來，然後又加速到讓卡洛斯跟不上。遊戲結束時，媽媽大大地擁抱而且親吻卡洛斯的脖子，這時他相當興奮地笑著。

2. **大人離開房間一分鐘，留下孩子**。紀太太表示他不太願意離開。卡洛斯的表情很認真，一邊磨擦著自己的臉。紀太太向他保證

說:「卡洛斯,媽媽等一下要過去那邊一分鐘……媽媽要過去那邊就像(彈一下手指頭)然後就會像這樣回來(又彈一下手指)。」當媽媽一離開桌子,卡洛斯邊起身離開椅子去找裝著 MIM 材料的袋子,找到了那個裝著食物的袋子。他手上拿著食物的時候偷瞄了攝影機好幾次。媽媽回來了,卡洛斯問他是否可以吃這小餅乾,媽媽回答:「我不知道耶……讓我們來找找看是不是有張卡片上寫『卡洛斯吃餅乾』,也許我們會找到這張卡片哦。」而她也這麼做了。

3.**成人與兒童互相餵食**。一開始,紀太太扮演「寶寶」,讓卡洛斯來餵她。當她想要餵他時,卡洛斯拒絕,而且自己吃將起來。她很堅持,一直試到第五次,他才同意從她那邊吃一小塊餅乾。他已經可以照顧他自己,而且又吃起自己的小餅乾,但她仍成功地勸服他從她這邊接受兩塊小餅乾。

觀察的摘要

從這樣的互動中,可以很清楚看到卡洛斯和紀太太喜歡共處的時光;他們已經發展出熟悉的、愉快的遊戲和對話模式。卡洛斯有時候會測試情境的限制,或是想要獨立完成某些活動,不要其他的協助。他排拒滋養,而且似乎在幫媽媽擦乳液或餵媽媽時比接受這些照顧時更覺得自在。紀太太很活潑且投入,她很熱衷於卡洛斯完成的事物,並且給予熱情的稱讚。在她知道某個活動會有困難時,如離開卡洛斯,當她告訴他關於加入這個家庭的種種時,或是等待著被餵養時,她會表達同理並試著在這些時候能有額外的幫助。有時候她以更大聲或肢體上更有侵入性的方式將卡洛斯的興奮更佳提高,然後紀太太用口語指導或說明來指示或安撫卡洛斯。她在設定限制上好像有點矛盾,且常常讓卡洛斯照自己想要的方式去做事。

回饋單元

　　在回饋單元中，臨床工作者與紀太太坐在一起並回顧和討論 MIM 錄影帶中的片段。她們體會到紀太太和卡洛斯彼此間強烈的情感，也點出紀太太許多有技巧、活潑，以及投入的態度，以及在卡洛斯斷然拒絕她時，她仍能堅持。她們也指出紀太太建立結構或設定限制時，卡洛斯有良好的回應。

　　回顧拍手遊戲時，媽媽注意到她並不覺得太過興奮對卡洛斯而言是一個問題，所以只要他想變快，她就依他。紀太太說，只要可以，她會讓他自己做選擇。這給了臨床工作者機會和媽媽討論建立結構在依附形成中的重要性，以及在稚齡兒童的觀念中，成人是可以負責保護他安全的人。媽媽回答：「這就是卡洛斯的問題所在，我是個權威角色，他就只做會讓他高興的事情。」

　　當回顧「父母離開房間」時，紀太太說出她離開卡洛斯時感到不舒服，因為她覺得他好像很憂慮而且有些困惑。治療師指出她很清楚地告訴他說媽媽會很快就回來，且讓卡洛斯在媽媽不在時有一些事情可以做，這都是相當有幫助的。卡洛斯探索各種東西並不是惡作劇，臨床工作者將之解釋為這是卡洛斯在媽媽不在時照顧自己的方式。卡洛斯瞄了攝影機一眼以及等媽媽回來後才吃餅乾，被解釋為發展內在控制及良心的第一步。但紀太太不同意這樣的說法，她說卡洛斯如果真的覺得他是孤獨一人的話，他應該就會吃起餅乾來了，這引導到討論起卡洛斯的遊蕩及離家。臨床工作者講解學步兒典型的安全基地行為（secure-base behaviors）。他們認為卡洛斯在媽媽身邊遊蕩或是離家也許是來自他在那些時候感受到缺乏連結。紀太太說她發現這些訊息相當有用──卡洛斯在那些時候並非故意不聽話或作對，而是反映出暫時性的與她失去連結。

　　在看餵養作業時，紀太太說：「你看到他不讓我餵他了嗎？我覺得我都快死了。」她聯想到卡洛斯在兩歲以前自己進行的如廁訓練，她說：「現在

我知道那是不讓我關心他的方法了——他太年幼,要完成這件事太困難了。」紀太太承認有時候卡洛斯極度的獨立幫了她很大的忙,也就是「少了一個孩子要照顧」。另一方面,紀太太說她總是在卡洛斯要求要餵的時候抓住機會餵他,她看到卡洛斯對於無秩序的喜愛,好像一扇進入他嬰兒那部份的窗。臨床工作者支持紀太太意識到滋養卡洛斯的重要性,以及她在MIM 中堅持要找到方法讓他接受餵養。紀太太回答:「我聽到我應該要成為照顧者,而非卡洛斯。」

　　基於初始晤談得到的資訊、MIM 的觀察,以及回饋討論,臨床工作者建議進行治療性遊戲療法。他們覺得治療性遊戲中的個人投入、建立結構以及照顧的面向可以處理卡洛斯的情緒需求。卡洛斯和其他的受領養兒童一樣,需要去控制他的環境並且照顧自己才會比較自在。這種控制和自我照顧對一個三歲的孩子來說是一個沉重的負擔,而且它擾亂了依附的歷程,也干擾了適合該年齡的其他發展要務。治療的立即目標是幫助卡洛斯能更自在地(1)在活潑、互動式的環境中遵從治療師的引導(結構);以及(2)接受滋養式的照顧(滋養)。另外,增加適合該年齡的投入並且減少挑戰也相當重要。因為卡洛斯的技巧中有一些過於早熟,這會讓他的媽媽待他像對待一個年長的孩子,且會用教導和說理的方式讓他接受她設下的限制,而非用更個人化、肢體碰觸的方式與他互動或讓他接受照顧。另一個目標是讓紀太太盡快進入由家長主動、直接的結構建立與滋養的角色。在第一週安排了兩次三十分鐘的單元,之後則是每週一次。

治療

第一單元

　　有三個大枕頭放在地板上,之間都隔著幾英吋,排成一條通往懶骨頭椅的小路。治療師拉著卡洛斯的手在他面前蹲下。

治療師：卡洛斯，我想看看你可不可以一路跳過這些枕頭到那邊的懶骨
頭椅；等我的信號哦，當我說「跑」的時候你就跳……一、二、
三——跳！（*幫卡洛斯安全跳上枕頭，繼續拉著他的手並維持眼
神接觸。*）讓我們再來一次！

卡洛斯：（*開始從懶骨頭椅上移開。治療師幫助他坐進懶骨頭椅裡，兩個
人都跨開腿坐，互相面對面。*）

治療師：現在，讓我們看看你今天帶了什麼來。你帶了你的頭髮（*輕輕
撫摸*），你帶了大眼睛。

卡洛斯：（*提到眼睛的時候，卡洛斯把手放在眼睛上。*）

治療師：哦，你知道那個遊戲嘛。就這麼做，「批—喀—布」（peekaboo）。
讓我們一起來做。（*做幾次同步移動的例子，每次都是用手覆蓋然
後再移開自己的眼睛。*）我有一個好玩的方法來玩這個遊戲；我
要拿起你的腳囉。（*把卡洛斯的腳放到他的眼前，又偷看了一下。
卡洛斯忍著不說「布」，但很快的，他們在最後一次時同聲說出*）
現在我想看看你的拇指，因為我知道你在進房間的時候撞到了。
是這一隻嗎？（*卡洛斯點頭*）哦，你的拇指受傷了我也很難過，
讓我們擦擦藥，好好照顧它。

卡洛斯：（*向後躺臥在懶骨頭椅裡，看起來很放鬆，很有興趣地看著治療
師照顧他的拇指*）

治療師：我要很小心，以免擦得太用力（*開始唱「哦藥水，哦藥水在卡
洛斯的手上……」*）

卡洛斯：（*皺著臉，疑惑地看著治療師*）

治療師：也讓我們看看你另一隻拇指吧，雖然它沒有受傷（*又唱起歌來*）。
我猜你在想我的藥水歌到底在幹嘛。

卡洛斯：更多！

治療師：哦，你想要更多。

卡洛斯：我想要放一些在我的——我可以放一些上去。

治療師：讓我們看看我有沒有辦法給你一隻滑溜溜的小手（*塗抹更多藥

水在卡洛斯其中一隻手上，治療師的雙手把他的手包住並且來回塗抹，說：「滑、滑、滑溜溜的手。」卡洛斯的手在其中滑來滑去。治療師向後坐一些。卡洛斯則向前坐，把另一隻手也拿出來。治療師把他的雙手都弄得滑溜溜的，然後向後躺臥。）你可不可以抓到我的手把我拉起來？（卡洛斯把她拉起來）哦，很好。看，我們可以把手疊起來。（即使有一些肢體的協助，卡洛斯仍有點跟不上疊手的指令。治療師認為值得用簡單一點的指令再試一次，在每次手移動時說：「上面、上面、上面」並且看著卡洛斯的眼睛。越做越好了，但治療師在全部做完之前就停止這個活動，因為這有點難，而且卡洛斯也失去興趣了。卡洛斯朝著治療師伸出一隻腳。）卡洛斯，你的腳怎麼啦？你的腳指頭上有個「哦伊」。我得在上面塗一點藥水。

卡洛斯：大藥水。

治療師：哦，你喜歡有很多藥水。（*卡洛斯開始在懶骨頭椅裡扭動身體，看起來躁動不安*）

治療師：讓我來幫你在椅子裡坐好。（*卡洛斯做了鬼臉。*）你覺得這樣很有趣嗎？這樣會發出噪音，不是嗎？像這樣會讓它更吵哦。（*表演給卡洛斯看如何從一邊搖到另一邊，讓懶骨頭椅裡的粒子完全被擠壓。他照著她做。治療師拿了一個大枕頭橫放在卡洛斯的大腿上，作為下個活動的準備，而且可以讓他坐好。*）卡洛斯，我要拿很多藥水來而且把它放在手上。我們要在你手上畫一幅特別的圖。

這樣的互動持續了大約十分鐘，或典型的治療性遊戲單元的三分之一。治療師繼續引導卡洛斯進行好幾個投入性的活動，比方說向上丟高沙包數到三再接住，或是讓他依指令扭動腳指頭玩「一二三木頭人」。卡洛斯大部分都向後躺臥在懶骨頭椅裡，用一種放鬆、孩子氣的姿勢面帶微笑盯著治療師看。在第一單元中，他並沒有表現出太多的抗拒。當他躁動不安或想要自己做些什麼事的時候，治療師便鼓勵他「再做一次」這個活動。

治療師發現不必用更複雜的活動來讓卡洛斯投入；他看起來相當滿意於玩一些非常稚齡的遊戲，那些可能是當他還是嬰兒時沒有機會玩到的。到了餵卡洛斯吃東西的時候，治療師準備好奶油餅乾。他看起來戒慎恐懼，接受了第一口。他試著要拿住餅乾再吃第二口，但當治療師把這個活動改為聆聽卡洛斯嚼餅乾，他就仍讓她拿著餅乾。卡洛斯說他咬到自己的舌頭了，治療師檢查了一番卻沒發現咬到的痕跡。之後她說會小心翼翼的餵他，以免受傷。當治療師為卡洛斯吟唱一首特別的「小星星」（你是個特別的男孩子……），幫他穿上鞋子和襪子，並告訴他下次他們會怎樣一起遊戲之後，他再次看起來很輕鬆。卡洛斯的母親以及解說的治療師進入治療室後，一起觀賞他的手印，並且喊著一、二、三，把卡洛斯高高舉起。

雙面鏡後的母親及解說的治療師。解說的治療師和紀太太安靜地觀察這一單元的起始。當卡洛斯變得有點躁動，解說的治療師點出卡洛斯的治療師的處理方式是輕柔地協助他坐好並且改變活動，或者是建議「再做一次」。因為紀太太習慣在面對那些不危險或無傷害性的事情時，會讓卡洛斯「自己決定」，她便質疑這個由大人主導的做法：「難道不應該讓他練習決定他想做的事嗎？」解說治療師提醒她在回饋單元中所討論到的：「安全依附的發展有賴於孩子能體驗到成人可以主導一切並讓一切維持安全及有結構。只要他可以更安全地依附，他就更能準備好獨立處理事情。現在他練習的獨立則是與你毫無內在連結。」

當他們觀察到治療師密切注意他的身體並照顧他的方式吸引了卡洛斯的注意力，解說的治療師評論道：「這些很簡單的嬰兒遊戲和活動最能抓住他的興趣並讓他專注，他似乎很喜歡舒舒服服躺臥在懶骨頭椅上，就好像那提供了某種程度的安全感及舒適感。這些種類的活動可以幫助他開始覺得和你更有連結。」

第二單元

　　第二單元的開場，卡洛斯爬過由枕頭築起的隧道到達懶骨頭。他接受並樂於玩檢查的遊戲，這已經成為一個特別的儀式了：轉轉他的腳趾，玩躲貓貓，讓治療師檢查並照顧他的傷口。治療師要卡洛斯在一個信號後用他的腳把她弄倒，然後用他的手把她拉起來。他開開心心地做了兩次，但第三次，他向後拉並且說：「不拉妳起來。」治療師把這個抗拒化成一個小挑戰，說：「哦，卡洛斯，我想和你一起玩——看看你能不能用你強壯的手臂把我拉起來。」卡洛斯面帶微笑拉了她一把。治療師幫助卡洛斯遵從她的結構並練習自我調節，她開始唱起歌來，並且搖晃著身子「白浪滔滔我不怕，掌起舵兒往前划……」，前後移動、左右擺動、快然後慢。她評論道：「你可以快，也可以慢，真是靈巧。」幾個其他的活動聚焦在等待信號然後再動作。這一次，卡洛斯準備要抗拒直接的滋養。當餅乾由別人拿給他，他說了好幾次：「我想要自己拿。」治療師回答：「我知道你想要自己拿，但在這裡，我想為你做這件事。」卡洛斯拒絕。她說：「你想要緊緊拿住它，是嗎？」他點頭。「如果我像這樣把它放在手指頭上，你可不可以吃一口？」卡洛斯回應這個挑戰，並且一口就把整塊餅乾吃下去。她回答說：「哦，天啊，你吃了整塊餅乾——那會塞滿你的嘴巴。繼續嚼啊，我可以看到它在你嘴裡的位置呢。」治療師決定不要再繼續為了餅乾而爭執。她和卡洛斯躲在一條毯子下面，然後叫媽媽和解說的治療師進來，當她找到他，卡洛斯興奮地告訴媽媽剛剛他玩的遊戲。

　　這一單元也接近尾聲了，治療師拿出一罐用手擠出來喝的果汁，並讓卡洛斯坐在她的腿上。她請媽媽坐靠近一點並聆聽他吞嚥的聲音，看著她喝果汁時冒出的泡泡。很快地，卡洛斯玩了起來，他咬著瓶口並指出他在做的事情。然後，卡洛斯要求坐在媽媽腿上。治療師一開始沒把他抱過去，因為她知道如此一來可能會讓他拒絕媽媽的餵食。讓大家大吃一驚的是，他依偎在媽媽的腿上，並且接受媽媽用瓶子餵他。這一單元的結尾是媽媽和治療師一齊唱了「小星星」，並在幫他穿上鞋子時，親吻卡洛斯的腳。

雙面鏡後。解說的治療師指出卡洛斯現在展現出越來越多故意的抗拒，比如「不拉你起來」或「我想要自己拿」。她告訴紀太太，習慣於大吼大叫的孩子一般都是以越來越直接的方式測試看看治療師以及他的父母是不是真的會被他惹毛。注意到治療師如何把活動導向另一個方向，而非面質他的抗拒。稍後，也許會有某個時機需要直接地面質，但現在，只要讓活動更有趣，讓卡洛斯繼續參與即可。當卡洛斯和他的治療師玩划船遊戲時，解說的治療師評論治療師如何幫助卡洛斯調節他的活動量及興奮度，她繼續解釋活動量和警醒程度的調節是養育年幼嬰兒的一個重要部份。面對受領養兒童時，很重要的一點是他們的新爸媽要提供某些他們過去失去的經驗。雖然紀太太並不覺得卡洛斯太過容易興奮起來，他仍然需要知道她可以讓他冷靜下來，並且調節他的衝動。

在第二單元與第三單元之間，治療師打了電話給紀太太，她對於在那次治療中卡洛斯願意接受她手上的瓶子讓她嚇了一跳。他也讓她在帶他上床睡覺前，一邊搖著他、一邊唱著歌、一邊用奶瓶餵他果汁。

第三單元

這一單元的開端是前兩個單元中發展出來的檢查和溫柔的例行遊戲活動。然後，為了要增加他對親密接觸和擁抱的舒適感，治療師像搖籃一樣把卡洛斯抱在腿上，玩著「吹氣」的遊戲，當她碰他臉上的特定部位時，就發出有趣的聲音。兩個人輪流這樣玩，讓他也成為活動的起始者。

當他的母親參加這一單元時，她引導這些治療師所教的活動。卡洛斯的治療師把他抱在腿上面對媽媽，並且協助他等待輪到自己。接下來，卡洛斯換坐到媽媽腿上，開始玩起之前他和治療師玩得很開心的吹氣和發出怪聲的遊戲。治療師鼓勵媽媽再做一次，或是在卡洛斯開始要掌控遊戲時重新指導。卡洛斯坐在她的腿上，她用奶瓶餵他喝果汁。一開始他接受了，然後，他變得安安靜靜的，而且看起來有點難過。他移動手想要控制奶瓶，

而治療師則介入去挪開他的手。他開始動來動去,最後說:「我想要自己拿著我的小瓶子,」過了一會兒他說「把它放進我的背包裡。」他允許「在你走之前再喝一小口」,並且和他媽媽確認家裡還有果汁可以喝。治療師們和媽媽一同給他唱了小星星的歌。

雙面鏡後。解說的治療師點出卡洛斯在被抱著的時候似乎比較自在了。她也告訴紀太太當她進入遊戲室時,她會被要求做相同的這些活動。

第四單元

這一單元中,治療師當馬給卡洛斯騎,媽媽則被指示看著卡洛斯的臉,確認他的安全和舒適。當治療師把卡洛斯的鞋子脫下並取出她的藥水,他記起他早先的傷口,並說:「我的拇指已經不痛了。」治療師回應:「很好,我想我們之前把它照顧得很好。」她唱了好幾次藥水歌,同時照顧卡洛斯的手和腳、模仿他的臉部表情、看著他強壯的牙齒,並且用他的腳來玩隨韻律拍動。在這些活動進行時,她位在距卡洛斯大約 30 到 40 公分之處,面對他,全心全意地注意他,就像是父母對待新生兒般注意和讚賞他的一切。卡洛斯陶醉在這樣的注意當中,期待著有他喜歡的活動(「你要不要玩這個?」他把自己的手掩住眼睛準備玩躲貓貓),並在治療師忘了例行活動中的一部分時告訴她(「你要唱『哦,藥水』嗎?」)治療師讓卡洛斯閉上眼睛,並且要告訴她身體的哪個部位被棉花球輕輕觸碰到;然後她在卡洛斯身上藏了三個棉花球讓媽媽來找。他的媽媽參與了這個單元,讓卡洛斯開心的是,媽媽找到了棉花球,並且輕柔地撫摸他。之後他們玩了更具活動性的遊戲,就是用嘴吹氣讓棉花球在他們兩人之間跑來跑去;治療師暗示媽媽要維持這個活動中的主導性。卡洛斯沒有拒絕媽媽用奶瓶餵他。治療師和媽媽用毯子把他包起來輕輕搖動,一邊唱著「乖乖睡,卡洛斯」。他笑著、發出咯咯的聲音,說道:「滿好玩的。」唱完小星星,並在他穿上鞋襪之後,她們也幫卡洛斯站起來。他立刻走向媽媽,並且舉起雙手準備要

被媽媽抱起來。

雙面鏡後。治療師指出卡洛斯對治療師安靜、撫慰、注意、肢體的活動很有回應，而且似乎對他有很深的影響。「當他躺在那邊看著她的眼睛時，就好像一個小嬰兒一樣。這些是他遇到你之前沒有機會經驗到的各種活動。你可以在家和他一起做這些事嗎？它們會對他與妳的聯繫感產生很大的影響。」

在第四與第五單元間的電話聯繫中，卡洛斯的媽媽報告說他似乎很不一樣了。他要求媽媽以各種以前他不允許的方式來照顧他。從治療開始至今，他已經不再隨意出門遊盪了。重複性活動的頻率和衝動都下降了。紀太太把卡洛斯的時間安排得好好的，這讓他沒時間也沒辦法接觸那些被禁止的事物。

卡洛斯還有兩個單元是使用早先提及的各種活動並讓媽媽加入成為領導活動進行的角色。她的家庭作業是每天主動去擁抱、搖動，或餵養卡洛斯，盡量在家從事類似治療單元中參與的各種有趣遊戲，並在他的環境中提供更多結構性以及成人控制的份量。因為她可以在家裡實行這些建議，而卡洛斯的反應也很好，治療師建議之後四到五次的治療單元可以先省下來以備未來不時之需，比如父親可以到場參加，或是有其他問題浮現時。

治療收穫

卡洛斯與他母親展現出的進步是治療性遊戲的典型成果。大部分家長報告說他們覺得和孩子越來越親近且有更多連結，對孩子的感覺和行動也有更多了解，而他們自己也覺得被傾聽、被理解，以及被支持。通常孩子的行為問題也會減少，如故意作對、鬧脾氣、憤怒，以及退縮，而且對於父母引導的合作度及接受度都會提高。對像卡洛斯這樣的孩子而言，進步的最佳指標就是他們會轉而向父親或母親尋求撫慰與照顧。

　　雖然卡洛斯只有三歲，以上描述的活動也適用於六歲或七歲大的孩子。更大一點的孩子則需要更多樣、更富挑戰性，而且更複雜的活動。但其中治療的重點仍在欣賞、樂趣、投入、引導，以及對孩子的照顧，並且幫助孩子接受這些互動。

摘要

　　治療性遊戲是一個有效、短期的治療方法，可用來幫助受領養兒童與他們的養父母發展出更好的關係以及更安全的依附。要達到這個目標需藉由不斷重複以有趣、吸引人投入、肢體的互動來達成，而這些正是健康的親嬰關係中的典型互動，這些互動中包括的所有成分對於建立安全依附及健康的自我意象都相當重要：結構、投入、養育，以及挑戰。雖然形成依附需要很長的時間，短期型態的治療性遊戲療法可以開啟依附的過程，並給予家長和孩子一些在直接的治療完成後仍能持續進行的方法。

　　對於領養家庭而言，治療性遊戲中最關鍵的面向是協助家長認識並滿足孩子較年幼的需求，並幫助孩子接受父母所提供能增進依附的互動。治療過程中使用治療性遊戲的各個面向來處理以下五類受領養兒童典型行為問題中較年幼的情緒需求：

◇在接受結構及成人控制上有困難的孩子是以結構的面向來處理。教導家長如對待他們更年幼的孩子般地提供限制和結構：使用簡單的規則、設定清楚的限制、保持孩子隨侍在側、監督行為，並能了解親權轉換所帶來的衝擊。

◇在形成信賴關係上有困難的孩子是利用投入的面向來處理。家長學習去使用各式各樣的活動（由嬰兒遊戲修改而成）誘使孩子進入一種關係：使用肢體互動的遊戲、用各種有趣的方式尋求眼神接觸，

並且投入給與取的活動,這可以讓情感同調並調節情緒狀態。

◇難以接受養父母照顧的孩子是以滋養的面向來處理。治療性遊戲的活動包括餵食、擁抱,以及搖動。在家裡,父母也可以加入沐浴、穿衣、安排撫慰式的睡前活動、回應孩子在夜晚的需求,並且確保孩子的安全。

◇在感覺勝任及有價值方面有問題的孩子是藉由挑戰的面向來處理。治療師會協助家長依孩子的情緒發展程度來選擇挑戰性的活動,如此一來他便能感受到成功及勝任。家長也學習容許自我控制及行為表現可以有不一致。

◇最後,當孩子的問題出現在情緒的調節及表達時,可利用養育的面向,以及許多情感同調及確認孩子感覺的經驗來處理。

成功的治療取決於孩子被領養當時的年齡、領養後多久才開始治療、依附—創傷的問題有多嚴重,以及孩子的復原力,也有賴於家長對這件困難的任務願意投入多少能量和承諾。然而,治療性遊戲無法獨擔重任,或許在遊戲治療之前、之後,或是進行的同時會需要其他治療方法一同介入。

治療性遊戲的特殊角色在於建立孩子與養父母之間一個更好、更信賴的關係。在他們與養父母的關係中發展出來的信任感與安全感會是撫慰及穩定性的來源,那可以將孩子解放出來,進而幫助他們面對經驗的其它層面。

參 考 文 獻

Ainsworth, M. (1969). Object relations, dependency and attachment: A theoretical review of the infant–mother relationship. *Child Development, 40,* 969–1025.

Bowlby, J. (1969). *Attachment and loss: Vol. I. Attachment.* London: Hogarth Press.

Bowlby, J. (1973). *Attachment and loss: Vol. II. Separation, anxiety and anger.* London: Hogarth Press.

Bernt, C. (1990). *Theraplay as intervention for failure-to-thrive infants and their parents.* Unpublished doctoral dissertation, Chicago School of Professional Psychology, Chicago, IL.

Hage, D. (1995). Therapeutic parenting: Part I. A personal journey. Part II. The ACE Philosophy of Parenting. In C. A. McKelvey (Ed.), *Give them roots, then let them fly: Understanding attachment therapy* (pp. 177–212). Kearney, NE: Morris Publishing.

Hopkins-Best, M. (1997). *Toddler adoption: The weaver's craft.* Indianapolis, IN: Perspectives Press.

Hughes, D. (1997). *Facilitating developmental attachment: The road to emotional recovery and behavioral change in foster and adopted children.* Northvale, NJ: Aronson.

Hughes, D. (1998). *Building the bonds of attachment.* Northvale, NJ: Aronson.

James, B. (1994). *Handbook for treatment of attachment–trauma problems in children.* New York: Lexington Books.

Jernberg, A. M., & Booth, P. B. (1999). *Theraplay: Helping parents and children build better relationships through attachment-based play* (2nd ed.). San Francisco: Jossey-Bass.

Karen, R. (1994). *Becoming attached: Unfolding the mystery of the infant–mother bond and its impact on later life.* New York: Warner Books.

Koller, T. J. (1976). *Changes in children's intelligence test scores following Theraplay.* Paper presented at workshop for Comprehensive Mental Health Center, LaPorte County, IN.

Kohut, H. (1971). *The analysis of the self.* New York: International Universities Press.

Kohut, H. (1977). *The restoration of the self.* New York: International Universities Press.

Lindaman, S. (1999). Theraplay for children who are adopted or in foster care. In A. M. Jernberg & P. B. Booth (Ed.), *Theraplay: Helping parents and children build better relationships through attachment-based play* (pp. 291–333). San Francisco: Jossey-Bass.

Lindaman, S., Booth, P. B., & Chambers, C. (1999). Assessing parent–child interactions with the Marschak Interaction Method (MIM). In C. E. Schaefer, K. Gitlin-Weiner, & A. Sandgrund (Eds.), *Play diagnosis and assessment* (Vol. 2). New York: Wiley.

Mahan, M. (1999). *Theraplay as an intervention with previously institutionalized twins having attachment difficulties.* Unpublished doctoral dissertation, Chicago School of Professional Psychology, Chicago, IL.

Marschak, M. (1960). A method for evaluating child–parent interaction under controlled conditions. *Journal of Genetic Psychology, 97,* 3–22.

Marschak, M. (1967). Imitation and participation in normal and disturbed young boys in interaction with their parents. *Journal of Clinical Psychology, 23*(4), 421–427.

McKelvey, C. A. (Ed.). (1995). *Give them roots, then let them fly: Understanding attachment therapy.* Kearney, NE: Morris Publishing.

Morgan, C. E. (1989). *Theraplay: An evaluation of the effect of short-term structured play on self-confidence, self-esteem, trust, and self-control.* Unpublished research, The York Centre for Children, Youth and Families, Richmond Hill, Ontario, Canada.

Munns, E., Jenkins, D., & Berger, L. (1997). *Theraplay and the reduction of aggression.* Unpublished research, Blue Hills Child and Family Services, Aurora, Ontario, Canada.

Ritterfeld, U. (1990). Putting Theraplay to the test: Evaluation of therapeutic outcome with language delayed preschool children. *Theraplay Journal, 2,* 22–25.

Stern, D. N. (1985). *The interpersonal world of the infant: A view from psychoanalysis and developmental psychology.* New York: Basic Books.

Stern, D. N. (1995). *The motherhood constellation: A unified view of parent–infant psychotherapy.* New York: Basic Books.

The Theraplay Institute Newsletter. (1980–1999). Chicago: The Theraplay Institute.

Welch, M. (1988). *Holding time.* New York: Simon & Schuster.

Winnicott, D. W. (1958). *Collected papers: Through paediatrics to psychoanalysis.* London: Tavistock.

Winnicott, D. W. (1965). *The maturational processes and the facilitating environment: Studies in the theory of emotional development.* London: Hogarth Press.

Winnicott, D. W. (1971). *Playing and reality.* London: Tavistock.

第 *9* 章

讓父母參與困擾兒童的短期遊戲治療並從中獲得力量

Cheryl B. McNeil, PhD, Department of Psychology, West Virginia University, Morgantown, West Virginia

Alisa Bahl, MA, doctoral candidate, Department of Psychology, West Virginia University, Morgantown, West Virginia

Amy D. Herschell, MA, doctoral candidate, Department of Psychology, West Virginia University, Morgantown, West Virginia

導言

　　這一章，我們要討論的是針對困擾兒童進行的十二單元遊戲治療模式（McNeil, Hembree-Kigin, & Eyberg, 1996, 1998）。第一到七個單元著重於孩子的個別治療，第八到十二個單元則著重在將遊戲治療傳授給父母親。我們相信父母親是在短時間內達到目標的關鍵，因為他們可以在治療時間之外持續支持我們的努力。家長以三種方式融入此模式：(1)建立時間的架構，讓我們可以在每個單元中有明確的登入和登出；(2)每週給他們分派作業以支持治療目標；(3)教導他們在家使用遊戲治療的技巧以達到某些目標，如增進親子關係、促進孩子的自尊（McNeil et al., 1996）。在納入父母

親的參與之外，這個十二單元模式的特點在於其多產性（productivity）。除了清楚講述治療目標之外，在每週單元之前也會先將目標建立起來，如此一來它們便可相輔相成。藉由結構化每個單元來達成這些單元的目標，這樣便形成了治療師導向、任務導向的治療成分來引領由兒童主導的遊戲。另外，有力的行為管理策略被用來協助預防困擾行為干擾該單元的目標（McNeil et al., 1996）。

親子互動治療：人本取向的實證基礎與理論基礎

本章描述的遊戲治療模式有一部份的基礎是親職訓練的設計，也就是所謂的「親子互動治療」（以下簡稱 PCIT, Parent-Child Interaction Therapy; Eyberg, 1988; Eyberg & Boggs, 1998; Membree-Kigin & McNeil, 1995）。在過去的實證研究中，PCIT 在治療兒童困擾行為及品行問題的成效上獲得了支持（e.g., Eisenstadt, Eyberg, McNeil, New-comb, & Funderburk, 1993; Eyberg, Boggs, & Algina, 1995; Eyberg & Robinson, 1982; Schumann, Foote, Eyberg, Boggs, & Algina, 1998）。有研究指出，父母若參與 PCIT，這些孩子的行為問題在臨床上出現明顯的改善，也就是從超出正常範圍轉變為合乎常模規範（e.g., McNeil, Capage, Bahl, & Blanc, 出版中）。另外，結果研究指出，在臨床情境中出現的行為改善也能擴及到家中（Boggs, 1990; Zangwell, 1984）、學校（McNeil, Eyberg, Eisenstadt, Newcomb, & Funderburk, 1991），甚至是未接受治療的手足（Brestan, Eyberg, Boggs, & Algina, 1997）。

PCIT 的基礎是 Hanf（1969）的兩階段親職訓練模式。PCIT 的兩階段是：(1)以兒童為主導的互動，以及(2)以家長為主導的互動。在兒童主導的互動時期，我們教導家長以行為的遊戲治療技巧來跟隨孩子的引導（Capage, Foote, McNeil, & Eyberg, 1998）。這些技巧，有時被稱為 PRIDE 技巧，是設計來強化親子關係的，包括(1)讚美（**Praise**）、(2)反映（**Reflection**）、(3)模仿（**Imitation**）、(4)描述（**Description**），以及(5)熱情（**Enthusiasm**）。我

們教導家長用一種特殊的方式去讚美正向行為和特質，也就是所謂的「標籤式的讚美」（labeled praise）。他們也學著用反映的方式積極聆聽孩子所言，亦即將孩子話中涵義或片段以口語描述出來。因為遊戲治療的本質是跟隨孩子的引導，家長要學著如何模仿孩子的遊戲。他們也要學會如何描述孩子的活動。這樣的描述就像將行為實況轉播出來。若是熱中於使用這些技巧，家長便能增加孩子在遊戲中覺得有趣和舉止適當的可能性。在 PRIDE 的技巧之外，我們會教導家長使用選擇性的注意和忽視，以管理較輕微的困擾行為。比方說，如果孩子很粗魯地玩玩具，爸爸會被指示要轉過身去背對孩子，自己玩得樂在其中。當這個孩子開始出現適切的行為，爸爸再將注意力回到孩子身上，並稱讚他的親社會行為。

在 PCIT 中家長主導的階段，有時被稱為紀律階段，我們教家長在處理不服從和攻擊行為時態度要一致。家長學著如何給他們的孩子有效的指示、讚美他們的服從，以及在他們不聽話的時候提出選擇性。例如，家長可以提供兩個選擇性來警告不服從的行為，如：「你有兩個選擇，把玩具撿起來，或者去暫時隔離一下。」我們會教家長如何在因應孩子的不服從時，一步步實行有效的暫時隔離策略。

PCIT 並非單純仰賴口述訓練，而是使用一種教導同時練習的模式來教，也就是說，治療師主動指示家長與孩子的互動。（在雙親家庭，爸爸和媽媽分別被教導怎麼與孩子互動。）許多使用 PCIT 的診所配備有一個單面鏡和隱藏的耳機麥克風系統，這讓治療師可以在不干擾的情況下觀察親子互動，並在互動中可以直接與父母溝通。如此一來，家長可以由立即的回饋中受益，孩子也學會直接回應家長而非治療師。當無法取得單面鏡與隱藏式耳機麥克風系統時，治療師可以在治療室中直接教導家長。

PCIT 與本短期遊戲治療模式間的關係

本章描述的這個十二個單元模式中有一部分奠基於 PCIT。例如，前七

個單元中有一部分是由治療師進行 PCIT 中由孩子主導的互動（或 PRIDE）技巧。這些技巧有助於建立關係，並讓孩子覺得治療有趣，同時也有助於促進孩子的自尊。然後在第八到十二個單元，會教導父母如何進行這些非指導性的遊戲技巧，讓他們可以(1)與孩子的關係變得更好，(2)幫助他們的孩子處理憤怒與挫折感，(3)管理有干擾的行為，以及(4)增進孩子的自尊。十二個單元模式與 PCIT 之間的主要差異在於，它基本上是一個遊戲治療模式，而 PCIT 是一個訓練家長的模式。在 PCIT 中，治療師通常不會獨自與孩子一同進行。另一個重要的差別在於 PCIT 在兒童主導的遊戲技巧之外，還教導家長一系列管教的課程（如服從訓練、暫時隔離）。在我們的十二單元遊戲治療模式中，只有教導和教練由兒童主導的遊戲技巧。

短期遊戲治療取向

遊戲治療單元的結構

　　為了有效運用時間並盡量減少困擾行為，此一取向整合了大量的結構（如，可預測的例行事項、清楚的限制，以及過渡性的儀式）。實際上，每個單元都一定包含四個部分：(1)和照顧者一起進行登入治療的手續──約 10 分鐘，(2)兒童工作（由治療師主導的活動）──大約 20 分鐘，(3)兒童遊戲（由孩子主導的活動）──大約 20 分鐘，以及(4)和家長一同登出治療的手續──大約十分鐘。和典型遊戲治療室中滿是刺激性的物品（如，沙盤、玩具廚房組合，娃娃屋等等）相反，我們的遊戲室有的只是治療師為治療的特定部份帶來的玩具與材料。如此佈置遊戲室的目的在於防止有困擾行為的兒童變成過動或被過度刺激。要在短短十二個單元中就達到治療的目標，其中每個意圖都是在減少困擾行為並讓孩子能夠維持在這些作業

上。

登入（Check-In）

　　每個單元開始於孩子與照顧者的十分鐘登入時間。通常此時孩子會在旁邊，如此孩子(1)不會擔心治療師透露需要保密的資訊，(2)可以參與，(3)可適當地被監督。登入的目的在於提供家長和孩子有機會分享可能有助於治療過程的資訊。他們會被問到關於每週家庭作業的進度以及那一週發生的問題，還有家庭的壓力源及其他的重大事件。這個登入時間也是一個很好的機會讓治療師與家長建立關係，並幫助他們覺得自己對孩子在治療中的進步是一個有力的貢獻者。

兒童工作

　　兒童工作在每個單元中都是以治療師為主導的部分，包括了要統合事先計畫的各種活動來處理先前設定的治療目標。在兒童工作中要執行的活動包括治療性的遊戲、角色扮演、呈現教育性的材料，以及主題式的繪畫。基於幾個實務上及治療上的原因，兒童工作總是在兒童遊戲之前進行。第一個理由是，困擾兒童若知道計畫的活動之後會接著「自由玩耍」，他們會比較合作。相對的，如果困擾兒童要從「自由玩耍」的活動轉移到治療師所選擇的結構式活動，他們會比較不合作。就治療的利益來考量，以主題性的活動做開始，可以讓衝突的議題以及情緒反應在單元的早期就被激發出來。接下來兒童很可能帶著這些議題和反應進入單元的兒童遊戲部分，如此便可提供非指導式遊戲治療很豐富的治療素材。將兒童工作放在兒童遊戲前面也可以讓兒童在離開單元之前有足夠的時間來修通強烈的反應。

兒童遊戲

在兒童遊戲中，治療師遵循孩子的領導並提供支持性的氛圍，讓孩子可以在其中處理一些困難的議題。遊戲治療在這一部分的根本目標是建立治療師與孩子間的強力關係。其他的目標，如建立自尊、增進溝通技巧，以及促進社交技巧等，也是兒童遊戲中的一部分。經由使用某些特殊技巧，治療師便可朝向這些目標邁進。

在一個小時的單元中都會用到這些特殊的技巧，但在兒童遊戲時會更密集使用。除了前面討論過的 PRIDE 技巧（也就是讚美、反映、模仿、描述，和熱情）之外，治療師會使用問題和詮釋讓兒童遊戲成為一段豐富的治療性時間。問問題是用一個明確的要求讓孩子提供特定的資訊，也因此可以用來調節。問題的例子包括「你爹地什麼時候會來看你？」以及「要和你爹地會面，你感覺如何？」在治療剛開始的幾個單元，問問題常常會引發孩子的焦慮，而得不到什麼資訊；然而，這些問題會隨著時間獲得越來越多訊息。開放式問句、謹慎使用，以及有足夠長的暫停時間讓孩子回答，如此一來更能得到豐富的資訊。

詮釋是由治療師把孩子的行為與他或她的動機或感覺做一連結的一種描述。我們利用詮釋讓孩子更能意識到這種連結。因為詮釋是「受過訓練的猜測」或假設，應該要講得不那麼確定，好讓孩子可以表達同意或不同意。往往，詮釋的句子會用一個假設性的詞句作為開頭，比如「我猜」、「也許」、「或許」或「有時候」。舉個例子如下，一個孩子說「我痛恨老爸的女朋友，因為她一直在跟他講話」，可以詮釋為「或許你是氣她得到爸爸那麼多的注意。」

登出

和登入很類似，登出的這段時間讓治療師可以和兒童與他的父母聊聊。在這十分鐘內，治療師告知父母有關遊戲治療進行時其治療性的本質。

這有助於促進家長與治療師之間的溝通，同時也讓家長願意投入孩子的治療之中。有個重要的考量是孩子保密的權利，但這個權利需與家長知道治療內容的需求之間取得平衡。因此，在兒童遊戲的尾聲，治療師和孩子應該要討論有哪些內容是可以與家長分享的。一般而言，與孩子的感覺與想法有關的敏感性材料都不會和父母分享。登出的另一個重要目的在於促進治療收穫可以廣泛使用到生活之中。經由家庭作業的分派，家長可以提醒並增強他們在兒童工作中習得的技巧。每週都有專為當週課程內容設計的家庭作業。如果兒童工作中包含了幫助孩子經由可接受的管道表達憤怒，家庭作業中就必須讓家長可以提醒並增強表達憤怒的適當方式，比如打枕頭、用力在紙上亂畫，或寫下充滿怒氣的信然後把它撕掉。類似地，如果兒童工作包含了提醒孩子找出自己的成就，家庭作業中就會給孩子一張列了各項事務的表寫著他／她每天都能做得很好的事情。

在單元中管理困擾行為

有些遊戲治療會把困擾行為視為相當豐富的治療材料，有許多資訊可以從中收集並加以詮釋，人本取向則視困擾行為是治療進展中的一個阻礙。若是這個孩子一直不參與活動或出現對立行為，那麼就只有一小部分的能量可以用來聚焦在原定的治療目標上。因此，在單元中的四個部分，都須以管理困擾行為為優先考量。要實行這樣的管理需藉由前攝的結構來抑制困擾行為，同時在困擾行為產生時也能針對此予以控制。每一單元的前攝結構包括了建立規則、前後一致的過渡常規、對前例能當心注意、選擇有吸引力的兒童工作活動，並且在遊戲之前先進行工作。即使已經有了這些預防性的措施，如稱讚、具體的增強物、當個好聽眾的規則、選擇給予注意、感性的指導語、「當……然後」策略、特殊的遊戲規則，以及「烏龜術」，都還可以在遊戲治療中被當作管理困擾行為的策略。表 19.1 是這些過程的摘要。

【表 19.1 管理困擾行為的技巧】

管理的技巧	說明與舉例
建立規則	清楚建立規則指的是告訴孩子哪些是可接受以及不能接受的行為。在「兒童工作」開始前,我們就告訴他或她必須待在遊戲室,要溫柔地玩玩具和媒材,以及不能做任何會傷害自己或治療師的事情。通常在每個單元開始時都會回顧這些規則以提醒孩子。
發展出過渡時間的常規	困擾兒童經常在過渡時間變得過動或分心。減少不良行為的方法之一是在過渡時間之前先給一個警告。在「兒童遊戲」要結束前約五分鐘時,應該給孩子一個過渡的句子如「再過幾分鐘,就得要停止玩遊戲而且要清理乾淨囉」。唱首特別的歌也有助於讓過渡更為容易。
仔細注意前例	如果孩子在第一個單元時就被允許有任何輕微的問題行為(如,從等待室跑到遊戲室、要求選擇玩具、在單元中跑出去看父母),這些行為會在後續各個單元中一直發生並且變成更大的問題。最好是在早期就建立清楚、嚴格的界限。
使用非標籤式與標籤式的讚美	非標籤式的讚美是一般性的讚賞(如,「做得好」),而標籤式的讚美則是一個特定的描述句,精確地告訴孩子治療師喜歡他或她做了哪件事(如,「你用你的話告訴我你感覺如何,講得很好哦」)。要用讚美來管理困擾行為,治療師應該要界定出一個問題行為、界定出與問題行為不相容的行為,然後讚美不相容的行為。例如,問題行為是尖叫,與尖叫不相容的行為是小聲說話,所以當孩子小聲說話時,治療師就給予一個標籤式的讚美。
使用具體的增強物	具體增強物的最佳系統包含了對特定行為的立即回饋。例如,一個手印可以用來作為好好聽話的表示,當然,也可以用星星圖來顯示,孩子得到某個數目的星星之後,就可以換得某個獎賞物。
發展出成為好聽眾的規則	因為對困擾兒童進行遊戲治療最大的挑戰之一就是維持他們的注意力,我們會在治療早期教導孩子三個「好聽眾守則」:(1)當你說話時要看著我的眼睛;(2)讓你的身體盡量保持不動;(3)好好想想我在說什麼(McGinnis & Goldstein, 1990a, 1990b)。
使用策略式的	許多困擾行為是來自孩子想要得到注意,因此可以用忽略的技巧來管理。治

忽略以及選擇性給予注意	療師會預先說明並示範他或她會轉身並忽略困擾行為（如，攻擊性的遊戲、躲避治療師），舉例來說，若孩子亂玩農場中的動物，治療師可以忽略亂玩，並示範適當的遊戲，當孩子以較為溫和、適當的方式遊戲時，給予讚美。
給予好的指示	所謂的指示是要求孩子必須遵循的特定指示句。若要孩子服從這個指示，必須以正向敘述、有禮貌，並且特定的方式給予指令。例如，如果孩子在過渡時間開始亂跑，治療師可以說：「請回到這邊跟我走在一起。」
「當……然後」策略	我們會告訴孩子只要他們進行某個特定的行為，他們就能得到一個愉快的、酬賞性的活動。例如，「你只要再練一次深呼吸，我們就可以用我們的彩色筆了。」
創造特別的遊戲規則	治療師會針對非威脅性、一般的棋盤遊戲（如，下棋）設計規則。最常用的是，孩子需要作一些什麼才能換得遊戲中走步的權利。治療師可以如此介紹：「今天我們要玩下棋，但這是一種特別的棋子，規則是在每走一步棋之前，我們都得先說說有什麼事會讓我們生氣。」
「烏龜術」	由 Robin（1976）發展出，此技術幫助困擾兒童重新得到自我控制感。做法是教導孩子想像自己是一隻烏龜，以克制自己的攻擊性衝動（如，把他們的頭縮回殼裡）。

短期遊戲治療的 12 單元模式

在這個 12 單元模式的遊戲治療取向中，前七個單元著重在治療師與孩子的個別工作，其餘的五個單元強調同時與孩子和家長的合作治療。在整個治療的過程中，會鼓勵家長逐漸參與其中，教導家長成為「協同治療師」，擴張成為合作性的治療。教導家長有用的「治療師」技術有助於他們與孩子關係的增進，讓他們能更不依賴治療師，並促進治療收穫的類化。基本上，獨立與責任會從治療師──孩子間的關係轉移到更長期、更原始的親子關係中。

此一遊戲模式的前兩個單元是後面所有單元的範例及常規建立。在這

些單元中，會同時向孩子和家長說明過程。依照我們一般性的四個部份綱要來建構這些單元。在登入期，會回顧同意書和保密性，並教導家長與遊戲治療有關的知識，討論治療計畫與目標，並且修訂治療契約。「兒童工作」涉及向孩子說明和示範遊戲治療結構。「兒童遊戲」屬於以兒童為主導的活動，而登出期要回顧此單元的內容並且分派家庭作業。

　　第三到七單元的內容更有彈性，會考慮到孩子轉介來進行短期遊戲治療的不同理由而作調整。然而，這些中間的單元應該承襲之前建立的結構（亦即，登入、兒童工作、兒童遊戲，以及登出）並加入同樣的行為管理（如，建立規則、給予好的指令）以及過程處理的技巧（如，讚美、反映）。以內容而言，治療師應該要在單元三之前發展出有彈性但詳細的治療計畫，並逐漸朝向明確的目標前進。每個單元的內容應該要好好計畫並且可以相互援引，如此一來在前面單元學到的技巧就可以成為後續學習進階技巧的基礎。另一個考量是，治療計畫應該要納入家庭作業。指派有意義、每週一次的家庭作業會鼓勵進步並促進家長的參與。在第七單元的尾聲會引入結束的主題，因為接下來就要進入治療中的一個重大轉變。第一到七單元集中在治療師單獨與孩子的治療，只在單元的開始與結束時讓家長加入。然而，在第八單元一開始，治療的焦點比較著重在治療師與家長和孩子一起的工作。

　　基本上，第八單元開始把孩子對治療師的依賴轉移到家長身上。家長在治療師的教練下學習遊戲治療技巧，治療師單獨在孩子身上花的時間會越來越少。我們會要求家長在第八單元時自己前來，不要帶孩子。在第九到十一單元，家長直接邊做邊學如何使用這些遊戲治療技巧。我們每週都會觀察他們的親子互動五分鐘，監督他們的技巧如何，並用雙向親子互動計碼系統（Eyberg & Robinson, 1983）來記錄特定的行為。此種小心的監督讓治療師可以客觀測量家長技術習得的程度，因此更能提供有價值的資訊來協助治療的決定。在第九到十一單元之後，指派的家庭作業就是要家長提供每天在家中進行的「遊戲治療」單元。

　　第十二單元包括和家長一同進行結案的儀式，如回顧治療計畫、檢驗

衡鑑測量在治療前後的變化，並讚賞親職上的成就。與孩子一同進行的結案儀式包括回顧治療的過程，以及一個治療後的派對。一般而言，會排定一或兩次「補強單元」來處理一些未解決的問題或是逐漸降低依賴治療師的現象。我們也會邀請家長在覺得有需要時打電話來，並給予適當的資源或轉介。

教導家長遊戲治療技巧

　　家長獨自前來參與第八單元，並且學習遊戲治療的技巧（如何教導家長遊戲治療技巧的詳細描述，請見 Hembree-Kigin 與 McNeil 在 1995 年的作品）。這一單元的規劃有十分鐘的登入時間，四十分鐘用來學習指令的給予，最後十分鐘是登出。在登入期，會先回顧前一週的家庭作業與生活事件。四十分鐘的指令時間中，家長會和治療師一樣積極主動。因為大部分的人在有教材並且不停重複的狀況下可以學得最好，治療師會盡量綜合與家庭相關的例子、角色扮演、幽默感，讓家長有機會問問題，並且在指令時間中常常將資訊作摘要。登出期間包括了一個簡短的回顧以及家庭作業的指派。指定作業是讓家長每天花五到十分鐘和他們的孩子進行「特別的遊戲時間」。

　　我們會告訴家長將要教他們一套遊戲治療的技巧，可以運用在每天五到十分鐘的遊戲單元中。為了要幫助他們了解「特別的遊戲時間」的目的，我會告訴他們，這可以讓他們擔任協同治療者以協助治療的進行。這裡要強調的是家長主動參與孩子的治療將能在更短的時間內幫助孩子完成更多。特別的遊戲時間會依不同家庭的狀況來設立其目標。這些目標包括了增進孩子的自尊、減低憤怒、促進社交技巧、發展有建設性的遊戲技巧、強化家庭關係，以及使用字詞來表達感覺。

　　進行特別的遊戲時間時，我們要求家長避免使用命令、批評，以及質問。取而代之的是鼓勵父母使用如讚美、反映、模仿、描述，以及同理等

技巧（也就是 PRIDE 的技術）。家長們學習著管理行為的要點，並且使用注意力讓特別的遊戲時間變成高品質、正向的時間。我們指示家長在孩子出現正向行為時提供大量的正向注意力（如，標籤式的讚美、描述，與同理），而在孩子於遊戲治療中出現不適當的行為時去忽略他或她。這種技巧一般稱之為選擇性注意與策略性忽略，或是條件式的注意。

我們也指示家長在遊戲治療中如何處理不良行為。治療師說明不良行為可以分成兩類：(1)危險／破壞性，或(2)擾亂／搗蛋。危險／破壞性的行為會對人們或財產造成實質的傷害，包括打、咬、抓、丟擲玩具，以及在牆上寫字，均屬之。擾亂／搗蛋的行為雖不適當，但不會造成傷害，包括了要流氓、假哭、吐口水、嘲諷，以及說傻話等。我們教導家長不同的策略去處理這兩種不良行為。鼓勵他們在孩子出現危險／破壞性的行為時便終止特別的遊戲時間，並且只要他們覺得適合，就提出一個額外的後果。相對的，我們也指示家長在孩子於特別的遊戲時間中出現擾亂／搗蛋的行為時使用策略性的忽略。

我們會建議家長在特別的遊戲時間中藉著建立類似於就診時的常規來把結構加進去。家長要在每天固定的時間進行遊戲治療，讓它成為可以預期的活動。這讓孩子比較沒有機會央求或叨絮著要特別的遊戲時間，而且也讓家長比較容易記得。家長也學到特別的遊戲時間中最好的材料便是建構取向的玩具，可以激勵創意和想像力，如積木、車庫與汽車組合、茶盤組、玩具農莊、娃娃屋，以及蠟筆與紙等。要避免使用的玩具包括了有輸贏結果的（如棋盤遊戲）、引發攻擊性遊戲的（如超人玩偶、拳擊沙袋）、需要設定限制的設備（如剪刀）或會減少對談的（如錄音帶、書、玩偶）。要開始特別的遊戲時間之前，家長先選擇三或四個可接受的玩具或活動，並把它們放在不易讓人分心的地方。理想的場所是有一個安靜的區域，讓家長和孩子都不會被干擾（如，父母的臥室、家中的餐廳）。在玩具選出來之後，家長就告訴孩子這是特別的遊戲時間，並說明如下的規則：

「這是我們特別的遊戲時間。你可以玩放在你前面的這些任何玩具，而且我會跟你一起玩，但是有兩個規則你必須要遵守。第一，你必須和我

一起待在這邊；第二，你得溫柔地玩這些玩具。如果你在房間裡亂走或粗魯地玩玩具，我就會像這樣轉過身去，然後自己玩。之後，當你回來或好好玩，我就會像這樣轉回來再和你一起玩。感謝你聽完這些規則，我們現在就可以開始玩任何你想玩的東西了。」（McNeil et al., 1996, p.68）

以上教給家長的技巧與治療師所使用的技巧非常類似；然而，有一些重要的差異。因為父母並沒有較廣泛的訓練或客觀性，我們不教也不鼓勵他們使用詮釋。他們也沒有形成治療計畫或使用特別治療技術的能力，比方說我們在兒童工作中使用的那些。

教導遊戲治療的技巧

此種取向的直接教導成分有助於增加時間的成本效益。在比較傳統、口授式的一些取向中，會教導家長一個技巧，然後在這整個禮拜讓他們在家裡和孩子練習。父母們在下一週回來，並報告實行此技巧上有哪些想做卻沒做成的地方。治療師會幫助家長作一些調整，並讓家長再次回家練習。相對的，直接教導取向則是在治療時間中教導家長技巧，並要求他們在治療中就與孩子做練習。治療師觀察此種互動，並針對家長使用技巧方面提供立即、特定的回饋。給予回饋或教導時，治療師可能在治療室外（需要使用單面鏡、閉路通話系統，以及隱藏式的耳機通訊系統）或治療室內。若是在治療室中進行教導，我們會告訴孩子要假裝治療師不在那兒，也會跟孩子說明治療師在教導結束之前都不會講話，也不會跟他們一起玩。直接的教導是習得新技巧最便利的方法，因為它使用了兩種有力的學習策略：預演以及立即的回饋。

若是家長每句話之後都能提供回饋，這樣的教導是最有效的。基本上，家長評論，治療師回應，家長再評論，治療師再回應，諸如此類。此種節律幫助家長學習暫停並在每句話之後聆聽，如此一來，治療師與家長避免互相「各說各話」而能夠有效溝通。針對每句家長所說的話給予教導也能

讓技巧的形塑更具有效率。家長接受大量特定且立即的回饋，如此持續且主動的教導可以讓遊戲治療的技巧更快速且有意義的提升。

教導當中應該要強調正向事物。家長對於自己的教養技巧相當敏感，而批評對於學習的幫助並不大。如果犯了錯，治療師應該指示家長該怎麼做，而非告訴他們那兒做錯了。另外一種強調正向事物的方式是在家長正確使用技巧或出現其他有療效的行為（如溫暖、真誠，或有趣）時，不吝給予家長標籤式的讚美。同樣地，在矯正錯誤時應該有選擇性，常常提供矯正的建議會讓治療變得緊張，家長可能因此覺得被過度批評，最後傷害了治療關係。相反的，即使小錯誤可能會破壞教導的節律，但忽略那些小錯誤可能會是比較好的選擇。

回饋應該簡短且特定。雖然治療師可以偶而提供家長冗長的觀察報告，教導時仍盡量以簡短、特定的語彙為佳，比如「描述得不錯」、「標籤式讚美說得好」、「我喜歡你這樣子來忽略不適切的行為」，以及「繼續下去而且描述出來」。教導親子互動中質的部分也相當有幫助，如眼神接觸、微笑、身體的親近、表達感覺、有耐性、有玩心，以及創意。最後，很重要的一點是要能果斷且迅速的教導，特別是在教導如何忽略時，因為當一個孩子出現負面的行為來尋求注意力，治療師只有幾秒鐘可以利用這個情境來教導家長。

案例說明

為了要說明這個十二單元的模式，以及如何把父母納入治療過程之中，我們利用布萊恩這個個案來詳細解說。布萊恩會展現出有性意涵的外顯行為。在單元之間相互連貫的形式當中，我們簡要討論了治療目標的選擇、訂立出每個單元的主題，並且引入兒童工作和家庭作業的活動來述及

單元的各個主題。一旦治療逐漸展開，我們也逐漸讓布萊恩的養母，珍寧太太，一起管理布萊恩的性意涵行為。[1]

背景資料

布萊恩是個八歲大的男孩子，轉介前來接受治療的原因是，他在長期的性虐待之後出現充滿性意涵的行為。令人特別擔心的行為包括會觸摸其他孩子的私處、在他人面前自慰，而且會不分青紅皂白過度熱情。為了要能釐清布萊恩行為問題的嚴重性及概況，我們用了好幾個家長報告的評估工具，比如珍寧太太就完成了兒童行為檢核表（CBCL, Achenbach, 1991），發現布萊恩在性問題、攻擊行為，及焦慮／憂鬱量尺方面的得分顯著偏高。

第一、二單元

單元的目標

1.得到家長的同意及孩子的贊同以進入治療。

2.同意到場上課的契約。

3.把遊戲治療的基本概念介紹給家長和孩子。

4.建立遊戲室的規則及對於行為的期望。

5.建立良好關係。

---

[1] 這個個案的簡要報告原本刊登在 McNeil 等人（1996）的作品中，本章摘要部分且得到 Childwork/Childsplay of Genesis Direct, Inc.公司的同意後刊登於此。

登入

在登入期，治療師對布萊恩及其養母，珍寧太太，說明遊戲治療各單元的結構，並解釋和珍寧太太相關的未來治療課程。同時，珍寧太太和布萊恩同意每週前來治療，至少維持十二週。布萊恩看起來有點擔憂，也不多說話，但仍願意跟隨治療師進入遊戲室。

兒童工作

在他們回到遊戲室之後，治療師說明關於這個房間的規則。然後，治療師說道：「我知道剛剛對你養母所說的話有一些可能讓你有點困惑，我這裡有一本書，對於我們要一起做些什麼事有更詳細的說明。」在閱讀《孩子的第一本遊戲治療書》（Nemiroff & Annunziata, 1990）時，布萊恩被問到有哪些問題可以透過遊戲治療來處理。他並不自覺他那些充滿性意涵的行為是個問題，不過這一點也不令人意外。治療師回應說，布萊恩的母親已經跟他討論過布萊恩有時候不太知道觸摸自己的私處或其他孩子的私處是不是妥當。治療師繼續說，雖然布萊恩沒有必要在一開始的單元中就談這些，但遊戲治療的後期仍會討論這個問題。

兒童遊戲

在兒童遊戲期，布萊恩安靜地玩著一些黏土，他似乎就這麼一直沉默寡言著，也沒有和治療師有任何眼神接觸。為了要建立良好關係，治療師就在他旁邊玩起黏土，並且描述布萊恩正在創造些什麼。到了第二單元，布萊恩已經暖身起來和治療師一起，並參與更多分享式的遊戲。

登出

珍寧太太在登出期加入了治療師和布萊恩的行列。此時，治療師簡短說明剛剛布萊恩在兒童工作單元中的表現。治療師也提供布萊恩的養母一本《孩子的第一本遊戲治療書》（Nemiroff & Annunziata, 1990）的平裝本，家庭作業就是讓她在家和布萊恩一起讀這本書。

第三單元

單元的目標

1.開始討論有關私處的一些想法
2.討論身體有哪些部位是屬於私密的

登入

珍寧太太報告說她完成了前一週的家庭作業。爲了要強調完成家庭作業的重要性，治療師讚美了珍寧太太，然後說明從這一天開始，治療的重點會更集中在主訴問題上。

兒童工作

兒童工作期的開頭，治療師說了以下的話：「布萊恩，你記不記得幾個禮拜以前我們一起看了遊戲治療的書？我那時候告訴你偶而我們會談談觸摸私處的事。今天，我們就會講一點這個事情，但是首先，先讓我們一起畫些圖吧。」布萊恩被要求畫一張男生的圖和一張女生的圖。這些圖會被用來講解私處的概念。治療師解釋說所謂私處就是那些被男生的游泳褲和

女生的比基尼遮起來的地方。稍後會讓布萊恩用不同顏色的蠟筆在兩張圖上畫上泳裝來增強這些概念。

兒童遊戲

在兒童遊戲期中，布萊恩自己去拿了芭比娃娃，並且指出娃娃的私處給治療師看，治療師的反應是讚許布萊恩是個好聽眾，並且記得自己學過什麼。

登出

在登出期，治療師鼓勵珍寧太太增加她對布萊恩的監督，以預防他對其他兒童出現性意涵行為的機會。

第四單元

單元的目標

1.回顧私處的概念。
2.開始討論好意和惡意的觸摸是什麼。
3.分配家庭作業，讓布萊恩的養母能夠鼓勵他和別人有好意的觸摸。

登入

他們一來，珍寧太太馬上表達出對於治療的憂慮和挫折感，因為它好像讓布萊恩的性意涵行為更加惡化了。有人告狀說布萊恩去告訴其他的孩子關於私處的事情，還指出男生和女生的私處有何不同。她不太確定她應

該如何處理布萊恩和其他孩子的這些新話題。治療師建議珍寧太太可以鼓勵布萊恩和她討論這些議題，並且稱讚他可以辨認身體的私密部位，但也要教他選擇性地和他人討論和性有關的話題。

　　同時，在登入期，治療師給珍寧太太看一本關於適當性行為的書，並詢問她如果布萊恩看這本書，她會有何感覺。她允諾治療師使用這本書來開始討論好意及惡意的觸摸。

兒童工作

　　在珍寧太太的允諾之下，治療師和布萊恩在兒童工作期一起讀了《我的身體》（ "It's My Body" ，Freeman, 1982）一書。治療師也使用布萊恩在第三單元畫的那些圖來回顧私處的概念。

兒童遊戲

　　布萊恩在兒童遊戲期選了樂高積木來玩，治療師跟著他的帶領一同玩著。他好像樂於和治療師互動，還問道：「我哪時候可以再回來？」

登出

　　在登出期，治療師和布萊恩向珍寧太太說明了好意和惡意的觸摸。布萊恩因為展示他的所學而受到讚美，而珍寧太太也很高興性意涵行為在治療中直接被處理。她得到的家庭作業是要和布萊恩一同回顧所學，並在他適切地觸摸家人與同儕時給予讚美，以便更增強這些概念。

第五單元

單元的目標

　　1.繼續區辨好意與惡意的觸摸。
　　2.使用布偶來角色扮演這些不同種類的觸摸。

登入

　　布萊恩和養母在登入期一同回顧了家庭作業的內容。珍寧太太報告說布萊恩主動和其他家人討論好意和惡意的觸摸，她也努力在他出現好意的觸摸時給予讚美。然而，她仍擔心布萊恩可能在與家人互動時會分不清哪些算是好意或惡意的觸摸。

兒童工作

　　這個部分的兒童工作仍將焦點放在好意及惡意的觸摸上。他已經讀完《我的身體》一書，並且要在黑板上作練習。黑板被分成三個區塊：一塊是好意的觸摸（如溫柔的握手），其他兩塊分別是不同型態的惡意觸摸（即，攻擊和觸摸他人的私處）。治療師要布萊恩各舉一些例子來說明這些觸摸。黑板被填滿的時候，治療師要布萊恩把惡意觸摸的部分擦掉。接下來使用家族布偶來角色扮演各種形式的觸摸，以及有人想觸摸某個孩子的私處時，孩子可以出現的適當反應。治療師鼓勵布萊恩用布偶演練受害者和加害者的角色。後來治療師用一種隱喻的方式教導布萊恩說人際間的空間就像一個「泡泡」：

　　「當你太靠近一個人，你可能會把泡泡砰一聲給弄破，對方可能會因為自己的泡泡被弄破了而覺得不愉快。人都不喜歡不愉快的感覺，所以在你擁抱或親吻別人之前要先得到人家的允許，這是很重要的一件事。如果

他們答應你可以這麼做，他們就會讓自己的泡泡小一點，這樣一來，擁抱的時候就不會把泡泡弄破了。」

兒童遊戲

在兒童遊戲期，布萊恩因為尊重治療師的泡泡而得到了讚美，然後治療師用布偶示範如何在侵犯布萊恩的泡泡之前先提出詢問（如，「我可以跟你抱抱嗎？」），然後也用布偶示範了擁抱。

登出

在登出期，把泡泡的比喻介紹給布萊恩的養母。她的家庭作業便是促使並增強布萊恩去尊重其他人的泡泡。

電話聯絡

在第六單元之前，治療師打了通電話給珍寧太太討論有關處理自慰的一些敏感資訊。治療師說明有效的治療策略是限制他只能在私底下自慰。

珍寧太太有個機會可以分享她對此一方法的想法和感覺。一旦她同意這個策略，治療師就與她討論在何處可以容許出現自慰行為，在何處則不容許。

第六單元

單元的目標

1.討論自慰是一種私密的活動

2.用布偶來作角色扮演

登入

治療師和珍寧太太討論家庭作業，並提醒她他們會在這個單元裡討論私密的行為。珍寧太太以點頭表示了解。

兒童工作

在第六單元的兒童工作中，繼續利用布偶進行角色扮演，治療師與布萊恩討論在何時及在何處可以容許出現碰觸自己私處的行為。治療師告訴布萊恩自慰是一種私密的行為，正如同上廁所也是一種私密活動，並且告訴他說其他人看著有人做這樣私密的行為會覺得不太舒服。娃娃屋用來示範在房子裡有哪些地方進行自慰是可接受的。用娃娃屋裡的娃娃作角色扮演，以幫助布萊恩了解觸摸自己私處的規則。

兒童遊戲

在兒童遊戲中，布萊恩選擇繼續玩娃娃屋，但並未呈現任何與性有關的主題。治療師問布萊恩是否可以和他的養母討論今天的內容（特別是有關進行私密活動的適當地點）。他同意了。

登出

在登出期，治療師和珍寧太太規劃了一個計畫，當他在不適當的地方進行自我刺激時能夠提醒和引導布萊恩。治療師教導珍寧太太提醒布萊恩說那樣子觸摸自己是一種私密的活動，他可以在任何一個自己的私人空間裡這麼做，但不能在別人面前這個樣子。她也被鼓勵要能繼續提醒和讚美

布萊恩去尊重其他人的人際空間。

第七單元

單元的目標

1.繼續討論有哪些地方適合進行私密的活動。
2.繼續討論好意和惡意的觸摸。
3.引入讓珍寧太太參與治療的想法。
4.引入結案的議題。

登入

治療師和布萊恩與珍寧太太一同回顧家庭作業，珍寧太太仍有點憂心，雖然布萊恩觸摸別人的行為好像已經比較適當了，他仍持續在公開場合自慰。治療師複習了媽媽應該在布萊恩出現這些行為時說的話。她同意繼續提醒布萊恩要觸摸自己私處時去個人的房間，下一週再來時再與治療師檢核一番。為了協助她記得常常給予提醒，治療師很快地設計了一個監督報表，讓珍寧太太在每次提醒布萊恩去房間裡時可以記錄下來。

兒童工作

在兒童工作期，布萊恩和治療師玩了一個有治療意義的遊戲，主題是安全和適當的觸摸。為了讓布萊恩準備好即將到來的結案，治療師讀了《孩子的第一本遊戲治療書》（Nemiroff & Annunziata, 1990）剩下的部分，並討論有關失落和說「再見」的感覺。此時，幫助布萊恩了解遊戲治療即將要開始變得不一樣是非常重要的事。治療師告訴布萊恩他的養母要開始參

與他們後面的單元了。

兒童遊戲

在兒童遊戲中，布萊恩選擇繼續玩治療性的遊戲。在走向登出室的途中，布萊恩要求治療師給他一個擁抱。治療師回應道；「你沒有弄破我的泡泡，我真是以你爲榮！你記得碰我之前要先詢問我。」

登出

在登出期間，治療師鼓勵珍寧太太繼續指正不適切的自我刺激行爲，也要在布萊恩尊重人際空間時給予讚美，以及讀《孩子的第一本遊戲治療書》（Nemiroff & Annunziata, 1990）的最後一段給布萊恩聽。

第八單元

單元的目標

1.和布萊恩的養母討論遊戲治療（PRIDE）的技巧。
2.角色扮演這些技巧。
3.家庭作業是第一次在家中實行特別的遊戲時間技巧。

登入

珍寧太太被要求單獨進入此一單元，這樣治療師可以教她孩子主導的遊戲互動技巧。當她到達治療室，治療師問她有關前一週家庭作業進行的狀況。珍寧太太一開始便把用來記錄提醒了布萊恩幾次的登記表拿出來，

然後她說她很驚訝，因爲原本以爲一天要提醒他兩三次才行，沒想到最後兩天她只提醒了一次。同時，她似乎急著想談談布萊恩這個禮拜過得多難過。布萊恩說他不喜歡跟她一起分享他的治療時間。治療師跟珍寧太太保証說她可以學到一些技巧讓她跟布萊恩之間的互動更豐富有趣，布萊恩也會很快知道這一段特別的時間跟過去他們曾經共處的任何時光是不一樣的。同時，治療師說明此一特別的遊戲時間也會提供布萊恩一個安全的機會去表達他的感覺。

在這個單元中，治療師說明孩子主導的互動技巧爲何，並允許珍寧太太問問題。在和布萊恩進行遊戲治療時，治療師鼓勵珍寧太太運用 PRIDE 的技巧：當布萊恩出現某些特定的好行爲時就利用標籤式的讚美、反映布萊恩講的話、模仿他的遊戲內容、描述他的活動，並且充滿熱情。她也被鼓勵盡量不要評論和發問，因爲這會剝奪孩子的主導權。最後，治療師告訴珍寧太太要避免在特別的遊戲時間中批評布萊恩，特別是以下用語可能代表細微的批評：「不行」、「不要」、「停止」、「不要再玩了」，以及「沒有」。在教導這些技巧之後，珍寧太太與治療師針對遊戲治療進行角色扮演。爲了要讓珍寧太太對於該如何在遊戲中處理布萊恩性意涵行爲的做法更有概念，治療師開始把娃娃屋廚房裡的娃娃身上的衣服脫下來。治療師與珍寧太太一同進行如何以她的娃娃來示範適切的行爲，如此她便能說明她的娃娃會回到臥室再脫下衣服，因爲脫衣服是一種私密的活動。

登出

布萊恩的養母拿到一張遊戲治療技巧的大綱（即，由兒童主導的互動）。她的家庭作業是每天在家中花五到十分鐘和布萊恩進行特別的遊戲時間，並運用這些技巧。同時，珍寧太太也被要求在家庭作業紙上記錄她和布萊恩的特別的遊戲時間。

第九單元

單元的目標

1. 教導布萊恩的養母使用由兒童主導的遊戲技巧。
2. 開始減少花在兒童遊戲期的時間，以預告即將結案。

登入

　　珍寧太太決定要繼續觀察自己提醒布萊恩觸摸自己私處的次數，而對於上一週的總次數已經減少到七次，她感到相當興奮。然而，她報告說她忘了完成特別的遊戲時間記錄紙，但她已經實行整個禮拜了。治療師花了一些時間把這一週每一天的情況描繪出來，請珍寧太太針對每一天遊戲時間中的特殊之處提出討論，並說明家庭作業紙對於追蹤布萊恩正向及負向的變化相當重要。整體而言，珍寧太太報告說布萊恩似乎很享受他們在一起的時光。

　　治療師轉向布萊恩並說明遊戲治療後面的幾個單元將有新的進行方式。治療師說：「布萊恩，今天我要在你養母跟你玩的時候教她並讓她練習一些東西。這段時間裡我不會跟你講話，但是，在你的特別遊戲時間結束之後，你和我會有一些時間可以單獨相處。在這段遊戲時間中，你應該要假裝看不到我，也聽不到我。」

行為的記錄

　　珍寧太太與布萊恩的特別遊戲時間一開始的五分鐘，治療師記下她的遊戲治療技巧，治療師注意到她在遊戲時活潑且正向，但大部分時間她都盯著布萊恩在做些什麼。她對布萊恩講的話多半是「嗯哼」或「是啊」，但她較少反映他的行為。珍寧太太也用了七次的非標籤式讚美，如「好」或

「很棒」。

教導

　　治療師開始教導的部分，他指出珍寧太太的長處（即，她的熱忱以及與布萊恩的正向互動），並且提醒她讓布萊恩知道她對他所說的話有興趣的方法之一便是將他告訴她的話反映回去。她使用的反映技巧馬上增加了，而布萊恩開始更詳細說明他正在用樂高積木建造的東西。治療師讚美了珍寧太太，並指出在她使用反映的技巧之後，布萊恩對她說的話變多了。

兒童工作／兒童遊戲

　　因為這一單元大部分的時間都花在教導上，布萊恩個別的遊戲時間就減少到只有大約十五分鐘。治療師察覺到布萊恩對於自己個別和治療師遊戲的時間被縮減這件事不太高興，他便問了布萊恩對於養母加入他們的遊戲治療有何感覺。布萊恩聳聳肩。治療師提出說：「我知道遊戲時間變少了可能讓你有點失望，另外一件令人感傷的事情是我們的治療再過幾個禮拜就要結束了。談談這件事有時候會挺有幫助的。告訴我你感覺如何。」布萊恩說：「我有點難過，但我其實還滿喜歡跟我的養母一起玩的。」治療師對於布萊恩能說出自己的感覺給予讚美，而布萊恩其餘的個人遊戲時間都用在兒童遊戲階段。布萊恩選擇繼續玩樂高積木。

登出

　　珍寧太太報告說，一邊跟布萊恩玩一邊被注視著，一開始她覺得自己很「好笑」，但當治療師開始教導，她就比較不擔心了。藉由當時的記錄，治療師鼓勵珍寧太太專注於把她的非標籤式讚美（如，「謝謝」）變成對適切行為的標籤式讚美（如，「謝謝你的分享」）。治療師再三提醒標籤式的讚

美可以用來增加特定行為，如適當的觸摸。

第十單元

單元的目標

　　1.繼續教導布萊恩的養母使用由兒童主導的遊戲技巧。
　　2.在兒童遊戲部分花較少的時間，以預期結案的到來。

登入

　　在登入期，珍寧太太報告說上個禮拜布萊恩在學校闖了兩次禍，她也接到老師打來的電話，還有通知單。她說雖然布萊恩的功課常常在及格邊緣，但一般說來還沒有任何讓人擔心的行為。布萊恩和一個女孩子在操場上打架，最後他把她推倒然後跑走。當珍寧太太詢問他為什麼要打架，布萊恩不願意回答。其他方面，布萊恩繼續對他的家人還有其他的小朋友做出適當的觸摸，珍寧太太說上個禮拜她還沒看過他觸摸自己的私處。

行為的記錄

　　在五分鐘的記錄期，珍寧太太在布萊恩對她說話時使用許多反映的技巧，但也問了不少引導性的問題（如，「你確定你要玩娃娃屋，不要玩積木嗎？」）。她繼續使用許多正向的技巧，如讚美和描述。布萊恩的行為比往常更加干擾，而且還用屋子裡幾個娃娃演出全武行。珍寧太太繼續熱忱地和布萊恩玩著。

教導

治療師告訴珍寧太太說她在維持她的熱情以及正向的態度方面做得很好，尤其是當布萊恩的行為越來越難搞的此時。就在當時，布萊恩變得很吵鬧而且有攻擊性，讓娃娃們互相打、踢。治療師要珍寧太太忽略他的攻擊行為，並示範適切的衝突解決之道。為了要指導她忽略攻擊行為並示範更適切的反應，治療師說道：

「好，這真的相當富有攻擊性。我希望妳轉身背對他，並忽略這些攻擊性的遊戲，就像之前妳跟我角色扮演時做的那樣。對，像這樣完全轉身背對他。我現在在看著他，所以妳不用擔心他的安危。我知道這有點難。現在，我希望妳示範一個更好的方式來處理這個衝突。說：『我的娃娃要說一些話而不是用打的。』對了，就是這樣，讓妳的娃娃說：『我對你很生氣，我不想跟你玩了，我要走了。』好，他仍然相當有攻擊性。繼續忽略他，繼續溫柔地玩妳的娃娃……，撐著……，撐住。我知道他現在在問妳問題，但他仍然對娃娃很殘暴。他必須學會打和踢不是解決問題的合宜之道。好了，就這樣。他拿了一個娃娃而且溫柔地玩起來了。妳可以轉回去面向他了，請說：『謝謝你用好意的觸摸玩這些娃娃。你溫柔地玩的話，我就可以繼續和你玩了。』好，換妳說了。妳剛剛的忽略做得很好。現在我希望妳從剛剛停下來的地方開始增加妳的熱情，開始描述他適當的遊戲行為。」

後面的教導部分進行得相當平順，布萊恩也沒有出現其他的困擾行為。這個單元提供珍寧太太一個極佳的實例，讓她知道如何用策略性的注意及忽略來引出布萊恩更適切的行為。

兒童工作／兒童遊戲

在這一單元中，此部分被縮減到只剩十分鐘。在與布萊恩一同回顧即將到來的結束單元（使用「階梯」的圖畫作為結束），治療師詢問布萊恩是否想要談談在學校打架的事情。布萊恩說他會推那個女孩是因為她想要弄

破他的泡泡。治療師讚美布萊恩願意說出這麼不舒服的事情，並且用角色
扮演的方式讓布萊恩試試當有人太過靠近他時，他還有哪些選擇。布萊恩
告訴治療師說他並不希望讓他的養母知道爲何他會在學校推那個女孩子。
治療師同意尊重他保密的要求。然後，治療師在布萊恩的帶領下一同度過
他們最後的幾分鐘。

登出

　　治療師告訴珍寧太太說她在使用遊戲治療技巧上有很大的進步，而且
也可以忽略布萊恩的攻擊行爲。然後治療師告訴她布萊恩剛剛跟他討論了
在學校打架的事情，但是想要讓這件事保密。珍寧太太被要求要繼續和布
萊恩進行五到十分鐘的特別遊戲時間。她也被鼓勵在特定時間外的某些場
合使用這些技巧（如，在車子裡可以反映布萊恩說的話，當有朋友來訪時
讚美他溫和的遊戲）。

第十一單元

單元的目標

　　1.教導養母使用由孩子主導的遊戲技巧。
　　2.讓養母完成治療結束後的施測量表。
　　3.更減少與布萊恩單獨遊戲的時間。
　　4.與布萊恩一同計畫結束單元的儀式。

登入

　　在登入時，珍寧太太報告說前一週的情況不錯。她沒有看到布萊恩出

現任何惡意的觸摸或私密的行為，而且她也使用標籤式的讚美告訴他說她
有多麼以他出現的好意觸摸為榮。治療師請她再填寫一次那些在治療之前
就曾填寫過的量表。

行為的記錄

在五分鐘的記錄期，珍寧太太展現出精熟的由兒童主導的遊戲技巧。
她似乎很自在地跟他玩著，而他似乎也樂在其中。治療師發現的唯一問題
是珍寧太太仍沒有常常使用標籤式的讚美。

教導

為了要增加她對於標籤式讚美的使用，治療師讓珍寧太太和布萊恩一
起做個練習。治療師要求她在接下來的兩分鐘內試著講出五個標籤式的讚
美。治療師讚美珍寧太太願意去思考有哪些行為值得讚美。同時，當珍寧
太太使用如「做得好」這樣的非標籤式讚美，治療師就會引導她：「他做了
什麼做得好哇？」這些提醒幫助珍寧太太學會把非標籤式的讚美轉換為標
籤式的讚美。

兒童工作／兒童遊戲

再一次，治療師和布萊恩一同回顧了意味著結束的「階梯」圖片。布
萊恩對於下個禮拜就可以在結案派對上吃到小蛋糕感到相當興奮。剩餘的
時間都用來進行兒童遊戲。

登出

治療師要求珍寧太太在家中繼續運用由兒童主導的遊戲技巧進行五到

十分鐘的特別遊戲時間。治療師也提醒她說下個禮拜可以回顧布萊恩的進
步，並討論是否有其他要處理的事宜。

第十二單元

單元的目標

1.與布萊恩及其養母一同完成結案階段。
2.若有他們需要其他服務，則進行轉介。

登入

這個單元中，有二十分鐘花在登入期。治療師拿了一份布萊恩的治療
計畫給珍寧太太，並且詳盡討論其中的收穫。他們也討論如何朝著治療目
標更進一步，治療師也提供一份布萊恩後續治療需求的評估資料。布萊恩
在 CBCL 的性問題量尺中展現出明顯的進步，但在攻擊量尺上仍然偏高。
珍寧太太表示她還是很擔心，因為布萊恩的老師持續傳達出他在學業上有
某些問題。治療師給珍寧太太關於心理教育衡鑑方面的一些適當資訊。他
們也討論到是否要另外尋求其他的治療以處理攻擊行為的問題，最後珍寧
太太決定再等幾個月，看看攻擊行為是否會減少。

然後治療師便把登入的焦點轉向珍寧太太的成就，讚美她：(1)按時前
來參加治療；(2)遵循家庭作業的指派；(3)監督布萊恩的行為方面超乎治療
所做的要求；(4)改善了自己與布萊恩的互動技巧。

兒童工作

治療師花了十分鐘與布萊恩一同回顧治療的歷程。他們談到了布萊恩

所有學過的東西，並回顧了之前的治療練習及活動。布萊恩因所有在遊戲治療中所做的努力而得到稱讚。

兒童遊戲

結案派對持續了二十分鐘。治療師和布萊恩各拿了一個小蛋糕，他們也互相給對方寫了道別卡片。布萊恩說他很難過，因為他不想弄破治療師的泡泡，但他不知道該怎麼說再見。治療師告訴布萊恩說他們可以握握手，而布萊恩也應該讓他的養母知道他以後是否還想跟治療師談談。布萊恩得到了一張證書，作為他在治療中付出那麼多努力的獎賞。

登出

在登出期，治療師提醒珍寧太太在特別的遊戲時間和布萊恩繼續練習這些技巧的重要性。她需要繼續讚美布萊恩與他人的好意觸摸，治療師也鼓勵她如果未來問題重現，可以再與他聯絡。

結論與摘要

此一短期模式遊戲治療的成功之處在於將父母涵蓋進孩子的治療並增強了他們的力量。家長藉由以下方式來支持治療：(1)告訴治療師孩子在治療以外的時間發生了什麼事，(2)完成每週的家庭作業可以強化治療技巧的學習，以及(3)學會在家中執行遊戲治療的單元。藉由父母的參與，他們能夠協助更有效且更有生產力地在療程中達到目標，並幫助確認治療收穫在治療結束後能夠類化並持續下去。

參 考 文 獻

Achenbach, T. M. (1991). *Integrative guide for the 1991 CBCL/4-18, YSR, and TRF profiles*. Burlington: University of Vermont, Department of Psychiatry.

Boggs, S. R. (1990). *Generalization of treatment to the home setting: Direct observation analysis*. Unpublished manuscript, University of Florida, Gainesville.

Brestan, E., Eyberg, S. M., Boggs, S., & Algina, J. (1997). Parent–Child Interaction Therapy: Parent perceptions of untreated siblings. *Child and Family Behavior Therapy, 19*, 13–28.

Capage, L. C., Foote, R., McNeil, C. B., & Eyberg, S. M. (1998). Parent–Child Interaction Therapy: An effective treatment for young children with conduct problems. *The Behavior Therapist, 21*, 137–138.

Eisenstadt, T. H., Eyberg, S., McNeil, C. B., Newcomb, K., & Funderburk, B. (1993). Parent–Child Interaction Therapy with behavior problem children: Relative effectiveness of two stages and overall treatment outcome. *Journal of Clinical Child Psychology, 22*, 42–51.

Eyberg, S. (1988). Parent–Child Interaction Therapy: Integration of traditional and behavioral concerns. *Child and Family Behavior Therapy, 10*, 33–46.

Eyberg, S. M., & Boggs, S. R. (1998). Parent–Child Interaction Therapy: A psychosocial intervention for the treatment of young conduct disordered children. In C. E. Schaefer & J. M. Briesmeister (Eds.), *Handbook of parent training: Parents as co-therapists for children's behavior problems* (2nd ed., pp. 61-97). New York: Wiley.

Eyberg, S. M., Boggs, S. R., & Algina, J. (1995). Parent–Child Interaction Therapy: A psychosocial model for the treatment of young children with conduct problem behavior and their families. *Psychopharmacology Bulletin, 31*, 83–91.

Eyberg, S. M., & Robinson, E. A. (1982). Parent–Child Interaction Training: Effects on family functioning. *Journal of Clinical Child Psychology, 11*, 130–137.

Eyberg, S. M., & Robinson, E. A. (1983). Dyadic Parent–Child Interaction Coding System: A manual. *Psychological Documents, 13*, MS. No. 2582.

Freeman, T. (1982). *It's my body*. Seattle, WA: Parenting Press.

Hanf, C. (1969). *A two stage program for modifying maternal controlling during mother–child (M-C) interaction*. Paper presented at the meeting of the Western Psychological Association, Vancouver, BC.

Hembree-Kigin, T., & McNeil, C. B. (1995). *Parent–child interaction therapy.* New York: Plenum Press.

McGinnis, E., & Goldstein, A. P. (1990a). *Skillstreaming in early childhood.* Champaign, IL: Research Press.

McGinnis, E., & Goldstein, A. P. (1990b). *Skillstreaming in early childhood: Programs for Ms.* Champaign, IL: Research Press.

McNeil, C. B., Capage, L. C., Bahl, A., & Blanc, H. (1999). Importance of early intervention for disruptive behavior problems: Comparison of treatment and waitlist-control groups. *Early Education and Development, 10*(4), 445–454.

McNeil, C. B., Eyberg, S. M., Eisenstadt, T. H., Newcomb, K., & Funderburk, B. W. (1991). Parent–Child Interaction Therapy with young behavior problem children: Generalization of treatment effects to the school setting. *Journal of Clinical Child Psychology, 20,* 140–151.

McNeil, C. B., Hembree-Kigin, T., & Eyberg, S. M. (1996). *Short-term play therapy for disruptive children.* King of Prussia, PA: Center for Applied Psychology.

McNeil, C. B., Hembree-Kigin, T., & Eyberg, S. M. (1998). *Working with oppositional defiant disorder in children: An audio and video training program.* Secaucus, NJ: Childswork/Childsplay of Genesis Direct Inc.

Nemiroff, M. A., & Annunziata, J. (1990). *A child's first book about play therapy.* Washington, DC: American Psychological Association.

Robin, A. (1976). The turtle technique: An extended case study of self-control in the classroom. *Psychology in the Schools, 13,* 449–453.

Schumann, E., Foote, R., Eyberg, S. M., Boggs, S., & Algina, J. (1998). Parent–Child Interaction Therapy: Interim report of a randomized trail with short-term maintenance. *Journal of Clinical Child Psychology, 27,* 34–45.

Zangwill, W. M. (1984). An evaluation of a parent training program. *Child and Family Behavior Therapy, 5,* 1–16.

第 *10* 章

管理式照護時代下的家族遊戲治療與兒童精神醫學

Thomas G. Hardaway, II, MD, Department of Psychiatry, Texas A & M University Medical School, Temple, Texas

導言

　　家族遊戲治療常常被認為只是遊戲治療或家族治療的另一種型式。在個別導向或依發展程度設計的遊戲治療所需的技巧，都可與家族系統治療所需具備的技巧相輔相成。因此，很難在只強調遊戲治療或只強調家族治療的情況下來討論這個題目。

　　有兩派立場極端者相持不下，他們分別堅持著藉由家族治療或是藉由個別治療才是處理兒童情緒或行為病理學的正確之道。要說一種治療模式是治療兒童的唯一方法，這跟說盤尼西林是治療所有疾病的靈藥一樣荒謬。精神科醫師的角色是去評估這些主述症狀的本質以及可能的診斷與病因。一個折衷的做法應該是依照何種治療最可能治癒或緩解此一問題才對。

　　家族治療對於許多情境而言是最適當的治療模式。雖然傳統的家族治療法已被證明在改變家庭系統方面有所助益，但對許多家庭而言它仍有相當大的問題。精神科醫師常常會治療家有幼童的家庭。因為這些兒童還不

太會說話或是語言技巧有限，簡短的評估式互動通常在孩子在場時進行，但後來的家族治療卻可能變成只處理父母的婚姻治療或是幼童不參與其中的家族治療。本章所描述的家族治療假定稚齡兒童與家中任何一個成員在家庭病理上的重要性是相同的。更一步的假定是，把孩子排除在治療之外等於是遺漏了一個關鍵性的演出者。年幼兒童有重要的訊息要分享，而遊戲是兒童（實際上，有些較年長的個體也是如此）最能運用及傳達自己的媒介。然而，在傳統的家族治療中，年幼的孩子不但無趣而且「有耳無嘴」，最糟的狀況還會把治療完全搞砸。

較年長的個體往往無法表達可用來描述家庭運作中長處與缺陷的議題與情感。雖然這個資訊最後會在傳統的家族治療中浮出檯面，但在家族遊戲治療中會更快出現，因為這些問題和情感會以戲劇性與行為化的形式出現，甚至在第一個遊戲互動中就已出現。

家族遊戲治療的重要成份

1. 對於主述症狀會仔細地評估是否是由精神疾病或其他醫學上的病理原因造成。如果評估指出目標病人的症狀與家庭系統的病理有因果關係，則建議使用家族治療。
2. 在前幾次的單元中規劃出保守、可達成的目標。
3. 家庭成員不管年齡多大都需加入（若是可能的話，延伸家庭的成員也可以涵蓋進來）。
4. 在所有個體都能有意義地被納入的程度上，治療的內容即是遊戲。澄清和詮釋的評論話語較常以隱喻的方式出現。
5. 在家庭成員之間直接處理移情，而非處理對治療師的移情。
6. 在單元一開始的遊戲部分，盡量不用澄清式的評論話語。
7. 較多的詮釋性評論以及家人的口語過程發生在單元的後半部分。
8. 會使用到各種活動-自由遊戲、戲劇、雕塑、心理劇、回顧錄影帶，

以及藝術活動。

9.所有的家庭成員都被要求參與遊戲的過程討論，即使無法用口語互
動者也一樣要加入。

移情的行動外化

家族遊戲治療的另一個重要成份涉及移情議題的本質。在個別或團體
心理治療中，治療師與孩子的關係近似孩子依附對象與孩子的關係，因此
治療會環繞著移情打轉。這方面在傳統的家族治療中比較不明顯，但仍然
是存在的。在家族遊戲治療中，移情的議題會在家庭成員之間以行為的方
式行動外化出來，而澄清及詮釋則集中於依附對象與孩子之間的關係。

因此，治療師不只必須嫻熟於家族治療且對於家庭系統相關議題了解
深入，他／她還得對於發展議題以及個別遊戲治療技巧有相當能力及能自
在使用。治療師必須要可以促進最年幼個體發展程度的適當遊戲，同時了
解屬於其他個體及整個家庭系統的相關議題。治療師允許家庭成員在遊戲
中自發性地互動，但也會指出有哪些行為描繪出家庭問題等方式來引導和
處理遊戲的過程。在適當的時機下，治療師可能會讓這個家人做個觀察，
觀察治療室中正在發生有關家庭及個人的議題，或是在這個家人已經準備
好聆聽他們時來做觀察。

文獻中較少描述這樣的過程。Haley（1973）與 Levant 和 Haffey（1981）
描述將家庭成員合併來治療的過程，包括延伸家族的成員，這樣會對重要
的議題產生最大的衝擊。Zibach（1982）列出運用依發展而設計的適當活
動將年幼兒童納入家族治療中的多重理由。Villenevue（1979）列出一些特
定的活動如雕塑、心理劇、一同回顧錄影帶，以及布偶戲等。然而，文獻
上描述有年幼兒童參與其中的家族治療所強調的聯合治療，其實是在讓孩
子不要分心，而非利用家人間的遊戲作為治療的實體。Ackerman（1970）
描述小小孩在聯合治療中扮演的重要角色，他們可能會透露出家人未能表

達出的訊息。

管理式照護年代下的家族遊戲治療

家族遊戲治療也許被提供心理衛生服務的人員視爲在幫助家庭與個體上是相當有效且有力的工具，但是那些付賬單的人，尤其是保險公司的人，可就沒那麼相信了。他們關注的有三點：

1.這些症狀／抱怨是否需要治療？

2.若是，要怎麼衡量治療的結果與有效程度？

3.若個別治療與藥物已經是傳統上有效的治療模式，我們爲何還要把錢拿來付家族遊戲治療的費用？

保險公司如何界定必需性？

在決定針對家長所提出孩子行爲上的症狀或抱怨要用何治療的方法時，治療師必須了解保險公司的人不一定認爲那些症狀與抱怨是屬於失去功能的。如果一個病人患有傳染病、糖尿病，或骨折而沒接受治療，結果顯而易見是會威脅性命或直接影響病人的整體健康。因此，一開始這些症狀的治療是必須的，以預防未來對健康的損害或死亡，或者可以快速扭轉急性症狀。

在心理衛生領域中，特別是在兒童心理衛生的部分，症狀與抱怨不易被視爲會危及生命、健康，或直接與失功能有關，也沒有證據顯示治療可以快速地或以具體可見的方式扭轉許多方面的抱怨。

症狀對後續兒童發展有所影響的相關假設

多數心理衛生服務的提供者，尤其是那些評估和治療孩子與家庭的人，都會直覺且在理論上理解孩子的行為與所處環境這兩者對他或她後續的發展與健康會造成的影響。不幸的是，那些資助照護的人以及其他會轉介病人來做心理衛生評估的臨床工作人員，並沒有這樣的理解。管理式照護組織所不了解的是，兒童的病理行為與心理症狀都會直接衝擊孩子未來功能發展的表現。當這些症狀和困擾行為沒有適當處理時，無論是在家時由父母或是有必要時由治療師來介入，孩子在建立適當人際關係、學習認知技巧、照顧自己，以及執行基本功能的能力都會受到損害。

因此，被允許繼續遺尿、在課堂上搗蛋、憂鬱或有其他的症狀的孩子需要治療，這與一個孩子患有高血糖而需要接受糖尿病治療的道理是一樣的。在後者，有充分證據顯示抗拒治療會導致糖尿病性的酮酸血症而須緊急住院、危及生命的代謝併發症，連帶腎臟、血管，以及四肢的功能都會失能毀損。這會導致一個人身體健康的嚴重傷害，對孩子或對成人都是如此，也會使得急性的危機處理治療的花費增加。需要清楚告訴保險公司的是，前者也是一樣重要且會威脅健康。

這些議題點出，展現出前述那些行為的孩子在學業上及社交上正常運作的能力，以及持續正常心理發展的歷程都會受到干擾。對危機介入、進入急診室，以及因憂鬱症或品行疾患而接受治療等後續的需求不只是對兒童及發展中的成人有嚴重影響，對於與他們一同生活的其他人而言也同樣具有摧毀性。另外，可以預見的是，住院及門診的各種多元危機導向治療，會比未雨綢繆的早期介入需要更高的花費。

治療師應該不要妄想保險公司也具有如前述的同樣假設，但這也不是說保險公司對提供心理衛生治療的給付或參與缺乏興趣。他們的受益人仍然具有相當大的影響力，可以讓這些健康福利的顧問們考量到各種心理衛生的相關疾病。然而，更重要的是這些心理衛生服務的提供者能夠把他們

的想法組織起來，然後進一步將這些相關症狀如何轉變爲關鍵性運作的概
念寫出來。

　　雖然此處提到的臨床上的類比法對於心理衛生提供者是這麼顯而易
見，仍有必要讓它更清楚明確以讓那些資助心理衛生治療的人了解。尤其
更要指出家族治療或家族遊戲治療可以當做一種相當不錯的治療型態。

　　因此，應該要清楚明確地指出一個主述的症狀或行爲問題會明顯干擾
孩子的發展——在生理運作、學業表現、自我照顧功能，以及社交能力等
領域。社交功能障礙包括了孩子的症狀會威脅到他或她身邊的家人、朋友，
或社會結構。

如何顯示結果與治療的有效性？

　　把兒童的症狀對前述功能領域的衝擊書寫下來可以達成多重目的。首
先，很清楚可以看到，若沒有加以治療，兒童的功能運作會受到威脅而需
要其他介入以預防進一步的損害以及生理上的傷害。其次，它提供一個方
法來度量並清楚顯示個案的功能會隨治療而進步。

　　因此，在考量各種治療的形式時，尤其是那些對門外漢而言看起來較
爲奇特的形式，如家族遊戲治療，重要的是要包括詳盡的診斷，以便對保
險公司指出清楚的病理學。但同樣重要的是，提供者必須策劃出一系列問
題清單，一再說明問題行爲以及它們對兒童功能領域及兒童週邊支持系統
的衝擊。

　　一個治療計畫，如果包含了家族遊戲治療，應該要指出清楚的目標，
而且應該是容易達到且可以測量的目標。如果強迫症的症狀干擾了孩子上
學及受教育的能力、讓他／她產生社交障礙，且會導致日益惡化的憂鬱情
緒、易怒，以及焦慮，這些應該也以書面呈現出來，以顯示出治療的必要
性、進一步功能喪失的脆弱性，以及提供治療便可清楚看到改善與進步的
可能性。

這種治療模式可以使功能恢復嗎？

　　第三個問題是：「這是適合的治療模式嗎？」任何名稱裡含有「遊戲」兩字的治療法都有可能招致對其可靠性的懷疑。當然，我們可以把它的名字改掉以排除這些疑慮，比方說改成「家族活動治療」或任何其他的數種標籤。然而，更有幫助的方法是說明此種治療為何優於其他的模式。因此，治療師應該要強調如下幾點：

1. 仔細且記載良好的書面評估，指出孩子的病態行為沒有其他可能的醫藥上或精神疾病因素，但有直接的家庭功能障礙，或至少家庭的功能不良是數個可能因素中最顯著的原因。

2. 家庭成員之間幾個非常特定的行為已被發現對於孩子的病理很有影響，且可以很清楚的看到，如果把它們放到這個家庭的面前來加以處理，便會造成明顯的改變。這樣的改變進而會導致對孩子病理的直接衝擊。

3. 短期治療（四到八個單元）的時間已經足以讓家庭辨認出問題的助長因素，以及讓幾個最明顯的行為產生必要的改變。

4. 可以預期的是，若能繼續處理更細微的行為，便能得到更進一步的成效，因為這個家庭已經對一開始治療中較易達成的目標有反應了。

5. 各種結果的測量可以用來追蹤這個孩子在功能上的進步。衡鑑的方式很多，例如，書面記錄學校缺席次數的減少、學校事故的次數減少、學業表現的進步、家中傷害性的事故減少，以及更少出現有傷害性的事件或必須進急診室的危機事件。

　　雖然治療師幾乎是直覺性地知道為何病態行為或症狀會嚴重傷害孩子的發展或福祉，以及為何治療是必要的，這樣的「直覺」卻讓他或她無法將核心問題及治療目標清楚地概念化及表達出來，然而，這卻是提供有效治療所必須。另外，非常「具體」且有組織地構思如何界定所謂功能不良

及成功結果的原理對於得到保險給付是相當關鍵的作法。

什麼是「短期」家族遊戲治療？

　　呈現的臨床案例出現家庭功能的改變，結果使得兒童的功能改善。由此定義，這樣的治療是短期的，且即使是在訓練的機構中也不必急迫地考量給付的問題。

　　「長期」和「短期」治療的界定顯然是相對的。不幸的是，往往在治療的訓練計畫中，「長期」等同於「沒有終點」與「沒有充分界定」，結果受訓者學到的是，長期治療就是提供治療直到提供者搬家或病人搬家為止，端看哪個先發生。檢驗過去的文獻或記錄，即使是把最有幫助的長期治療也都往往無法提供太多對治療目標的內省、進一步治療的必要性，或是對將來治療的期望。這樣大概可以理解為何那些資助治療的人不太願意資助這部分。

　　心理衛生提供者常常會悲嘆對短期治療（一般的定義是 1 到 20 個單元）的要求太多限制，且無法讓需要它的病人得到照顧的最大成效。首先，短期的目標與功能的評估過程將整合進家族遊戲治療當中。若不是具體了解問題所在、在治療中會發生什麼事，以及追尋的目標，家庭不太可能投注心血在緊湊且耗時的治療模式上。如果家人們覺得目標是一蹴可及又可以在近期內達成，且期間的進步是可測量並可清楚顯示，即使他們覺得不太妥當，也仍願意參與並出現想要改變的動機。

　　有效的治療師之後會使用這個成功經驗來邀請個案定出更進一步，也許是更具體的目標，並且提供在過去認為只有接受長期治療才能獲益，但現在只要短期便能達成目標的有效治療。每次只要一發生這樣的事，治療師便可書面記錄目標病人功能上的改善以及接下來可預期的進步。如此治療師便會在得到服務給付方面更加成功。

　　因此，長期治療總能成為病人及治療師的一個選擇，只要它可以被概

念化成一系列的短期目標，而且只要治療師是有效率的，便可以將之轉換
成更具體可見、更唾手可得的目標。

家族遊戲治療中的結構式單元

　　這裡的家族遊戲治療的單元結構是可預測且有常規性。每個單元為時
一小時，一開始有半個鐘頭是實際在地板上玩。通常一開始就可以明顯看
到父母相當的不自在、僵硬，且缺乏怎麼和孩子遊戲的知識。一開始先給
予一些引導可以減少這些家庭成員緊繃的焦慮感，否則他們常常會在眾多
活動中迷失。在幾次單元之後，我們停止給予任何引導，因此家庭成員必
須自己策劃他們要怎麼一起做些什麼。在這段時間內盡量不給他們太多詮
釋，只在行為發生的當下偶而給予澄清或觀察，或提供某個家庭成員傳達
出，但卻沒被其他人接收到的訊息。

　　後半小時中有一段時間讓那些成年人們（或家庭中比較能說話的成員）
坐著分析討論遊戲的過程。不太說話的孩子仍然待在房間裡，繼續自己玩
自己的，但可以聽到他們在說些什麼。這可以讓這些孩子們清楚知道他們
剛剛已經跟其他人玩過了，現在開始是談話時間。這段時間對於口語表達
的家庭成員很重要，這讓他們得以討論之前遊戲中發現的行為與模式，且
分享彼此的詮釋。因為這些案例中的孩子都會避免他們的父母在家中進行
有意義的對話，他們一開始就會用搗蛋的行為來干擾他們父母討論遊戲中
的過程。父母最後會辨認出此一動力以及這些如何持續存在，治療師也協
助他們形成一個團隊，致力於使他們口語能力不佳的孩子安心，並控制他
們干擾行為的影響。這個過程不只是作為管教技巧的一堂課，更重要的是，
它也是了解家庭如何鼓勵干擾及令人挫折的行為的一種方法。

案例說明

在我們用家族遊戲治療來處理的某個家庭中，被認定的病人是一個五歲大的男孩子，他被帶來就診的原因是最近開始出現易發脾氣及過動和攻擊的行為，尤其是對他的母親。他的食慾降低，夜驚的次數增加，也伴有睡眠障礙。初期評估包括父親和母親行為與背景的詳細歷史，對於男孩的觀察與遊戲治療，並觀察家庭成員間的互動。各種診斷的可能性都盡量去鑑別或排除，我們也相信孩子的行為反映出了家庭的病理。在一開始決定要進行家族治療，但第一單元之後孩子便被排除在外。後來父母表示他們終於了解接下來要進行的是婚姻治療，但他們擔心孩子的種種並沒有被處理。這對父母之後便自己終止治療，只有在孩子的症狀持續或惡化時，他們才再回到治療；這一次，他們被轉介到家族遊戲治療中。

我們設立了相當單純的目標，定下了將進行八個單元的契約。我們希望讓這對父母經由與兒子的遊戲互動，可以界定出在他們家庭中有哪些破壞性的角色及聯盟造成了孩子的症狀以及他們的挫折感持續不退。如果他們能夠達到上述這件事，我們便認為他們未來在家中可以利用這個資訊來促進彼此的互動，與孩子有更好的關係，並幫助他以更圓滿的發展歷程成長。如果他們在八個單元後決定要繼續治療，我們可以建立其他的目標以幫助他們。家族治療的一個重要成分是幫助家庭成員發展出保守且可達成的目標，這可提供他們要進步所需的信心，因為挫折通常是來自不斷下沉的無望感與挫折感。

家庭互動的病理在我們開始處理此一家庭時便立即浮現。家庭成員間的破壞性角色與聯盟在他們第一次的遊戲互動中便相當明顯，甚至強大到需要治療師迅速地加以調節。當治療師在這個節骨眼上點出發生障礙的動力，並給予替代行為的建議，家庭成員可以覺察出動力過程，並且在他們做出改變之際便感受到動力的轉變。他們並非在語言的層次上運作，而是以遊戲的模式互動，而這可以容許詮釋在更為情感的層次上出現。我們指

派了家庭作業，以便這些經驗可以類化，並且得以在嘗試於家中再造這些
情感和行為時發現他們還必須面對何種困難。

在前兩個單元中最需要注意的是這個家庭多快能從遊戲中的自發性學
到東西。當兒童與其中一位家長的破壞性聯盟阻擋了另一位家長對遊戲的
涉入，其間產生的爭執會讓活動中止，而不良功能會在某些遊戲隱喻中不
斷出現。治療師觀察到家庭角色的僵化，以及這如何妨礙他們完成一個娃
娃家。當治療師指出某些家庭成員的僵化造成對他人的專制殘害，因而影
響了遊戲的樂趣，家庭成員便可以看到有些人的需求是被忽略掉的。這樣
的澄清可以讓每個人比較自在地直接表達出自己的需求與慾望。當大家更
清楚看到大部分的需求可以用相互合作的方式來滿足，焦慮與僵化的情形
便會降低，破壞性角色與聯盟的必要性也就隨之消退。

觀看這些單元的錄影顯示出家庭成員已經開始運作某項原則了，但進
行時需要小心一點，因為家長們可能會很快就因看到不適當的行為而有自
我意識並感覺羞赧。然而，看到正向改變脈絡中的某些行為會給予家長更
多參與此過程的信心及熱忱。即使孩子觀察到他曾經害怕父母一開始說話
就會出現爭執與傷害，當孩子觀察了錄影帶中激烈的討論後產生的是正向
的結果，他在後續治療的討論過程中也就比較不會干擾了。

摘要與結論

家族遊戲治療所帶來的助益清晰可見，它包括了個別兒童治療的優
點，如允許孩子經由遊戲表達出他們的害怕與顧慮，同時又讓其他家庭成
員一同遊戲，以處理他們對這個孩子行為的反應。治療師和家長都經歷了
與一位稚齡兒童遊戲初期所會有的焦慮。然而，在幼兒或嬰兒經歷到明顯
家庭互動病態的家庭中，讓家庭成員清楚看到家庭動力以及讓他們投入情

感的最有力方式，莫過於直接與年幼孩子遊戲。這需要治療師多方調節，因為這會比傳統的遊戲治療更快引出重要問題與情感。在家庭與家庭成員經過仔細評估且顯示出被認定病人的症狀是因病態家庭系統而促發時，這個方法最為有效。

參 考 文 獻

Ackerman, N. (1970). Child participation in family therapy. *Family Process, 9,* 403–410.

Haley, J. (1973). Strategic therapy when a child is presented as a problem. *Journal of the American Academy of Child Psychiatry, 12, 641–659.*

Levant, R. F., & Haffey, N. A. (1981). Integration of child and family therapy. *International Journal of Family Therapy, 3*(2), 5–10.

Villeneuve, C. (1979). The specific participation of the child in family therapy. *Journal of the American Academy of Child Psychiatry, 18, 44–53.*

第三部份

團體遊戲治療

第*11*章

性受虐年幼兒童的創造性團體遊戲治療

Loretta Gallo-Lopez, MA, private practice, Tampa, Florida

導言

「年幼兒童對於改變具有韌性且可以適應。」這樣的說法常常用來合理化年幼兒童不會受創傷經驗的明顯影響。兒童心理治療師知道以上說法並不正確。創傷對年幼兒童的衝擊相當深遠,而性虐待則是最具傷害性的情緒壓力來由。依據兒童虐待與疏忽的國家研究(Sedlak & Broadhurst, 1996),三歲大的孩子受性方面迫害所造成的損傷與較年長的孩子或青少年相去不遠。然而,相較於年長兒童而言,針對年幼兒童的治療模式還不夠完善。雖然年幼兒童「對於改變具有韌性且可以適應」這樣的說法可能是真的,在大部分的個案中,兒童因性侵害遭遇創傷仍是需要治療的介入以引發他們的韌性與適應性。

這一章呈現一個針對性虐待倖存兒童所設計的範圍廣泛、有時限的團體治療計畫,其中,我的重點在於提供讀者有關療癒機會的架構,以滿足性受虐年幼兒童的複雜需求。

過去研究發現,性虐待對大部分兒童受害者同時具有立即性與長期性

的衝擊。以下列表界定出各種在年幼性受虐年幼兒童身上可能出現的症狀
與行為反應（大部分在文獻中都有提到）：

◇做惡夢和睡眠障礙

◇極度焦慮與過度恐懼

◇難以相信他人

◇身體整合感與身體形象的感覺受損

◇飲食障礙

◇身體化的抱怨

◇不適齡的性知識

◇退化行為以及喪失原來已經精熟的行為

◇情緒疾患

◇羞愧感、罪惡感、恥辱感

◇社交孤立

◇與分離相關的焦慮

◇出現有高度性意涵的行為

◇缺乏人際界限

◇侵入性的思考

◇解離反應

◇越來越無法專心

◇自殺意念

◇自傷行為，包括傷害生殖器官

◇反映出權力不平衡的行為——過度順服或過度攻擊

◇反映成人—兒童角色混亂的行為

◇無力感以及習得的無助

◇自尊與自我價值感缺損

心理衛生專業人員仍在持續尋找可以處理這一群人的重大行為與創傷
相關症狀的有效治療取向。

團體治療一直以來都被認為是潛伏期及青少年期性虐待受害者的最佳

治療選擇（Mandell & Damon, 1989; Powell & Faherty, 1990）。然而，過去年幼兒童都是以個別治療加以處理，因為多數人相信團體治療無法符合兒童的發展適切性（Salter, 1988）。年幼兒童的團體治療文獻相當稀少。

Steward、Farquhar、Dicharry、Glick 與 Martin（1986）描述了一個針對受到身體或性虐待的年幼受害者的團體治療模式，那是一個開放式團體，允許新團體成員在治療過程中的任何時間開始他們自己的治療。此一模式使用非指導性的遊戲治療取向，並界定治療長度為八個月到兩年。此一取向頗為深入，且治療目標設定在治療過去的傷痛以及滿足孩子現在與未來的情緒需求。然而，也曾有人強調要使用指導性的取向來治療遭受性虐待的兒童（Salter, 1988; Rasmussen & Cunningham, 1995），因為此種方式可以確保是針對特定創傷加以處理，可以降低孩子未來再被虐待的風險。Friedrich（1991）則是贊同治療取向應該要是「特定、對於孩子的需求很敏感，且強調人際關係」（p.5）。Cohen 與 Mannarino（1993）描述一個遭受性虐待學齡前兒童的短期治療模式，是一個高度結構性模式，同時以個別治療來處理孩子與主要照顧者。此一模式在八到十二週內針對特定症狀使用行為介入，但並未提供兒童機會來探索創傷事件本身帶來的個人意義。

本章所介紹的模式欲將最重要的治療成分整合到一個單一模式中。目標族群包括了男孩與女孩，年紀從三歲到十歲，依據年齡和發展能力區分成不同團體。雖然我發現小於五歲的孩子混合性別進行團體治療也有成效，但六歲以上的男孩和女孩就應該要分開成兩群。我們可以看到這個治療模式是有時限的，為期十六週，它依賴團體過程來處理多數孩子曾經歷過的疏離感與被污名化的經驗。非指導性的遊戲治療、指導性的遊戲治療，以及其他特定處理虐待的策略會整合進來以滿足此一族群的複雜需求。這樣的模式受到許多人的支持，如 Rasmussen 與 Cunningham（1995），他們贊同將非指導性與聚焦的策略整合進性侵害兒童的治療中。這讓治療師能有效處理與創傷有關的議題，同時提供孩子一個可以安全釋放情緒的環境，這是療癒歷程開啟的必要條件。

此一治療模式受三個相異又相關的治療取向影響。第一個的基礎在於

創傷事件對年幼兒童長期與短期的衝擊。我發現此種創傷形成的動力模式曾被 Finkelhor 與 Browne（1986）認為有助於構思與創傷壓力症狀相關的治療目標，他們相信這四種動力——創傷性的性慾化、污名化、背叛，與無力感——會因「扭曲孩子的自我概念、世界觀，與情感能力」而導致情緒的創傷（pp.180-181）。此處呈現的治療模式直接各個擊破這些領域，以降低創傷相關的症狀與行為。

這個治療模式的第二個成分是發展理論。此一取向是設計以滿足年幼兒童發展所需，提供讓他們精熟於適切其年齡的發展要務的機會及讓他們探索退化的主題的介入。

最後，這個模式融入了系統理論，重點在於人際關係以及孩子在他們的世界中對自身的觀點如何。

雖然這一章只呈現了兒童治療團體的治療架構，但也相當鼓勵讓非加害的家長／照顧者便於得到諮商。理想的情況是父母參加另一組同時進行的團體，而孩子參加治療團體。親職相關的成分應該要提及兒童發展、兒童的性發展、虐待的動力、養育的議題、安全的議題、家庭角色與關係，以及增進與強化親子關係的方法。經驗過性虐待的家庭不只會感受到與創傷有關的壓力和焦慮，還有後繼的餘波盪漾。他們變得不太能信任他們認為是有權威的那些人，且也需要能夠走過虐待事件。

直接與孩子的主要照顧者一同工作對於兒童治療的成功與否相當重要。藉由把非加害的家長納入孩子的遊戲治療當中，我們可以幫助家長與治療歷程以及治療提供者取得連結。如果家長覺得自己和治療師成為競爭關係，或是因為自己的罪惡感或不足感，他們可能會有意無意去破壞孩子的治療。應該要強調家長在兒童療癒過程中扮演的重要角色。讓家長在這個過程中逐漸獲得力量，可以減少他們的不足感，並增強他們有效養育孩子的能力。另外，大部分的家長對於有時限的治療取向反應挺不錯的，雖然我們必須告知家長在十六週的治療之後可能還要持續治療，對於治療長度有所認知可以紓解家長的壓力與焦慮，並增加他們的希望感。

評估是否適合進入團體

在安置之前，應該要對每個孩子個別進行衡鑑以決定他們是否適合進入團體。衡鑑應該要包括檢驗孩子的發展史並完成臨床晤談。評估者應該要能意識到孩子的發展程度及需求，考量虐待所帶來可能的退化性衝擊。在初次晤談時，治療師必須衡鑑孩子的創傷程度並評估他或她的因應技巧。在這個時節上很重要的是治療師能確認孩子是否已清楚坦露有關虐待的事情。他必須坦露出自己受到虐待，至少要能清楚到某種程度，否則就不適合成為進入團體治療的候選人。常常，轉介來接受性虐待治療的孩子都是因為有性虐待申告或出現下述的症狀，如滿腦子被性事佔據、與年齡不相符的性知識和／或行為，或過度的手淫。出現這些症狀的孩子，若並無表示自己受過性虐待，應該要進入個別治療以治療這些症狀並評估性虐待的可能性。對自己被性虐待一事只提供有限細節但未充分坦露自己遭受性虐待的兒童，也須如此對待。如果這樣的孩子進入了團體治療中，他們很可能被團體中其他兒童的自白所污染。在個別治療之後，這個孩子可以重新評估是否適合進入團體治療模式當中。必須注意的是，完全否認自己遭受過性虐待的孩子不適合團體治療，即使加害者已經認罪，仍是如此。

並不需要去排除有注意力不足／過動症（ADHD）的診斷或有此類型行為的孩子進入團體。受到性虐待的兒童可能會經驗到極端的焦慮，會展現出類似於 ADHD 的症狀，因而常常會有診斷上的錯誤。當各個問題可以在治療中被處理和解決，與焦慮相關的行為通常就會減少。這些孩子可以在團體中被成功治療，只要團體中提供治療的人在性虐待及兒童團體治療兩方面都具備適當的技巧及專長。很重要的一點是，治療師監督孩子經驗到的刺激程度，當過多的刺激發生時可以適度介入，並提供恰當的時機做結束活動。

有高度性慾化行為及衝動的孩子不太適合進入團體，因為可能會傷害到其他的孩子。我會建議這些孩子一開始先接受個別的診療，目標在促進

衝動控制技巧以及學習管理性慾化行為的策略。之前曾經對其他孩子展現出有性意涵行為的兒童需要納入團體或接受個別治療，以直接處理外顯的性行為以及受害的議題。要牢記在心，許多遭受性虐待的兒童會出現與年齡不相符的性行為，如過度手淫、專注於自己身體某部分，以及與其他兒童相互觸碰私處。呈現出這些行為的孩子不應該被自動排除在團體之外。底線必須設定在能夠維持其他兒童的安全。對於極度攻擊性的孩子也是如此。因為攻擊行為而讓其他孩子陷入危險的兒童應該接受個別處理，以讓他們學會管理他們的焦慮與極度的憤怒，並發展出因應技巧，然後再來評估他們是否適合進入團體。

對於出現自殘與自傷行為的孩子，很重要的是以個別治療取代或外加於團體治療，以就近監測他們的安全程度。對於殘害動物或其他嚴重攻擊行為，或出現明顯解離狀況的孩子也是如此。這些孩子需要針對其心理病理緊密監督，也需要密集的個別治療與精神醫學的照顧。

被領養的兒童雖然會呈現出迴然不同的問題與考量，但也不必被排除在團體之外。他們可以從團體治療中家庭型態的活動得到相當大的收穫。然而，他們會需要個別治療師持續的支持，以提供他們更好的機會與重要成人形成連結。

短期遊戲治療取向

建立團體

建立團體的首要考量之一是它的大小。孩子們最能從小團體中得益。一般所接受的法則是兒童的數目不要超過團體中最年幼者的年紀。換句話說，若一個團體中最年幼的成員是三歲，團體中就不要超過三個孩子；團

體中最年幼的是四歲，就不要超過四個成員，諸如此類。即使加入團體的第二位助理帶領員，也不要任意增加團體大小。

團體各單元應該以一小時為限，包括準時開始及準時結束。可預測性很重要。團體儀式提供了一個可預期的架構，致使治療環境內可以自然發展出安全感與包容。開始與結束的儀式可以建立起信任與安全感。當孩子可以預期接下來會發生什麼事時，焦慮就會降低了。

開始的儀式應該放在每個單元的前十分鐘。儀式可以包括抓枕頭或蓆子，並在團體的圓圈中佔據一點。接下來可能是登入期、團體建立信任的遊戲，或歡迎歌。團體成員的一個重要開始儀式是輪流說明為何他們會來這個團體，這可以強化團體成員間的連結，並減少藏在許多兒童受害者心中的污名及羞恥感。

結構式的團體活動（稍後會在本章中討論）應該接在開始儀式之後，大約占一個單元的 20 分鐘。接下來的 20 分鐘應該要保留給非指導性的遊戲治療。

單元的最後十分鐘則是保留給結尾與結束儀式。結束的儀式藉由提供處理本次單元中出現的議題來幫助提供結尾的感覺。然後便讓團體成員準備好完整地離開治療環境。結束的儀式可能是一首歌、一個動態的活動，或任何可提供安定與聚焦感的各項組合活動。大部分的孩子樂於前來治療，並且在單元結束時會抗拒離開，因此，在房間另一個分開的區域來進行結束儀式會較有幫助，如此一來，孩子的肢體移動可以引發單元的轉換感覺。

我選擇吃小餅乾作為團體結束儀式的一部分。食物能有幫助是基於兩個理由。首先，那是個具體有效的滋養形式。即使只是一個簡單的小蛋糕和果汁，都可以讓孩子們感受到這個團體是照顧並支持的。第二，點心時間若能與家中的正餐有平行意義，往往能夠協助治療。因為許多團體活動的中心是與居家生活有關的議題，團體往往會以含有家庭成分的方式連結彼此。好比分享食物有助於強化有功能的家庭內連結，點心時間提供團體有機會能處理問題、澄清問題、分享感覺，並一同化解衝突。

如果你無法在一個小時的時間內有效推行這個方案，我會建議多加十分鐘作為結尾與結束的儀式。這通常是對孩子而言最困難的時間，治療師會需要很多技巧以有效地把孩子們重導到結尾的活動當中。但我不建議把團體時間延長太久，因為這個單元的焦點會開始模糊而且變得更像自由遊戲，而不是治療。無論選擇何種長度，必須設下時間限制，而且不要每週都變來變去。

團體治療模式

此處呈現的團體治療模式是以十六週為一期。然而，有需要時可以擴展到 20 週。這個方案被分成四組，一組四週的模式。我在下面列出了每一組的基本目標，並描述幾個可有效達成這些目標的活動。我會依序介紹各種我在團體中常用的活動，依其使用的先後順序來介紹。但要謹記在心的是，達成每個組的目標比遵循何種順序呈現活動更為重要，你也可以依以自己的風格來加減這些活動。

在每個單元中，結構性的活動之後接著就是一段時間的非指導性遊戲治療。在結構性的活動當中會建立出一些主題，且常會在之後的非指導性遊戲中進一步探索。這樣自然的進展可以使非指導性遊戲治療中引入更有目的性的遊戲。當然，治療師的介入、回饋以及解釋，在豐富此一過程上相當重要。

在每個組之內，會界定出幾個特定的主題。然而，安全感與賦能的主題是此年齡層性受虐兒童的重要主題。據此，這些主題會交織進每個結構式的活動當中，並在每個單元的非指導性遊戲治療中藉由治療師的介入持續增強。

安全感和賦能必須在治療師與孩子的互動中培養出來。Suzanne Long（1986）強調治療師要能一致性地傳達出「尊重、接納與真誠」的感覺來面對接受治療的孩子（p.222）。這是標明治療關係基本成分的一個簡單又

有用的方式。治療師必須表達對孩子溝通所謂的「尊重」，以及尊重孩子們應有的感覺、想法、理念的權利。「接納」讓孩子可以有信心他們不會被拒絕。最後，「真誠」傳達了治療師對孩子成長、改變，並能信任其具有尋求解決之道的力量。

第一到第四單元

治療的前四週主要任務在於設定界限以及建立團體結構、常規與儀式。其他的任務包括了鼓勵孩子建立連結、增加他們對彼此及治療師的舒適感與信任程度，並形成團體感。當治療開始時，很重要的是要談論感覺，並給孩子一些字詞去表達他們的感受，同時持續增強在團體中自我表達是安全且可以得到支持的這種觀點。

一開始，孩子們需要了解到他們都因類似的原因而進來這個團體，這立刻降低了孩子的疏離感、孤立感，以及負向的污名。當這種普同性在每個單元一開始就加以討論，羞恥感便會降低。孩子們應該要能一致地被提醒說他們可以在這個團體中談論他們性虐待的事情。如「這個團體中的每個人都曾被別人觸碰過私處，或是被迫要觸碰別人的私處」的說法可幫助建立團體的氣氛。我傾向不用「壞的觸摸」這個詞，以避免讓那些可能曾經樂於這些觸摸或因而得到注意的孩子感到混淆。重要的是不要增強任何可能與他們有關的負向想法或感覺。

在一開始的幾個單元，我們不會預期孩子，也不會要求他們揭露自己的不幸。團體中的自我揭露應該在孩子發展出對團體及治療師適當程度的信任後才發生。另外，孩子需要了解到何時才適合談論他們被虐待的事情。因為他們對議題並未體會到適切的界限何在，許多年輕的孩子會對每個他遇到的人揭露自己受虐待的事，不管是陌生人或是學校裡的其他兒童。治療師可以說：「如果我們多認識對方一點，才多說一些」，讓孩子們開始了解關於揭露自己受虐一事的界限及限制的必要性。

　　無論在治療室內或外，安全都是一個基本考量。治療師不只是需要提供一個治療的安全環境，也必須與家長或照顧者一同工作，以確保孩子在家裡也是一樣的安全。

主題與目標

◇團體參與、建立團體結構、引入儀式
◇設定團體內的界限與限制
◇為成人與兒童間的矯正關係鋪路
◇開始區辨、界定，與表達感覺
◇開始建立團體內的安全感與基本的信任
◇繼續評估每個孩子的發展與依附需求、藉由與創傷相關的症狀呈現
　　來看其創傷程度、區分現實與幻想間的能力，以及參與符號性與象
　　徵性遊戲的能力。

結構式的遊戲

　　團體海報。在團體治療一開始的時候，找出可以促進團體凝聚力同時也讚賞個體獨特性的機制是相當有幫助的做法。這個活動是讓大家做一張海報，點出團體成員間相同的地方以及不同的地方。可以聚焦的主題包括喜歡的和不喜歡的東西、最喜歡的活動、最喜歡的食物，諸如此類。可以要求孩子畫圖、從雜誌上剪下圖片，或列出清單。他們可能會想要為這個團體取個名字或主題，這也可以納入團體海報中。治療師可以創造一個團體儀式，就是藉由每個單元一開始時設立海報，然後在結束時把它拿下來。圖畫、照片，以及其他的項目也可以隨著單元的進展一一加進來。

　　訪問布偶。這個活動的目的是經由讓孩子有機會互相了解，以增加自在感與信任感。我們會指示每個孩子從桌上或地上的各種布偶中挑選。

Irwin 與 Malloy（1975）建議在治療中都要提供真實性的與幻想性的布偶，他們所建議的包括家禽、家畜和野生動物（尤其是那些會有口語攻擊的），還有巫婆、骷顱、國王和皇后、警察，以及醫生的布偶。這些布偶稍後要用「脫口秀」的方式來訪問。治療師是脫口秀的主持人，孩子們則是觀眾，輪流問布偶關於他們的問題。治療師可以請孩子用選出來的布偶來代表他或她自己，或是創造一個新的角色。在此布偶作為投射的疏離工具與機制。治療師應該要決定活動進行期間孩子們所需要情緒疏離的程度。要謹記在心的是，距「自己」越遙遠的角色，疏離的程度就越大。

安全之地繪畫。評估孩子們的安全感以決定需要何種介入來協助某個孩子更能感受到被保護的感覺是相當重要的做法。在這個活動中，我們要求孩子去畫一個他可感受到安全的地方，並談談這張圖。對於那些在自己家中被虐待的孩子，家就不是一個很安全的地方。藉由討論安全的地方有何特徵，孩子們可以界定出其他安全的環境。一個小女孩被她的生父性侵害，她認為唯一可讓她覺得安全的地方是在學校。她相信那邊的人會保護她，且可以預防她被她父親綁架。在理想的情境下，家對每個孩子而言應該都是安全的地方。要達到這個目標，重要的是要強化孩子與那個沒有施暴的家長或照顧者之間的關係。

自畫像。自畫像可用來作為孩子們對自己觀點的象徵物。要促成這個活動，可以給孩子紙和畫筆，讓他們畫出自己。是否要配合使用鏡子都可以。重要的是要讓孩子們畫出整個身體，而不只是臉，這可以給治療師更多有關身體整體性及自我形象的訊息。這些自畫像提供了如力量與脆弱性、背景基礎與自我價值等議題的重要資訊。人物和身體各部位的大小與位置、顏色、衣著，以及表情等都可以讓我們更深入了解孩子們怎麼看他們自己。可以重複這個活動一直到治療結束，那會很有幫助，可以比較孩子們在不同時間呈現的自我觀點。

親子合併的單元：練習傾聽技巧。這活動的目的在於讓家長和孩子一起練習傾聽技巧，並促進溝通。活動的一開始是全部的兒童成員、家長與治療師一起玩打電話的遊戲。這是一個老式的童年遊戲，就是用悄悄話把一句話一個個傳下去。最後，最後一個人把那句話大聲說出來，通常大家都會因為那句話和最初的話有所改變而笑起來。要強調的就是要專心聽說話的那個人在說些什麼。在打電話遊戲玩過幾次之後，每組親子團體就在房間裡互相分開的各個區域用兩個紙杯和一條線來進行打電話遊戲。孩子可以對著紙杯（電話）說一個故事，同時家長聆聽著。故事講完之後，家長重複自己記得些什麼。接下來，換家長講故事讓小孩聆聽，同樣也是重複說一次。治療師必須先與孩子或家長示範這個活動。完成傾聽練習之後，就應該指示家長們與孩子們一同進行結構式的遊戲來取代非指導性遊戲的時間。此一親子遊戲通常會使用拼圖、畫圖材料、非治療性的棋盤遊戲，諸如此類。我並不建議家長和孩子在這個時候進行投射性或假裝的遊戲，因為我擔心家長可能會公然地或偷偷地審視這個孩子的遊戲，這也許會使得孩子在將來的單元中改變了他們非指導性遊戲的內容。經由結構式的遊戲活動，治療師可以觀察到很多關於家庭角色、關係，以及親子間的互動風格，將有助於未來的治療計畫。

製作有助於辨認與表達感覺的面具。適度表達感覺是一個基本的治療目標。要完成這個目標，孩子們需要學會可以溝通他們感覺的語言。此一單元中的結構性遊戲開始的主題應設定在辨認各種感覺的團體討論。可利用鏡子探索與特定情緒有關的面部表情。之後我們要指示孩子們去製作幾個面具，用以代表不同的感覺。簡單的材料如厚紙板或剪裁好的紙板可以用來黏在小木棒上來做出各種面具。有些孩子不太能容忍面具直接貼在臉上，但卻願意拿著木棍來運用面具。當面具完成時，若是時間許可，可以拿來做角色扮演，或是在未來的單元中再拿出來用。

第五到第八個單元

在治療的這個時間點，通常孩子們開始感覺到自在且熟悉於團體的常規。對於治療師與團體成員的信任應該要適度建立，這樣才能安全地直接處理與性虐待相關的議題。

主題與目標

◇持續辨認並表達伴隨情感調適而來的感覺
◇了解隱私與秘密
◇朝向團體內的自我揭露來運作
◇修復與罪惡和責任等議題有關的認知扭曲
◇界定出適切與不適切的觸碰
◇學習關於我們的身體，建立身體完整感與覺察
◇家庭角色與關係將孩子融入而成為系統的一部份
◇家庭內的溝通

結構式的遊戲

隱私的盒子。許多曾經歷過性虐待的孩子並不了解隱私的概念。大部分孩子在自己的家中並沒有隱私的感覺。為了要增強每個人都應該在某些狀態下保有隱私，我讓孩子們在厚紙板盒子上彩繪（鞋盒是很好的材料），這要用來裝孩子們的團體計畫。這些盒子可以用畫筆繪畫或著色，並且用亮片、羽毛、橡膠、雜誌圖片、貼紙等等作為裝飾。這些盒子被放在一個安全的地方，如櫥櫃或辦公室或遊戲室中其他安全的地方。這盒子變成儲藏團體所創造出的計畫的地方。在孩子們彩繪盒子的同時，團體討論應環繞在如隱私、秘密，以及驚喜一類的話題。呈現「如果……怎麼辦」

的劇本，並要求他們判斷這個劇本描述的是隱私、秘密，或是驚喜。孩子們需要了解到驚喜可能是一種適當形式的秘密。例子之一是哥哥告訴弟弟別告訴媽媽他們要為她慶祝生日。可以持續在團體情境中增強隱私的必要性與權利。例如，每當團體成員在使用廁所，治療師都可以提醒孩子們記得把門關上。可以接著討論在家換衣服、洗澡，以及上廁所時把門關上的重要性。家長們應該要在他們的團體中學習同樣的議題，以便在家增強這些概念。

身體描繪。此一介入的目的在於引導孩子能夠建立起各種情緒與身體感覺之間的連結。活動一開始先讓孩子們討論並列出各種情緒。建議要限制情緒的數目並選出最簡單且最普遍的情緒：生氣、興奮、嫉妒、愛、快樂、悲傷、擔心、寂寞、害怕，與信心。要求孩子們講講當他們經驗某種情緒時，身體會有什麼感覺。一開始，生氣是比較簡單的項目。反應的目標如「當我生氣的時候，我會握起拳頭」，或「我覺得擔心的時候，我會胃痛」。一但孩子們了解這個概念，給每個孩子一組貼紙，上面印著各種感覺的字眼和／或相對應的面部表情。這些貼紙可以由治療師自己製作或經由治療性活動的目錄來購買。使用一大捲紙張，剪下一張以符合每個孩子的身長。描繪孩子身體的輪廓，可以讓他們躺在紙上或讓他們的背靠著牆上的紙來畫。在這個過程中，一邊描述你在做些什麼會很有幫助（「我現在在描你的手臂囉」），這會減少因肢體碰觸帶來的焦慮。之後可以讓孩子畫上臉的五官、衣服，加上任何他們想加上的東西。和身體描圖一同使用感覺的貼紙，可以引導孩子們以某個情緒來界定出他們的生理反應。然後把貼紙貼在代表那個生理反應的身體圖的部位。將情緒與生理連結起來可以增加感覺的辨認。之後孩子們可以運用新習得的因應策略和問題解決技巧來管理並適度表達他們的情緒。

紙娃娃的身體形狀：適當與不適當的觸碰。在提供療癒經驗之外，性虐待的治療應該提供孩子自我保護的策略。讓孩子們了解適當與不

適當的觸碰差別何在，以及他們有權利拒絕他們不想要的觸碰是很重要的事。接下來的活動會用到不織布板子，以及幾個男性和女性的人物代表大人和小孩。這些人物可以用厚布做成或從海報板上剪下，用魔鬼粘固定在背後，可以粘在不織布板子上。這些人物用來界定身體的私處，並幫助孩子們區別適當與不適當的觸碰。為這些人物做衣服的目的在於幫助孩子們抓住私處的概念，即，私處就是被內衣褲或泳裝遮住的地方。因為這個活動直接處理虐待的動力，孩子們可能會變得被過度刺激或不太專心。這個不織布板子提供可以有明確界限的聚焦之所，類似於沙盤一類的東西，以此減少刺激與焦慮。

互相告知發生了什麼事。要促進關於虐待一事的揭露，一個有效的方法是去突顯孩子們最初說的話，並強調全盤說出是很有勇氣的事。可以讓孩子們畫一張圖，主題是他們第一次告訴別人他被被虐待的事，然後大家討論這些圖畫。另一個方法是讓孩子用布偶呈現他們自己和那個他們告知秘密的人（們）。如果孩子說他一開始不只告知一個人有關他／她被虐待的事，治療師或許需要在布偶戲中扮演一個角色。有關第一次自我揭露的討論應該要自然導向談論虐待本身。如果孩子選擇不說，也不一定要一五一十要求他們說出虐待的細節。重要的是治療師要修正任何有關虐待的認知扭曲，尤其是與孩子們的罪惡感與責任相關的那些想法。治療師應該擔負起示範接納與認可孩子們對於加害者正向與負向感覺的這個責任。

合併親子的單元：感覺分享。這個單元的目標在於提供家長／照顧者和孩子一個機會同時探索感覺與情緒，以開始強化他們之間的關係。有各種方法可以達成這個目標。活動之一是將焦點放在感覺詞彙的繪畫活動。每一組親子配對發給兩大張圖畫紙，折成四等份。他們也拿到幾隻畫筆、彩色鉛筆或蠟筆、膠水，以及一個裝著以下感覺詞彙的信封：「生氣」、「傷害」、「驕傲」、「快樂」、「悲傷」、「擔心」、「愛」，以及「害怕」。家長和孩子各放一隻手到信封裡並選出四個感覺詞彙。他們把每個感覺詞彙黏

在他們紙上的四個方塊頂端，然後畫出他們曾經經歷過那種感覺的時候。畫完的時候，他們彼此分享這些圖畫。

家庭角色扮演。戲劇和角色扮演是幫助孩子們探索家庭關係及他或她在這個家庭系統中角色爲何的有力技術。在這個活動中，我們要求孩子扮演家中的某個角色。治療師用一些簡單的指導語建構起這個遊戲，如「讓我們來創造個跟家庭有關的故事吧」。在某幾個團體中，每個人都選擇要當小孩的角色；在另一些團體裡，卻沒有人選擇要當小孩。大在部分的團體中，則是兩者情況都有。由治療師來扮演未出現的家庭成員可能有其必要且有高度效果。一旦這些角色被建立起來，治療師便要求團體界定出這個家庭內的一個問題。孩子們可以在演劇裡自由使用化妝或道具，並依他們所扮演角色的行動來決定遊戲的方向。一起演戲的治療師可以趁此機會引入某些主題到遊戲中，如此有助於使目的更明確。這些主題包括信任與背叛、分離與失落、遺棄、污名、罪惡感、秘密、逼迫，以及威脅。角色扮演之後應該就是結尾，如此便可讓孩子去掉遊戲中所扮演的角色。結尾應該包括回顧發生了什麼事，以及轉移到「此時此地」。在此單元中出現的主題會對之後將進行的非指導性遊戲有特殊的影響。

家庭沙盤。當孩子在沙盤上創造出一幅描述家人正在一同做某件事的場景，便可有效地探索家庭的動力。當這幅場景完成時，治療師可以問幾個簡單的問題來促成討論。好比動力家庭繪畫技巧（Kinetic Family Drawing, Burns & Kaufman, 1970），此種介入方法讓我們看到孩子對於自己在家中位置的個人觀點。它也捕捉到孩子對家庭互動與運作的觀點爲何。爲了要在團體情境中促進沙盤作業，很重要的一點是給每個孩子一人一個沙盤。如果你沒有好幾個木頭盤子，方形的塑膠容器也是可接受的替代選擇。這些容器可以在售價便宜的商店裡買到。我發現如果你先用砂紙把容器磨光，可以讓油漆在表面附著得更好。容器內部用藍色乳膠漆塗上顏色。另外很重要的一點是要有足夠多的人物和物件讓孩子去創造一個場景。此

種介入的變通做法是使用動力家庭繪畫技巧，之後加以詢問和討論。

第九到第十二個單元

在此時，孩子到了這個治療計畫的中間點，通常已經可以在團體中感到安全，開始處理並直接面對他們的恐懼了。

主題與目標

◇界定並面對恐懼與惡夢
◇增進因應與問題解決技巧
◇強化個人的力量感
◇安全感與保護的議題

結構式的活動

惡夢牆。惡夢和睡眠困擾是在年幼的性受虐兒童身上常見的問題。基本上，孩子們必須要有機會可以去處理和面對自己的恐懼並尋求解決之道。在這個介入中，我們要求孩子們討論並畫出他們最感到困擾的惡夢。我曾發現有些較年幼的孩子在以某種特定方式畫圖時會感到很挫折。治療師可能會想要去協助孩子讓這個惡夢更清楚，同時這個孩子會給一些畫圖的指示（位置、大小、形狀、顏色等等）。當圖畫完成之後，我們會要求孩子講關於這個惡夢的故事，同時治療師將它轉錄到圖畫紙背面或另一張紙上。之後將這些圖展示在標題為「惡夢牆」的牆上。我發現展示這些圖畫可以減少惡夢加諸這些孩子們的力量，並減少孩子的恐懼。若團體是在一個多用途的房間中進行，孩子們的圖畫可以用圖釘釘在泡棉墊上或貼在另一張大壁報紙上，在兩個單元之間方便收藏。在這個活動之後，應該要讓

孩子們畫出或列出當他們做惡夢時，做哪些事可以讓他們感受到安全感。像這樣的清單可能包括和某個填充玩具或小毯子睡、使用小夜燈、讓父母／照顧者擁抱一下，諸如此類。這些圖畫與清單也可以貼在「惡夢牆」上。

征服怪獸。對於較年幼的兒童而言，「怪獸」往往就代表著他們所害怕的東西，包括加害者或加害者的行為。有許多有效的方法幫助孩子去面對「怪獸」所隱含的意義。在這個活動中，孩子們建構一個怪獸的影像然後摧毀它。這個活動要用到一大張紙、一些水彩（可洗掉的），以及裝著水的水槍。這是一個會搞得一團亂的活動，所以別期望東西可以維持得乾淨整齊。一大張厚紙張大約要五尺長三尺寬（約一張全開壁報紙），請孩子們畫上一個可怕的怪獸。可以把團體分成兩組分頭進行，讓每一個小組去畫一隻怪獸。如果團體不只有一個人帶領，你也可以讓孩子們去各自創造自己的怪獸。當怪獸完成時，把每個乾淨的水槍裝滿水，分給孩子們一人一個。這個活動接下來可以在室外進行，把這些畫掛在樹上或牆上。如果沒辦法這樣，也可以把圖畫用膠帶貼在牆上，在畫的底部放進水槽或塑膠盆，在塑膠盆後面鋪上一大片塑膠布或舊的淋浴用布簾。然後孩子們用水槍裡的水噴灑在怪獸身上，看著怪獸消失就代表他們征服它了。假如因治療場地的限制而無法嘗試這個活動，替代的好方法就是使用乾式黑板。可以讓孩子用粉筆將怪獸畫在黑板上，然後使用板擦將怪獸擦掉。以前我所治療過的一些孩子很喜歡一塊一塊地擦掉怪獸，剛開始先擦掉手再是腳，然後是耳朵等等，直到怪獸完全消失為止。這種介入的好處就是，只要有必要，孩子可以一再地創造出怪獸，然後再征服它。

怪獸隱喻經常會在非指導式遊戲中觀察到，也很值得年幼兒童在治療中探索。我曾經帶領過三、四歲兒童的團體，他們的非指導式遊戲涉及了對一隻塑膠怪獸造型的捕捉、綑綁、裝箱及隱藏，而且在每個單元中，怪獸都必須再逃脫一次，然後再被征服。有一次，孩子們把箱子黏得太牢，以致他們都無法打開箱子，於是要求我替他們打開。在下一週的時候，孩子們就把那隻怪獸留在櫃子裡，讓它永遠無法再「逃脫」。

矯正惡夢。這個單元的焦點是運用問題解決的技巧來幫助孩子們替自己的惡夢製造一個矯正性的正向結局。可以要求孩子們畫出這些惡夢的新結局。大多數孩子們都會因這個經驗而獲得力量。有一位六歲女生剛開始的惡夢是很常見的怪獸躲在衣櫥裡的主題，畫中描繪她自己躺在床上，而怪獸則躲在衣櫥裡。在她的解決方法繪畫中，她將怪獸黏貼在衣櫥裡面，並且表示：「我讓怪獸覺得害怕，我對它咆嘯，要它閉嘴，然後把它黏在衣櫥裡面。」一位七歲孩子曾經要求將解決方法的圖畫帶回家，並且將它貼在床邊的牆上，以便提醒自己有力量可以處理他的害怕及焦慮。第二張圖畫會蓋在「惡夢牆」上原來的惡夢圖畫上面。此時是一個好機會，可以回顧他們在做惡夢之後可以做哪些事來幫助自己感到安全，以及找出他們在床上可以做些什麼事來讓自己比較不害怕。

親子合併的單元：安全盾牌。這個單元的目標在於讓家長和孩子針對孩子的恐懼來對話。另外，他們需要以問題解決的方式來決定有什麼方法能讓孩子更有安全感。從一張海報板上剪下一個像中世紀武士使用的盾牌，大約 18 吋 ×24 吋，在兩邊黏上水管作為把手。在縱向三分之一處畫一條線橫越這個盾牌，然後請孩子和家長一同工作，在盾牌頂端畫一個圖來代表孩子的恐懼。之後這對親子檔應該再次一同找出可以幫助孩子感覺安全的東西，並把他們畫在盾牌的下半部。當每個家長和孩子完成了他們的盾牌，這些親子檔便可以在團體中討論這些內容。

假裝睡一下的派對。在連續幾個單元都專注於恐懼與安全的議題之後，這個活動讓孩子們在假裝的遊戲處境裡直接使用某些他們新習得的因應技巧。在這個單元之前，決定團體中的每個孩子是否可以容忍身處黑暗一段較長的時間。我們請孩子帶一個枕頭以及某些他們喜歡帶上床的東西過來，如填充玩具或毛毯。每個孩子都拿到一隻手電筒，整個活動都在黑暗中進行。我們把好幾條毯子鋪在地上，孩子們吃著爆米花、喝飲料。在

這個單元中，治療師可以將焦點放在與黑暗有關的恐懼（人影與聲音），並引導孩子去尋找對抗與解決這些恐懼的策略。在有男有女的團體中，一個假裝的戶外露營可以用來代替這個活動。大張的紙或帆布可以用來搭建帳棚，點心可以包括爆米花或一些小菜。我最喜歡用來作為此活動結尾的方法之一，不管是假裝的戶外露營或是小睡派對，就是讓大家輪流用布偶在牆上做出影子。大部分的孩子都喜歡這樣，而且這很有趣且帶來平靜。對某些團體而言，這個活動會變成每週的結尾儀式。

第十三到第十六單元

在這個時期，我們會回顧團體並強化之前處理過的主題，同時準備結案。主要的焦點在於安全感，並確認孩子適切地了解自我保護的議題（有權說不、可以告訴誰、怎麼說，諸如此類）。此一模式的活動比之前模組的活動使用更多的認知策略。對孩子與他們的家人另一件重要的事在於走過虐待事件，且能強化並照亮他們導向未來。

主題與目標

◇虐待的動力：威脅、賄賂討好、脅迫、責任

◇持續面質認知的扭曲

◇自我保護技巧

◇建立家庭系統內的安全感與保護

◇改變／失落：朝向結案的工作

◇未來導向

結構式的活動

停與說的號誌。這個活動的目的在於讓孩子有能力去拒絕不適切的觸碰，並界定出他們可以信任、可以訴說的成人。用厚紙板剪下一個八邊形，把它塗成紅色，就像一個停止號誌，讓孩子們把代表「停」的號誌畫在這張紙板的一面，另一面則是「說」。鉚釘或小木棒可以用來作為把手。當號誌牌完成之後，每個孩子練習大聲喊出「停」，然後預演如何告訴一位可信賴的成人。若是時間允許，接下來的角色扮演遊戲可以在同一單元中進行。

角色扮演「如果……怎麼辦」的場景。這些角色扮演場景的焦點在於持續面質並修正認知扭曲，尤其是那先圍繞著責任、威脅、賄賂、脅迫，以及存在於孩子與施虐者之間的權力不均等的議題。幫助孩子做問題解決並針對特定情境界定策略或選擇也相當有幫助。此時提供處理安全感及不適當觸碰相關議題的錄影帶會很有幫助。我曾使用迪士尼公司的《看清陌生人》(Too Smart for Strangers，譯註：這是小熊維尼系列教育錄影帶，需直接向迪士尼公司購買，售價為美金 49.95 元，並附有教師手冊)。雖然這錄影帶的第一部份焦點在於保護自己遠離陌生人，最後一節則在於處理如何面對家人或熟人的不適當觸碰的問題。我特別喜歡用錄影帶的方式呈現，因為這些情境是創造出來的，可以詢問觀眾影片裡的孩子接下來應該怎麼做。另外一種做法是，我讓家長們先自己看過影片，然後再與孩子一起看並且討論。

親子合併的單元：沙盤中的安全之地。讓非加害家長或主要照顧者成為孩子的保護者是很重要的。家長和孩子都需要學習增進孩子安全感與自在感的技巧。接下來的活動讓家長和孩子一同探索有創意的解決之道。在這個活動中，每對親子檔使用一個沙盤並一起在沙盤中創造出安全之地。他們一起從各種人物及物品中挑選出他們沙盤要包含的成分，當沙

盤完成了，可以拍張照片，而團體可以聚在一起，分享他們所創造出來的東西。這會是非常有力的練習，家長和孩子會投注注意力在細節上。有個七歲大的女孩請媽媽幫她在她家和加害人的家之間蓋一道牆。另一個孩子把她自己放在客廳裡，坐在媽媽腿上，有個圍籬和狗保護她免受外在世界的傷害。

　　力量面具。習得的無助感和脆弱的感覺衝擊孩子的自尊，並讓他們更容易再次受到侵害。幫助孩子們界定出他們個人力量的來源，可以增強獨立與有力量的感覺。這個單元一開始是有關力量的談話。我們應該把力量定義為內在的力，一如勇氣以及進行改變與做選擇的能力。治療師可以呈現各種人物的雜誌圖片，如嬰兒、拳擊手、法官、學童、老師、父母，諸如此類。這些圖片中應該有一半是兒童參與各種常態的日常生活，直接或間接和前述定義的力量有關。孩子們要討論每個人的力量，如果大家沒有反應，則可以再次提醒前面的定義。

　　正確的回答如：「這個寶寶有力量，因為她用微笑來得到他人的注意，哭泣以得到她想要的東西。」「這個孩子有力量，因為他可以保持他房間的整潔或教他弟弟妹妹怎麼玩遊戲。」接下來，要每個孩子指出他個人力量的例子，並且創造出一個面具來代表這個力量。這個面具可以用預先裁好的厚紙板，下面粘著一隻木棍可以拿著。我們指示孩子用畫筆、亮片、彩帶、珠子、羽毛或其他可得的材料去裝飾這個面具。完成時，讓孩子們來展示他們的面具。在介紹之後，每個孩子要說一句話，如「我有力量，因為我……」

結案活動

　　結案準備的焦點與目標在於建立正面的未來導向；處理分離、拋棄，以及失落等議題；並反映出成長與改變。有多種活動可以用來促進治療的

結案。我特別喜愛的活動之一是利用沙盤，讓每個孩子用沙盤來創造一個所謂成長的世界。若有必要，治療師可以問孩子一些問題，比如關於他們喜歡做的事，或是當他們長大之後想要和哪些人相處。每個孩子都向團體描述他的沙盤場景。在這個活動之後，我藉由回顧隱私盒子、在團體海報加上特別的道別訊息或希望，或讓這個團體圈圈傳遞擁抱，以把焦點轉向團體完結的慶祝活動。我們一定會有個派對，我也想在團體結束時將過渡性客體呈現給孩子們。我偏好使用那些對團體有某種重要性的東西，比方說可放在口袋裡的手電筒，或是象徵改變與成長的物件。

遊戲治療的玩具與媒材

當選擇遊戲室內要有哪些東西時，要謹記在心的是這些遊戲媒材的的終極功能為何：培養治療師與孩子間的關係、促進主題性與幻想式的遊戲、提供投射與情緒距離的工具，以及促使掌控感與自我表達。只把可以帶來自在的玩具和媒材放在裡面。例如，如果治療師無法容忍兒童把不同顏色的黏土混在一起，最好是避免使用彩色黏土，也不要冒險去阻斷孩子的遊戲。以下是特別在治療遭受性虐待兒童時會使用到的玩具與媒材的清單。此清單包括了結構式與非指導性遊戲治療的項目。媒材的選擇有賴於治療設備可負荷的空間大小與型式。我認為絕對必要的媒材，以下用斜體字標出。

◇家禽家畜與野生動物。

◇交通工具的玩具（各種大小的汽車、卡車、船與飛機，這樣在必要時，可將它們集結成家庭）。

◇*兩個娃娃屋，並附好幾組家人人物*（最好是可以彎腰，衣服可以穿脫）。這些人物應該要能代表不同的種族或民族，而且可以組成各種家庭型態（祖父母、多個兒童娃娃、多個成人娃娃，以代表各種家庭成員與非家人）。

◇*可清洗的男寶寶和女寶寶*，附上各種娃娃配件，特別是毯子、衣服、奶瓶、尿布和毛巾。

◇可以給寶寶娃娃沐浴的浴盆

◇家事道具，尤其是廚具與餐具

◇*玩具電話*：至少兩台

◇醫生套組

◇太陽眼鏡：足夠團體內的兒童一人一支

◇*手電筒*：足夠團體內的兒童一人一支

◇鏡子（摔不破的）

◇*怪獸人物*：最好找到孩子們不熟悉的怪獸人物（不是卡通或電影裡的怪獸），如此可以讓它們在投射性的遊戲中更為有效。

◇附有鑰匙的手銬

◇*積木*：我比較喜歡大的、堅固的厚紙板或泡棉做成的積木，可在遊戲中用來建築牆或建立界限。

◇布偶：這些要能代表家庭成員，大人與小孩，以及各種負面的與正面的角色。布偶應該要柔軟而且讓兒童容易操作。

◇*戲服箱*：包括帽子、腰帶、錢包、眼鏡、披肩、珠寶、魔法棒，諸如此類。我也有一大堆各種顏色、質感，以及不同尺寸的布料，用來使投射式遊戲與人物發展更為豐富。布料也可以在遊戲中創造不同的環境。

◇樂器

◇各種大小的軟泡棉球

◇拼圖

◇棋盤遊戲：我比較喜歡非治療性的遊戲，如「惹麻煩與說抱歉」、「別打破冰」

◇*美術材料*：應該要有各種不同的紙張，包括大捲的紙、海報板，以及有顏色的衛生紙。基本的媒材包括彩色筆、彩色鉛筆、蠟筆、各色粉筆、膠水、安全剪刀、各式各樣的珠子、石頭、線、布料、緞

帶，以及其他耗材如膠帶和噴筒。對那些抗拒用美術材料做作業，或對自己的美勞作品有負面反應的孩子，亮片是一個很好的工具。我發現大部分的孩子喜歡使用亮片，而且當他們的作品裡有亮片的時候，會對自己的作品有更為正向的反應。亮片可能會散落一地弄得一團亂，此時混有亮片的膠水筆是很好的替代品。我們可以有各種顏色的安全黏土和模型黏土。油漆對孩子們而言是很好的釋放工具，但卻常常弄得一團亂。可以清洗的水性漆現在已經很容易買得到了，且水彩也可以有同樣的功能但是比較好清理。盒子和厚紙板可以讓孩子用來創造界限與環境（監獄、睡覺的地方、成人的地方和兒童的地方、「怪獸國」）。各種其他的美術用品可以用來創造象徵療癒性的轉換及自我賦能的物件，如鑰匙、魔杖、寶劍，以及力量面具。

◇ *可用來表達攻擊性遊戲的玩具*。我比較偏愛寶劍而非槍枝，因為它們提供更多投射的機會。孩子們多半熟悉玩具槍，如此會鼓勵他們模仿曾在電視、電影或卡通上看過的行為。我也曾使用過泡棉柱，一般用來作為安全玩具，可以切割以用做安全的遊戲寶劍。雖然我不常在遊戲中提供看似真實的玩具槍，但我會用水槍及其他可以轉換為槍或武器的材料，如樂高積木。

◇玩水用的浴缸以及水裡玩的玩具。

◇ *沙盤*：沙盤中應該備有各種物件及人物，包括人們、動物、車輛，以及佈置環境的物件，如樹、橋、梯子、柵欄，以及家具。我也喜歡放一些媒材如彈珠、石頭、羽毛、小樹枝、線，以及一些代表負向及正向意義的東西（巫師、鬼、龍、皇族、士兵、巫婆，以及醫生）。我也會用到新娘和馬夫、怪獸，以及各式各樣的小物件，如寶劍、食物、錨、工具，以及相關的材料。我喜歡把這些沙盤媒材用在沙遊及娃娃屋的扮演遊戲中。

◇錄音機

◇拍立得相機

◇裝滿水的運動水壺，用在退化式的遊戲：我發現有時候很難說服家
長在遊戲治療中使用奶瓶的合理性與適切性。這會讓那些害怕爸媽
可能對他們用奶瓶而生氣的孩子造成不當的壓力與焦慮，即使是在
遊戲中也是如此。我選擇的替代方案是用裝滿水的運動水壺，每個
孩子都有一個水壺，上面貼著他或她的名字。在一週接著一週的治
療中，這些水壺會一直放在治療室中，在每個單元進行前要先裝滿
水。雖然運動水壺上並沒有奶嘴頭，仍必須用吸的才喝得到東西。
這個經驗類似於使用奶瓶。為了要把原本承繼在奶瓶中的退化性本
質融入運動水壺裡，孩子們被告知說只要他們想要，就可以拿他們
的水壺出來用，即使在枕頭上休息或在遊戲中假裝是一個嬰兒時都
可以用。如此一來，我們提供孩子有機會出現退化的遊戲行為，且
不會造成親子關係間的壓力。然而，應該要建議家長們，有必要容
許孩子們在療癒過程中出現的退化行為。

遊戲室

理想上，團體治療應該在遊戲室的情境中進行，這比辦公室或多功能
室提供更高的表達自由，因為後者可能會限制了某些材料的使用或遊戲活
動的進行。然而，並非所有的器材都得裝置在分別的遊戲室，且應該不要
讓治療師無法建立團體治療計畫。不管使用怎樣的空間，基本上都應該要
考量孩子的安全。這個環境中不要有有尖角的家具或任何易碎或危險的物
品。價格不貴且可以捲起來的小塊地毯，在單元之間可以收起來，使用上
有助於保護地板同時增加孩子們活動的自由度。家具要可以移動，大枕頭
或沙發靠墊可以用來界定遊戲空間。一張桌子有助於美術活動的進行，但
美術活動在地板上一樣可以有效進行。大張的厚紙板上面覆蓋有光滑的隔
板用紙張，可以用來界定出每個孩子的空間，並且在玩紙黏土、彩色黏土，
或顏料的時候派得上用場。一般而言，治療環境應該要能鼓勵探索及自由

表達，同時提供安全感與安心的基本成分。

案例說明

　　艾希莉是一個七歲大的女孩子，由兒童及家扶部門轉介而來要進行性虐待的治療。艾希莉曾被表舅性虐待，此事在六個月間陸陸續續發生多次。愛希莉稱呼加害者為保力舅舅，他曾和艾希莉一家人住在一起，且在艾希莉的爸媽不在時負責照顧她。艾希莉的父母均是肢體殘障者，需要枴杖或輪椅才能行走。所以他們相當依賴保力舅舅，他會幫忙一些家庭雜務以及交通事宜。這個家庭的生活沒什麼結構，所以很容易被一些日常的壓力給打倒。

　　艾希莉的性虐待包括口交與陰道插入，且醫學檢驗發現廣泛的內部結痂。事蹟敗露是有天艾希莉的母親進屋子時發現保力舅舅正在調戲艾希莉。警察馬上就得知此事並前來盤查，艾希莉則一五一十地告知了受虐的事情。艾希莉指出保力舅舅威脅她，如果她把事情說出來，就要傷害她還有她的父母。

　　在她被轉介來治療時，艾希莉呈現的症狀包括：嚴重的焦慮、恐懼、過度的手淫、生理的抱怨如陰道痛、頭痛、呼吸短促、越來越無法專心、睡眠障礙與夜驚。為了評估她是否適合進入團體治療，她進入一個剛成立的團體，裡面有五個六到八歲的女孩。這個團體在每個禮拜二下午有一個小時的團體時間，要進行十六週。我和一位在當地大學就讀研究所的實習生一同主持這個團體。雖然艾希莉的父親回絕了參與團體的邀請，艾希莉的母親則每週都前來參加。非加害家長的團體與孩子的團體同時進行。

　　在團體的第一單元，艾希莉緊緊地靠著我，幾乎不離開我的身邊。她在遊戲中以及與他人互動時都很小心翼翼。在第二單元時，艾希莉比較願

意參與和男性協同領導者以及其他成員的互動。她在遊戲室中似乎相當自在，自由且自發地對談與遊戲。在這個單元中，團體有一場布偶的訪問。孩子們可以選擇用布偶代表他們自己或創造一個角色。艾希莉選了一個布偶，但是把她稱做「卡蘿」，而非用她來代表自己。在訪問時，「卡蘿」說她沒有爸媽，自己一個人住。當問到她的爸媽到哪裡去了，「卡蘿」說：「我就是沒有。」這個單元中艾希莉的非指導性遊戲以及接下來的六個單元，都是一片混亂且沒有組織。她好像很喜歡會造成一團混亂的活動（把顏料、水，還有其他的東西混在一起），而非假裝的遊戲或角色扮演的活動。艾希莉的遊戲行為是她日常生活的真實反映，且清楚描繪出她在家中所經歷到的安全感缺乏。

在第三個團體單元中，我們請孩子們畫一個能讓他們感覺到安全的地方。艾希莉畫的是她在遊戲室裡，兩位團體領導者和其他的團體成員圍繞著她。她說遊戲室是安全的，因為團體領導者不會讓任何人傷害她或帶她走。當問到她在家裡哪裡可以讓她感到安全，艾希莉說家裡的任何地方都不安全。她擔心門鎖不夠牢靠，她也不相信她爸媽的身體狀況有能力保護她遠離傷害。艾希莉的恐懼與焦慮有很大一部份似乎與父母的身體健康和殘障有關。在此時，我們相信這個孩子的基本治療目標必定要處理的是她在家中的安全感。我們與她的母親討論此事，並建立一個計畫以在兒童團體、家長團體，以及親子合併的單元中處理此議題。

在後續的單元中仍將焦點放在情緒，目標是連結情緒與生理反應。完成身體的描繪之後，我們幫忙孩子界定出當他們有特定情緒時與哪些身體部位有關。艾希莉說她在頭部覺得擔心，而且那會讓她頭痛。她描述尤其在害怕的時候，就好像沒辦法呼吸一樣，她也說在她興奮的時候，「我的腳好像沒辦法定定站著」。這個活動似乎有助於艾希莉管理她對於壓力的生理反應。在這個單元之後，艾希莉的母親跟老師都報告說艾希莉的頭痛和呼吸困難都有降低了。

第八單元時把家長和孩子們聚集在一起，重點在於感覺的分享。艾希莉和媽媽被指定了幾個特定的情緒來處理，而非隨機從信封中選出一個情

緒，包括「擔心」、「害怕」、「快樂」，以及「安全」。艾希莉畫了和害怕感覺有關的畫，內容是保力舅舅威脅她和她的父母，她畫自己的擔心是爸媽之一得上醫院或去看醫生。她可以告訴媽媽她很擔心如果父母都生重病或死掉了，會沒有人可以照顧她。艾希莉的母親跟她討論如果爸媽都不在了，還有哪些朋友或家庭成員可以幫忙照顧她。他們建立起一個計劃來處理跟醫療相關的緊急事件，稍後也和那些需要時可以幫忙的朋友和家人討論這些計劃。在這個單元之後，艾希莉在非指導性遊戲中的行為改變了很多，她的遊戲變得更有組織且有互動。她幾乎不再出現會弄得一團糟的活動，除非她要創造出某個東西來作角色扮演。

在團體的第九單元中討論並描繪出惡夢這個主題。艾希莉的惡夢中有一個吸血鬼用繩子把她的爸媽綁起來，並且用膠帶把他們的嘴巴貼上。之後這個吸血鬼抓住艾希莉並且把她帶走。艾希莉說她常常做這個夢，而且總是在哭泣中醒來。在之後的單元中，我們把焦點放在征服孩子惡夢裡的怪獸。艾希利用顏料畫出她的吸血鬼，並且熱切地用水槍噴到它從紙上消失。

在下個單元，也就是團體的第十次聚會，我們的重點在為孩子們的惡夢創造新的結局。艾希莉決定她夢中的吸血鬼被她潑到水的話就會融化。她畫她自己拿了一大桶水從吸血鬼的頭上倒下去，它就這麼融化滲入地下了。在這個單元之後，艾希莉要求她媽媽買一支水槍給她，她把它裝滿水並且放在床邊。艾希莉的媽媽報告說在這個單元之後，艾希莉的惡夢戲劇性地減少了許多。

之後的那一單元再度把家長和兒童的團體合併在一起以創造出安全盾牌。艾希莉和媽媽一起討論艾希莉害怕的東西；她們在盾牌的上方又寫又畫。艾希莉指出有保力舅舅、鬼、怪獸、強盜，還有黑暗。艾希莉和媽媽一同決定有什麼可以讓艾希莉覺得安全一點。她們想出來的點子包括列出一張緊急電話號碼的清單、艾希莉在房裡要放一支手電筒、走道上有一盞夜燈，還有前門也加了一道新的鎖。艾希莉也說，她最喜歡的枕頭、毯子，還有玩具熊，可讓她在床上覺得安全些。在下一週的假裝睡一下派對上，

艾希莉帶來她最喜歡的枕頭、毯子，還有玩具熊，還有寫著她名字的手電筒。她可以忍受在黑暗中參與團體活動，而且可以看出她的不專心與無法注意有明顯的降低。

第十四次團體單元讓家長和孩子們一同參與沙盤活動。艾希莉和她媽媽一起在沙裡創造了一個安全的所在。在這個活動裡，艾希莉可以看到她的家成為一個安全的地方。在她的沙盤裡，艾希莉把她自己放在爸爸和媽媽之間，一個用沙築成的圍牆環繞著他們。艾希莉指示她媽媽用厚紙板做一個有著大鎖的門，用來代表這個家庭的前門。艾希莉把電話放在媽媽身邊，並且把一支小手電筒放在爸爸腿上。這個景象代表了艾希莉和她的家庭都向前跨了一大步。經由這個沙盤，艾希莉表達出她對雙親保護她、維持她安全的能力有了逐漸增長的信任。當艾希莉對她父母的信任漸長，她焦慮相關的症狀也隨之降低。艾希莉持續表現良好，而且在兩週後成功完成了團體治療。艾希莉的父親和他太太及女兒一起，也參加了好幾次的家族治療單元，在團體裡學到的技巧在此被增強，同時也處理了其他的家庭議題。針對此家庭提供的支持性服務已經開始進行，所以沒有再做進一步的轉介。

摘要與結論

在這一章，呈現的是一個有時限的團體治療，對象是三到十歲遭受過性虐待的孩子。此方案意圖要將性虐待兒童治療中的基本成分合併至一個治療的單一模式中，為此一族群量身打造。它提供一個有時限的取向，直接處理創傷症狀、發展議題，以及性虐待對人際關係的衝擊。雖然此方案中大多仍是指導性且特定於處理虐待事件，它仍有賴於兒童中心、非指導性遊戲治療的療癒力量來增進成長與改變的能力。

參 考 文 獻

Burns, R. C., & Kaufman, S. H. (1970). *Kinetic family drawings*. New York: Brunner/Mazel.

Cohen, J., & Mannarino, A. (1993). A treatment model for sexually abused preschoolers. *Journal of Interpersonal Violence, 8*(1), 115–131.

Finkelhor, D., & Browne, A. (1986). Initial and long-term effects: A conceptual framework. In D. Finkelhor (Ed.), *A sourcebook on child sexual abuse* (pp. 180–198). Newbury Park, CA: Sage.

Friedrich, W. (1991, Spring). Child victims: Promising techniques and programs in the treatment of child sexual abuse. *The APSAC Advisor,* pp. 5–6.

Irwin, G., & Malloy, E. (1975). Family puppet interview. *Family Process, 14*(2), 179–191.

Long, S. (1986). Guidelines for treating young children. In K. MacFarlane, J. Waterman, S. Conerly, L. Damon, M. Durfee, & S. Long (Eds.), *Sexual abuse of young children* (pp. 220–246). New York: Guilford Press.

Mandell, J. G., & Damon, L. (1989). *Group treatment for sexually abused children*. New York: Guilford Press.

Powell, L., & Faherty, S. L. (1990). Treating sexually abused latency age girls. *The Arts in Psychotherapy, 17,* 35–47.

Rasmussen, L., & Cunningham, C. (1995). Focused play therapy and non-directive play therapy: Can they be integrated? *Journal of Child Sexual Abuse, 4*(1), 1–20.

Salter, A. (1988). *Treating child sex offenders and victims*. Newbury Park, CA: Sage.

Sedlak, A., & Broadhurst, D. (1996). *Third national incidence study of child abuse and neglect*. Washington, DC: National Clearinghouse on Child Abuse and Neglect Information.

Steward, M. S., Farquhar, L. C., Dicharry, D. C., Glick, D. R., & Martin, P. W. (1986). Group therapy: A treatment of choice for young victims of child abuse. *International Journal of Child Psychotherapy, 36,* 261–275.

第 *12* 章

社交技巧缺陷兒童的團體遊戲治療

Charles E. Schaefer, PhD, RPT-S, Department of Psychology and Center for
Psychological Services, Fairleigh Dickinson University, Teaneck, New Jersey; private
practice, Hackensack, New Jersey

Heidi E. Jacobsen, MA, doctoral candidate, Clinical Psychology Program, Fairleigh
Dickinson University, Teaneck, New Jersey

Marjan Ghahramanlou, MA, doctoral candidate, Clinical Psychology Program,
Fairleigh Dickinson University, Teaneck, New Jersey

前言

　　近三十年有越來越多研究指出，兒童時期建立及維持社交關係的能力
對於之後的生活有重大的影響。同儕關係在國小中年級左右的年紀特別有
影響力，該時期孩子花了大半的學習及遊戲時間和同儕互動。除非兒童能
擁有最基本的社交技巧，否則在青少年及成人時期極可能出現情緒、社交、
適應上的障礙，包括低自尊、反社會行為、人際問題，以及學業／職業上
的失敗（Cowen, Pederson, Babijian, Izzo, & Trost, 1973; Kohn, 1977; Parker
& Asher, 1987; Vandell & Hembree, 1994）。

　　依據 Hartup（1992）所言：「以兒童期預測成人期適應能力的單一最佳

變項,不是智商、不是學業成績,也不是在教室裡的行為,而是他是否能和其他孩子處得來。」實際上,展現出較積極社交行為的孩子,往往可以藉由他們所做的選擇及所挑選的朋友而主動影響自己的發展歷程,(Masten & Coatsworth, 1998)。「不受歡迎、具攻擊性和破壞力、無法與其他的孩子維持緊密的關係,以及無法讓自己在同儕文化中找到容身之處的孩子通常有嚴重的危機。」(Hartup, 1992, p. 2)

社交狀態

所謂的同儕接納指的是一個孩子被他或她的同儕團體喜愛或接納。另一方面,友誼指的是在孩子與一或多個他人之間存有互惠或相互協助的關係,尤其是孩子之間。同儕的接納或受歡迎程度可以操作型定義成幾個類別變項;孩子可以被分成幾種特定的社會計量團體,如「受歡迎」、「中等」、「孤立」、「被排斥」。

受到排斥的孩子往往展現出攻擊及破壞行為,且較少出現一些與同儕正向互動的行為,如合作和友善(Dodge, Pettit, McClaskey, & Brown, 1986)。另外,孤立的孩子通常不會展現出外向的行為模式,而是鮮少社交互動且有高度社交焦慮(La Greca, 1993)。

社交技巧

過去有人提出,兒童發展出的適當社交技巧是適當同儕關係的重要基礎。過去有許多關於社交技巧的定義,指的是用來形成及維繫滿意社會互動關係的正向社交行為。若考慮同儕,「社交技巧」可以定義為在某種社會情境下,以特定方式與同儕互動的方式。這些互動是被社會接受、有價值的,並且對自己與對方都有所助益(Combs & Slaby, 1977, p.162)。社交技

巧代表著一種反應層級（適當地和人打招呼），而非一種個別性的行為（眼神接觸）。其他的社交技巧包括有效溝通、因應同儕間的爭執、迅速解決衝突、進入一個團體的技巧，以及良好的運動家精神。「社交能力」是一個常用來描述某人社交技巧及行為是否有效的名詞。

與孩子的同儕接納度有關的教養活動

　　最近的研究發現教養行為與孩子們不同的同儕能力有關聯。把研究發現摘要如下：

◇**權威型的管教**：嚴厲、多所限制、專制式的管教方式與孩子的攻擊性有關，因此也間接與被同儕排拒有關聯（Dishion, 1990; Hart, DeWolf, Wozniak, & Burts, 1992; Pettit, Clawson, Dodge, & Bates, 1996; Travillion & Snyder, 1993）。相反的，權威型的教養風格可用來預測同儕相處的社交行為勝任能力。權威型教養風格有三個主要成分（Baumrind, 1978）：(1)父母的接納或溫暖，(2)行為上的督導及限制；(3)允許心理層面的自主性。

◇**依附**：在嬰兒時期與父母建立起安全依附的孩子，與不安全依附的孩子相比，有更佳的能力與同儕相處（Easterbrook & Lamb, 1979; Sroufe, Carlson, & Shulman, 1993）。

◇**安排與同儕的接觸**：家長若能提供年幼的孩子更多機會與其他的孩子混在一起（如，相約一起遊戲、參加組織性的活動），他們的孩子傾向有眾多玩伴且更受同儕喜愛（Harper &huie, 1985; Ladd & Golter, 1988; Ladd & Hart, 1992; Ladd, Profilet, & Hart, 1992）。

◇**示範**：家長若在家中示範出親社會的行為（如，有效的衝突解決策略），孩子的社交能力也會較佳（Rushton, 1976）。

◇**教導訓練**：家長若能主動教導孩子如何管理有挑戰存在的同儕情境（解決同儕間的口角、主動和不熟的同儕接觸），老師評斷這些

孩子的同儕互動能力較高（Finnie & Russel, 1988）。其他的研究發現家長的教導訓練和同儕接納度及社交能力有關（Laird, Pettit, Mize, &Lindsey, 1994; Russell & Finnie, 1990）。有個最近的研究指出，學齡前的女孩會從母親的教導訓練中獲益，而若父親參與孩子的遊戲並有所身教，男孩子便會展現出越來越好的社交能力（Pettit, Brown, Mize, & Lindsey, 1998）。

◇口語互動：親子間頻繁的口語互動與受同儕歡迎的程度成正相關（Franz & Gross, 1996）。會提供口語支持及指示，並刺激孩子去思考及解決問題的家長，他們的孩子有較佳的社交能力（Draper, Larsen, & Rowles, 1997）。家長與孩子互動時若多能意見一致，則孩子在與同儕遊戲時便較不會出現與人意見不合的情況（Putallaz, 1987）。有些父親在與學齡前的男孩遊戲時，會讓孩子主控互動的空間和節奏，這樣的孩子在班上比較會受歡迎（MacDonald & parke, 1984）。

◇互動上的同步：親子互動的型態有互動上的同步特徵者，與孩子的社交能力有關（Mize & Pettit, 1997）。互動上的同步指的是互惠的、相互回應的互動。互動上的同步偏低的父母和孩子，彼此相處較無反應（忽略彼此或以一種無結論式或相對立觀點予以反應）、頻繁地改變話題，或表現出和對方外顯情緒完全相反的情感（如媽媽表現出興奮，但孩子卻愁眉深鎖）。

◇壓力：家庭壓力事件，如離婚、親戚死亡，以及搬家，都很容易引發孩子的負向情緒狀態，間接惡化他們與同儕的關係。

社交技巧訓練方案

社交技巧訓練方案的基本假設是，社交技巧的缺陷會導致同儕的孤立

與排斥。所以直接促進國小兒童社交技巧的訓練方案可以使同儕更接納他們。實證研究發現，有社交技巧的孩子會較社會化、合作、利他、自信，較不孤單，而且也比缺乏社交能力的孩子擁有更多朋友（Newcomb & Bagwell, 1995; Walker, Schwarz, Nippold, Irvin, & Noell, 1994）。另一方面，被同儕排斥的孩子在社交技巧上出現缺陷，他們很可能弄錯了起始社交接觸的時機、誤判社交情境，並且在同儕互動中亂無章法（Dodge et al., 1986）。

社交技巧訓練的課程內容

　　十個單元的社交技巧課程將在本章呈現。課程針對那些普遍存在國小學生的社交問題，教導他們特定的社交技巧，並確保這些技巧能符合這些兒童的社會認知能力。其中選出了十個標的社交技巧，都與該年齡兒童的社會關係有關。面對類似社交困難的年長兒童也可以從本段落呈現的指導、增強，與練習中獲益。建議的活動可以由團體帶領者加以修改，以滿足不同發展層次以及社交與認知水準兒童的需求。此課程所挑選的目標是基於這些技巧有利於增進同儕互動、提高孩子對他人的吸引力，以及減少社交過程中不被喜歡的行為。

　　這一章也提供這些孩子的家長十個單元的對應課程。家長們參與自己的團體，同時有另一位帶領者在另一個房間與孩子進行團體。家長團體的訓練目的在支持孩子的技巧能轉移到日常生活上使用，此一訓練中所設計的親職能力用意在促進孩子在家中的社交行為能有所改善，且可以將此改善一直持續下去。家長在促進類化及維持治療效果上扮演了一個很重要的角色，他們必須監督孩子的同儕互動，然後安排、督促，及增強在家中的社交行為（Guevremont, 1990）。

　　在家長的團體中，帶領者說明過去對兒童的社交發展研究知識上的了解，以及社交技巧和社交狀態的重要性，也闡明家長在幫助孩子增進同儕

關係上的角色。我們會鼓勵家長提供孩子和各種玩伴互動的機會,並且練習學到的社交技巧。也建議他們幫孩子安排遊戲約會及參與組織性的社交活動。教導家長每種模式使用的技巧,以及用來描述孩子所學技巧的相關詞彙。在訓練課程的中期,家長可以用錄影帶回饋的方式觀察孩子團體過程中的片段。他們學會使用社會性及代幣的增強,以便在家中敦促並獎賞孩子每個技巧的使用。每一週,家長會收到一份手寫的大綱,把這一週所教的技巧摘要列出,並描述如何在家中增強孩子運用技巧。

在孩子與父母的團體課程之外,也有給老師的大綱。只要孩子覺得這樣的安排還不錯,便應鼓勵家長告知老師,孩子正參加「社交技巧訓練團體」,並提供老師十週技巧訓練課程的大綱。家長可以要求老師多注意孩子與同儕的正向互動,並增強適當的行為。如果老師有意願參與,也可以建議老師一些活動在課堂上實施。

篩選

在進入課程之前,孩子及其家長需先和團體帶領者之一進行一個半小時的篩選會談。帶領者分別與孩子和家長晤談,以決定孩子是否適合參與團體。

與孩子進行晤談的原則列在附錄 12.1。只要與孩子晤談結束,接著就單獨與家長晤談,以評估下列有關孩子的資料:

◇發展史

◇家族史,包括精神疾病以及家庭目前的壓力源

◇社交史

◇學校適應

◇特殊興趣與才能

◇生理方面的問題

◇目前的用藥狀況

◇對於零食的限制（如果有的話）

◇父母對於孩子參與團體的目標爲何

在結束篩選會談之前，家長需完成兒童行爲檢核表（CBCL, Achenbach & Edelbrock, 1991），晤談者向孩子和家長說明社交技巧團體的目標及助益，以及團體成員應有的責任（不能缺席、遵循團體規則、完成分派的家庭作業）。

爲了要創造正向且安全的環境以誘導學習新社交技巧，團體帶領者必須詳閱由晤談中爲團體進行而收集的資料。排除孩子進入團體的標準如下：

◇嚴重的破壞、攻擊，或對立行爲

◇怪異的行爲

◇極度社交退縮（無眼神接觸、缺乏口語反應、無社交興趣）

◇強烈的分離焦慮（無法與父母分開）

◇重度憂鬱症或有自傷傾向

如果孩子沒有被團體所接受，晤談者可建議家長其他選擇（如，個別心理治療、其他團體）。

團體組成

每個團體有四到六個同性別的孩子，孩子們的年齡差異則不超過三歲（分成六到七歲的低年級組、八到十歲的國小組、十一到十三歲的前青少年組）。特別會將社交上較抑制的孩子與表現出攻擊傾向的孩子混合在一起，以平衡內向化及外向化的傾向。

團體帶領者

共有兩位團體的帶領者，最好是一個男性一個女性，和同一群孩子連

續十個禮拜一起進行團體。團體通常在傍晚（下午四點到六點）進行，治療室（約 250 平方呎）中有一張大桌子和幾個椅子、存放棋盤遊戲和美術用品的儲物箱，以及單面鏡和攝影機。另一位帶領者和家長們會面。帶領者通常是心理衛生專業的研究生或治療師（心理學、社工、諮商等背景）。

帶領者在擔任教師之外還有好幾個角色。團體帶領者的主要角色是啦啦隊隊長；他或她在團體活動中感到興奮，面對孩子的反應就好像看到報紙上的頭條新聞一樣。帶領者藉由熱忱、活力，以及興奮，幫助孩子更有興趣、更融入團體活動。在團體治療中，熱情是會傳染的！

帶領者也應該是有玩心且喜好樂趣的（即使偶而會有點荒誕不經），目的在吸引並維持孩子的興趣和注意力。經由強烈情感的顯現（微笑、振奮），帶領者把團體中愉快、有趣的成分彰顯出來。團體遊戲的設置可成為更有力的治療性環境，孩子可以在此經歷到正向情緒，而促使其學習和練習新的社交技巧。當這些習得的技巧與愉快的經驗相連結時，孩子們更可能記得他學了些什麼，且能在與同儕互動時展現出這些正向的社交技巧。

另外，團體帶領者需要擁有或發展良好的「掌控孩子」的技巧。他們在一次次的團體單元進行中必須清楚的知道現在在做什麼，可以自在地執行團體規則，而不會嚴厲或過於獨裁。過去的經驗，比方做過夏令營的輔導員、課堂導師、家教老師，或青年俱樂部會長等都有助於讓一個人做好擔任團體治療師的準備。

團體治療的單元

每次團體時間是 60 分鐘，開頭的十分鐘是團體討論時間，帶領者回顧上一週的家庭作業，並講述這一單元要練習的標的社交技巧。帶領者以簡單、具體的詞彙說明這個技巧為何、為何它很重要、以行動來舉例說明這個技巧，並且回答所有與此有關的問題。在指導之後，便是 40 分鐘的結構式活動（競賽遊戲、藝術表達），讓孩子有機會練習新的社交技巧並得到與

他們表現有關的回饋。

每一單元的最後十分鐘是點心時間（果汁、餅乾）。點心時間的目的如下：

◇增進被滋養的感覺

◇這段時間可以讓帶領者總結團體成員在標的技巧上的表現，由此促進孩子的自尊

◇分配在團體歷程中贏得的獎項

◇呈現下一週要繳交的家庭作業

教導方法

此一訓練方案的基本假設是，帶領者用非常主動的教導取向主導團體時，孩子學習社交行為的效果最好。此一取向涵蓋了多元的認知行為策略，如直接的指導、角色扮演、督導下的活動練習、督促、修正式的回饋，以及監督和提供在自然環境中獨立練習的機會。

其他的教導方法如下：

◇**示範**：此方法的基礎是以模仿學習為原則。團體帶領者或同儕實地示範適當的社交技巧，以及利用布偶、洋娃娃，或故事中的角色作為象徵式的示範。在這樣的示範之後，孩子有機會可以練習此一技巧。

◇**操作制約**：利用正增強和負增強來逐步強化適當的行為（合作），並消減不合宜的行為（攻擊）。

◇**社會認知**：此種導向強調的不是外顯行為而是在這些行為背後的想法與感覺。社會認知導向關心的是口語與認知的調節媒介，如找出其他的方法來解決社交問題、改變非理性的信念，或是考慮行動之後可能發生在自己或他人身上的後果。

◇**教導訓練**：Oden 與 Asher（1977）首開先例使用教導訓練的技巧

來教導孤立的孩子社交技巧。教導訓練包括三個成分：首先，以口語教導孩子社交技巧（定義與重要性）；接下來，讓他們有機會在與同儕遊戲中練習社交技巧；最後他們可以和教練（團體帶領者）一同回顧剛剛的練習。在教導訓練中，行為改變的基礎是孩子對特定人際行為的知識、在互動脈絡中把社交知識轉換成良好社交行為的能力，以及確實評估他們自己表現的能力（Ladd & Mize, 1983）。

在這個教導方案中，另一個重要面向是孩子們從參與團體遊戲中獲得的趣味與快樂。如此的正向情緒讓這些技巧的學習與練習成為一種正向的經驗。以競賽遊戲的方式呈現學習的策略對於國小時期的兒童特別有效。競賽遊戲式的氣氛增進並維持孩子參與活動的興趣與動機。藉由技巧與愉悅經驗的連結，孩子很容易記得他們在這一單元中學到了什麼。

最後，呈現出團體歷程中的治療因子（普同性、凝聚力、利他性、替代性的學習）以增進此一介入方案的力量（Yalom, 1985）。社交團體創造出的安全與真實的環境讓孩子有機會經驗並分享同理心、調節情緒狀態、處理社交線索，並能管理衝突。團體遊戲治療勝過個別遊戲治療的主要優點在於，它提供了安全的社交情境讓孩子能以新的、更令人滿意的方式去發現與經驗如何與同儕建立關係。孩子學習社交技巧最好的方式是在真實的團體情境中與同儕互動，而非在個別心理治療的狀況下和一個成人治療師相處。

管理的策略

或許兒童團體中最具挑戰性的是找到方法去管理各式各樣在團體中出現的不當行為（中傷、打架、吼叫、不聽話或不參與）。訂立團體規範的目標有二：(1)確定孩子們與團體帶領者的安全；(2)創造一個利於學習新社交技巧的環境。團體帶領者使用下列策略以防止或減少孩子在團體治療中的行為紛擾。

規則

規則提供孩子有關治療中適當行為的具體規範，且傳達出他們在團體中是安全的。規則應該在第一次的團體中讓孩子們協助一起訂出，然後把它張貼在房間裡顯眼的地方。帶領者把這些規則念過幾次並說明定出這些規則的原因，可使用下面的方針來建構團體的規則：

1. 規則最多訂立四到六項，因為孩子記不得更多的項目。定出一個特別的指令是有需要時可再定出其他行為的規則。
2. 描述規則要用正向的（「去做」）而非負向的語句（「不要做」），如「坐在你的椅子上」而非「不要走來走去」。
3. 規則應該用在規範特定、可觀察的行為（「把手擺在自己膝上」而非模糊廣泛的說法如「乖乖的」）。
4. 遵守規則會得到正向的後果（稱讚、獎賞），而違反規則會有負向的後果（私下的責罵、短暫的暫時隔離）
5. 在每次團體開始時回顧這些規則，可以讓一個孩子挑選--項規則解釋給其他團體成員聽。
6. 規則越短越好，以方便記憶。團體規則的範例如下：
   ◇輪到你之前先等一下
   ◇待在你的位子上
   ◇安靜地說話
   ◇把手放在自己身上
   ◇發言時要舉手
   ◇按照規則玩遊戲
   ◇聽—注意

社會增強

社會增強（微笑、「謝謝」、稱讚、輕拍手臂、靠近、注意）應該在孩

子出現適當社交行為時給予（Madsen, Becker & Thomas, 1968）。研究顯示，社會增強對於強化孩子的社交行為相當有幫助。團體帶領者，如課堂上的老師，傾向於視良好行為是理所當然，而只在一個孩子出現不適當的動作或行為不佳時才注意他。當孩子遵從規則並顯現出親社會的行為時，給予讚美（你真好，分享了你的蠟筆）以及欣賞（「我喜歡你笑的樣子，還有在團體裡開心的玩」；「謝謝你把手舉起來」）。重要的是在團體治療的過程中盡量去注意到良好的行為。

當讚美孩子時，試著給予「標籤式」的讚美。標籤與非標籤式的讚美差異在於，前者清楚地標明評論的行為為何。比如說讚美孩子分享的行為，標籤式的讚美是「阿力，你把彩色筆分給比爾用，真是太棒了。」而非標籤式的讚美是「做得好啊，阿力。」後者無法讓孩子知道是哪個特定的行為讓團體帶領者覺得開心。

使用讚美的語句還有一些其他的指引如下：

1. 確定每個團體成員都個別得到讚美和注意。
2. 變換你表達讚美的方式，而非一直說「很好」。
3. 讓讚美成為一種自發行為，且在讚美時要帶著微笑。
4. 一開始你可能會覺得你的讚美太過度了，聽起來假假的。這是很常見的反應。時間再久一點，讚美會越來越自然的。
5. 當孩子們在治療中表現得不錯時，把這些讚美記錄下來，送給孩子的父母。

酬賞系統

每個孩子只要在團體中表現出適當的行為，就可以在該單元結束時得到一個畫在紙片上的「笑臉」。如果出現不順從或擾亂的行為，孩子得到的則是「哭臉」。在給「哭臉」之前會先給予警告。如果團體的成員們在該單元結束時得到的笑臉比哭臉多，就有玩「射飛鏢得獎品」的特權。在這個遊戲中，讓孩子投擲有魔鬼黏膠的球到畫有三個數字的鏢靶上。丟到哪個

數字就決定了每個成員可以得到哪一種獎品（小玩具）。

研究指出將標籤式的讚美與具體的酬賞合併使用，可使正增強最有力（Pfiffner, Rosen, & O'Leary, 1985）。同時，當孩子們個別的努力會對團體的獎賞有貢獻時，他們往往會有最佳的表現。（Slavin, 1993）。

負向後果

對於較輕微或不常出現的規則違反（偶而打斷他人），團體帶領者應該試試：忽略、私下申斥、督促／提醒規則，或引導團體進行問題解決。但對於更嚴重或較常出現的違規狀況（肢體或口語的敵意、常常講有性意涵的話），團體帶領者可以使用暫時隔離或不准參加一次團體。

暫時隔離，簡言之，就是有一段時間離開團體及團體帶領者。此時其中一位帶領者執行暫時隔離，另一位繼續主持團體的進行。以下的一些原則可讓暫時隔離更有效：

1. 在團體室外的走廊上放個椅子往往就有不錯的效果，或用另一個的房間來隔離這個孩子。對於學齡前的兒童，可以讓他坐在團體室的角落（部分隔離）。

2. 短時間的暫時隔離（5-10分鐘）較佳。時間較長的暫時隔離並不會更有效，而且較難執行。孩子必須在暫時隔離時間結束時已安靜下來，才能再回到團體中。如果有孩子抗拒或意圖離開暫時隔離，以適當的力量環抱住那個孩子，或是讓這個孩子中止參加這個單元。

3. 在強制執行暫時隔離前，需先警告孩子。一旦給予了警告，暫時隔離的頻率就應會減少。盡量讓警告簡短且不帶情緒（「如果你繼續大吼大叫，就要讓你去暫時隔離囉。」）

4. 團體帶領者（而非這個孩子）應該控制孩子何時可以結束暫時隔離。

5. 只有在目前環境（往往稱做「time-in」的環境）比暫時隔離區更有增強效果時，暫時隔離才會有效。兩個不同環境的相對差異會造成增強的效果，這也就是暫時隔離有效的主要原因（Christophersen,

1987）。

6.暫時隔離期間，團體帶領者並不會與孩子接觸或談話。

示範

團體帶領者應該展現高度的親社會行為。孩子從身教中比言教中學得更多。

督促

用以下的話語來提醒孩子適當的行為：
◇「記得你的內在聲音。」
◇「看著我。」
◇「我要你的耳朵專心地聽。」
◇「身體不要動。」
◇「就是現在，輪到我了。」

忽略

忽略指的是很快的轉移並完全不注意那個出現擾亂行為的孩子，如不按次序輪流說話或離開座位。如果這個行為要被消除，房間裡的每個人都必須忽略這個不當行為。

斥責

在斥責當中，傳達出你對於孩子行為的不贊同。使用「我」為主詞的句子來描述這個行為對你有怎樣的負向影響、你對此的感覺，並且建議一個你可以接受的行為。切記你所不贊同的是某個特定行為，而非孩子本身。

斥責要在私下且小聲。

正向與負向反應的比率

帶領者正向增強希望孩子出現的社交行為的頻率應該遠高於對於不適當行為施以負向後果（約 5:1 的比例）。

安排節目

如果某次治療單元沉悶又無聊，孩子便有可能搗亂。所以讓團體活動有趣，且吸引你和孩子都能樂在其中是相當重要的。

鄰近同伴的控制

那些聚在一起就吵架、打架，或動手動腳的孩子，需要將他們彼此分隔開來。例如，一位帶領者可以在團體進行時坐在他們中間。

家庭聯絡簿

偶而，你可能需要傳達一份簡要的記錄回家或打電話通報家長有關孩子在團體中的不良行為。

社交技巧的結果研究

許多研究結果指出社交技巧是可以教給孩子的。La Greca 與 Santogrossi（1980）評估一個行為導向的計劃（八週）用團體的方式訓練孩子的社交技巧。選出八大類的技巧進行訓練，包括微笑、打招呼、加入、

邀請、對話、分享與合作、恭維,以及修飾。相較於只給予注意而沒有其他介入的孩子,以及沒有任何介入的控制組,接受訓練的國小學童(三到五年級)在社交技巧的知識與實際行為上都有明顯的進步。

Rose(1986)發現,參與了十個單元社交技巧團體的孩子,在自我肯定、同理他人、受歡迎程度,以及被他的同儕接受的程度,都有明顯改善。其他研究也顯示,不只同儕的接納度增加了(Gottman, Gonso, & Rasmussen, 1975),原本在團體開始前出現的社交退縮與攻擊性都降低了(Brake & Gerler, 1994; Forman, 1993)。

在所有的結果測量中,社交技巧介入方案平均的有效程度,大約落在中等程度範圍(Beelmann, Pfingsten, & Loesel, 1994; Schneider, 1992)。若在兒童社交技巧訓練中加入家長的訓練,孩子們的社交技巧知識與行為都能有更大的增益(Pfiffner & McBurnett, 1997)。另一個值得注意的發現是,家長的類化會增進孩子將社交技巧訓練轉移到學校情境中(Ducharme & Holborn, 1997; Pfiffner & McBurnett, 1997)。

總括來說,最近的文獻指出,家長與孩子間的互動以及孩子在自身社交網絡中的經驗,會深刻影響孩子社交能力的發展(Bost, Vaughn, Washington, Cielinski, & Bradbard, 1998)。雖然有這些新進展,不過在練課程中的收獲是否能夠在自然情境中維持以及是否會有持續性的影響仍然是個疑問(La Greca, 1993)。更有甚者,即使研究中發現治療團體的同儕接納度有明顯的提昇,但仍有 40%的個體並未改善他們的同儕接納度。後續需要有更深入的研究來了解社交技巧訓練有效的機制何在、針對特定的族群及個別的兒童/家庭需求來調整訓練的內容,以及評估長時間之後維持其成效的策略。

案例說明：社交技巧的組成

給教師的資訊

孩子的姓名：＿＿＿＿＿＿＿＿＿＿＿＿＿＿＿＿

以下是目前這個孩子所參加的社交技巧訓練方案的一些資訊。此一方案是設計來增進並強化社交技巧，包括溝通、合作，以及問題解決。為了讓這一個方案的效能達到最高，孩子必須在各種情境下持續練習這些技巧，尤其是在學校時。以下的資訊是讓你（老師）知道這個孩子目前學習及練習的是什麼，這樣一來，你可以盡可能鼓勵他或她使用這些技巧。因為社交技巧對所有的孩子都很重要，如果你願意的話，在此也建議一些活動可以讓全班一起完成。非常感謝你協助這個過程的進行。

第一週——技巧：對話

日期：＿＿＿＿＿＿＿＿＿＿＿＿＿＿＿＿

本單元的特定技巧包括維持眼神接觸與注意、對話時等到輪到自己時才說話、回答問題，以及詢問他人問題。

活動：孩子可以兩兩成一組，練習訪問對方，可以是個人相關資訊，包括嗜好等，或是與目前學業有關的主題。

第二週——技巧：進入團體

日期：＿＿＿＿＿＿＿＿＿＿＿＿＿＿＿＿

孩子會學到如何去加入一個持續的活動或對話，包括表現出興趣、等待活動中某個適時的暫停、詢問能否加入，以及適切的處理拒絕（走開並找尋另一個活動）。

活動：鼓勵孩子在班上邀請某人進入一個正在進行的活動，包括給團體介紹新朋友並說明目前的活動及規則。

第三週——技巧：微笑並且覺得開心

日期：＿＿＿＿＿＿＿＿＿＿＿＿＿＿

根據研究發現，微笑的孩子較受同儕喜愛，而且有更多朋友。目標在於增進孩子覺得開心與微笑的傾向。

活動：分派每個孩子帶來一個笑話或有趣的漫畫來班上分享。老師扮演「石頭臉」，在孩子試著讓他或她笑時，維持嚴肅的表情。

第四週——技巧：自我肯定

日期：＿＿＿＿＿＿＿＿＿＿＿＿＿＿

本週目標在教導孩子肯定並維護自己但卻不用攻擊性的態度行動。教導孩子用「我」為主詞的句子溝通他們感覺或是表達出他們如何受到影響，但不是去責怪別人或跟別人吵架。

活動：示範肯定的、被動的，以及攻擊的反應是非常有效的。例如，「當學生互相講悄悄話的時候，我就沒辦法專心在我現在教你們的這些，如果要為此責罵你們，我會覺得很糟糕。感謝你們停下來。」。被動的（忽略但生氣）及攻擊性的（吼叫）反應也可以舉例出來作為比較。

第五週——技巧：社交問題的解決

日期：＿＿＿＿＿＿＿＿＿＿＿＿＿＿

目標在於幫助孩子了解衝突（關於想要同一個玩具，而非責罵另一個人），產生解決此問題的可能方法（一起玩，或輪流玩這個玩具等），並選擇一個解決之道來實行。

活動：團體腦力激盪出怎麼解決「如果……會怎樣」的問題，問題可以是有關於人際困擾（「如果你把向朋友借來的東西給搞丟了該怎麼辦？」）或是一個課業方面的主題。正反兩面的可能解決之道都可以拿來討論。

第六週——技巧：合作

日期：＿＿＿＿＿＿＿＿＿＿＿＿

目標在教導孩子分享並朝向一個共同的目標一起努力，輪流，並且對團體工作有所貢獻。

活動：任何需要合作達成目標的競賽遊戲或計劃都能使用。應該選擇若無大家的參與就絕對無法完成的活動。例如，孩子們可以形成兩兩一組，其中一個把眼睛遮住，另一個夥伴需要給他提示方向（左、右等等）以達到目的地。

第七週——技巧：恭維

日期：＿＿＿＿＿＿＿＿＿＿＿＿

要教導孩子們給予及接受正向回饋，包括表達欣賞、給予稱讚，以及鼓勵他人。

活動：示範恭維和稱讚是很重要的；可行的活動如在某一天每個人對某人發言時都需以稱讚、恭維開頭，諸如此類。

第八週——技巧：感覺的覺察

日期：＿＿＿＿＿＿＿＿＿＿＿＿

為了讓孩子管理自己的情緒，他們必須能夠了解自己的感覺如何、界定出情緒，並表達給他人知道。目標在於幫助孩子確認經歷到的感覺。

活動：在每個孩子的書桌上貼上一份「感覺海報」，一天中找出幾個時間點叫做「感覺時刻」。讓孩子用一塊錢硬幣放在他目前正在經歷的感覺上。另外一個可行的活動是讓孩子（或老師）輪流「表演」一種感覺（用肢體語言和噪音，不要講話），讓其他人來猜這個感覺為何。

第九週——技巧：良好的運動家精神

日期：＿＿＿＿＿＿＿＿＿＿＿

要在運動中表現得好，孩子們必須能夠處理輸掉比賽、接受建設性的批評，並且容忍比賽中的失誤。

活動：可以讓學生們討論好和不好的專業運動員表現各是如何。另外，班上也可以分成兩組來比賽課業性的遊戲（自然科或歷史事件等），每個孩子便能練習如何成為好的贏家和輸家、等待輪到自己，並且鼓勵他們的隊友，諸如此類。

第一單元（孩子的團體）：對話

在大略介紹過後，團體帶領者說明這個團體的目的，亦即，學習和練習一些新的友善行為。當孩子的交友技巧提昇了，他們在與同學、朋友相處時會更自得，並且更受同儕的歡迎。

要求團體思考一下，為這個屬於他們的友誼團體選出一個名字。然後，用孩子提供的想法，定出四到五項團體規則，以助於每次團體都能讓大家樂在其中而且安全。把這些規則貼在牆上明顯的地方。

學習的目標

◇增進孩子的傾聽技巧，包括非語言的行為，如眼神接觸、相互接近

的人際距離（約 90 公分）、讓身體前傾（愉悅的臉部表情和聲調），
以及讓對方知道自己專心傾聽且試圖了解的口語行為（詢問問題、
非評論性的回應聲「嗯哼」、簡述語意，以及同理）。

◇增進孩子講話及延續對話的能力（回答問題、加入閒談，以及自我
揭露──講述有關個人的興趣及經驗）。

指導與說明

介紹這一單元時，說明他們要學的是一些新的談話技巧，可以幫助他
們彼此的對談能夠順利開始，對於其他的孩子及成人也是一樣。然後，描
述可以促進對話的特定行為，如：

◇**眼神接觸**：當你說話時看著他或她（眼神接觸），並在對他或她說
話時稱呼對方的名字，以表現出你對對方的興趣。

◇**問問題**：當你問某人一個問題（「你幾歲？」；「你最喜歡哪個電視
節目？」；「你以前有沒有玩過這個？」）便顯示出你對對方的興趣，
而且想更了解他或她。表現出興趣能讓對方更可能喜歡你，想更了
解你。

◇**講話**：當別人問你問題，回答時不能只講一個字。講一些你發生過
的趣事。在你說話之前稍等一下讓對方先說完，別自己一直講個不
停──其他人也很喜歡說話的。

活動

孩子們兩兩一組輪流訪問對方。團體帶領者提出他們可以問對方的問
題形式：私人的問題，如年齡、他們住在哪裡；有關家庭、嗜好、假期、
學校、電視和電影，以及寵物。在訪問之後，讓每個孩子告訴團體他從訪
問中了解到的這個人有何特色。

其他的活動

每個孩子都挑出一個布偶，假裝這些布偶坐在學校的咖啡座一邊吃午餐一邊聊天。團體帶領者教導並讓他們練習適於午餐時間的談話，關於怎麼把每個人都納進談話中、如何表現禮貌，以及怎麼對彼此的評論表現出愉悅及同意。

其他的活動

團體圍著桌子而坐，讓一個孩子用以下主題詢問另一個孩子而來開啓對話：喜歡的電影、喜歡的食物、想要造訪的地方、想遇到的人、想要擁有的寵物。這兩個孩子有個簡短的對談，然後邀請其他的團體成員加入此一主題的聊天（如果叫到某個孩子，他也可以說「換下個人」）。

家庭作業

給每個孩子一張紙，上面寫著下列的家庭作業。

1.這個禮拜要主動和另一個小朋友聊天。

小朋友的姓名＿＿＿＿＿＿＿＿＿＿＿＿＿＿＿＿＿＿＿＿＿＿

你怎麼開始的＿＿＿＿＿＿＿＿＿＿＿＿＿＿＿＿＿＿＿＿＿＿

對方說了些什麼＿＿＿＿＿＿＿＿＿＿＿＿＿＿＿＿＿＿＿＿

＿＿＿＿＿＿＿＿＿＿＿＿＿＿＿＿＿＿＿＿＿＿＿＿＿＿＿＿

2.或嘗試加入一群正在活動／玩耍的小朋友。用以下三個步驟來進入他人的活動：

a. 站在靠近他們的地方，觀察在團體中的那些孩子。

b. 講一些關於這個活動的話。

c. 詢問你是否可以加入這個活動或遊戲。

小朋友們的姓名＿＿＿＿＿＿＿＿＿＿＿＿＿＿＿＿＿＿＿＿

在哪裡＿＿＿＿＿＿＿＿＿＿＿＿＿＿＿＿＿＿＿＿＿＿＿＿＿

你試了什麼方法來加入他們＿＿＿＿＿＿＿＿＿＿＿＿＿＿＿

那些小朋友說或做了什麼＿＿＿＿＿＿＿＿＿＿＿＿＿＿＿＿

＿＿＿＿＿＿＿＿＿＿＿＿＿＿＿＿＿＿＿＿＿＿＿＿＿＿＿＿

第一單元（家長的團體）：對話

學習的目標

告知家長他們可以怎麼幫忙孩子發展出更好的對話技巧。

指導與說明

孩子們若要與同儕成功地互動，就需要與他人談話，並且能有效溝通。受歡迎的孩子比不受歡迎的孩子參與更多同儕的口語交談。訓練對話技巧可以增進他們被同儕接納的程度。研究者發現，受歡迎的孩子比不受歡迎的孩子有更好的準備去問問題及提供個人資訊。可以增進友誼形成的對話技巧包括：

　◇傾聽技巧（問問題，特別是回答時會超過一個字的開放性問句）

　◇講話技巧（回答另一個人的問題、回應時能講得詳細、談到興趣或學校活動，能持續在同一個主題上不跳題）

　◇對話時用非口語的方式注意對方（看著那個人、減少分心的動作等）

活動

和家長討論他們可以在家向孩子指導、督促、增強，以及示範的對話

技巧。在黑板上列出所有的點子，並要求家長選出幾個可以在當週於家中
實行的項目。

其他的活動

為了練習他們自己的對話技巧，把家長分成三人一組的團體，其中之
一當「說話者」，分享他的個人經驗；另一人是「傾聽者」，用良好的口語
及非口語傾聽技巧回應「說話者」；第三個人是「觀察者」，在「說話者」
與「傾聽者」練習五分鐘以後給予任何可以增進他們對話技巧的回饋。

其他的活動

為了示範「好的」與「不適當的」社交技巧間的差異，可以給家長看
從電影中剪輯出的片段，來示範好的及不好的社交技巧，並讓他們界定出
是哪些行為建構出適切的社交行為。

家庭作業

向家長說明分派給孩子的家庭作業為何，並需要他們來監督家庭作業
的進行、表現出興趣，並確定下個禮拜會把它帶來。另外，家長和孩子玩
「二十個問題」的競賽遊戲。在這個遊戲中，家長抽出一張上面寫著某個
東西或某人名字的卡片，孩子要試著以 20 個以內的問題猜出那是什麼。家
長可以給孩子建議，比如那是活的還是沒有生命的，或者是大的還是小的。
（這個活動的目的在讓孩子練習怎麼問問題──一個良好的對話技巧。）

第二單元（孩子的團體）：進入團體

回顧上一週的家庭作業。

學習的目標

增進孩子加入正在進行中的活動或與同儕對話的能力。

指導與說明

研究顯示有高度社交能力的孩子常常在想要進入一個正在進行的遊戲時，使用以下三或四個步驟：一開始他們站得很近，並且看同儕們的互動。然後，他們對此競賽或團體遊戲給予正向的評論（「投得真準！」、「看起來好像很好玩！」）。他們之後可能會自己玩起類似的遊戲（拍球）。最後，他們詢問團體的成員是否他能加入這個活動。

類似地，要加入兩個或以上的同儕進行中的對話，以下是讓孩子可以參考的良好策略：

1.用有興趣、愉快的面部表情看著他們的同儕，並盡量有眼神接觸。

2.等待對話中的暫停。

3.說出與主題有關的一些事。

4.如果這樣的開啓行為被忽略了，他們可以禮貌性地走開，然後尋找其他可以交談的人。

活動

利用布偶，讓孩子練習一個布偶應該怎麼進入已經進行中的兩或三個布偶的對話。團體帶領者應該督促、示範，並增強有效的進入策略。

其他的活動：負向的示範

要求團體用角色扮演的方式表演出加入同儕遊戲活動的無效策略，比如：

1.聲稱自己比團體的成員更優越（「我會做得比你們好」）。

2.批評團體成員。

3.未經允許直接闖入遊戲

4.一直遲疑不定，沒有表現出進入團體的意圖

其他的活動

教導孩子如何邀請一個朋友參加他們正在進行的活動，討論下列策略：

1.詢問另一個孩子他是否想要加入這個團體活動。

2.如果有必要的話，介紹此一成員給這個團體中的其他夥伴認識。

3.向這個新成員說明活動及其中的規則。

接下來，讓孩子們角色扮演他們正在和兩個朋友聊天時邀請一位同儕加入的情況。

家庭作業

讓孩子這個禮拜中在家中或學校裡練習加入對話三次。記住：

1.使用愉悅的表情及聲音。

2.看著別人。

3.等待暫停。

4.針對主題說一些話。

說明你怎麼加入這個對話。

第一次：＿＿＿＿＿＿＿＿＿＿＿＿＿＿＿＿＿＿＿＿＿＿＿

第二次：＿＿＿＿＿＿＿＿＿＿＿＿＿＿＿＿＿＿＿＿＿＿＿

第三次：＿＿＿＿＿＿＿＿＿＿＿＿＿＿＿＿＿＿＿＿＿＿＿

第二單元（家長的團體）：進入同儕團體

學習的目標

教導家長幫助他們的孩子進入一個其他人正在進行中的活動。

指導與說明

孩子們的進入行為涉及他們怎麼接近及意圖進入他人正在進行的活動，特別是他們的同儕。投注在兒童進入行為的研究焦點遠勝於其他社交技巧。

因為成功地進入一個同儕遊戲團體是進一步社交互動的先決條件，顯然這是孩子們需要精熟的重要任務。

參與同儕團體活動最有效的策略之一是以下三或四個步驟的行為順序：

1.**旁觀者行為**：孩子安靜地站在靠近團體活動之處並觀察他們。一開始的旁觀者行為讓這個孩子學會什麼是可被此團體接受的行為，以及團體的架構為何，這樣一來他或她便可以使用最可能成功加入團體的進入行為。

2.**正向的評論**：孩子對團體或活動講出正向敘述句。

3.**模仿**：孩子表現出與團體類似的行為，以表現出他對此活動的興趣以及具備必須的技巧。

4.**直接要求**：這個孩子詢問團體是否他或她可以加入他們的活動。

記住，即使孩子們已經精熟了有效的團體進入技巧，他們也得了解到他們的同儕可能不會立刻接受他們加入該活動。往往，孩子必須讓其他人相信他或她會是個好玩伴。家長可以和孩子用角色扮演的方式練習處理各種被忽略或被拒絕的情況，好像打預防針一樣協助孩子對抗這種壓力，比

如安靜地走開，並尋找其他的活動或玩伴。

活動

要求家長討論在孩童時期參與一個進行中的同儕團體時所使用的技巧以及他們過去如何處理同儕的拒絕。

家庭作業

與孩子一同回顧，在不打斷討論的情況下，要加入家庭成員進行中的談話所需的步驟。鼓勵孩子這個禮拜在家裡使用這個技巧。

第三單元（孩子的團體）：微笑而且覺得開心！

回顧上一週的家庭作業。

學習的目標

提高孩子微笑以及與他人愉快相處的傾向。（常常微笑而且覺得開心的兒童被認為較被同儕所喜愛，而且比缺乏這些行為的兒童擁有更多朋友；Newcomb & Bagwell, 1995）

指導與說明

告訴孩子們今天這一單元的焦點是要增進他們微笑而且覺得高興的傾向。

說明這些行為的好處如：(1)和大家一起共享快樂時光，(2)經驗到對等

的友誼關係，(3)覺得更開心。

活動

1. **耍笨**：每個孩子輪流表演他們最喜歡的動物，團體的其他成員要試著猜出這個動物的名字。
2. **石頭臉**：某個「當鬼」的小朋友要盡量維持嚴肅的表情，而其他的團體成員要做出鬼臉和噪音試圖讓他或她笑起來。堅持不笑的時間最長者就是贏家。
3. **繞口令**：讓團體玩「把話吐出」：快步走、快速講話、繞口令的遊戲。有 96 張各寫了一個繞口令的卡片，讓小朋友們在一段短時間內盡己所能講越多張越好，比如「吃葡萄不吐葡萄皮」以及「風吹松動藤動繩動銅鈴動」。這些遊戲可以參考 Goletta 公司出版的《有用的遊戲》（"The Game Works", Inc., Goletta, CA 93117）。

家庭作業

1. 從兒童笑話集裡選出一個笑話，告訴家人和同學。下次把這個笑話帶來並且與團體分享。
2. 帶一本漫畫或一部卡通與團體分享。
3. 下個禮拜帶一頂好笑的帽子來團體中。

社交技巧的家庭作業

姓名：＿＿＿＿＿＿＿＿＿＿＿

以下是我這個禮拜要講的的笑話：＿＿＿＿＿＿＿＿＿＿

＿＿＿＿＿＿＿＿＿＿＿＿＿＿＿＿＿＿＿＿＿＿＿＿＿＿＿

＿＿＿＿＿＿＿＿＿＿＿＿＿＿＿＿＿＿＿＿＿＿＿＿＿＿＿

第三單元(家長的團體):微笑而且覺得開心!

學習的目標

協助家長了解孩子們爽朗及幽默的行為可以增加他們的社交接納度。

指導與說明

孩子的社交互動是否會增進同儕的接納度,其中一個面向是孩子在社交互動中能否愉快自在。被同儕所喜愛的兒童常被視作比較有精神,而且比不被喜愛的兒童更常哈哈大笑。因此,鼓勵孩子在與同儕互動時常常微笑和大笑可以增進他們的社交關係。

家庭作業

在這個禮拜中兩或三個不連續的日子裡,家長花 20 分鐘單獨和他們的孩子玩會讓孩子臉上展露笑容以及發出笑聲的遊戲(打個枕頭仗、騎馬打仗、講「敲敲門」的笑話等)。

第四單元(孩子的團體):自我肯定

回顧上一週的家庭作業。

學習的目標

教導孩子如何維護自己的權益,但不是用攻擊或被動順從的方式。

指導與說明

自我肯定可以定義為，有助於兒童用社會可接受的方式獲得個人目的或捍衛自己權益的想法、感覺和行為。

我們教導孩子在衝突情境中使用「以我為主詞的句子」來堅定表達自己。「我訊息」的基本成分如下：

1. 簡要描述自己考量中的行為。
2. 描述為何這會是問題的理由。
3. 要求一個可接受的其他行為。
4. 表現出了解另一個人的好意或情有可原的狀況。
5. 分享負向的感覺。

活動

首先，帶領者應該要示範怎麼使用「我訊息」來處理一般他們會在日常生活中遇到的衝突。「我敘述句」的例子如：「當這麼無禮的話出現時，我很失望，因為你傷害了彼此。我們如果一直擔心會被用難聽的名字稱呼，我們在團體裡就不能自在愉快了。」「你若敲打鉛筆會讓我不能專心。感謝你停下來。」示範以下三種常見的衝突解決型態：攻擊（語言或肢體）、堅定的說出自己的想法，以及被動逃避。

接下來，請團體成員來角色扮演怎麼以自我肯定的句子來回應與同儕、手足或父母常見的衝突。

◇有個朋友不按照規則玩遊戲

◇有個朋友從來都不想玩你想玩的那個遊戲

◇有個同班同學在你面前插隊

◇你的兄弟姊妹沒經過你的允許就拿走了你的東西

◇爸爸或媽媽早上忘了準時叫你起床

其他的活動

團體玩專門用來教導自我肯定的棋盤遊戲。美國有些已發行的這類遊戲如「用愛宣告」（Assert with Love）以及「自我肯定遊戲」（The Assertion Game）。治療性質的棋盤遊戲可以向 Childwork／Childplay（電話800-962-1141）公司購買。

家庭作業

每個孩子在下一週都要練習三次自我肯定，且把每次發生的狀況記錄下來。

社交技巧的家庭作業

姓名：_____

情　境　　　　　　　　　　我說了哪些自我肯定句

_____　　_____

_____　　_____

_____　　_____

第四單元（家長的團體）：自我肯定

學習的目標

教導家長如何向孩子示範自我肯定，並教導他們練習發展出自我肯定的技術。

指導與說明

說明教導自我肯定最好的方式就是父母以身作則。如果孩子把泥巴踏進廚房弄得到處都是，家長常用以下三種方式之一來回應：

攻擊：「你怎麼會做這種蠢事！你把我的地板弄得一團糟。你從來都不想想你到底在幹嘛。」

自我肯定：「我真的很難過。我那麼辛苦地把地板擦乾淨，而你現在卻把它給弄髒了。」

被動／逃避：家長喃喃自語但卻不直接對孩子說些什麼。

描述自我肯定的「我訊息」其中包含的成分（問題行為、對你的具體影響、你對此的感覺），並點出「我訊息」如何與責難性的「你訊息」不同。「你訊息」攻擊孩子的人格，而且可能讓孩子更防衛。

活動

家長用角色扮演的方式對孩子的問題行為以攻擊式、自我肯定式，以及逃避的方式予以回應（孩子做了花生醬三明治，把廚房弄得一團糟）。對於手足間的肢體衝突，「我敘述句」會是如下所述：「當打架發生時，我會擔心你們的安全，在這個屋子裡，我們不用打架，而是平靜地來解決我們的不同意見。」

家庭作業

在監督孩子的家庭作業之外，家長練習在家裡給予其他家庭成員「我訊息」。

第五單元（孩子的團體）：社交問題解決

回顧上一週的家庭作業。

學習的目標

協助孩子學會以下五個有效的問題解決步驟來解決社交衝突：

◇第一步：界定問題。

◇第二步：產生其他可行的解決方法。

◇第三步：選出最好的解決方法。

◇第四步：實行此一解決方法。

◇第五步：回顧解決方法的有效性，在需要的時候修正它。

指導與說明

對孩子說明社交衝突是什麼，以及他們即將學到怎麼用更有效的方法解決衝突。教導他們五個步驟來解決問題：

第一步：當兩個以上的人之間出現需求／慾望的衝突時，社交問題就出現了。如果兩個孩子為了搶奪同一個玩具而打架，基本問題並非打架，而是兩個孩子同時想要同一個玩具。為了決定衝突的來源（為何他們不高興），每個孩子都需要為自己的行為負起責任，而且要使用自我肯定與積極傾聽的技巧。孩子們需要學會去攻擊基本問題（衝突），而非攻擊對方（責罵或中傷）。

第二步：在此一步驟，焦點從問題轉移到解決方法上。目標在於腦力激盪出可行的解決之道。每個孩子都去思考這個問題的各種解決方法，

並遵循以下規則：

　　◇在腦力激盪時，不批評孩子提出的點子。

　　◇要提出某個數量以上（至少五個可能的解決方法）。

　　◇鼓勵在別人的點子上建築新想法（調整另一人的點子以改善它）。

　　◇歡迎突發奇想、有創意的點子。

　　記錄他們的點子之外，帶領者在孩子提出想法有困難時，也要建議一些可行的解決方法。

　　第三步：討論每個解決方法的正反兩面（每種解決之道的後果），以決定大家都同意的一個方法。找出「雙贏」的解決方法，讓雙方都至少能滿足一部份自己所想達到的結果（妥協）。

　　第四步：決定誰做什麼、在何時、在何地實踐這個大家都同意的解決方法。

　　第五步：在一個事前約定的時間過後（一個禮拜或一個月），有爭執的兩造聚在一起討論這個解決方法執行得好不好，有需要的話就修正它。如果這個解決方法並不適當，就試試另一個。

活動：腦力激盪「如果……會怎樣」的情境

　　團體帶領者描述一系列常見的兒童期社交衝突情境：

　　◇一個朋友在玩棋盤遊戲的時候作弊，把你惹火了。

　　◇有人未經你允許就把東西拿走了。

　　◇你把向朋友借來的某樣東西弄丟了。

　　◇你想要某個不屬於你的東西。

　　團體的腦力激盪要盡量想出每個問題所有可能的解決方法。要說明越多點子越能增加找到成功解決方法的機會。把這些點子條列在黑板上，並

且把一些團體沒有提出的想法加上去。不要束縛孩子的想法且要讓活動有趣，比方說提出一個「天外飛來一筆」的奇特想法。

家庭作業

描述你怎麼應用這些問題解決的方法來處理你這個禮拜在學校或家裡發生的衝突。

社交技巧的家庭作業

姓名：＿＿＿＿＿＿＿＿＿＿＿＿＿

描述這個衝突＿＿＿＿＿＿＿＿＿＿＿＿＿＿＿＿＿＿＿＿＿＿＿＿
＿＿＿＿＿＿＿＿＿＿＿＿＿＿＿＿＿＿＿＿＿＿＿＿＿＿＿＿＿＿＿＿

描述你怎麼解決＿＿＿＿＿＿＿＿＿＿＿＿＿＿＿＿＿＿＿＿＿＿＿
＿＿＿＿＿＿＿＿＿＿＿＿＿＿＿＿＿＿＿＿＿＿＿＿＿＿＿＿＿＿＿＿
＿＿＿＿＿＿＿＿＿＿＿＿＿＿＿＿＿＿＿＿＿＿＿＿＿＿＿＿＿＿＿＿

第五單元（家長的團體）：社交問題解決

學習的目標

回顧五個步驟的問題解決過程。

指導與說明

說明當家長清楚表達出問題所在，且與孩子一同面對和討論解決之道，孩子就會更意識到問題解決歷程的重要性。當家長示範了有效的問題

解決行為，孩子便會有樣學樣。

　　問題解決是一個可以學習且必須練習的技巧。以下是有效問題解決五個步驟的要點：

　　1.知道你有一個問題。

　　2.腦力激盪各式各樣可能的解決之道。

　　3.正反兩面都要考慮，並且選出一個好的解決方法。

　　4.計劃如何實行這個解決方法，然後實行它。

　　5.回顧這個方法是否成功，必要時予以修正。

　　往往，最困難的步驟是找出問題。如果孩子抱怨：「小艾打我。」，基本上要處理的問題不是打，而是小艾打他的理由（可能是有人把她的玩具拿走了）。因此，各種解決的方法應該與問題的原因相關，而非其影響。

　　問題解決的歷程（做選擇並從中學習）可以被家長的觀察、傾聽，以及詢問開放性的問題而益形豐富、深入。一些有用的問句如下：「問題是什麼？」、「如果……會發生什麼事？」、「你還可以想到哪些其他的方法？」，以及「如果別人這樣對你，你會有什麼感覺？」記住，當家長使用聆聽、說理、同理，以及妥協等方式在與孩子的衝突中引入「給和取」的策略，他們的孩子在與同儕互動時也會傾向使用類似的衝突解決策略（Crockenberg & Lourie, 1996）。

活動

　　要求爸爸或媽媽在家中角色扮演（使用五步驟問題解決歷程）一個常見的親子衝突。

家庭作業

　　這個禮拜在家中與孩子相處時應用五步驟問題解決歷程。

第六單元（孩子的團體）：合作

回顧上一週的家庭作業。

學習的目標

教導孩子分享、朝向一個共同的目標一起努力、輪流，以及做好團體工作中自己分到的那一份。

指導與說明

向團體說明「合作」的意義為何。在合作的情境中，要達成一個目標，必須有兩個或以上的個體結合起來的行為。這個目標唯有在所有人也都達成目標才能達成。在競爭的情境中，一或幾個人達成了目標就會阻擋了其他人的成功。很多人相信我們的文化遭逢「合作缺陷」，只注重個人成就及競爭，而非合作。

活動：「創造一隻怪獸」

團體中每個孩子都畫出怪獸（或外星生物）的一部份，一個孩子畫頭，一個畫上半身，另一個人畫下半身，有人畫尾巴，諸如此類。把大家的畫用膠帶貼在一起形成一隻怪獸，讓團體一起給它取個名字。然後，團體一同參與和這個生物有關的「故事接龍」。你先給故事講個開頭：「很久很久以前，有一隻怪獸叫做_____。」然後，每個孩子輪流講一句話將整個故事串起來。每個孩子都應該至少講兩個句子，直到最後一個孩子講出最後一句，然後說「結束」。

其他的活動

　　這個 15 到 20 分鐘的活動主要是利用 Milton Bradley 公司發行的兒童遊戲「恰好」（Perfection）。這個遊戲裡有一個 60 秒為單位的計時器，一組不規則形狀的塑膠片，以及一個彈簧支撐的平台，上面有一列對應每個塑膠片的洞。參加者要比賽在時限內誰能把最多與洞的形狀吻合的塑膠片放進去。參加者可以在任何時間按下開關將時鐘（及遊戲）停止。但如果參加者無法在時間用完前把時鐘停下來，這個平台就會彈起來，讓所有的塑膠片掉出來，這時所有的努力都白費了。兩個孩子為一組彼此合作，成功的話兩人平分獲勝的點數，不管個人在其中的付出多少（兩個孩子同等分享他們這組獲得的成功點數）。共有三次嘗試讓每一組去累積他們的點數。

其他的活動：「矇眼畫畫」

　　每個孩子輪流把眼睛遮起來畫畫。沒遮起眼睛的夥伴會協助給予材料、想法、方向的指示，以及鼓勵。

其他的活動

1. 一組人一同建立一座塔、卡片屋、太空船，或其他的建築物。
2. 兩兩一組玩圖畫與字的配對（八歲以上）。
3. 玩合作性的棋盤遊戲或卡片遊戲，可以培養團體成員的合作性。可向 Childswork／Childsplay 公司（800-962-1141）購買團體棋盤遊戲（Teamwork）。
4. 三個孩子為一組，用黏土造出某物，或用彩色筆和亮片做出一張海報。
5. 「互相說故事」：要求三個孩子使用你隨意給他們的三個單字創造

一則故事。

家庭作業

這個禮拜在三個不同的時間中在家幫忙某個人。

社交技巧的家庭作業

姓名：＿＿＿＿＿＿＿＿＿＿＿＿

情境一　　　　　　　　　　提供的協助

＿＿＿＿＿＿＿＿＿＿　　　＿＿＿＿＿＿＿＿＿＿

＿＿＿＿＿＿＿＿＿＿　　　＿＿＿＿＿＿＿＿＿＿

情境二　　　　　　　　　　提供的協助

＿＿＿＿＿＿＿＿＿＿　　　＿＿＿＿＿＿＿＿＿＿

＿＿＿＿＿＿＿＿＿＿　　　＿＿＿＿＿＿＿＿＿＿

情境三　　　　　　　　　　提供的協助

＿＿＿＿＿＿＿＿＿＿　　　＿＿＿＿＿＿＿＿＿＿

＿＿＿＿＿＿＿＿＿＿　　　＿＿＿＿＿＿＿＿＿＿

第六單元（家長的團體）：合作

學習的目標

說明合作當中所包含的技巧、孩子與同儕合作的重要性，以及幫助家長培養孩子與他人合作的能力。

指導與說明

　　合作的定義是每個人做好他自己那一份工作、幫助或給予他人協助，然後在沒有衝突的狀況下一起工作。此一行為與維持家務工作特別有關。孩子們有時會爭執誰該負責倒垃圾，誰該去洗碗盤。他們會試圖逃避這個責任，一直等到其他人把它做完，或等父母來解決這個爭執。如果孩子在幼年時就學著協助家務，花一些時間及努力是可以避免這些情況的。年幼的孩子（三到四歲）可以幫忙清潔並擺好餐桌、收拾玩具、幫忙把自己的床鋪好。在團體中討論幾種孩子可以在家中做的雜務。

　　有些孩子與他人合作有困難，因為他們太霸道，什麼都要按照自己的方式做。如果爸爸或媽媽觀察到孩子與玩伴相處時太過蠻橫，應該稍後私下和孩子談談。家長或許會說：「我不認為莎拉喜歡你們每次玩在一起的時候都按照你堅持的規則去玩。」引用某些具體的例子說明他的蠻橫或自我中心的行為之後，家長可以問孩子：「如果有人用這種方式跟你說話，你會覺得怎樣？」然後，家長要求孩子想想能說出他想表達的，但聽起來不那麼霸道的說話方式。

　　另外，說明家長有必要多注意並讚美孩子的合作行為。讓團體討論家務方面不同的合作行為。

家庭作業

　　和你的孩子一起完成一幅拼圖。

第七單元（孩子的團體）：恭維

　　回顧上一週的家庭作業。

學習的目標

　　教導孩子給予其他人正向回饋（溫暖絨毛）的重要性和「怎麼做」，而非負向的批評（冷硬刺刺）。

指導與說明

　　溫暖絨毛讓他人感覺不錯，包括以下行為：

◇**欣賞**：告訴他人你喜歡他的行為或外表。一些例子如「我喜歡你穿的紅毛衣」;「媽,我好喜歡妳烤餅乾的時候」;「和你一起玩的時候真是愉快」。

◇**讚美**：告訴某人你認為他們真的做得很好,如「你真的很會搞笑」或「你投籃真是神準!」

◇**禮貌的評論**：「謝謝」、「請」、「對不起」。

◇**同意**：找出對方話語中讓你同意之事。

◇**鼓勵**：提供鼓勵（「你做得到」）。

◇**情感**：擁抱、拍拍背、說「我愛你」。

活動

　　每個孩子給自己的同伴一句恭維的話,對方拒絕。如「這件襯衫跟你真配。」「我討厭這件襯衫——我今天沒別的衣服好穿才穿這件。」然後孩子們給對方一句恭維,雙方都接受並且說「謝謝」、微笑。之後他們討論恭維被接受及被拒絕時的感覺。

其他的活動

　　1.每個孩子畫一張圖,其他人說一些他們喜歡這張圖畫的理由。

2.玩棋盤遊戲，中間有幾次暫停，讓團體成員可以彼此給予正向回饋。

3.兩兩一組，一個孩子描述對某事的觀點（最喜歡的球隊、他或她最喜歡的動物類型、最喜歡的電視節目），另一個孩子要講出他同意第一個孩子所言中哪些部分。

4.本單元結束時，帶領者指定兩個孩子爲「特別來賓」，團體的其他成員恭維他們，且／或問問題以更了解他們。

家庭作業

告訴家中每個成員你喜歡他／她的什麼或他／她的哪些行爲。對每個家人做三次。

社交技巧的家庭作業

姓名：＿＿＿＿＿＿＿＿＿

家庭成員的名字　　　　　　　讚賞（三次）

＿＿＿＿＿＿＿＿＿　　　　＿＿＿＿＿＿＿＿＿

＿＿＿＿＿＿＿＿＿　　　　＿＿＿＿＿＿＿＿＿

＿＿＿＿＿＿＿＿＿　　　　＿＿＿＿＿＿＿＿＿

第七單元（家長的團體）：恭維

學習的目標

說明給予孩子正向回饋的重要性。

指導與說明

描述成為一個正向的人以及如何增加一個人對他人的吸引力有何重要性及其概念。詢問家長思考他們多常給孩子「溫暖絨毛」、多常給「冷硬刺刺」。理想上，家長一旦出現一個負向評論，就得給五個正向評論。討論正向回饋（讚美、欣賞）、酬賞（代幣與具體物），以及負向回饋（批評、貶抑、譏諷、評頭論足、威脅，諸如此類）的主要類型。

給予孩子正向回饋有以下三個主要理由：

1.**它可以支撐起孩子的自尊**：兒童一如成人，喜歡被人家注意到。這種認可會增加他們對自己的良好感覺。

2.**它建立親子間親密、溫暖的關係。**

3.**它是正向規範的一種方法。**它可以讓孩子做出更多父母希望他們做的事。

有三件父母應該注意到孩子的事情：行為、想法，以及個人特質。例如，爸爸或媽媽會注意到孩子協助清理餐桌並表達讚賞，或注意到孩子認為資源回收是保護環境的好方法。

家長注意到的事情可大可小，他們應該要盡量發現許多小事來注意，往往這些小事會變成更大的優點。例如，指出孩子清理了自己的餐盤，有時可以導致他主動清理幾個公用的碗碟。

給予正向回饋不能偶一為之，相反的，家長無論何時與孩子共處時，都應該持續地尋找機會「抓住他們的好」。最後，這會變成一種與孩子形成連結的風格（尋找正向的行為、想法，以及特質）。

家庭作業

家長要列出這個禮拜他們怎麼正向地注意孩子，以及孩子做了哪些事讓父母注意到他。父母會注意到的事包括慷慨、自豪、關懷、樂於助人、機靈、有創意，以及堅持某些理念。

家長的家庭作業

特　質	活　動	正向回饋
＿＿＿＿＿＿＿＿	＿＿＿＿＿＿＿＿	＿＿＿＿＿＿＿＿
＿＿＿＿＿＿＿＿	＿＿＿＿＿＿＿＿	＿＿＿＿＿＿＿＿

第八單元（孩子的團體）：感覺的覺察

回顧上一週的家庭作業。

學習的目標

幫助孩子找出一個人可能經驗到的各種感覺，幫助他們找出會導致不同感覺的情境，並且討論當這些感覺藏在內心很久會發生什麼事。

指導與說明

管理情緒有困難的孩子，朋友也比較少。情緒的調節指的是某個人因應情境要求而去調整情緒的能力。調節情緒困難包括脾氣暴躁、易被惹惱、易怒、容易有挫折感、有敵意、情緒起伏不定，以及恐懼的行為。

情緒調節的第一步就是意識到個人的情緒狀態以及能夠標示與表達情緒。

活動

要求孩子從「感覺海報」裡挑選一個感覺（市面上有各種海報可供選

購），並且告訴團體在某個時候他會有這樣的感覺及其原因。

然後給每個孩子一張名信片大小的卡紙，上面寫著一個感覺詞彙（困窘、生氣）。不要讓其他人看到卡片，每個孩子表演出這個感覺（用肢體語言及聲響，不要講話）。團體其他成員試圖去發現這個感覺爲何。

最後，孩子們在可貼式便條紙上寫下自己的名字，貼在他剛剛經驗到的那個感覺上（在「感覺海報」上），然後對團體說明爲何他會有這樣的感覺。

其他的活動

讀《我有感覺》（ "I Have Feelings." T. Berger, 1994, Human Sciences Press, New York）這本書給團體聽。這是一本簡短又迷人的小書，詳細說明各種不同的正向與負向感覺，以及讓孩子陷入那種感覺的可能情境。

其他的活動

讓孩子們圍桌而坐，拿出一個中等大小的紅色橡膠球。告訴孩子他們將有機會告訴其他人什麼會讓他們生氣、傷心、高興、恐懼，或任何你在這個特別的單元中想告訴大家的感覺。

開始時你先輕輕地把球滾向其中一個孩子，這個孩子抓住球，告訴團體是什麼讓他或她有某種感覺（「當狗對著我叫的時候，我覺得很害怕」）。

其他的活動：「好感覺——壞感覺遊戲」

兩個孩子坐在圓圈的中間，其他的團體成員問他們：「這個禮拜發生什麼事讓你們感覺滿好的？」當這兩個孩子都講完自己的好感覺，團體再問：「這個禮拜發生什麼事讓你們感覺不好？」（這個遊戲的目的在幫助孩子確認出他們的感覺，並把它們連結到自己的生活事件上）。

其他的活動

從雜誌和報紙上把人們（各種年齡）經驗到各種強烈的正向及負向情緒的照片剪下來。要求孩子先確認出圖片中表達出的情緒，然後試著猜猜看這個人為何會有這樣的感覺。

家庭作業

寫下這個禮拜中每個讓你感覺到害怕的時間，描述在你害怕前發生了什麼事，以及你對此作了些什麼。

社交技巧的家庭作業

姓名：＿＿＿＿＿＿＿＿＿＿

寫下每次你感到害怕的時候：

日　　期	發生什麼事	我做了什麼
＿＿＿＿＿＿＿	＿＿＿＿＿＿＿	＿＿＿＿＿＿＿
＿＿＿＿＿＿＿	＿＿＿＿＿＿＿	＿＿＿＿＿＿＿

第八單元（家長的團體）：感覺的覺察／情緒智力

學習的目標

增加家長對於孩子發展「情緒智力」（EQ）的角色自覺。

指導與說明

EQ 指的是辨認自己及他人的情緒狀態，以及控制自身情緒表達的能力。此一能力在決定一個人在生活各方面是否成功或快樂扮演了主要的角色。EQ 的成分如下：

1.對自己及他人**情緒狀態的察覺**：這意謂著調整自身內部的不同感覺，使與身體的感覺一致，並且同理式地設身處地去想像對方當時的感覺。

2.**對情緒的了解**：(1)將情緒連結到前置事件（引發情緒的導火線，如在輸了球賽之後感覺悲傷）的能力；以及(2)預期一個人的情緒反應如何影響後續對自己及他人行為的能力。

3.**情緒控制**：調整和控制情緒反應（感覺和行為）強度的能力，使用如下的自我控制因應策略：

◇宣洩（處理心理和生理緊張度，可以用打枕頭、哭、撕報紙等方式釋放情緒）

◇放鬆（深呼吸、拉緊和放鬆肌肉群）

◇想像（描繪出平靜、舒適的地方）

◇正向的自我語言（讓自己冷靜下來的自我描述）

◇肢體活動（外出散步、套圈圈等）

情緒教練

研究者發現可以把家長分成兩類：(1)他們給孩子情緒的導引（情緒教練），反映並確認孩子的情緒反應，也對孩子的情緒反應有同理心；或(2)他們並未給予任何這方面的具體導引。

研究也指出，若家長教導孩子有關自己的情緒，孩子在學業、社交能力、情緒穩定，以及生理健康方面都會較佳。

「情緒教練」有五個主要成分：

1. 體察孩子的情緒。能夠細察孩子表達情緒的口語及非口語方式。

2. 辨認負向情緒（憤怒、恐懼、焦慮、嫉妒）作為機會教育。幫助孩子在情緒升高到爆發前能表達及控制自己的感覺。不要忽略、不在乎、批評或處罰孩子表達出負向的情緒。

3. 幫助孩子以口語標示出他們的情緒（「你今天看起來好像有點無聊」；「因為你工作努力而且完成很多事，你覺得很驕傲」）。標示情緒給孩子一種有能力因應的感覺。研究顯示標示情緒的行動可以讓神經系統穩定下來，並且幫助孩子更快從低潮中復原。

4. 同理地傾聽與確認孩子的感覺。例如，如果孩子因為在學校被嘲笑而感到沮喪，你可以說：「我可以了解為什麼那會讓你感到難過。人們對我不好的時候我也有這種感覺。」不要否認孩子的感覺，如「沒什麼好沮喪的。不要讓這種事把你搞得這麼煩。」
   關於矛盾的感覺，大約七歲的孩子就可以辨認出互相衝突的情緒，所以家長可以幫助孩子了解同時有兩種感覺無妨（「我想你對於要去瑪麗家過夜相當興奮，可是也有點害怕吧？」）

5. 設定情緒表達的限制，同時也幫助孩子問題解決，以找到更多有建設性的方法來處理影響情緒的情境（「弟弟不是用來被打的！除了對他生氣，還有什麼你能做的？」）

活動：情緒的覺察

描述個人情緒經驗的能力（回憶和描述情緒情境）是控制情緒反應的重點。這裏學到的知識可以帶來更好的控制。例如，自我覺察到哀傷的心情可以讓人改變想法或情境。

詢問下列的問句來開始情緒覺察的團體討論：

◇「告訴大家你什麼時候會覺得快樂、難過、生氣、興奮，或被愛。」

◇「你怎麼知道你的小孩覺得快樂、難過、生氣、害怕，或嫉妒？」
（肢體語言、同理心）

◇「你怎麼幫助孩子調節他們的情緒狀態？」

第九單元（孩子的團體）：良好的運動家精神

回顧上一週的家庭作業。

在這個禮拜的單元結束前，告知孩子們在下個禮拜最後一次社交技巧團體時，將會舉辦一個派對，讓孩子們和家長一同參加。問問他們，他們認為什麼是一個好派對所必備。在黑板上分門別類寫下所有關於食物、飲料及遊戲的建議讓大家看到。然後，請孩子們幫你一起把清單的項目減少到一個可行的範圍。告訴他們你（團體帶領者）會帶來的東西，再讓他們自願認領其他的項目。如果有項目沒有人認領，就把它消掉。

學習的目標

幫助孩子了解良好運動家精神的概念。

指導與說明

一個好的運動員指的是能優雅寬容地接受輸或贏，而且不在比賽中作弊。要成為一個好的運動員，此人必須能處理競爭中的壓力，如輸掉比賽、運動進行中犯錯或做出錯誤的選擇、等待輪到自己上場，以及接受建設性的批評以增進自己在運動中的能力。

不讓自己發脾氣或變得沮喪，而能處理挫折和壓力的一些有效方法如下：

1.放鬆反應：

◇深呼吸，憋著氣數到三，慢慢地吐氣。重複兩到三次。

◇做反應前從一數到十。

2.**自我語言**：請團體想出一些可以安撫自己的自我陳述句，並且練習說說看。比如：

◇「冷靜下來。」

◇「我可以處理的。」

◇「輸了也沒關係。」

◇「這個忠告很有幫助。」

3.**找出非理性的信念**：幫助團體檢視常見的非理性信念。包括：

◇「我做每件事都得盡善盡美。」

◇「每件事都必須按照我的方法做！」

◇「輸了或失敗真是糟透了！」

4.**建議更多的理性想法**，如：

◇「不管輸或贏都沒有關係，只要我盡了力就好。」

◇「如果我犯錯，人們並不會覺得我是個失敗者。」

◇「和朋友快樂相處比比賽獲勝更重要。」

活動

1.玩一個競賽性的遊戲，如象棋，並鼓勵孩子恭維遊戲獲勝者。
2.玩需要輪流等待的遊戲，稱讚那些可以安靜及耐心等候的團體成員。
3.讓團體討論職業運動員中有誰會在比賽中表現出很差的運動家精神。

家庭作業

描述這個禮拜中的某個時候，你玩遊戲時是個「好運動員」。

社交技巧的家庭作業

姓名：＿＿＿＿＿＿＿＿＿＿

情境：＿＿＿＿＿＿＿＿＿＿＿＿＿＿＿＿＿

我是個好運動員，因為＿＿＿＿＿＿＿＿＿＿＿＿＿＿＿

第九單元（家長的團體）：良好的運動家精神

在這一單元結束前告知家長在最後一次社交技巧團體時會有個派對，讓家長和孩子聚在一起。說明孩子將會帶一些「東西」到派對上，請家長協助孩子準備那些他們答應提供的東西。

學習的目標

幫助家長了解孩子們發展良好運動家精神的重要性。

指導與說明

孩子們喜歡跟具有良好運動家精神的孩子一起遊戲，因為後者可以做到一些事，如即使輸了比賽、比賽中表現不佳，或遇到其他的挫折事件時仍能維持好態度。

有能力因應壓力及挫折的孩子更有可能是個好運動員。孩子可以用以下三種方法因應挫折，而不會陷入極度的沮喪：

1.放鬆反應

2.正向的自我語言

3.改變非理性的信念

〔「第九單元（孩子的團體）」有這些技巧的描述。〕

活動

讓家長們討論和孩子玩遊戲時教導孩子成為良好運動員的方法（示範、督促、教練、增強良好的運動家精神，以及在家長警告後仍表現得像個差勁的運動員時就中止遊戲）。

第十單元（孩子與家長一同）：總結與摘要

回顧前一週的家庭作業。

學習的目標

回顧孩子在社交技巧發展的進步，並鼓勵他們在這方面繼續努力。

指導與說明

在最後一單元開始時，團體帶領者請孩子完成一份自我評估表（附錄12.2）叫做「在團體之外成為一個更好的朋友，我做到多好？」其中一位團體帶領者與每個孩子討論他們填寫完畢的自我評估，讚賞其在團體內外的進步，並且幫助孩子找出還需要再加強的技巧。團體帶領者也在最後一單元時與每個孩子的家長相聚，給予孩子進步的回饋，並提供未來社交技巧成長的建議。

在派對中，頒贈給每個孩子一張證書（「優秀玩伴獎」），認同他學習新方法與他人遊戲及相處的努力。

結論

　　這個短期社交技巧方案的主要目標在於增進孩子的社交知識、幫助孩子將概念轉換為有技巧的人際行為，並增進兒童社交能力中技巧的維持與類化。

　　團體帶領者使用主動且直接的教導方式教導並訓練孩子在團體有趣的遊戲中習得社交技巧。家庭作業的分派以及訓練孩子的父母在家庭環境中教導社交技巧這兩種方法可以促進社交技巧的類化。

參 考 文 獻

Achenbach, T., & Edelbrock, C. (1991). *Manual for the Child Behavior Checklist and revised Child Behavior Profile*. Burlington, VT: University of Vermont, Department of Psychiatry.

Baumrind, D. (1978). Parental disciplinary patterns and social competency in children. *Youth and Society*, *9*, 239–276.

Beelmans, A., Pfingsten, U., & Loesel, F. (1994). Effects of training social competence in children: A meta-analysis of recent evaluation studies. *Journal of Clinical Child Psychology*, *23*, 260–271.

Bost, K., Vaughn, B., Washington, W., Newell, W., Cielinski, K., & Bradbard, M. (1998). Social competence, social support, and attachment: Demarcation of construct domains, measurement, and paths of influence for preschool children attending Head Start. *Child Development*, *69*(1), 192–218.

Brake, K. J., & Gerler, E. R. (1994). Discovery: A program for fourth and fifth grades identified as discipline problems. *Elementary School Guidance and Counseling*, *28*, 170–181.

Carlson-Jones, D. C. (1985). Persuasive appeals and responses to appeals among friends and acquaintances. *Child Development*, *56*, 757–763.

Christophersen, E. R. (1987). *Little people: A common-sense guide to child rearing* (3rd ed.). Kansas City, MO: Westport.

Combs, S. L., & Slaby, D. A. (1977). Social skills training with children. In B. B. Lahey & A. E. Kazdin (Eds.), *Advances in Clinical Child Psychology* (Vol. 1, pp. 161–203). New York: Plenum Press.

Cowen, E. L., Pederson, A., Babijian, H., Izzo, L. D., & Trost, M. (1973). Long-term follow-up of early detected vulnerable children. *Journal of Consulting and Clinical Psychology*, *41*, 438–446.

Crockenberg, S., & Lourie, A. (1996). Parents' conflict strategies with children and children's conflict strategies with peers. *Merrill–Palmer Quarterly*, *42*, 495–518.

Dishion, T. J. (1990). The family ecology of boys' peer relations in middle childhood. *Child Development*, *61*, 874–892.

Dodge, K. A., Pettit, G. S., McClaskey, C. L., & Brown, M. (1986). Social competence in children. *Monographs of the Society for Research in Child Development*, *51*(2, Serial No. 213, pp. 1–85).

Draper, T., Larsen, J., & Rowles, R. (1997). Developmentally appropriate parent training for families with young children. *Early Childhood Research Quarterly*, *12*, 487–504.

Ducharme, D., & Holborn, S. (1997). Programming generalization of social skills in preschool children with hearing impairments. *Journal of Applied Behavior Analysis, 30,* 639–651.

Easterbrooks, M. A., & Lamb, M. E. (1979). The relationship between quality of infant–mother attachment and infant competence in initial encounters with peers. *Child Development, 50,* 380–387.

Finnie, V., & Russell, A. (1988). Preschool children's social status and their mothers' behavior and knowledge in the supervisory role. *Developmental Psychology, 24,* 789–801.

Forman, S. G. (1993). *Coping skills interventions for children* and *adolescents.* San Francisco: Jossey-Bass.

Franz, D. Z., & Gross, A. M. (1996). Parental correlates of socially neglected, rejected, and average children. *Behavior Modification, 20,* 170–182.

Gottman, J., Gonso, J., & Rasmussen, B. (1975). Friendships in children. *Child Development, 46,* 709–718.

Guevremont, D. (1990). Social skills and peer relationship training. In R. A. Barkley, *Attention-deficit hyperactivity disorder: A handbook for diagnosis and treatment* (pp. 540–572). New York: Guilford Press.

Harper, L. V., & Huie, K. S. (1985). The effects of prior group experience, age, and familiarity on the quality and organization of preschoolers social relationships. *Child Development, 56,* 704–717.

Hart, C. H., DeWolf, M., Wozniak, P., & Burts, D. C. (1992). Maternal and paternal disciplinary styles: Relations with preschoolers playground behavioral orientations and peer status. *Child Development, 63,* 879–892.

Hartup, W. W. (1992). *Having friends, making friends, and keeping friends: Relationships as educational contexts.* Urbana, IL: Eric Clearinghouse on Elementary and Early Childhood Education. ED 345-854.

Kohn, M. (1977). *Social competence, symptoms, and underachievement in childhood: A longitudinal perspective.* Washington, DC: Winston.

Ladd, G. W., & Golter, B. S. (1988). Parents management of preschoolers peer relations: Is it related to children's social competence? *Developmental Psychology, 24,* 109–117.

Ladd, G. W., & Hart, C. H. (1992). Creating informal play opportunities: Are parents' and preschoolers interactions related to children's competence with peers? *Developmental Psychology, 28,* 1179–1187.

Ladd, G. W., & Mize, J. (1983). A cognitive–social learning model of social skill training. *Psychological Review, 90,* 127–157.

Ladd, G. W., Profilet, S. M., & Hart, C. H. (1992). Parents' management of children's peer relations: Facilitating and supervising children's activities in the peer culture. In R. D. Parke & G. W. Ladd (Eds.), *Family–peer relationships: Modes of linkage* (pp. 215–253). Hillsdale, NJ: Erlbaum.

La Greca, A. M. (1993). Social skills training with children: Where do we go from here? *Journal of Clinical Child Psychology, 22,* 288–298.

La Greca, A. M., & Santogrossi, D. (1980). Social skills training with elementary school students: A behavioral group approach. *Journal of Consulting and Clinical Psychology, 48,* 220–227.

Laird, R. D., Pettit, G. S., Mize, J., & Lindsey, E. (1994). Mother–child conversations about peers: Contributions to competence. *Family Relations, 43,* 425–432.

MacDonald, K. B., & Parke, R. D. (1984). Bridging the gap: Parent–child play interaction and interactive competence. *Child Development, 55*, 1265–1277.

Madsen, C. H., Becker, W. C., & Thomas, D. R. (1968). Rules, praise and ignoring: Elements of elementary classroom control. *Journal of Applied Behavior Analysis, 1*, 139–150.

Masten, A. S., & Coatsworth, J. D. (1998). The development of competence in favorable and unfavorable environments. *American Psychologist, 53*(2), 205–220.

McFall, R. (1982). A review and reformulation of the concept of social skills. *Behavioral Assessment, 4*, 1–33.

Mize, J., & Pettit, G. S. (1997). Mother's social coaching, mother–child relationship style, and children's peer competence: Is the medium the message? *Child Development, 68*, 312–332.

Newcomb, A. F., & Bagwell, C. (1995). Children's friendship relations: A meta-analytic review. *Psychological Bulletin, 117*, 306–347.

Oden, S. L., & Asher, S. R. (1977). Coaching low-accepted children in social skills: A follow-up sociometric assessment. *Child Development, 48*, 496–506.

Parker, J. G., & Asher, S. R. (1987). Peer relations and later personal adjustment: Are low-accepted children at risk? *Psychological Bulletin, 102*, 357–389.

Pettit, G. S., Brown, E. G., Mize, J., & Lindsey, E. (1998). Mothers' and fathers' socializing behaviors in three contexts: Links with children's peer competence. *Merrill–Palmer Quarterly, 44*(2), 173–193.

Pettit, G. S., Clawson, M. A., Dodge, K. A., & Bates, J. E. (1996). Stability and change in peer-rejected status: The role of child behavior, parenting, and family ecology. *Merrill–Palmer Quarterly, 42*, 267–294.

Pfiffner, L. J., & McBurnett, K. (1997). Social skills training with parent generalization: Treatment effects for children with attention deficit disorders. *Journal of Consulting and Clinical Psychology, 65*, 749–757.

Pfiffner, L. J., Rosen, L. A., & O'Leary, S. G. (1985). The efficacy of an all-positive approach to classroom management. *Journal of Applied Behavior and Analysis, 18*, 257–261.

Putallaz, M. (1987). Maternal behavior and children's sociometric status. *Child Development, 58*, 324–340.

Rose, S. R. (1986). Enhancing the social relationship skills of children: A comparative study of group approaches. *School Social Work Journal, 10*, 76–85.

Rushton, J. P. (1976). Socialization and the altruistic behavior of children. *Psychological Bulletin, 83*, 898–913.

Russell, A., & Finnie, V. (1990). Preschool children's social status and maternal instructions to assist group entry. *Developmental Psychology, 26*, 603–611.

Schneider, B. H. (1992). Didactic methods for enhancing children's peer relations: A quantitative review. *Clinical Psychology Review, 12*, 363–382.

Slavin, R. E. (1983). When does cooperative learning increase student achievement? *Psychological Bulletin, 94*, 429–445.

Sroufe, L. A., Carlson, E., & Shulman, S. (1993). The development of individuals in relationships: From infancy through adolescence. In D. C. Funder, R. Parke, C. Tomlinson, & K. Widaman (Eds.), *Studying lives through time: Approaches to personality and development* (pp. 315–342). Washington DC: American Psychological Association.

Travillion, K., & Snyder, J. (1993). The role of maternal discipline and involvement in peer rejection and neglect. *Journal of Applied Developmental Psychology*, *14*, 37–57.

Vandell, D., & Hembree, S. (1994). Peer social status and friendship: Independent contributors to children's social and academic adjustment. *Merrill–Palmer Quarterly*, *40*, 461–481.

Walker, H. M., Schwarz, I., Nippold, M., Irvin, L., & Noell, J. (1994). Social skills in schoolage children and youth. *Topics in Language Disorders*, *14*, 70–82.

Yalom, I. D. (1985). *The theory and practice of group psychotherapy*. New York: Basic Books.

附錄 12.1

社交技巧評估：兒童會談

這個會談的目標在於評估孩子在三方面的互動能力：學校、家庭和朋友。以下是建議可以詢問的問題，有助於收集相關資訊。

家庭生活

你和誰住在一起？

你有幾個兄弟／姊妹？他們幾歲？

告訴我關於他們的事。

你跟媽媽和爸爸相處得如何？兄弟／姊妹呢？

你喜歡待在家裡和每個人相處嗎？

他們是否做過什麼你不喜歡的事？

在家裡你與誰最親近？

在家裡誰是老大？

當你做了某些「老大」不喜歡的事，會怎樣？

家裡是不是有哪些事讓你擔心的？

社交

你有幾個朋友？

你們相處得如何？你們有打架過嗎？

你和你的朋友在放學之後會不會去拜訪對方或聚在一起？

你們都在一起做些什麼事？

你最喜歡／最不喜歡你的朋友做什麼事？

你比較喜歡和朋友一起玩，還是自己一個人玩玩具？

學校

你有多喜歡上學？你幾年級？

你現在在學校表現如何？

你和老師與同學相處的情況如何？

哪個科目是你最喜歡或最不喜歡的？

一般

你發生過最好／最不好的事情是什麼？

你覺得你大部分時間是傷心／快樂／生氣的嗎？

什麼事會讓你快樂？

什麼是你最快樂的記憶？

你有沒有過真的很生氣的經驗？

什麼事會讓你生氣？

當你覺得生氣時，你會做些什麼？

那覺得難過的時候呢？

通常發生什麼事的時候會讓你覺得難過？

你有那種感覺的時候會做些什麼？

你最喜歡／最不喜歡自己的哪個部分？

你是否有特別的男／女朋友？告訴我有關他／她的事。

參加團體的動機

你對於參加我們的社交技巧團體感到興趣嗎？如果是，為什麼呢？

你想要從這個團體得到什麼？

　　在會談完之後，簡短地玩一個棋盤遊戲（四個連一線、賓果遊戲），以便觀察孩子是否有能力等待輪流、維持注意力在一個任務上、處理挫折感，以及抑制衝動。

附錄 12.2

自我評估表

在團體之外成為一個更好的朋友,我做到多好?

指導語:依你覺得自己在團體結束後,覺得自己做得有多好,來給每個技巧評分。

技巧	好很多	有好一點	沒有更好
對話			
進入團體			
微笑並覺得開心			
自我肯定			
社交問題解決			
合作			
恭維			
感覺的覺察			
良好的運動家精神			

第 *13* 章

用來增進親子依附的以遊戲為基礎的青少年親職計畫

Sue A. Ammen, PhD, RPT-S, Ecosystemic Clinical Child Emphasis, Clinical Psychology Program, California School of Professional Psychology, Fresno, California

導言

　　即使青少年在情緒上已臻成熟，且有足夠的經濟和社會支持，由青少年來擔任親職工作仍是一個富有挑戰的工作。大多數青少年在發展上既不成熟，也缺乏環境的支持，他們沒有足夠的能力擔負親職的責任，因此經常會置他們的寶寶於實質的情緒、行為，與身體上的風險中。回顧最近有關青少年親職的文獻，大部分報告指出，未成年父母比成人父母更容易涉入虐待式的教養互動或忽略嬰兒的情緒需求（Bavolek, 1990; East & Felice, 1996; Flanagan, McGrath, Meyer & Garcia Coll, 1995; Passino et al., 1993; Saker & Neuhoff, 1982）。他們對於辨認寶寶的各種線索較不敏感，而且即使他們辨認出這些線索，他們往往因為對孩子發展的了解有限而無法適當反應。他們較少與他們的寶寶說話，他們的遊戲互動也缺乏對孩子的敏感度。McAnarney, Lawrence, Ricciuti, Plooey 與 Szilagyi（1986）描述青少年

所使用的互動型態比較像刺激和干涉，而不像敏感的父母和孩子間互惠式的互動行為。

在完成自己的發展之前就懷了孕還要扮演父母的角色所產生的壓力，往往讓未成年父母很難準備好去有效處理孩子的發展需求。

因為他們不同步的發展轉換，未成年母親（與父親）便暴露在更多的壓力之下，而這些壓力可能會傷害到他們及孩子的福祉。十幾歲大的媽媽（和爸爸）要因應的不只是身為青少年的壓力源，還有與懷孕和親職工作有關的壓力源。這些交流發生在他們因應壓力的個人資源仍在發展的時候。（Passino et al., 1993, pp.97-98）

為了要發展出能夠擔任母親（或父親）角色的能力，一位媽媽（或爸爸）必須要能夠知覺到孩子的觀點或經驗，這樣在他們之間才能發展出一個互相滿足的關係（Mercer, 1986）。這對於未成年父母而言是一個重大的問題，因為一般而言，他們正處於思考歷程和社交意識屬於自我中心及同儕導向的發展階段。只要嬰兒的需求能符合她的需求，讓她成為一個全心付出的照顧者，使得她的角色在目前的生命階段中有一個明確定義，年齡只有十幾歲大的母親或許可以辨認與滿足嬰兒的需求。然而，當孩子開始講話和走路，並且朝著更大的自主性及自我認同前進，此種認知和情緒的轉換變得更富挑戰性。這會威脅到年輕媽媽的自我認同，同時也需要更複雜的養育技巧。在這段期間內，年輕媽媽可能會陷入有第二個寶寶的更大風險之中。

有些青少年父母可以成功渡過親職角色的轉換。仔細回顧研究文獻發現，若是有適當的社會支持與社會經濟資源，未成年母親與成年母親之間的養育行為差距就越小（East & Felice, 1996）。然而，大部分的未成年父母經歷著與同儕支持團體的疏離以及有限的社會經濟資源，因為他們尚未完成學業。這常常迫使未成年的父母往原生家庭尋求情緒與經濟上的協助，這和正常青少年期發展朝向更獨立運作的發展任務有所違背。

當懷孕發生在青少年期，從依賴的關係發展到更具自主性的位置間的一般正常歷程被擾亂了。一個青少年對於要離開她（或他）的環境支持及

她的（他的）家庭會覺得很矛盾，而這只會加深此一情境的衝突與焦慮。

如果未成年父母與嬰兒是住在大家庭中，也許還會有其他的衝突，如誰是這個寶寶情緒上的母親，以及誰來決定該如何養育這個寶寶。

青少年父母需要支持和引導，以便學習參與健康的親子互動，並以非懲罰性、發展上適切的方法來管理孩子的行為。Osofsky, Hann 與 Peebles（1993）認為青少年期擔任親職工作是充滿危機和機會，並指出有幾個關鍵領域在設計未成年父母的介入方案中是相當重要的。這些包括與未成年父母建立信任關係，特別是教導未成年父母如何察覺到孩子的感覺及線索，幫助他們瞭解並接受孩子是一個個體，並促使青少年發展出他或她的自我認同。許多鎖定在處理早期親子關係的介入方案則是運用為期數月的家庭訪問（Barclay & Houts, 1995）。這一章描述的是一個短期、以遊戲為基礎的團體介入方案，它針對各種文化背景低收入未成年父母的特殊需求。

青少年親職依附方案（The Attachment Teen Parenting Program, ATPP）是一個為期十週的親職方案，對象是未成年父母以及他們一個月到兩歲大的寶寶。這個方案的目標在於未成年父母的養育技巧以及他們對自己嬰兒發展方面的知識，以依附理論的觀點強調適當的親子互動，並且處理家長自己內在的運作模式，幫助他們在他們獨一無二的家庭及文化脈絡中產生成為父親或母親的自我認同。它有三個不同於其他親職方案的重要特點。第一，其內容是以依附理論為基礎建構起來，而非特定的教養技巧。第二，課程同時涵蓋父母和寶寶，如此一來可以直接教導行為及概念，由助教及其他未成年父母教導實作並示範模仿。第三，整套課程強調的是實地體驗並且生動有趣。

ATPP 的理論基礎包括對親子依附、青少年發展、嬰兒發展、親子依附的社會文化脈絡，以及未成年父母將會面對的多面向問題的完整了解。課程設計是依治療性遊戲（Theraplay）的依附促進遊戲治療原則來安排（Jernberg, 1979; Koller & Booth, 1997）。在講解 ATPP 之前，以下將詳細介紹依附理論、嬰兒發展、青少年發展以及社會文化的脈絡，這提供了此課程的理論基礎，也可在訓練此課程中的其他成員時提供重要的參考資源。

親子依附

有越來越多學者認同親子依附的品質是一個個體未來在社會及情緒適應上一個關鍵的影響因子（Ainsworth, 1989; Atkinson & Zucker, 1997; Bowlby, 1988; Bretherton, 1992; Colin, 1996; Hareup, 1989; Karen, 1994）。兒童若是在他們的依附關係中經驗到擾亂或扭曲，在與他人建立關係、調節情緒狀態與行為，以及溝通他們的感覺時都會出現困難，這可能導致自我破壞或其他不利社交的行為。

依附關係的品質包括了由實際互動體驗到的關係，以及參與者對自身及這種關係的「內在運作模式」（Ammen & York, 1994; Lyons-Ruth & Zeanah, 1993）。父母與孩子之間的互動引領這個孩子經驗到由內而生的安全感，也就是所謂的「安全基地」（Ainsworth, Blehar, Waters, & Wall, 1978）。若是孩子相當年幼，這種安全感的來源是孩子感覺到身旁有他感到依附的一位或多位照顧者陪伴。Bolby（1982）界定出兩個與安全依附的發展有密切關係的親職變項。第一個是對這個孩子所發出有關他的感覺及需求的信號有所回應，也就是同理性的同調（empathic attunement）。第二個是家長與孩子之間互相樂在其中的互動。

隨著孩子逐漸成熟，這種安全的感覺會漸漸內化，只要孩子覺得安全，他或她就可以離開父母去探索自己的世界。孩子覺得越安全，他或她就越能把父母視作舒適及愉悅的來源，以及探索世界時的安全基地。更有甚者，這種安全感讓孩子感覺到自己是有價值的、有能力的，而且是被人所愛的。這種在親子互動中經驗到的安全感讓孩子將來有能力與他人建立健康的社交關係。因此，關係的品質，也就是安全依附的經驗，能夠讓孩子感受到自己、感受到世界，並且感受到與他人的關係。換句話說，依附的品質與自我認同、自主運作，以及人際親密等發展有關。

當這個孩子開始發展出語言，親子關係便開始發展為如 Bolby（1982）所說的「目標修正的夥伴關係」（goal-corrected partnership）。孩子開始習得

探知父母的動機與感受，父母與孩子好像變成共舞的舞伴一樣需要雙向溝通感覺、需求，以及目標。這是一個富有挑戰的發展性轉換，正如一位母親所言：「親職角色會從完全的養育、撫慰、愛護、媽媽隨侍在側……轉變為設定限制，從無私奉獻轉換為示範身為母親也會需要被顧慮以及被尊重」（"Between the Lines," 1993, p.2）。這個時候出現的對立行為是正常的發展歷程。Hughes（1997）描寫「依附順序」在回應這個發展階段的重要性。

　　健康的親子關係中，在孩子一歲多時便會經歷到一連串的變化，此時孩子會暫時捨棄依附父母時所感覺到的安全與愉悅，而開始有一些行為的選擇，可能會因此引發父母的反對並且造成個人的羞恥感。在健康的家庭中，每個像這樣的事件都會很快地引導他們重回與父母的聯繫，這確保此種羞恥的經驗對延續的安全依附不會造成衝擊。因為這些經驗，孩子可以積極發展自己的自主感，這也包括健康的羞恥感，同時在這重要的依附關係中繼續感受到安全。（p.204）

　　依附順序的幾個重要成分是家長對行為的反應以及潛在的同理心及根據實際情況而施以的後果，並且幫孩子重建一個正向且肯定的氛圍。當家長處理孩子各種事宜時越能採納孩子的觀點，孩子也就越快能夠發展出抓住家長觀點的能力（Light, 1979）。經過這樣的過程，孩子學會界定並溝通各種感覺、調節並控制那些感覺、溝通需要及慾望，並且能辨識他人的需求及感覺。

　　家長能夠適當回應孩子需求的能力取決於父母親本身發展出親職角色的內在工作模式。有三個因素會影響這個內在模式：(1)父母本身童年時期與父親或母親的關係；(2)父母本身目前與孩子相處的經驗，以及(3)父母對這些關係的了解，包括過去與現在。換句話說，如果父母自己在成長過程中有負向或受擾的親子經驗，而且沒有獲得解決或是對這些經驗不了解，他或她便很有可能對目前的親子關係造成負面的影響（Crowell & Felfman, 1988; Main, Kaplan, & Cassidy, 1985）。大多數的未成年父母在他們自己與父母的關係中都還未完全由小孩轉變成大人。從法律的觀點來看，一個未滿十八歲的未成年父母仍然是個未成年的孩子，除非他或她已擺脫約束。

這需要考量這個未成年父母與自己雙親的依附關係，而不只是過去經驗的內在模式以及他或她當下經驗到的處境。

嬰兒發展

這一節的焦點不在於概括性地回顧嬰兒發展，因爲已經有許多討論此一主題的書籍可以參考。相反的，我所要講述的是一些對這個親職計劃特別有幫助的資源。Brazelton（1992）的書《觸發點》（Touchpoints）涵蓋了從懷孕到孩子三歲的情緒與行爲發展。他定義「觸發點」是

出現在許多發展面向（動作、認知或情緒）要快速成長之前的可預測時間，從這個時間之後，孩子的行為會有很大的分野。家長再也無法憑藉過去的成就，孩子在某些領域有退化，且變得難以理解。父母失去自身的平衡，變得容易大驚小怪。如果把這些現象視為正常且在預料之內，退化行為出現的這段時間正提供了一些機會去更深入了解這個孩子並支持他或她的成長，而非困在掙扎之中。（pp. xvii-xviii）

Stern（1990a）的書《寶寶日記》（"Diary of a Baby"）以嬰兒的觀點描述嬰兒的經驗。這本書是根據他有關嬰兒經由與人際世界的互動而有了自我感覺發展的廣泛學術研究所寫成（Stern, 1985, 1995）。以下節錄的是一個名叫傑伊的六週大男孩的飢餓經驗。

飢餓風暴：早上 7:20。「一股風暴襲擊。不舒服的感覺從中央襲來並且轉變成疼痛。世界好像瓦解了。」距傑伊上次被餵食已經有四個小時了，他準是餓了。忽然，他的下嘴唇突了出來，他開始煩躁不安，很快地，這樣的不安讓他開始抽泣起來，然後變成了大哭……傑伊的大哭以兩種方式處理他的飢餓：這是個設計精良的信號……驚動他的父母來處理他的壓力並且尋求他們的回應。同時，這會幫助他調節飢餓感覺的強度。因此，飢餓讓傑伊可以觸及外在的世界，也能夠因應自己的內在狀況。（Stern, 1990b, pp.. 54-55）

　　Greenspan 與 Thorndike Greenspan（1985）的《初次感覺》（First Feeling）一書描述零到四歲的嬰幼兒如何發展出情緒性溝通的能力，以及父母如何支持此種情緒發展。他們定義出六種情緒的里程碑（pp.4-6）：

1. 在生命的前三個月，寶寶必須學著去感覺規律與平靜，並學著運用自己所有的感官去探索世界。第一個里程碑是組織這些感知（sensation）的能力，在有這些感知時仍覺得寧靜，以及主動觸及這些感知。

2. 第二個里程碑是對人類世界產生強烈且特別的興趣。他們經歷到的人類世界是最有誘惑力、愉悅的，而且所有的經驗都是令人興奮的。

3. 當寶寶開始「說話」，第三個里程碑就此出現，「只有愛是不夠的-現在我想要對話。」早在寶寶三個月大的時候，就有能力和父母以互惠式的互動進行對話。以微笑應對微笑，就能再產生一個微笑或是聲音作為回應。

4. 大約 9 到 12 個月時，寶寶學會把小單位的微笑和社交行為連結成更複雜的行為型態，包括希望、意圖，和感覺。

5. 第五個里程碑在約 18 個月大時開始，現在即使爸爸和媽媽不在眼前，寶寶也可以在心裡想像出他們的樣子。這讓寶寶有能力在內在創造想法或描繪世界。情緒和想法被整合得更好了，也讓衝動控制的能力越來越好。

6. 第六個里程碑在寶寶約 30 個月大時開始，將情緒、慾望，以及認知上的了解達到完全整合，此時孩子開始有能力去計劃、預期、解決問題、設定自己的限制，並經驗到對他人經驗的同理性了解。

　　這些里程碑讓我們詳細了解寶寶和父母之間的目標修正夥伴發展中的各種過程。

　　《親職歷程》（Brooks, 1991）一書中提供的不只是數章嬰兒期及學步期的深度探討，還有一般與養育有關的整合性知識，它將滋養與結構的面向合而為一，因為它們都是與親子關係密不可分的部分。Brooks 界定出在創造親密的情緒關係以及建立有效限制的兩個基本教養任務。她也以家長

在學會教養孩子的過程中同時也會成長與改變自己的觀點來討論發展的過程。

青少年發展

青少年是人生中某些關鍵的心理變化發生的時期。這是一個人的特質（個人在世界上習慣的行事方式）穩定成形，以及自我認同（認為自己是個怎樣的人的穩定感覺）形成的一段時間。在這段時間中，基本的心理議題——成為獨立的個體、根植於家庭但能向外探索世界——在此萌生與解決。（Levy-Warren, 1996, p.xii）

為了要了解成為父親或母親如何影響一個青少年，以及身為一個青少年如何影響他/她作為一位家長，我們需要了解青少年的發展。一般而言，青少年的要務是要發展出自主、勝任、性別認同，以及可以有成熟的親密及相互依存的關係。重要的認知與生物性的變化驅動著這些重要的人際及精神內在的轉變。發展出抽象思考能力的青少年想到的不只是表象的事實，而是其中可能的涵義。對某些青少年而言，這是一個駭人的經驗，因為他們並沒有看到太多自己在將來可能出現的潛力與自我定位。有時候，未成年父母至少會有一段時間在處理這些焦慮上的需求會減少。Levy-Warren（1996）描述青少年有三個不同的次階段，每一個都各自有對世界、人際焦點，以及主要議題與發展要務的獨特看法。

青少年早期與「去中心化」有關。青少年的身體開始成熟，這使得別人對他或她的反應有所變化。別人的不同反映則會迫使青少年轉變他或她對自己及對別人的知覺。從認知上來說，青少年早期開始以比較現實本位的方式來看待自己和別人，這會導致自己和別人（尤其是父母）的失真感。一旦認知到父母不再能夠為他們提供自己的現實知覺，青少年就必須找到自己的認同。為了達到這樣，青少年早期必須聚焦在界定自己與自己的家庭有何不同。假如家庭有所回應，並且同調於青少年的歷程，青少年就可

以從這個安全基地去探索新的情緒、認知及社交世界。青少年會回頭看看自己的童年期，而且把以前的形象拿來跟現在做比較：有什麼相同之處？有什麼不同之處？我是誰？在這段不平衡與掙扎的期間中，青少年會尋求同儕的肯定，然而這個過程卻是屬於比較表面而缺少真實的深度，因爲同儕們也是處在類似的掙扎中。他們穿著相同的衣服，梳著相同的髮型，說著相同的術語，卻仍發現這種大家都保持一樣的做法只能帶來極少的安全感。

在青少年中期，這些人只活在現在，對童年期和成人期沒什麼興趣。這種對自己及對自己需求的「自戀性」聚焦是爲了替「我是誰以及我的感覺和信念」找到意義。友誼在此時更具多樣性，而不同的友誼可以幫助中期青少年探索自己的不同層面。同儕是支持、認同、價值感及勝任感的主要來源，因此即使來自一個有支持性的家庭，一旦缺少同儕支持，青少年仍會有孤立的感覺。青少年中期通常是一個情緒變化大、在認知很有創造力，而且在情緒上很熱情的時期。

青少年晚期是鞏固過去、展望未來的時期，此時的青少年比較能夠用既平衡又複雜的方式看待家庭、朋友及自己。他們比較不會全神貫注在自己身上，因爲他們已經比較清楚自己是誰。他們認爲自己是勝任的，也能夠投入真正的相互關係之中。他們能夠與家人重新連結，因爲他們覺察到自己珍視父母身上的何種特質，也了解到自己在關係中想要什麼。他們能夠看到自己其實跟父母很相像，但卻又不致於失去自己。大多數的人都要到了十九歲或甚至更大的年齡才進入青少年晚期，而且要到大約二十五歲左右才能真正進入成年早期的發展階段。

青少年發展的其中一個重要層面是在更大社會文化世界中發展出歸屬感以及對文化和家庭傳統發展出連結感。孩子從家庭直接獲得人種文化的認同感，但也從外在世界獲得，因爲外在世界是由家庭經驗所詮釋。在青少年期，抽象思考的能力以及想要在更大世界中找到自己定位的渴望就會誘使青少年去發展出自我衍生的人種文化認同，而不是單純透過家庭習俗或權威而得到這種認同。青少年期所要鞏固的其中一部分就包括這種人種

文化認同的整合（Levy-Warren，1996）。

　　青少年期的親職角色會依青少年的發展階段、青少年的人種文化及家
庭認同，以及青少年所生活的更大社會文化世界而有不同的體驗。Flanagan
（1995）等人同時使用質性與量性的方法研究青少年的發展與他們如何轉
換爲母親的角色。他們發現母親角色的達成顯然與發展影響有關。當這個
母親越不成熟，在詮釋嬰兒的行爲及聯結動機上就越會顯現出困難。臨床
上要設計未成年父母的介入方案時，應該要考量這些未成年父母的發展差
異。

親子依附的文化脈絡

　　雖然依附是一個共通的概念，在現象的表現上仍存有文化及種族的基
本差異。跨文化研究提供無數的例子說明社會文化結構與個體行爲間如何
互相影響，尤其是考慮父母與孩子之間的互動時更是如此。Al-Fayez（1998）
認爲嬰兒的安全基地依附關係在表面上有相對的共通性，而在幼兒發展出
語言並進入與其父母和家庭間的目標修正夥伴關係時，文化的影響才會較
爲明顯。Harwood（1992）的研究比較美國白人與波多黎各的母親，也支
持了這個論點。這兩個族群都顯示出安全依附的孩子比不安全依附的孩子
更健康且出現更多正向行爲，但他們喜愛安全依附兒童的原因卻不盡相
同。美國白人母親重視與美國主流的個人主義概念相連結的特質，如自主、
自我控制，以及積極。波多黎各的母親重視的則是人際連結的特質，如情
感、尊嚴、受尊敬、對母親及他人的回應，以及親近性的尋求。Al-Fayez
（1998）研究科威特文化中的親子依附也發現了與美國相當類似的安全依
附兒童觀點，但兩者重視的仍有不同。在此，美國的觀點中較強調的是兒
童的監控以及尋求親近性，相較於科威特強調的是孩子的獨立性與社交能
力。這些差異可能大半來自科威特盛行的大家庭結構提供孩子一個依附的
網絡，因此孩子與母親維持親近性的需求便降低了。類似的差異也可能出

現在小家庭或未成年父母家庭中同時有大家庭成員直接照顧孩子的情況。

Zayas 與 Solari（1994）注意到父母與他們的孩子互動時會遵循某種先後順序的系統，也就是在孩子的成長期確保他生理上的舒適、存活，以及自我的維持，同時培養最符合該文化價值觀的行爲技巧。大部分的父母對社會化抱持一貫的原則和方式，而這會受到種族、族群，以及文化信念和價值觀的影響。在美國，少數族群的父母在文化層面影響孩子的發展目標，造成他們的反應、認知及行爲與主要族群的父母有所不同。例如，許多西語系的家庭讓孩子社會化成爲以符合家族文化的方式行動，不管這是否符合主流文化的常規。非裔美人的家庭則在親職教養上出現雙重文化的觀點。也就是說，他們培養孩子能在主流社會中生活，忽略其間文化信念的差異，同時也重視並發展出他們非裔美人的文化獨特性（Cross, 1987; Zayas & Solari, 1994）。一般而言，非主流文化或少數族裔的父母似乎都有

清楚的信念、態度、價值觀與親職行為，這些同時重疊又異於美國的主流文化。這些獨特的特徵指的是一些基本概念，如對家庭的定義與角色、父母相信哪些事物是發展的決定因子……、還有孩子發展中的哪些面向是最重要的（也就是守規矩重要還是智商重要），以及在這些範疇內怎樣才算是有能力……。大部分的少數族群家長會考量他們的信念以及所作所為（就好像與主流文化的親職常規之間的歧異）要怎樣才能對他們的孩子以及／或他們的家族系統而言有最大利益。（Garcia Coll, Meyer, & Brillon, 1995, p.190）

親職的實踐、家庭的結構及動力都深深受到社會經濟地位的影響。來自不同社經地位的家長傾向於在教養上出現不同的理念，在展現他們親職功能的方式上也有差異（Hoff-Ginsberg & Tardif, 1995）。有些差異是來自外在環境因素，例如低社經地位的家庭需要大家庭更多的涉入，以提供兒童適當的照顧。因此，在主要照顧者之外，一個孩子可能會與數個重要的成年親屬產生依附關係，這些人同時也是社會化的重要來源。社經地位高的家長傾向於將自己的角色定位在藉由鼓勵自動自發及獨立思考來培育孩子的發展，而低社經地位的家長則傾向視他們的角色爲確保孩子的發展是

遵循著特定文化或社會的脈絡進行。教育及文化的變項也會影響這些差異。不論文化、教育及經濟地位為何，每個家庭有其獨特的養育方式。因此，在這些不同族群、低收入的未成年父母和他們的孩子之間，要設計出能促進依附的親職計劃，必須對這些文化及家庭信念體系的影響以及有限的經濟資源所造成的切身衝擊有足夠的敏感度。

治療性遊戲的原則

治療性遊戲是一個促進依附的遊戲治療取向，做法是向父母和他們的孩子示範健康的互動（Jernberg，1979）。治療性遊戲法的基本原則是以嬰兒前十八個月生命中的親嬰關係為基礎。

0-4 個月

在前四個月，母親的敏感度讓她可以回應寶寶的需求。寶寶以哭泣、微笑、喃喃發聲，以及吸吮來與外界互動。寶寶知道這個世界會回應他或她的需求。

4-8 個月

此時的雙向交流的互動更多了。母親與寶寶開始出現給與取的互動式遊戲。寶寶知道他或她可以做出不同的事情、可以影響母親來回應需求。寶寶發展出對自我的觀點是一個有能力、有吸引力的個體。媽媽對她自己的觀點則越來越傾向成為一個有能力、可以愛人的母親。

9-18 個月

雖然在更早的時期就已開始,但區辨性依附的清楚呈現則在此一時期出現。寶寶在陌生人出現時會哭,並且想要趨向主要照顧者。在母親在場時,寶寶感覺到安全而可以探索環境,偶而回到她身邊,把她當作一個安全基地……。父母的陪伴就是安全感、舒適,以及平靜的來源。(Koller & Booth,1997,p. 208)

Jernberg(1979,1993)界定出四種依附促進行為的基本面向:**結構**(structuring)、**挑戰**(challenging)、**闖入/參與**(intruding/engaging),以及**滋養**(nurturing),可以縮寫成 SCIN,這些行為會發生在包含有養育及有趣的肢體接觸的互動情境中。

結構指的是那些負責照顧孩子的成人會做一些事情以提供他們一個安全、有秩序、可理解的環境。這包括把環境安排得很安全也讓孩子覺得很安全,並且建立並引導孩子的行為,讓孩子知道他或她的世界有何期望。結構式活動的例子包括經得起嬰兒住的房子、清楚地描述安全的規則,以及含有開頭、中段與結尾的遊戲或活動。

挑戰則與刺激並鼓勵孩子的發展有關。這包括了鼓舞孩子去再多擴展一些、去掌控會引發緊張的各種經驗,以及去增進有能力的感覺。為了要讓它可以促進發展,家長需要了解到孩子的發展階段,以便一些任務及期望可以在孩子發展可以到達的程度之內。

闖入/參與是在適當時機把孩子帶入互動之中,同時也讓孩子出現適於他或她發展階段的自主性。這就好像在父母與嬰兒之間發展出愉快互惠的雙人舞。像躲貓貓、在肚子上吹氣,以及玩「我要抓到你啦」之類的活動可以吸引寶寶進入和他的照顧者愉快地互動。以 ATPP 的目的而言,闖入/參與面向的描述語言會變為樂在其中(enjoying),但其中的意圖本質上是相同的。

滋養指的是撫慰、安撫、照顧的活動,比如餵養、搖動、抱在懷中,

以及擁抱（Koller & Booth，1997）。我們用親嬰關係的這四個面向來組織給這些小爸媽的課程。

短期遊戲治療取向

　　ATPP 原本是臨床心理學的研究所課程與懷孕青少年服務方案兩相合作而成的方案。本章所描述的以遊戲為基礎的取向是一個為期十週的親職計劃，名稱為「寶寶與我」，對象是未成年父母與他們一個月到兩歲大的寶寶，其目標在發展出嬰兒與父母間的安全依附。ATPP 的課程仍然在更新中[1]。這個課程計劃是發展親職模組歷程中的一部份，其目標在於懷孕期的依附、與學步兒／學齡兒童的親職關係，以及未成年父母的內在運作模式（自我認同）。計劃中一些其他的成分也會處理到未成年父親的特殊需求、未成年父母間的夥伴關係，以及大家庭的關係，尤其是未成年父母本身的母親。

　　「寶寶與我」的課程強調以下幾個領域，並且使用治療性遊戲中結構、挑戰、樂在其中，以及滋養（SCEN）的四個面向：

1. 可以讓孩子有安全及值得被愛的感覺的適當回應（結構）
2. 和孩子的需求、感覺，以及發展的能力保持同調（挑戰）
3. 在未成年父母及孩子之間發展出一個有趣、相互滿足的關係（樂在其中）
4. 藉由學習嬰兒按摩的技巧做到肢體上的滋養式互動（滋養）

　　以下狀況雖然沒那麼重要，但在 SCEN 之外，也會處理到這四個領域

---

[1] 因為其他概念的加入，「寶寶與我」的課程也將會因有些內容轉換到其他課堂而有所改變。對這個課程計劃及其變化有興趣者可以上網至加州心理學專門學校佛雷絲諾校區（www.cspp.edu）查詢本文作者的團隊所做的 ATTP 的網頁。

的問題：

　　1.未成年父母對於自我、嬰兒，以及兩者之間關係的內在模式。

　　2.未成年父母與自己的父母及大家庭間的關係。

　　3.未成年父母對於文化/家庭的價值觀及儀式的認同及認識。

　　4.未成年父母的自我認同從青少年與孩子轉換為父母與孩子。

　　在以下討論中特意使用「家長」一詞而非「母親」，即使大部分青少年親職狀況中主要的依附及照顧關係都是發生在母親身上。「寶寶與我」課程設計的重點在家長與孩子兩造的關係。理想上，如果一位未成年父親想要處理他與孩子的初級關係，他會和寶寶獨自前來，而不讓媽媽在場。在過去，我們發現同時納入母親和父親會模糊了親子間兩造關係的焦點，因為爸爸通常會退在一邊，只看著媽媽參與活動。這似乎會干擾同儕團體的聯繫，因為絕大部分的未成年母親都缺少伴侶的參與。現在有另一個「寶寶與我」團體包含兩個未成年父親以及孩子的母親。此時，治療者會試著去讓父親更直接加入活動，看看他們能否在夫妻團體中仍可創造出正向的同儕團體聯繫。

　　我們用未成年父母身邊可能的、現存的與支持性成人的關係把他們帶進課程之中。在 ATPP 的課堂上，與未成年父母有工作關係的個案管理員負責與他們就課程相關事宜進行接觸，接送他們和寶寶上課及下課，並在課堂上參與成為協同領導員。第一週是未成年父母不帶寶寶一同前來唯一的一週，因為他們要來完成課程前的評估。不讓寶寶一同前來的原因與依附有關，因為對於未成年父母而言，要同時兼顧紙筆測驗與孩子的需求是很困難的，而嬰兒在一個新地方和陌生人相處，很可能會相當不舒服。實際上，許多人會帶寶寶一同前來，因為他們實在找不到人幫忙看著寶寶（實際運作上，真實世界往往會使這個課程的設計做些調整，但示範有彈性以及依參與者不同的需求做調整也是過程中的一部份。）

　　這個課程的焦點在於未成年父母與嬰兒之間安全依附關係的發展，開始要先創造出一個安全的環境，接著創造出未成年父母與孩子之間互相都樂在其中的安全基地關係。ATPP 試著不使用抽象概念的語言講解依附理

論，也能在課堂上呈現出這些想法。在下面的段落中，會同時以概念性的語言以及和未成年父母溝通時的語言來講述依附的焦點，接著對於 SCEN 課程做討論，並詳述其中的一些遊戲活動。更完整的課程指引可向作者索取。

在團體中創造出保護性的環境

James（1994）把「保護性環境」的發展界定為創造出一個可以形成治療聯盟的安全情緒空間的第一步。有兩種方法可以為未成年父母與他們的寶寶創造出一個安全的情緒空間：

1. **有三條團體規則：保密、尊重，以及寶寶的需求。**「保密」指的是團體內的保密性，也適用於與兒童虐待通報法律相關的保密限制。「尊重」意指參與團體之後每週都能到場參與，而且即使他們自己的經驗和感覺和別人不同，也能接受別人的分享。「寶寶的需求」指的是寶寶需要受到注意時，即使是在團體討論或活動進行到一半的時候，未成年父母都需要去回應寶寶的需求。以寶寶的需求為優先，但未成年父母可以在需要時向團體領導者或其他團體成員尋求協助。「寶寶與我」課程的中心概念是，一旦他們成為寶寶的父母，他們就變成寶寶生命中最重要的人了。在每次團體開始進行前，這些規則都會拿出來複習並且討論一番。

2. **團體中有一個一致的結構，是可預測且可理解的。**這個結構包括了開場的儀式、以 SCEN 概念組織起來的活動、滋養父母和寶寶的點心，以及一個結尾的儀式。開場儀式包括了規則的回顧、天氣報告、解凍活動，以及 SCEN 回顧。天氣報告是要求每一位參加的家長用一或兩個「天氣」的字眼描述他或她現在的情緒狀態（如，「風平浪靜」、「暴風雨」）。這可以讓團體的領導員和其他團體成員很快抓到每一位成員的情感狀態及需求。解凍活動是用來促進團體

分享及凝聚力的活動。早期的解凍活動比較結構式而且較不涉及個人的表露（如，M & M 活動讓未成年父母拿一些巧克力球，然後分享與他們的寶寶他們本身有關的事情），這些可以是相當具體的事物，比方說他們幾歲了，或是最喜歡哪一種冰淇淋等等。稍後，當團體成員間發展出更高的凝聚力以及對彼此的安全感，解凍活動就會更涉及隱私並且有所挑戰，比方談談同時身為青少年和孩子的父母有何困擾、大家庭成員直接涉入他們的生活時的一件好事和一件困擾的事。在 SCEN 回顧中，呈現出以下對 SCEN 的定義，接著是描述這個禮拜要進行的結構性活動（或挑戰）為何。

結構是做一些讓你的寶寶在你的世界裡覺得安全的事情，這個禮拜⋯⋯

挑戰是如何挑戰或幫助你的寶寶學習。在做的時候我們需要了解你的寶寶在不同年齡時是怎麼學習的，這就是所謂的「發展」。這個禮拜，我們一起來看看你的寶寶⋯⋯

樂在其中就是怎麼快樂相處。今天，我們要進行的活動叫做⋯⋯

滋養是好好照顧你的寶寶——抱著她、撫摸他、餵養她、撫慰他。這個禮拜，我們要練習的是「充滿愛意地撫摸」（寶寶身體的一部分）。

在開場的儀式之後，團體便開始進入結構與樂在其中的活動了，然後休息吃個餅乾，之後是挑戰與滋養的活動。結尾的儀式包括了未成年父母今日記錄的討論時間，或是給大一點的孩子一段說故事或聽音樂的時間，接著簡短分享一下今天團體中有哪些喜歡或不喜歡的事情。

每一堂課都會有一個小小的「離別禮物」送給未成年父母，這些具體的禮物可以滋養在經濟上受到剝奪的未成年父母，同時也有助於他們提供可以增進依附的環境。給家長的離別禮物可以是一本可以唸給寶寶聽的簡單童書、可以和寶寶一同唱跳的音樂錄音帶、一個大球、大型的兒童蠟筆、可以插在插座上的安全孔塞，以及寶寶的回憶手冊，可以用來捕捉結構、挑戰、樂在其中，以及滋養的時刻及記憶。每堂課都會用拍立得拍下一些照片，未成年父母可以把這些放進回憶手冊裡，並在上面寫下一些東西作

為反映性記錄過程的一部分。

創造相互樂在其中的安全基地關係

藉由生命中第一年親子之間一連串互惠式的依附事件，嬰兒發展出與父母關係中的信任與安全感。Levy（Cline, 1992; Levy & Orlans, 1998）稱這樣的過程為第一年的依附循環，從(1)嬰兒經驗到某種需求或不舒服，到(2)嬰兒表達出警醒或不愉快，到(3)父母辨認出嬰兒所表達為何，並以一種適當的方法回應，之後(4)嬰兒會經驗到放鬆與輕鬆的感覺。因此，依附的連續事件從嬰兒的需求到表達出該種需求、到讓照顧者來滿足需求、到嬰兒經歷放鬆與舒適並經驗到自己的能力以及與父母的親近。一段時間之後，這些一再發生的互動讓寶寶不管是從內在想到父母或是父母在身邊時都會覺得安全。

在「寶寶與我」的課堂上，會提供以下的資訊給未成年父母：(1)如何辨識這些依附事件，(2)如何聆聽他們寶寶的情緒與訊息，以及(3)如何用音樂、眼神接觸、撫摸、移動，以及撫慰式的言詞來安撫寶寶。在直接提供資訊之外，也在這為期十週的課程中利用特殊的遊戲活動以及持續的示範和回饋來促進安全基地的依附行為。在每堂課都有很多機會看到寶寶表達出他們的需求。依照未成年父母與寶寶的同調程度以及技巧的好壞水準，我們在他們對嬰兒的需求給予適當且成功的回應時，提供他或她直接的引導、示範、和／或正向的肯定。

SCEN 課程

SCEN 每週都會提供資訊以及活動的組織。然而，這四個面向並非互斥的。結構與挑戰這兩個面向與家長在做的事情較有關係，而樂在其中與

滋養的面向則與父母親與寶寶間的特殊互動較有關係。結構與挑戰都有與安全、溝通、紀律、發展等等特殊訊息的呈現有關。為了要維持團體參與者的投入程度，這一套課程輪流採用教導式的教學以及互動性、好玩的方式。一般而言，在課堂的第一部分就先強調結構與樂在其中，在餐點休息時間之後接著就是滋養與挑戰，但也會視當天課程進行的狀況做些特別的調整。例如，寶寶在不同年齡可以做的事情（挑戰）的相關資訊會和樂在其中的活動（如玩橡皮球）或是討論該怎麼玩合併在一起，這要依寶寶的年齡來做調整。滋養面向處理的是一些實際的技術，如幫嬰兒按摩，而結構中有一部分是處理如何「結構」起家中滋養的例行事務，如上床時間、洗澡時間，以及既有趣又滋養的換尿布例行事務。

結構活動的一些例子

1.**為寶寶創造一個安全的外在環境**。未成年父母要填一份有關寶寶的檢核表，其中涵蓋了安全性的議題。發展的脈絡和家族狀況的問題都包含在其中。當寶寶年紀更大一點，因寶寶而來的需求就會有所改變。同時，許多未成年父母和大家庭成員同住，這些家人有時候不讓未成年父母把家中弄得能夠保證寶寶安全，反而要求未成年父母對寶寶「設定限制」。這些挑戰會由團體成員們一起想辦法解決。

2.**男孩—女孩的差別**。性別角色的價值觀與文化的影響都會在團體中討論到，我們給寶寶帶來幾項有性別特定意涵的玩具，並讓未成年父母用與性別有關的行為、玩具及衣服等用語來說說他們自己是怎麼被撫養長大的，也談談他們想要怎麼撫養自己的孩子。當討論中出現文化和大家庭的影響議題時，也會處理這些問題。

3.**紀律**。「紀律」的定義是讓寶寶學會如何和世界相處。有兩個資源可用來處理紀律的議題。其一是專門寫給未成年父母的書籍《零到三歲的教養》（"Discipline from Birth to Three"），作者是 Jeanne

Warren Lindsay 與 Sally McCullough（1991）。另一個是家庭發展資
源中心（1996）所出版的親職錄影帶《我只做對你好的事：教導嬰
兒、學步兒、學齡前兒童的家長運用滋養性的親職技巧來面對挑戰
時刻》（I'm Doing This for Your Own Good: Teaching Parents Nurturing
Parenting Techniques for Challenging Times with Infants, Toddlers, and
Preschoolers）。

挑戰活動的一些例子

1.**發展圖表**：發展圖表描述嬰兒發展的五個範疇：做、說、想、感
   覺，以及與他人的關係。未成年父母界定寶寶整體而言是處在此圖
   表上的哪個位置；然後，每個不同的範疇會在後面的課堂上個別處
   理。
2.**發展性思考**：對於發展的理解遍及於所有的活動與互動之中，因
   為要能適當的回應，必須理解嬰兒的需要和他們在不同年齡的理解
   程度。因此，當家長與寶寶參與在課堂之中，他們會得到發展層面
   持續的回饋，這些都與寶寶如何去經驗世界有關，而他們也學會如
   何選擇活動和回應來與這個年齡的孩子相處。

樂在其中活動的一些例子

1.**與寶寶玩耍**。每週都著重於不同的方式來和嬰兒玩耍，以臉部的
   遊戲做開始，因為眼神接觸和面對面的互動在促進依附的互動中是
   相當基本且重要的。其他樂在其中的活動還包括與寶寶一起唱歌以
   及互動式的音樂遊戲。活動的內容因人而異，隨嬰兒的年齡做調
   整。例如，Hokey Pokey 是一種充滿活力、興奮，而且愉快的舞蹈
   遊戲，它是讓參與者站成一個圈圈（家長和寶寶、團體領導員以及
   填充玩具），然後隨著歌詞所言把身體的某些部位放進或移出圈

圈。未成年父母學著隨不同的需要來調整活動,如此一來小寶寶在
移進或移出圈圈時會被抱得貼近父母的身體,而學步兒則在遊戲中
會有人協助他把自己的手臂、腿等等放進圈圈。Bavolek（1989）的
書《嬰兒與兒童的養育手冊》描述了幾個與嬰兒、學步兒以及學齡
兒童相處時很有用的遊戲活動。

2. **幫你的寶寶著色**。這個活動是修改自 O'Connor（1983）「彩繪你
的人生」活動,其目標在於未成年父母的內在經驗,且希望可以讓
寶寶和父母同感愉悅。在解凍活動時,未成年父母發展出一個顏色
與感覺的對照圖,把蠟筆盒子裡的八種顏色對應上八種感覺。這些
感覺應該要能代表他們身為父母之後曾經出現過的感覺。在樂在其
中的活動之中,每個未成年父母都把自己的寶寶放在一張比較大的
紙上,描繪出孩子的形體,然後用代表各種當了父母後的感覺顏色
區塊性地畫在孩子的圖像上。之後的團體討論焦點則放在他們多少
人有類似的感覺,以及有哪些感覺不太一樣,同時在溝通之中讓他
們接受所有的感覺在他們的親職經驗中都是正常的。這個活動的情
緒要求很強,因此是設計在課程進行到第六週時進行,這時團體成
員已經有了足夠的時間給彼此發展出安全和凝聚的感覺。

滋養遊戲活動的例子

1. **點心時間**提供團體領導員有機會藉由健康的食物去滋養未成年父
母,而未成年父母可以利用這段時間幫寶寶換尿布或餵孩子。團體
領導員鼓勵未成年父母在餵食或幫寶寶換尿布時盡量使用有趣和
滋養的方式。

2. **嬰兒按摩**。Leboyer（1976）在他的大作《愛意雙手》中描述道嬰
兒按摩是母親與寶寶之間一種愛的寧靜對話。每堂課都會有一些時
間用來教導未成年父母按摩嬰兒的藝術。以所謂的「充滿愛意的撫
摸」用來代替「按摩」一詞,因為有些未成年父母會把「按摩」一

詞連結到性的撫摸。充滿愛意的撫摸不只是滋養且平靜地按摩嬰兒的身體，同時也是在傾聽寶寶想要和喜歡的是什麼，並且尊重寶寶的感覺和界限（McClure, 1989）。如果寶寶正在玩而且不想停下來，或在這段上課期間寶寶正在睡覺，我們會拿一個洋娃娃或填充玩具給未成年父母，讓他們練習撫摸。也會給家長們一本 Babeshoff 與 Dellinger-Bavolek（1993）所著的《滋養的撫摸手冊》，並鼓勵他們每天在家裡都能運用充滿愛意的撫摸。執行上的成功及問題將會在每一週的課程中討論。

案例說明

「我的寶寶太小了，沒辦法撫摸」[2]

一位小媽媽帶著她六個月大的寶寶前來，但這個寶寶很小，看起來比實際年紀更年幼。這個寶寶表達出的情緒很少，活動量也很低。他是個早產兒，並且在醫院的新生兒加護病房裡待了兩個月，他的小媽媽待他的方式好像他非常脆弱，而她也很害怕過度觸碰他。她用汽車的兒童安全座椅把他帶來班上，而且在早先的幾堂課裡，整堂課她都把他放在那張座椅裡。她與他的互動非常猶豫且呆板。

我們認為這位小媽媽需要一些直接的示範，所以治療師變成這個小媽媽和她兒子的影子。每個禮拜，治療師角色示範更多肢體的接觸與同調來因應寶寶的需求，而非直接評論媽媽與她的孩子缺乏互動。治療師注意到

---

[2] 這個個案的資料由加州心理學專門學校的博士班學生 Andrea Sweeney 所提供，他曾協助帶領兩階段的「寶寶與我」課程。

寶寶的肢體語言和聲音線索是表示他想要或需要什麼，同時模仿這些聲音，讓媽媽可以聽見。當寶寶坐在汽車安全椅上時，治療師一邊做鬼臉，一邊輕柔地給他搔癢。他反應有點慢，好像他從來沒受過這麼多的注意。然後他在椅子上扭動身體，好像想要掙脫一般，治療師說：「哦，他想要離開椅子來加入我們！」治療師把他拉出來放到自己腿上，確定媽媽看到這一整幕，且治療師抱著孩子時她不會覺得不舒服。就在下一個禮拜，這位媽媽帶著他來到班上，並且自行把他從安全椅上拉了出來！在之後的親職課程中，她仍繼續這麼做。

治療師常常和寶寶玩、抱著寶寶，並且點出他的行為是如何表現出他樂在其中。他的母親很靠近地看著他，並且開始跟他玩，也比較常抱著他了。他很明顯地表現出高興的樣子，把所有來自他媽媽的注意力都吸收起來，治療師也指出這一點。他的母親不太願意太投入這種充滿愛意的撫摸活動，所以治療師試著以一開始的角色示範而非完全取代的方式讓她加入，然後讚美媽媽參與的每一個愛撫的步驟。一開始，她把一些乳液放在自己手上，在寶寶身上抹上一點，但她看起來好像不太投入。當課程進行之際，她與他的互動越來越積極了。讓人驚訝的是，這個寶寶在接下來的幾個禮拜中，生理上和情緒上都有迅速的成長。他的體重開始變重，並且在臉部表情和身體方面的表達上也出現更多動態了。然後，有一天，媽媽在愛撫之後彎下腰並親吻了她寶寶的鼻子，柔聲地說：「愛撫結束囉！」在她的眼中，他不再是「小得沒辦法撫摸」，而且他們現在一同在正向的依附關係中共舞。

「我的寶寶太忙碌了，沒辦法撫摸」[3]

從第一單元開始，有個小媽媽帶著她活力充沛的兩歲兒子來，並且吸引了團體領導員們的注意力和擔憂。到了和寶寶玩耍的時間，她並未走向她那活潑的學步兒。如果有其他人把他帶過來她這邊，她只會簡短與他互動一下，直到他再度離開。她沒有花太多努力在參與課堂上的愛撫活動。在下一堂課裡，治療師主動鼓勵並幫她脫下她小兒子的鞋子和襪子，並且按摩他的腳和腿。這個通常都很活潑的男孩子不只是安靜了下來，他還睡著了。這對曾經體驗過他的活力四射和難以控制的母親而言是很有力的增強。

過了幾個禮拜，這位母親仍維持她漠然與不參與的態度。她需要持續的鼓舞、激勵，或是示範，才能更熱中於這些活動。然而，當詢問到一些特定的細節，她透露說她在家裡的時候會給兒子愛撫，而且這已經成為他們兩個之間的重要儀式了。

在最後一單元的結尾活動，她告訴班上參加這個課程最後也沒改變她什麼，但她的同班同學可不接受這種說法。他們告訴她他們看到她在擔任他兒子的母親方面有什麼改變，而且他們也告訴她有些她說過的話幫助了他們。雖然她口頭上並不認同他們這些評語，但她的微笑與身體語言卻表示出她聽到了。當後來有機會讓這位母親再參加一個類似的課程時，她自願加入。

---

[3] 這個個案的資料由加州心理學專門學校的博士班學生 Carol Sharp 所提供，她曾協助帶領兩階段的「寶寶與我」課程。

「我的寶寶不喜歡被撫摸」[4]

在親職課程開始時，一位小媽媽和她兩歲大的兒子之間有很明顯的問題。她走進班上的時候至少會領先她兒子十步，他則費力地跟在後面想要趕上。在點心時間時，她不會幫忙餵他，而在他自己把食物弄得一團亂時，她又覺得生氣。但當她試著要抱他的時候，他卻會心情不佳，然後試著要逃離。他們的依附之舞完全不同步。

在課程的前兩週，她拒絕參與愛撫的活動，她說他兒子不喜歡被人觸碰。在下一週，治療師決定嘗試讓她只愛撫兒子的雙手。結果相當令人驚訝，他兒子不只定定地坐在那邊，而且也很放鬆，好像很樂於和她有身體的接觸。這是一次大大的雙贏。她在後續的親職單元中繼續愛撫兒子的雙手，但她仍抗拒嘗試其他的接觸。媽媽也報告說她在家裡會愛撫他的雙手讓他平靜下來。她開始會幫忙餵他，並且在課堂的其他活動中對他表現出更多滋養與愛意。在課程的最後一週，媽媽和兒子走在一起，肩並著肩。

計畫評估的初步結果

計畫的評估是評量未成年父母與他們的嬰兒間的依附關係、進入同理式溝通的能力、壓力與支持的經驗，以及與他們原生家庭的依附關係。至今約有 80 位小媽媽和兩位爸爸參與了「寶寶與我」的課程，但只有大約一半的人完成了前測與後測的資料。前六堂課為期約八週，有一個前測和後測的會談，有許多未成年父母沒有參加後測的會談，因為他們的團體已經

---

[4] 這個個案的資料由加州心理學專門學校的博士班學生 Robyn Salter 所提供，他曾協助帶領兩階段的「寶寶與我」課程。

結束了。所以後來課程調整爲十週的計畫，把計畫的評估併入第一週及最後一週。

　　初步的結果指出未成年父母的同理心有明顯的成長，親子關係出現更正向的體驗，與他們的同儕間也有更多溝通。然而，結果也表示未成年父母與他們自己的母親越來越疏離，這代表的是未成年父母在對自己的父母角色有更多自主性並負更多責任時出現了一些緊張的狀況。目前這個課程以數種方法檢驗，這樣可以在支持未成年父母朝向更大的自主性發展時，做一些調整來預防此種疏離感的發生。雖然初期觀察相當令人振奮，我們仍需要進一步的研究來深入了解這些結果。

結論

　　ATPP 是一個以遊戲爲基礎的短期介入方案，用於處理未成年父母與他們的寶寶。本章描述的「寶寶與我」親職課程的對象是未成年父母與他們一個月到兩歲大的寶寶。它特別將焦點放在使用治療性遊戲中能促進依附的遊戲治療原則來處理父母與寶寶間的安全基地依附關係（Jernberg, 1979, 1993），以及利用同儕團體的歷程與自我反映的技術來促進未成年父母同時身爲父母以及「轉大人」的內在運作模式都能夠有健康的發展。初步研究結果以及在課程中對未成年父母和他們寶寶的觀察都指出這個計畫促進了依附的發展。

誌謝

　　能夠發展出青少年親職依附方案，主要來自加州金斯郡家庭完整／家庭支持理事會的兩筆研究補助金。若沒有金斯郡青少年服務處主任 Susan Elizabeth 的大力支持，這個計畫也不可能誕生，她熱切於爲了她的青少年個案找尋更多服務，並且對於依附的重要性有深切的了解，她打開了一扇門，讓整個想法得以實現。許多就讀於加州心理學專門學校的博士班學生以及許多青少年服務處的個案管理師貢獻了他們的點子與時間來設計與實踐這個計畫。特別要感謝 Elizabeth Limberg 與 Karyn Ewart 設計了課程中的工具，Susan Bryan 與 Martha Mossman 整合所有的細節並且真的讓這個親職課程發生了。感謝你們。

參 考 文 獻

Ainsworth, M. D. S. (1989). Attachments beyond infancy. *American Psychologist*, 44(4), 709–716.

Ainsworth, M. D., Blehar, M. C., Waters, E., & Wall, S. (1978). *Patterns of attachment*. Hillsdale, NJ: Erlbaum.

Al-Fayez, G. (1998). *Cross-cultural aspects of attachment behaviors: Use of attachment Q-set in Kuwait*. Unpublished doctoral dissertation, California School of Professional Psychology, Fresno.

Ammen, S., & York, L. (1994). *The many measures of attachment*. Unpublished manuscript, California School of Professional Psychology, Fresno.

Atkinson, L., & Zucker, K. J. (Eds.). (1997). *Attachment and psychopathology*. New York: Guilford Press.

Babeshoff, K., & Dellinger-Bavolek, J. (1993). *Nurturing touch handbook*. Park City, UT: Family Development Resources.

Barclay, D. R., & Houts, A. C. (1995). Parenting skills: A review and developmental analysis of training content. In W. T. O'Donohue & L. Krasner (Eds.), *Handbook of psychological skills training* (pp. 195–228). Boston: Allyn & Bacon.

Bavolek, J. D. (1989). *Nurturing book for babies and children*. Park City, UT: Family Development Resources.

Bavolek, S. J. (1990). *Research and validation report: Adult–Adolescent Parenting Inventory*. Park City, UT: Family Development Resources.

Between the lines. (1993, Fall). *The Doula*, pp. 2.

Bowlby, J. (1982). *Attachment* (2nd ed.). New York: Basic Books.

Bowlby, J. (1988). *A secure base: Clinical applications of attachment theory*. London: Routledge.

Brazelton, T. B. (1992). *Touchpoints*. New York: Addison-Wesley.

Bretherton, I. (1992). The origins of attachment theory: John Bowlby and Mary Ainsworth. *Developmental Psychology, 28*, 759–775.

Brooks, J. B. (1991). *The process of parenting* (3rd ed.). Mountain View, CA: Mayfield.

Cline, F. W. (1992). *Understanding and treating the severely disturbed child*. Evergreen, CO: Evergreen Consultants in Human Behavior, EC Publications.

Colin, V. L. (1996). *Human attachment*. New York: McGraw-Hill.

Cross, W. E., Jr. (1987). A two-factor theory of black identity: Implications for the study of identity development in minority children. In J. S. Phinney & M. J. Rotherman (Eds.), *Children's ethnic socialization: Pluralism and development* (pp. 117–133). Newbury Park, CA: Sage.

Crowell, J. A., & Feldman, S. S. (1988). Mothers' internal models of relationships and children's behavioral and developmental status: A study of mother–child interaction. *Child Development, 59*, 1273–1285.

East, P. L., & Felice, M. E. (1996). *Adolescent pregnancy and parenting: Findings from a racially diverse sample.* Mahwah, NJ: Erlbaum.

Family Development Resources. (1996). *I'm only doing this for your own good: Teaching parents nurturing parenting techniques for challenging times with infants, toddlers, and preschoolers* [Videotape]. (Available from Family Development Resources, Inc., 3160 Pinebrook Road, Park City, UT 84098, 1-800-688-5822).

Flanagan, P. J., McGrath, M. M., Meyer, E. C., & Garcia Coll, C. T. (1995). Adolescent development and transitions to motherhood. *Pediatrics, 96*(2), 273–277.

Garcia Coll, C. T., Meyer, E. C., & Brillon, L. (1995). Ethnic and minority parenting. In M. H. Bornstein (Ed.), *Handbook of parenting: Vol. 2. Biology and ecology of parenting* (pp. 189–209). Mahwah, NJ: Erlbaum.

Greenspan, S., & Thorndike Greenspan, N. (1985). *First feelings: Milestones in the emotional development of your baby and child.* New York: Viking.

Hartup, W. W. (1989). Social relationships and their developmental significance. *American Psychologist, 44*(2), 120–126.

Harwood, R. (1992). The influence of culturally derived values on Anglo and Puerto Rican mothers perception's of attachment behavior. *Child Development, 63,* 822–839.

Hoff-Ginsberg, E., & Tardif, T. (1995). Socioeconomic status and parenting. In M. H. Bornstein (Ed.), *Handbook of parenting: Vol. 2. Biology and ecology of parenting* (pp. 161–188). Mahwah, NJ: Erlbaum.

Hughes, D. (1997). *Facilitating developmental attachment.* Northvale, NJ: Aronson.

James, B. (1994). *Handbook for the treatment of attachment–trauma problems in children.* New York: Lexington.

Jernberg, A. (1979). *Theraplay.* San Francisco: Jossey-Bass.

Jernberg, A. (1993). Attachment formation. In C. E. Schaefer (Ed.), *The therapeutic powers of play* (pp. 241–265). Northvale, NJ: Aronson.

Karen, R. (1994). *Becoming attached: Unfolding the mystery of the infant–mother bond and its impact on later life.* New York: Warner.

Koller, T. J., & Booth, P. (1997). Fostering attachment through family Theraplay. In K. O'Connor & L. Mages Braverman (Eds.), *Play therapy theory an practice: A comparative presentation* (pp. 204–233). New York: Wiley.

Leboyer, F. (1976). *Loving hands.* New York: Knopf.

Levy, T. M., & Orlans, M. (1998). *Attachment, trauma, and healing.* Washington, DC: Child Welfare League of America.

Levy-Warren, M. H. (1996). *The adolescent journey.* Northvale, NJ: Jason Aronson.

Light, P. (1979). *Development of a child's sensitivity to people.* London: Cambridge University Press.

Lindsay, J. W., & McCullough, S. (1991). *Discipline from birth to three.* Buena Park, CA: Morning Glory Press.

Lyons-Ruth, K., & Zeanah, C. H., Jr. (1993). The family context of infant mental health: I. Affective development in the primary caregiving relationship. In C. H. Zeanah (Ed.), *Handbook of infant mental health* (pp. 14–37). New York: Guilford Press.

Main, M., Kaplan, N., & Cassidy, J. (1985). Security in infancy, childhood and adulthood: A move to the level of representation. In I. Bretherton & E. Waters (Eds.), Growing points of attachment theory and research. *Monographs of the Society for Research in child Development, 50*(1–2, Serial No. 209), 66–104.

McAnarney, E. R., Lawrence, R. A., Riccuiti, H. N., Plooey, J., & Szilagyi, M. (1986). Interactions of adolescent mothers and their 1 year old children. *Pediatrics, 78,* 785–790.

McClure, V. S. (1989). *Infant massage: A handbook for loving parents.* New York: Bantam Books.

Mercer, R. T. (1986). Predictors of maternal role attainment at one year post birth. *Western Journal of Nursing Research, 8,* 9–32.

O'Connor, K. J. (1983). The Color-Your-Life technique. In C. E. Schaefer & K. J. O'Connor (Eds.), *Handbook of play therapy* (pp. 251–258). New York: Wiley.

Osofsky, J. D., Hann, D. M., & Peebles, C. (1993). Adolescent parenthood: Risks and opportunities for mothers and infants. In C. H. Zeanah (Ed.), *Handbook of infant mental health* (pp. 106–119). New York: Guilford Press.

Passino, A. W., Whitman, T. L., Borkowski, J. G., Schellenbach, C. J., Maxwell, S. E., Keogh, D., & Rellinger, E. (1993). Personal adjustment during pregnancy and adolescent parenting. *Adolescence, 28*(109), 97–122.

Saker, I. M., & Neuhoff, S. D. (1982). *Medical and psychosocial risk factors in the pregnant adolescent: Pregnancy in adolescence: Needs, problems and management.* New York: Van Nostrand Reinhold.

Stern, D. N. (1985). *The interpersonal world of the infant: A view from psychoanalysis and developmental psychology.* New York: Basic Books.

Stern, D. N. (1990a). *Diary of a baby.* New York: Basic Books.

Stern, D. N. (1990b, August 20). *Diary of a baby* (excerpts). *U.S. News and World Report, 109*(8), 54–59.

Stern, D. N. (1995). *The motherhood constellation: A unified view of parent–infant psychotherapy.* New York: Basic Books.

Zayas, L., & Solari, F. (1994). Early childhood socialization in Hispanic families: Context, culture, and practice implications. *Professional Psychology: Research and Practice, 25*(3) 200–206

弘智文化價目表

弘智文化出版品進一步資訊歡迎至網站瀏覽：http://www.honz-book.com.tw

書名	定價	書名	定價
社會心理學（第三版）	700	生涯規劃：掙脫人生的三大桎梏	250
教學心理學	600	心靈塑身	200
生涯諮商理論與實務	658	享受退休	150
健康心理學	500	婚姻的轉捩點	150
金錢心理學	500	協助過動兒	150
平衡演出	500	經營第二春	120
追求未來與過去	550	積極人生十撇步	120
夢想的殿堂	400	賭徒的救生圈	150
心理學：適應環境的心靈	700		
兒童發展	出版中	生產與作業管理（精簡版）	600
為孩子做正確的決定	300	生產與作業管理（上）	500
認知心理學	出版中	生產與作業管理（下）	600
醫護心理學	出版中	管理概論：全面品質管理取向	650
老化與心理健康	390	組織行為管理學	800
身體意象	250	國際財務管理	650
人際關係	250	新金融工具	出版中
照護年老的雙親	200	新白領階級	350
諮商概論	600	如何創造影響力	350
兒童遊戲治療法	500	財務管理	出版中
認知治療法概論	500	財務資產評價的數量方法一百問	290
家族治療法概論	出版中	策略管理	390
婚姻治療法	350	策略管理個案集	390
教師的諮商技巧	200	服務管理	400
醫師的諮商技巧	出版中	全球化與企業實務	出版中
社工實務的諮商技巧	200	國際管理	700
安寧照護的諮商技巧	200	策略性人力資源管理	出版中
		人力資源策略	390

書名	定價	書名	定價
管理品質與人力資源	290	社會學：全球性的觀點	650
行動學習法	350	紀登斯的社會學	出版中
全球的金融市場	500	全球化	300
公司治理	350	五種身體	250
人因工程的應用	出版中	認識迪士尼	320
策略性行銷（行銷策略）	400	社會的麥當勞化	350
行銷管理全球觀	600	網際網路與社會	320
服務業的行銷與管理	650	立法者與詮釋者	290
餐旅服務業與觀光行銷	690	國際企業與社會	250
餐飲服務	590	恐怖主義文化	300
旅遊與觀光概論	600	文化人類學	650
休閒與遊憩概論	600	文化基因論	出版中
不確定情況下的決策	390	社會人類學	390
資料分析、迴歸、與預測	350	血拼經驗	350
確定情況下的下決策	390	消費文化與現代性	350
風險管理	400	肥皂劇	350
專案管理師	350	全球化與反全球化	出版中
顧客調查的觀念與技術	450	社會資本	出版中
品質的最新思潮	450		
全球化物流管理	出版中	教育哲學	400
製造策略	出版中	特殊兒童教學法	300
國際通用的行銷量表	出版中	如何拿博士學位	220
許長田著「行銷超限戰」	300	如何寫評論文章	250
許長田著「企業應變力」	300	實務社群	出版中
許長田著「不做總統，就做廣告企劃」	300	現實主義與國際關係	300
許長田著「全民拼經濟」	450	人權與國際關係	300
許長田著「國際行銷」	580	國家與國際關係	300
許長田著「策略行銷管理」	680		
		統計學	400

書名	定價		書名	定價
類別與受限依變項的迴歸統計模式	400		政策研究方法論	200
機率的樂趣	300		焦點團體	250
			個案研究	300
策略的賽局	550		醫療保健研究法	250
計量經濟學	出版中		解釋性互動論	250
經濟學的伊索寓言	出版中		事件史分析	250
			次級資料研究法	220
電路學（上）	400		企業研究法	出版中
新興的資訊科技	450		抽樣實務	出版中
電路學（下）	350		審核與後設評估之聯結	出版中
電腦網路與網際網路	290			
應用性社會研究的倫理與價值	220		**書僮文化價目表**	
社會研究的後設分析程序	250			
量表的發展	200		台灣五十年來的五十本好書	220
改進調查問題：設計與評估	300		２００２年好書推薦	250
標準化的調查訪問	220		書海拾貝	220
研究文獻之回顧與整合	250		替你讀經典：社會人文篇	250
			替你讀經典：讀書心得與寫作範例篇	230
參與觀察法	200			
調查研究方法	250			
電話調查方法	320		生命魔法書	220
郵寄問卷調查	250		賽加的魔幻世界	250
生產力之衡量	200			
民族誌學	250			

兒童遊戲治療法
(Short-Term Play Therapy for Children)

作　　者／HEIDI GERARD KADUSON ＆
　　　　　CHARLES E.SCHAEFER
校 閱 者／陳信昭
譯　　者／林維君
出 版 者／弘智文化事業有限公司
登 記 證／局版台業字第 6263 號
地　　址／台北市大同區民權西路 118 巷 15 弄 3 號 7 樓
電　　話／（02）2557-5685・0932321711・0921121621
傳　　真／（02）2557-5383
發 行 人／邱一文
書店經銷／旭昇圖書有限公司
地　　址／台北縣中和市中山路 2 段 352 號 2 樓
電　　話／（02）22451480
傳　　真／（02）22451479
製　　版／信利印製有限公司
版　　次／2004 年 3 月初版一刷
定　　價／500 元
弘 智 文 化 出 版 品 進 一 步 資 訊 歡 迎 至 網 站 瀏 覽：
http://www.honz-book.com.tw

ISBN 957-0453-96-6

國家圖書館出版品預行編目資料

兒童遊戲治療法 / Heidi Gerard Kaduson,
　　Charles E. Schaefer 合著 ; 林維君譯. --
　　初版. -- 臺北市 : 弘智文化, 民 93
　　面 ；　公分
　　譯自 : Short-term play therapy for children
　　　　ISBN 957-0453-96-6(平裝)

　　1. 遊戲治療　2. 家族治療　3. 兒童心理學

　　　　178.8　　　　　　　　　　92023561